한국인의 평화사상 I

006
IPUS 평화인문학 총서
서울대학교
통일평화연구원

한국인의 평화사상 I

원효에서 안중근까지

서보혁 · 이찬수 편

인간사랑

차례

2부 회통과 상생의 실천 · 231

간행사

21세기 한반도는 다양한 문제들과 역동적인 가능성이 공존하는 현장이다. 탈냉전과 세계화의 격랑 속에서 통일과 평화로 나아가지 못하고, 해묵은 불신과 대립이 반복되는 상황이 국내뿐 아니라 남북한과 동아시아에서 재연되고 있다. 이런 복합적인 역내 상황에 북한의 미래와 한반도 비핵화 및 평화체제 구축의 문제가 가로놓여 있다. 한반도의 분단과 정전체제가 세계 냉전구조와 관련이 있다면, 미래 통일과 평화는 한민족의 특수과제인 동시에 세계 보편사적인 의미를 함께 갖고 있다.

서울대학교 통일평화연구원은 이런 상황을 정확하게 분석하고 최선의 대안을 모색하기 위하여 2006년 설립되었다. 우리는 통일과 평화를 연구하고 교육하는데 국내적인 차원과 세계적인 차원을 함께 고려하고, 냉철한 분석과 지혜로운 대안을 제시하기 위하여 학제간 연구를 진행하고 있다. 2010년부터는 한국연구재단의 인문한국(HK) 사업의 일환으로 평화인문학연구단을 구성하여 한반도 문제에 기초한 새로운 평화학 정립을 위해 노력하고 있고, 2014년부터는 서울대학교에서 통일과 평화에 관심을 갖고 있는 연구자와 연구기관들 간의 유기적 협력을 위한 네트워크를 구성해 운영하고 있다. 이에 기초하여 2015년부터는 연구 기반을 확충하는 통일기반 조성사업을 시작하였고, 2016년부터는 통일교육을 선도하는 대학으로서의 면모를 갖추어 나가고 있다.

평화인문학연구단은 '한반도발 평화학 정립'을 목표로 그동안 관련 기초조사와 연구체계를 구축해왔다. 평화인문학은 21세기 인류가 필요로 하는 평화의 총체성을 구현하기 위한 종합 지식체계로서 사회과학과 인문학, 자연과학과 예술까지 포함하는 융합학문이다. 물론 평화연구는 학술작업은 물론 평화교육, 평화문화, 평화운동과 손잡고 나아갈 때 본연의 목표를 풍부하게 실현할 수 있다. 평화인문학연구단은 반전평화, 녹색평화, 민주평화, 연대평화 등 평화학의 보편적인 연구 어젠다를 한반도에 적용하는 한편, 그것을 종합해 통일평화를 구현할 방안을 찾고 평화학의 지평을 확대하는데 기여하고자 한다. 그 과정에서 모아진 연구결과는 평화인문학 총서, 파라파젬 시리즈, 평화학 아카이브, 그리고 평화교실 등으로 간행되어 독자들과 만나고 있다.

금번에 IPUS(서울대학교 통일평화연구원) 평화인문학 총서 시리즈로 출간하는『한국인의 평화사상 Ⅰ·Ⅱ』는 그 의미가 크다. 한국 평화학을 정립하기 위한 자양분을 한국의 역사와 문화 속에서 만들어진 평화사상에서 찾는 일이 필수적인데 이 책이 그런 노력의 결실이다. 이 일에 참여한 모든 필진은 전공과 연구 분야가 다양함에도 불구하고 학제간 연구의 중요성을 공유하고 이 작업에 흔쾌히 참여해주셨다. 깊이 감사드리는 바이다. 또 초고를 갖고 가진 네 차례의 학술회의에서 유익한 토론을 해주신 각 분야의 선생님들, 연구원의 실무진들, 지난 2년 이상 이 연구·출판사업을 진행해 주신 서보혁, 이찬수 교수, 그리고 윤지은 연구원에게 특별히 고마움을 전하고 싶다. 참고로 이 책에 실린 글은 본 연구원이 발간하는『통일과평화』에 수록되어 있음을 알려드린다. 이 책이 독자들에게 오랜 굴곡의 역사 속에서 선각자들이 궁구해온 다양한 측면의 평화를 만나는 기쁨과 함께, 한국의 평화통일과 통일 이후 평화공동체를 구상하는데 적지 않은 교훈을 줄 것으로 확신해마지 않는다. 아울러 5천여 년의 역사에서 면면히 이어져온 한국인의 평화사상이 그 시대적 배경과 필요, 그리고 제약 속에서 다양한 색깔로 만들어져 왔고, 그런 가운데서도 공통된 보편 규범과 정향을 갖고 있음을 발견하게 될 것이다.

한반도의 평화는 이제 새로운 장을 열어가야 할 것이다. 전쟁 위기 이후 조성된 2018년 한반도에서의 평화만들기 노력이 자리잡기를 고대하는 마음 간절하다. 평화 위에 통일이 가능하고 평화와 함께 한반도 모든 구성원들의 인간다운 삶도 꿈꿀 수 있다. 서울대학교 통일평화연구원은 이 길을 닦아가는 사명을 묵묵히 수행해 갈 것이다. 통일과 평화의 상호조화가 어떻게 가능한지를 탐구하고 그 길을 겨레와 세계 앞에 내놓도록 더욱 정진해나갈 것이다.

2018년 11월

서울대학교 통일평화연구원 원장

HK평화인문학연구단 단장

임경훈

머리말

한국인의 평화사상 연구의 의의와 범위

서보혁

2017~18년 한반도 상황을 대변하는 단어는 무엇일까? 다양한 답이 나올 수 있겠지만 '평화'라고 말하는 이들이 다수일 것이다. 그러나 김정은과 트럼프가 만들어낸 2017년의 전쟁 위기 상황에서 평화와, 남북·북미 정상회담으로 조성된 2018년의 대화 국면에서 평화는 사뭇 달라 보인다. 소극적 평화 대 적극적 평화? 그런데 그 둘의 대비가 1년 사이 한반도 상황 변화를 판단하는데 도움이 될까 싶다.

전쟁을 잉태한 분단과, 분단을 장기화한 전쟁의 상호의존의 결과를 분단정전체제라 이름 붙일 수 있다. 분단이 확정된 1948년 이후, 아니 8·15 해방부터 한민족 구성원들은 전쟁 없이 편안하게 살아갈 운명이 아니었는

지도 모른다. 지정학적 결정론이라는 것이 있다면 전쟁에 시달릴 약소민족의 운명은 그 산물이라고 주장할 수도 있을 것이다. 전쟁의 위험은 억압의 원천이자 차별의 명분으로 작용한다고 가정하는 것이 합리적이다. 한반도에서 평화를 상상하고 추구하는 것은 시대착오적이거나 이상의 별을 따려는 몽상이라고 매도당할지도 모른다. 그런 논리의 연장선상에서 생각한다면 평화는 외부로부터 제공되지 않으면 그 얼굴도 그리기 어려울 것이다. 그런데 언감생심, 그런 곳에서 어디 평화사상이라는 것을 논하려 하다니! 외침과 억압으로 점철된 약소국이자 군사화가 심한 곳에서 평화를 말하는 것은 사치나 몽상으로 보일 수도 있을 것이다.

과연 한반도에서 평화를 사유하는 일이 존재해왔는가? 만약 평화가 필요하다면 어디서 잘 만들어놓은 것을 수입하면 되지 않겠는가? 여기서 과감한 질문을 던져본다. 한반도에서 살아온 사람들의 마음과 삶 속에서 평화를 상상하고 추구해오지 않았던가? 2017~18년 평화가 우리의 운명과 삶을 결정한다는 절실함 속에서 이런 질문들이 한반도 역사와 문화에서 빚어진 평화라는 것을 찾아보도록 인도하였다. 그런 문제의식은 일종의 의무감, 그러나 즐거운 의무감 같은 것이다. 그래서 드넓지만 그 기원과 시작이 모호한 역사의 터널을 들어가 보기로 하였다.

한반도 역사에서 한국인의 평화사상을 찾아보기로 결정하자마자 일어난 질문은, 평화가 가능한가이다. 어떻게 보면 평화는 일종의 근대의 기획이라고 할 수 있다. 근대화의 문을 연 서양이 그 성취로 두 차례 대규모 대량살상을 초래한 것이 역사의 아이러니 아닐까 생각해본다. 한반도 역사에 평화가 가능한가라는 질문은 '한국인'의 평화사상을 찾을 필요가 있는가 하는 질문으로 이어진다. 평화는 인권처럼 보편가치이므로 무슨 고유의 사상을 찾는 일이 문화상대주의 같고 폐쇄적으로 비춰질 수도 있겠다는 불편함이 스며들어올 수 있다. 이때 직감에 가까운 반발심이 일어났다. 보편가치의 보편성은 천편일률적인 단색이 아니라, 그것이 만들어지고 변화해가는 해당 시대의 맥락에서 그 얼굴과 색깔을 달리하며 그 성질을 풍부하게 증거한다는 가정이 일어난 것이다. 그럼에도 그 가정은 합리적이지만 그것은 하나의 방어논리로 작용했을 뿐이다. 보다 중요한 것은 한반도 평화가 어떤 길을 밟아가고 어떤 내용을 담을 수 있는가를 생각할 때, 같은 한반도를 살아온 앞선 세대들은 그 시대에서 어떤 사유를 하고 실험을 했는지 알고 싶었던 것이다. 향후 한반도 평화체제, 혹은 통일 이후 평화로운 한반도를 상상할 때 어떤 함의와 교훈을 얻을 수 있을지에 대한 기대가 처음부터 크지는 않았다. 그 운명과 같은 지정학의 장난이 시대를 초월해 동일하게 작용한다면 그때 한반도에 살았던 사람들은 평화를 어떻게 상상했는지 그 자체가 궁금했던 것이다. 그래서 삼국시대까지 올라가서 찾기 시작했다.

원효대사의 화쟁사상부터 고려시대는 건너뛰고 조선시대를 대표하는 일부 학자들과 왕으로서는 정조 한 사람의 평화사상을 발굴하기 시작한 것이다. 이것이 이 책의 1부를 구성한다. 2부에서는 조선 말기와 국권 상실기, 민의 집단적 고통이 하늘에 닿는 때에 선각자들의 평화 사유와 실천을 찾아 나섰다. 그런 시대적 배경에서 한국의 토착종교가 발흥하며 민과 함께 평화 상상이 일어났고, 다른 한편 독립운동과 그 이후 한반도의 미래를 사유하며 실천적 평화 상상이 진전을 이룬 것이다. 이런 시간적 범위에서 평화는 위정자의 눈에서부터 민이 겪는 고통의 현장까지 그 공간적 범위도 넓다. 평화를 사유하는 주체도 마찬가지이다.

물론 시대와 화자, 다양한 공간 속에서 한국인의 평화사상이라는 줄기를 엮어내는 작업은 용이하지 않을 것임을 알고 이 작업을 시작했다. 그렇지만 줄기를 잡아내야 한다는 목적의식도 분명했다. 그 방법으로 내재적 접근을 시도하기로 했다. 그에 따라 이 책에서는 한국인의 평화사상을 먼저 그 시대적 배경과 개인사를 이해하고, 해당 인물이 추구한 평화와 평화를 추구한 방법을 파악한 후 그것들이 오늘 한국사회에 주는 함의와 교훈을 찾는 방식으로 다루고 있다. 이와 같은 접근 방식을 통해 전환기에 직면한 한국인들이 평화로운 미래를 설계함에 있어 그 원칙과 시각, 접근 태도와 관련된 시사점을 얻을 수 있을 것으로 기대한다. 물론 그 구체적인 모양과 내용은 오늘의 한국인들이 창조해나가야 할 것이다.

다행인지 불행인지 모르지만 이상과 같은 취지와 범위를 담은 종합적인 연구성과가 이번이 처음이라는 데 놀라움을 금할 수 없다. 2018년 들어 평화가 시대의 가치가 된 듯한 상태에서 이 책을 통해 한국 시민들이 우리의 평화사상이 풍부하게 존재한다는 데 자긍심을 느낄 뿐만 아니라, 한반도 평화는 우리 스스로 만들어간다는 주인의식을 갖게 되기를 희망한다. 물론 이 책에 실린 내용이 한국인의 평화사상 전부는 아니다. 사실 이 작업에 포함시키려 했지만 진행 과정에서 아쉽게 빠진 사례들도 있다. 향후 새로운 기회를 만들 것을 기약하며 독자 여러분들의 질정과 제언을 기다린다.

1부 다양성의 수용과 조화

이도흠

1장

원효의 화쟁 평화론

Ⅰ. 머리말

지금 무자비한 폭력이 곳곳에서 자행되고 있다. 국가와 자본의 이해관계, 종교·이데올로기·종족 사이의 배제와 갈등과 무지, 특정 집단의 탐욕에 의한 전쟁과 대량학살, 테러가 전 세계 곳곳에서 끊이지 않고 있다. "한 해(2012년)에만 47만 5천 명이 폭력에 의해 살인을 당하였으며, 이는 평균치에 가깝다."[1] "매년 네 명의 어린이 가운데 1명이 물리적 학대를 받으며, 세 명의 여성 가운데 1명이 파트너로부터 물리적/성적 폭력을 당하며, 17명의 노인 가운데 1명이 폭력을 당한다."[2] 나라마다 약간의 차이가 있지만 상위 10%가 국민 전체 소득의 절반을 차지한다. "국제구호기구 옥스팜은 … 지난해 세계 부자 8명의 재산 합계가 재산규모 하위 50% 인구의 재산 합계와 같았다고 지적했다."[3] 신자유주의 체제로 불평등이 심화하면서 구조적 폭력 또한 증대하고 있다.

이런 상황에서 전쟁과 테러를 없애고 갈등과 폭력을 최소화하면서 평화의 길을 모색할 길이 없는가. 불교는 이에 어떤 지혜를 줄 것인가. 불자는 아힘사(ahimsā)를 최고의 계율로 삼는다. 스님들은 물속의 미생물마저 죽이지 않기 위해 여수낭에 걸러 물을 마셨다. 하나의 생명만이 아니라 모든 생명이 서로 관계와 조건과 인과로 얽혀있다고 간주하여 무생물까지도 소중하게 여겼다. 불경은 어떤 경우에도 분노하지 말며 심지어 팔다리가 잘리는 그 상황에서조차 자비와 인욕을 유지하라고 가르친다. 이에 아힘사는 불살생(不殺生)을 넘어 비폭력 사상으로 확장한다. 거의 모든 갈등과 폭력이 소유욕과 탐욕, 나와 우리의 집착에서 비롯되는데, 불교는 옷 세벌과 탁발할 그릇만 빼고는 무소유의 삶을 살라 하며, 탐욕을 조금도 남김

---

1 WHO, *Global Status Report on Violence Prevention 2014* (Luxembourg: World Health Organization Press, 2015), p. vii.

2 Ibid., p. viii.

3 "슈퍼 갑부 8명의 재산, 세계인구 절반의 재산과 비슷," 《경향신문》, 2017년 1월 16일.

없이 말끔히 없애라 하며, 모든 것이 찰나의 순간에도 변화하여 무상(無常)하고 오온의 구성체로 무아(無我)하니 나 자신에 대해서든, 생각에 대해서든 집착을 깨라고 말한다. 이데올로기가 다르다고 전쟁과 학살도 서슴지 않는데, 불교는 부처마저 죽이라고 할 정도로 끊임없이 해체하고 극단을 지양하고 중도(中道)에 머물라 하기에 이데올로기와 망상, 도그마에 휘둘리는 것을 경계한다. 이처럼 불교는 어떤 종교나 사상보다도 평화의 지혜로 넘쳐난다.

원효의 평화론을 서술할 때 네 가지 문제를 극복해야 한다. 첫째, 평화의 지혜와 가르침으로 넘쳐나는 불교의 보편적인 평화사상으로부터 원효만의 '특수한 평화론'을 분리해내는 것이다. 이 작업이 선행되지 않으면, 자칫 불교의 평화론을 원효의 평화론으로 일반화하는 오류를 범한다. 둘째, 원효의 목소리와 연구자의 해석을 구분하고 종합해야 한다. 전자를 우선적으로 하지 않으면 연구자의 비약과 과잉해석으로 변질될 것이며, 전자를 바탕으로 후자를 수행하지 않으면 박제화하여 '지금 여기에서' 맞고 있는 전쟁과 폭력에 대한 평화론으로 적용하기 어려울 것이다. 셋째, 내적 차원에 머물지 말고 사회적 분석을 종합해야 한다. 상당수의 불교 평화론은 마음의 평화, 곧 '샨티'(śânti)와 이를 위한 방편과 수행에 초점을 맞추고 있다. 개인과 사회는 상호침투한다. 마음의 평화에만 머문 논리는 가난을 게으름 탓으로 돌리는 것처럼 사회학적 인식이 없는 것이다. 넷째, 당위적이며 윤리적인 논리에서 벗어나는 것이다. 몇몇 불교 평화론은 경전에 나타나는 평화와 자비의 구절을 당위적, 윤리적 차원에서 해석하는 것에 머물고 있다. 전쟁을 행하는 이조차 수사적 차원에서는 평화를 원한다고 주장하기에 당위적이고 윤리적인 평화론은 공허하다. 전쟁과 폭력, 갈등에 대한 정치적,

사회적 원인 분석과 각각의 원인에 부합하는 처방과 대안 모색이 필요하다.

이에 평화를 크게 내적 평화와 외적 평화로 나누고 그에 대해 원효의 목소리를 들어본 다음, 이를 바탕으로 지금 여기에서 우리가 맞고 있는 전쟁과 폭력, 갈등의 원인을 살피고 그에 대한 대안으로서 평화론을 원효의 텍스트에 찾아 해석하되, 이문(二門)과 일심(一心)의 화쟁을 꾀한다. 곧, 일상에서는 탐욕, 이해관계, 권력, 이데올로기 등의 요인에 의한 갈등관계를 분석하면서 일심을 지향하는 길을 찾는다.[4] 이에 갈퉁의 논의를 비판적으로 수용하고 보완하여 폭력을 유형별로 직접적 폭력, 구조적 폭력, 문화적 폭력, 재현의 폭력으로 나누고 각 유형별로 원인과 화쟁의 대안을 모색한다.

II. 평화에 대한 원효의 목소리

1. 내적 평화

불교에서 마음의 지극한 평화 상태는 열반이다. 불자의 목표는 고집멸

4 필자는 갈퉁의 이론을 빌리고 원효의 화쟁사상을 종합하여 100매 정도 분량으로 원효의 평화사상에 대해 이도흠, "현대사회의 위기와 대안의 패러다임으로서 화쟁사상4: 인간주체의 죽음과 폭력의 일상화와 구조화: 나와 타자는 어떤 관계인가: 차이의 철학 對 辨同於異," (『법회와 설법』(2001년 8월호))를 기술하였지만, 돌아보니 한계가 많았다. 이에 이를 환골탈태하여 이도흠, 『인류의 위기에 대한 원효와 마르크스의 대화』(서울: 자음과 모음, 2015)에 썼고, 이를 다시 수정하여 이번 글을 쓴다.

도(苦集滅道)의 사성제(四聖諦)와 연기(緣起)에 대하여 잘 알지 못하는 미혹한 마음의 상태인 무명(無明)에서 벗어나 이에 대한 깨달음에 이를 뿐만 아니라 탐욕, 성냄, 무지의 삼독(三毒)을 깡그리 없애고 열반에 이르고 중생을 구제하는 것이다. 원효는 일심에 이르는 것과 열반을 동일시하였으며, 마명(馬鳴)의 『대승기신론(大乘起信論)』을 해석하면서 이에 이르는 장애요인과 극복의 길에 대해 진술하고 있다.

> 중생이 오래도록 생사의 바다에 빠져 열반의 언덕에 다다르지 못하는 까닭은 다만 의혹(疑惑)과 사집(邪執) 때문이다. 그러므로 이제 하화중생(下化衆生)의 요체는 중생이 의혹을 없애고 사집을 버리게 하는 데 있다. 의혹에 대해 널리 논한다면 여러 길이 있다. 대승을 구하는 자의 의혹에는 두 가지가 있는데, 첫째는 법(法)을 의심하는 것으로 이는 발심(發心)에 장애가 된다. 둘째는 교문(教門)을 의심하는 것으로 이는 수행(修行)에 장애가 된다.[5]

> 사집을 버린다는 것은, 여기에 두 가지 사집이 있으니 인집(人執)과 법집(法執)을 말하는 것이다. 이 두 가지 뜻을 버리는 것은 아래 글에서 말할 것이다.[6]

---

5 원효, 『大乘起信論疏記會本』卷1, 동국대학교 불전간행위원회 편 『한국불교전서』 제1책 (서울: 동국대학교 출판부, 1979) (이하 『대승기회본』과 『한불전』으로 약함) p. 736–하: "所以衆生長沒生死之海不趣涅槃之岸者 只由疑惑邪執故也 故今下化衆生之要 令除疑惑而捨邪執 汎論疑惑 乃有多途 求大乘者所疑有二 一者疑法 障於發心 二者疑門 障於修行."

> 둘째 이름을 나열하는 가운데 인아견이란 총상(總相)을 주재하는 자가 있다고 헤아리는 것으로 이를 인아집이라 칭한다. 법아견이란 일체법이 각기 체성(體性) 있다고 헤아리기 때문에 법집이라 일컫는다. 법집은 곧 이승(二乘)이 초래한 것이다. 이 가운데 인집은 오로지 불법을 취하는 안에서 대승을 처음으로 배우는 사람이 일으킨 것이다.[7]

대승은 지혜와 자비를 양 날개로 한다. 대승의 목표는 한 마디로 말해 위로는 지혜의 깨달음을 얻고 아래로는 고통 속에 있는 중생을 구제하는 것이다[上求菩提 下化衆生]. 원효가 볼 때, 중생이 마음의 평화에 이르지 못하는 것은 크게 보면 의혹과 삿된 집착 때문이므로, 아라한(阿羅漢)처럼 자신만의 깨달음에 머무는 것이 아니라 보살(菩薩)로서 중생이 그로부터 벗어나도록 이끌어야 한다.

의혹에는 두 가지가 있는데, 하나는 법(法)을 의심하는 것이고, 다른 하나는 교문(敎門)을 의심하는 것이다. 중생은 법이 하나인가 여럿인가 의심하기 쉽다. 법이 하나라면 다른 법은 없는 것이요, 다른 법에 현혹되어 헤매는 중생도 없는 것이니, 보살이 중생을 구제할 필요가 없다. 법이 여럿이라면 일체라는 것도 없으며 타자와 내가 다를 것이기에 "중생이 아프면 보

---

6 위의 책, p. 737-상: "捨邪執者 有二邪執 所謂人執 及與法執 捨此二義 下文當說."

7 위의 책, pp. 773-하~774-상: "第二列名中言人我見者 計有總相宰主之者 名人我執 法我見者 計一切法各有體性 故名法執 法執卽是二乘所起 此中人執唯取佛法之內初學大乘人之所起也."

살도 아프다"는 동체(同體)의 대비심(大悲心)도 일어나지 않는다. 그러니, 법을 의심하면 깨달음과 열반, 중생구제를 지향하고 실천하려는 발심(發心)이 일어나지 않는다.

중생은 어떤 문(門)을 통하여 불도(佛道)에 이를까 번뇌하며 교문을 의심한다. 붓다가 설한 교문이 한 둘이 아닌데 어느 문을 통하여 처음 수행을 할 것인가. 만일 그 여러 문들에 모두 의거해서 불도를 이루려 한다면, 한꺼번에 그 문으로 들어갈 수 없다. 반면에 한두 문만이 옳다며 그 문만을 의거한다면 어느 문을 선택하고 어느 문을 버릴 것인가. 그러니, 교문을 의심하면 수행을 시작할 수도 없다.

마음의 평화를 가로막는 삿된 집착에도 두 가지가 있으니, 인집(人執)과 법집(法執)이다. 법집은 일체 법이 공한데 실체가 있다고 착각하는 것이다. 이는 사성제를 통해 깨달음을 얻은 성문승(聲聞乘)이든 스스로 연기의 이치를 깨달은 연각승(緣覺乘)이든, 근본적으로 소승(小乘)에서 벗어나지 못한 채 개인의 깨달음에 치우쳐 중생구제의 큰 길로 나아가지 못한 탓이다. 인집, 혹은 인아집(人我執)은 모든 것이 서로 조건과 인과로 얽히고 서로 관련을 맺고 있다는 연기법을 인식하지 못한 채, 오온의 구성체일 뿐인데 내가 존재하거나 모든 것을 주재하는 실체가 있다고 착각하는 것이다. 설혹 나만의 깨달음에서 벗어났다 하더라도 나를 완전히 버리지 못하면 중생구제는 관념에서나 이루어진다. 그러니, 소승을 벗어나기는 했지만 대승을 아직 제대로 배우지 못한 탓이다. 그렇다면 어떻게 평화에 이를 것인가.

> 두 가지 문을 연 것은 두 번째 의심을 여의고자 하는 것이다. 비록 많아서 여러 교문을 밝힐지라도 처음 수행에 들어갈 때는 두 문을 벗어나지

않으니, 진여문(眞如門)에 의거하여 지행(止行)을 닦고 생멸문(生滅門)에 의거해서는 관행(觀行)을 일으킨다. 지행과 관행을 짝으로 부리면 온갖 수행이 이를 갖추고 있으므로 이 두 문에 들어가면 모든 문이 두루 통한다. 이처럼 의혹을 없애야만 수행을 잘 일으킬 수 있는 것이다.[8]

불도에 이르는 길은 여럿이다. 하지만, 대승기신론은 이에 대해 두 가지 길을 제시한다. 하나는 진여문(眞如門)이고 다른 하나는 생멸문(生滅門)이다. 모든 차별상을 벗어나 변함이 없이 진실한 문이 진여문이라면, 인연을 따라서 나고 머물고 변하고 사라지는 것을 되풀이하며 차별상을 일으키는 것이 생멸문이다. 생멸문에 의해서는 마음과 몸의 움직임을 알아차려 온갖 것이 무상(無常)하고 무아(無我)하여 공(空)하며 일체가 고(苦)임을 깨달아 마음의 번뇌를 씻어내는 관행(Vipassanā)을 행한다. 진여문에 의해서는 모든 번뇌와 망상을 없애고 마음을 한 곳에 모아 평안한 무념무상(無念無想)의 경지에 이르는 지행(Śamatha)을 행한다. 이렇게 지행과 관행을 짝으로 부려서 온갖 사념과 망상, 번뇌를 떨쳐버리고 마음을 한 곳으로 모아 사성제(四聖諦)와 연기의 진리를 올바로 깨달아 번뇌와 분별심이 전혀 없이 청정한 무분별지(無分別智)와 무념무상의 경지에 이른다. 유리창의 먼지만 지우면 맑고 푸른 하늘이 드러나듯, 고통의 원인과 그를 없애는 길과

---

8 원효, 같은 책, pp. 736−하~737−상: "開二種門者 遣第二疑 明諸教門雖有衆多 初入修行不出二門 依眞如門修止行 依生滅門而起觀行 止觀雙運 萬行斯備 入此二門 諸門皆達 如是遣疑 能起修行也."

연기의 이치에 대해 깨닫지 못한 미혹한 마음의 상태인 무명(無明)을 마음에서 없애버리면 중생은 누구나 마음이 지극한 평화상태인 일심(一心)에 이르고 불성(佛性)이 드러난다.

인아견과 이를 극복하는 방안에는 다섯 가지가 있다. 지면 관계상 하나만 예를 들면, "여래 법신이 필경 적막하여 허공과 같다"고 하는 말을 듣고 이것이 집착을 깨뜨리기 위한 것인 줄을 모르기에 허공을 여래성(如來性)으로 여기는 것이다. 그러니, 모든 것이 마음에서 망령스럽게 일어나기 때문에 있는 것이고 마음 밖에 색(色)이 없다면 허공의 상도 없는 것이다. 마음이 망령스럽게 일어나는 것에서 벗어나면 일체의 경계가 사라지고 오직 한 가지 진심(眞心)으로 모든 것을 올바로 인식하고 모든 것에 담긴 진리를 통찰할 수 있다.[9]

법아견을 극복하는 방편은 신성취발심(信成就發心), 해행발심(解行發心), 증발심(證發心)의 세 가지 발심이 있다. 신성취발심이란 세 가지 마음을 내는 것이다. 하나는 진여(眞如, Tathatā)를 생각하며 곧은 마음[直心]을

9 지금까지의 'II장 1절 내적 평화'의 논의는 이도흠, 『화쟁기호학, 이론과 실제-화쟁사상을 통한 형식주의와 마르크시즘의 종합』(서울: 한양대출판부, 1999), pp. 144~146을 요약하며 조금 쉽게 풀어쓴 것이며, 이는 원효의 『대승기회본』(pp. 736-하~737-중, pp. 774-상~774-하)을 참고하였다. 아울러, 정원용, "원효의 평화사상과 그 실현 방안연구," (동국대학교대학원 박사학위논문, 2007. pp. 38~59)와 유문무, "원효 화쟁사상의 현대적 의의," (『한국학논집』, 제68집 (2017), p. 52)에서도 의혹 부분은 빠졌지만 인(아)집과 법(아)집을 평화의 저해요인으로 분석한 것이 반복되고 있다. 다만, 고영섭은 "'나에 대한 집착'[我執]과 '존재에 대한 집착'[法執]이 최소화하거나 무화하는 세계는 다툼이 없는 '평화의 세계'를 의미한다."라며, 아집과 법집의 두 축으로 원효의 평화론을 펼치고 있다. (고영섭, "분황 원효의 평화 인식-一心과 和諍과 無碍를 중심으로," 『한국불교학』, 제52집 (2012), p. 44.)

발하는 것이다.[10] 둘째, 근원을 궁구하여 자신의 깨달음에 이르는 자리행(自利行)의 근본으로서 깊은 마음[深心]을 발하는 것이다. 셋째, 모든 중생의 고통을 덜어주고자 하는 이타행(利他行)의 근본으로서 대비심(大悲心)을 발하는 것이다. 해행바라밀은 일심과 열반에 이르기 위하여 보시(布施), 지계(持戒), 인욕(忍辱), 정진(精進), 선정(禪定), 지혜(智慧)의 여섯 바라밀을 행한다. 증발심은 분별심이 없는 올바른 지혜인 무분별지(無分別智)로서 진심(眞心), 중생이 처한 상황과 근기(根機)에 맞게 중생을 구제하는 방편심(方便心), 진심과 방편심이 의거하는 아라야식으로서 업식심(業識心)을 통하여 깨달음과 열반에 이르려는 열망을 갖는다.[11]

이처럼, 중생의 마음이 평화롭지 못한 것은 의혹과 삿된 집착 때문이다. 의혹이란 법과 교문을 의심하는 것이다. 삿된 집착에는 인집과 법집이 있다. 지행과 관행을 짝으로 부려서 온갖 사념과 망상, 번뇌를 떨쳐버리고 마음을 한 곳으로 모아 사성제(四聖諦)와 연기의 진리를 올바로 깨달으면 누구든 무분별지와 무념무상의 경지에 이른다. 사정제와 연기에 대해 무지한 마음의 상태인 무명(無明)을 없애버리면 중생은 누구나 마음이 지극한 평화상태인 일심(一心)에 이르고 불성(佛性)이 드러난다.

10 진여란 간단히 말하여 모든 법이 참이어서 버릴 것이 없고 모든 법이 평등하여 세울 것도 없는 경지이자 말로 표현할 수도 생각할 수도 없는 상주불변의 궁극적 진리를 의미한다.

11 이 단락은 원효, 같은 책, pp. 774-하~779-하를 참고하여 기술함.

2. 외적 평화

외적 평화는 간단히 말하여 사람, 집단, 국가, 구조와 제도의 배제나 폭력, 전쟁을 막는 것이다. 개인 사이에서 벌어지는 폭력에 대해 불교는 어느 종교나 사상보다 엄격하다. "분노가 분노에 의해 사라지지 않으며 오로지 자비에 의해서만 사라진다는 것이 영원한 진리"라는 『법구경』의 가르침이 대원칙이며, "『맛지마 니까야』에서는 도적들이 톱으로 사지를 자르더라도 나의 마음은 그것들에 영향을 받지 않을 것이고, 추악한 말을 뱉지 않을 것이며, 자애의 마음을 가지고 미워하지 않고 안녕을 기원하며, 연민의 마음을 일으키리라"[12]고 하였다.

개인의 폭력에 대한 불교적 대안은 인욕하는 것, 폭력의 원인인 분노의 뿌리, 과거와 무의식까지 여여(如如)한 실상(實相)을 성찰하는 것, 분노는 요구·욕구·욕망의 좌절에서 비롯되기에 무엇보다 헛된 욕망에서 떠나 참된 존재를 회복하는 것, 모든 개인적 분노는 '나'에서 빚어지는 것이니 상대방을 내 안에 모시며 선정을 하면서 진리를 탐구하는 대대(待對)의 참구(參究)를 통하여 내가 제일이고 나만이 옳다는 아만(我慢)을 제거하고 절실하게 무아(無我)를 깨닫는 것, 분노는 분노를 낳을 뿐이고 어떤 악업도 없애지 못하니 자비희사(慈悲喜捨)의 사무량심(四無量心)[13]에 바탕을

---

12 전재성 역, 『맛지마 니까야』(서울: 한국 빠알리선전협회, 2009), p. 290; 김재성, "초기 불교의 분노와 치유," 『비폭력연구』, 제4호 (2010년 12월), p. 37 재인용.

13 모든 생명들의 행복을 바라며 사랑하는 마음을 무한하게 넓히는 자(慈, mettā)의 무량심, 모든 생명들의 고통을 불쌍하게 여기며 이에서 벗어나기를 무한하게 바라는 비(悲, karunā)의 무량심, 모든 생명들이 고통에서 벗어나 모두 행복해진 것

둔 명상과 수행을 통하여 사랑과 자비의 마음을 내는 것이다.[14]

불교 교리 안에서 전쟁의 대안은 "자기정복, 방어전만을 제한적으로 인정하는 것, 외교나 무력의 과시를 통하여 전쟁을 피하는 것, 그래도 전쟁을 피할 수 없으면 자비심의 자세로 전쟁에 참여하는 것"[15], 국제 차원의 갈등조정기구를 만드는 것, UN을 넘어서는 헤게모니를 갖는 국제적 협의체, 더 나아가 화쟁의 세계 공화국을 건설하는 것이다.

그럼, 원효는 전쟁과 평화에 대해 어떤 진술을 했을까. 현존 자료에서는 이에 대해 직접적인 언급을 확인할 수 없다. 최유진은 이 점에 대해 원효의 여러 텍스트를 면밀하게 대조하며 논증과 추론을 한 후, "원효의 경우도 전쟁을 좋다고 하지는 않았다. 하지만, 원효 당시는 전쟁이 끊임없이 벌어지던 시대이고 스스로의 생존을 위해서는 전쟁이 불가피한 경우도 많이 있었던 상황이었다. 원효도 전쟁에서 공을 세웠다는 기록도 남아 있다. 전쟁에 대한 원효의 입장은 어느 정도 불가피성을 인정하는 것으로 볼 수 있다. 그리고 국가 간의 평화를 위한 원효의 처방은 정법치국(正法治國)이라고 할 수 있다. 정법에 의해 치국을 한다면 전쟁을 피하고 평화의 구축을 위해 노력할 것이고 불가피한 전쟁의 경우에도 모든 중생의 생명을 지키고 행복을 지키기 위해 노력할 것이다."[16]라고 결론을 내리고 있다. 잘 정리하

을 더불어 무한히 기뻐하는 마음인 희(喜, miditā)의 무량심, 위의 세 가지 마음조차 버리고 지극히 평정한 마음인 사(捨, upekkhā)가 사무량심이다.

14 이도흠, "한국사회에서 개인적·사회적 분노 치유의 길," 『불교평론』, 제67집 (2016년 9월) 가운데 '2장 개인적 분노의 원인과 치유', pp. 156~164를 요약함.

15 이병욱, 『불교사회사상의 이해』(서울: 운주사, 2016), pp. 114~130 요약함.

16 최유진, "원효의 평화사상," 『한국불교학』, 제60집 (2011), p. 59.

였기에 필자가 별도로 논증하지 않는다.

전쟁과 평화에 대한 원효의 직접적인 진술은 없지만, 모든 대립과 쟁론을 아우르는 화쟁(和諍)은 그 자체로 평화의 논리이자 방법론이다. 원효는 화쟁을 불교에 국한해서 사용하고 있다. 원효가 화쟁을 당시 삼국의 통일과 사회 통합 등 사회문제에 적용했다는 것은 추측이나 억지일 뿐이다. "현재 남아있는 원효의 저술은 모두 불교에 관한 것뿐이다. 이 때문에 원효가 불교 이외의 여러 이론들에 대해서 화쟁한 구체적 자료를 찾기란 거의 불가능한 실정이다."[17]

> "여러 경전의 부분적인 면을 통합하여 온갖 물줄기를 한 맛의 바다로 돌아가게 하고 불법의 지극히 공평한 뜻을 열어 모든 사상가들의 서로 다른 쟁론들을 아우른다."[18]

화쟁의 의미는 무엇인가. "화쟁의 축자적 뜻은 모든 이론과 논리의 대립과 갈등을 하나로 아우른다는 뜻이다. 다시 말하여 화쟁의 가장 기본적인 뜻은 모든 대립과 갈등을 회통(會通)시킴을 의미한다. 회통이란, 글이 서로 다른 것을 통(通)해서 뜻[義]이 서로 같은 것에 맞추는(會) 것이니, 화쟁은 여러 사상과 논쟁 가운데 그 핵심과 대요를 파악해 곡해와 대립을 낳고 있는 부분을 서로 통하게 하며, 일심(一心)으로 세계의 실체를 파악해 모

17 김상현, "원효 화쟁사상의 연구사적 검토," 『불교연구』, 제11·12집 (1995), p. 349.

18 원효, 『涅槃宗要』, 『한불전』 제1책, p. 524-상: "統衆典之部分 歸萬流之一味 開佛意之至公 和百家之異諍."

든 시비와 망령됨[妄]을 끊고 원융(圓融)을 이루는 사상체계이다."[19] 이런 면에서 화쟁을 '소통'으로 해석한 견해도 일정 정도 타당하다.[20] 하지만, 화쟁은 이를 넘어서며, 서양의 소통과는 근본 원리가 다르다.

> 마치 저 장님들이 각각 코끼리를 말하면, 비록 그 진실은 얻지 못하지만 코끼리를 말하지 않은 것은 아닌 것과 같다. 불법의 본성에 대해 말하는 것 또한 이와 같다. 곧 6법이 바로 그것은 아니지만 6법을 떠난 것도 아니니, 이 중의 6가지 이야기 또한 이와 같음을 마땅히 알아야 할 것이다.[21]

장님 코끼리 만지기 비유는 『장아함경』과 『우다나경』에 나오는 이야기다. 잘 알 듯, 장님을 모아 코끼리를 만지게 한 후에 어떻게 생겼느냐고 물었더니, 등을 만진 자는 언덕과 같다고, 장딴지를 만진 자는 기둥과 같다고, 꼬리를 만진 자는 밧줄과 같다고 주장하며 서로 싸웠다. 부처님께서 사성제(四聖諦)를 잘 이해하지 못하는 자이나교의 니간타 나타푸타(Nigantha Nataputta) 등 육사외도(六師外道)의 주장들이 그 장님과 같음을 말하기 위하여 이 비유를 활용하였다.

원효는 이 비유를 그대로 끌고 오되, 이분법으로 이 편 저 편을 극명하게 나누어 생각하고 주장하는 것을 지양하기 위하여 화쟁의 논리로 뒤엎

---

19 이도흠, 앞의 책 (1999), p. 108.

20 박재현, "원효의 화쟁사상에 대한 재고(再考)," 『불교평론』, 제8호 (2001년 9월).

21 원효, 위의 책, p. 539-상: "如彼盲人各各說象 雖不得實非不說象 說佛性者亦復如是 不卽六法不離六法 當知此中六說亦爾."

는다. 언덕과 같다고 하든, 기둥과 같다고 하든, 밧줄과 같다고 하든, 코끼리를 말하고 있는 것은 사실이므로 옳지만[皆是], 누구도 코끼리의 전모를 보지 못한 채 부분을 전체로 오인하고 있으니 그른 것이란 점이다[皆非]. 이를 바탕으로 조성택 교수는 화쟁을 개시개비(皆是皆非)로 해석하면서 "자신의 주장을 펼치되 다른 사람의 주장에도 귀를 기울이는 '평화로운 다툼'의 과정을 통해 점차 코끼리의 전모를 완성해 갈 수 있다."[22]라고 주장한다.

이 해석이 틀린 것은 아니지만, 화쟁은 개시개비를 넘어서서 '대립물 사이의 조건과 인과, 작용에 대한 연기적 깨우침'이다. 한 예로, 군대에서 한 신병이 너무도 춥고 손이 시려서 차마 세수하지 못한 채 세숫대야만 바라보고 있었는데 지나가던 소대장이 이를 보고 측은한 마음이 들어 "식당에 가서 온수를 달래라"라고 했다. 신병은 그렇게 했다가 고참에게 군기가 빠졌다고 두들겨 맞았다. 다음 날 아침 인사계가 신병에게 "식당의 김 병장에게 내가 세수할 온수를 달래서 가지고 와라"라고 시키고는 그리하자 신병에게 그 물로 세수하라고 일렀다.

소대장과 인사계 모두 신병에 대한 자비심도 있었고 개시개비의 화쟁적 사고를 하였다. 하지만, 소대장이 여러 조건을 고려하지 못하고 신병의 실체만 보았다면, 인사계는 고참과 신병, 자신과 신병 사이의 연기관계, 특히 거기에 스민 권력을 파악하였기에 소대장과 다른 사고와 행동을 한 것이다. 대립물 사이에 놓인 조건과 인과관계, 거기에 작용하는 권력관계를 무

22 조성택, "경계와 차이를 넘어 함께 사는 지혜," 고은 외, 『어떻게 살 것인가 — 세상이 묻고 인문학이 답하다』(서울: 21세기북스, 2015), pp. 85~87.

시하고 실체만 바라보고 개시개비하면, 관념은 가능할지라도 현실의 장에서는 화쟁이 이루어지지 않는다. 현대사회는 계급모순, 민족모순 등 여러 모순이 얽혀있고 사람과 사람의 연기에 가장 강력하게 작용하는 것이 권력과 자본이기 때문이다.

실제로 도법 스님이 화쟁위원회에서 4대강 사업, 쌍용자동차 노동자 대량해고 사태 등 치열한 갈등과 논쟁에 있었던 사회문제를 화쟁한다고 정부와 시민사회, 보수와 진보를 불러 협의했지만, 논의는 양비론으로 그쳤고, 단 한 건도 해결하지 못한 채 결국 정권의 손을 들어준 꼴이 되었다. 양자의 연기적 관계, 특히 권력이 압도적으로 정권에 있는 것을 인식하지 못한 채 개시개비의 화쟁에 머물렀기 때문이다. 권력을 대칭으로 만들지 않은 채 개시개비를 주장하며 진영의 논리에서 탈피하라고 주문하는 것은 권력의 편을 드는 것이다. 연기를 맺고 있는 상황과 맥락을 소거시킨 채 개시개비에 머무는 것은 화쟁을 박제화하는 것이다. 특히, 화쟁이 정의와 부합하려면 파사현정(破邪顯正)이 우선이다. 앞의 예에서 코끼리 대신 코뿔소를 가져다 놓았다면 장님들이 아무리 서로 존중하고 경청하며 개시개비의 화쟁을 한다 하더라도 코끼리의 전모를 파악하기는커녕 '코뿔소'를 '코끼리'라고 억지를 부릴 수 있다.[23]

---

23 당시까지는 가장 존경하는 분이 도법 스님이었기에 2008년에 실상사의 한 암자에서 연구년을 보냈다. 그때 실상사의 주지로 생명평화 탁발순례를 다니면서 가끔씩 절에 머문 도법스님과 차담을 나눌 때면, 도법 스님은 화엄을, 필자는 화쟁을 주로 이야기하였다. 그 후 2010년 6월경에 도법 스님이 화쟁위원회를 출범시키며 화쟁위원들에게 화쟁에 대해 강의를 해달라고 요청하였다. 필자와 조성택 교수가 강의하였다. 이 자리에서 필자가 강조한 것은 쟁(諍)을 따지지 않은 화(和)는 양비론이나 '거짓화해'로 귀결된다는 점이었다. 필자는 민주화를위한전국교수

이 가운데 대의는 시각(始覺)이 불각(不覺)을 모시고 불각이 본각(本覺)을 모시며 본각이 시각을 모시는 것을 밝히려 함이다. 이미 서로 모신다는 것은 자성(自性)이 없는 것이다. 자성이 없다면 깨달음도 있지 않을 것이요, 깨달음이 있지 않은 것은 서로 상대적인 관계에 있기 때문이다.[24]

협의회(민교협)와 정의평화불교연대(정평불)의 대표로 이명박, 박근혜 정권과 자승 총무원장을 반대하는 운동을 벌이고 있었기에 화쟁위원회와의 관계는 그것이 처음이자 마지막이었다. 적광 스님 집단폭행 사건 직후 도법 스님과도 결별을 하였다. 그러다가 화쟁위원회가 계속 이명박, 박근혜 정권과 자승 총무원장 편에 서서 화쟁을 이용한다는 생각이 들고 보수만이 아니라 진보도 진영의 논리를 벗어나서 화쟁을 해야 한다는 도법 스님의 논리가 진보진영을 비판하는 데 동원되고 있었다. 무엇보다도 4대강 사업, 희망버스, 쌍용자동차 노동자 대량해고 사태, 세월호 침몰, 조계종단의 범계와 비리 등의 문제에서 자본과 정권, 종단이 일방적으로 잘못하고 있는데 양비론으로 활용되는 바람에 이 투쟁에 공동대표나 운영위원으로 적극 참여하고 있던 진보적 지식인으로서 이런 류의 화쟁을 비판하지 않을 수 없었다. 이에 이를 모임이나 집회, 토론회 등에서 비판하다가 칼럼-"화쟁의 핵심은 개시개비가 아니다"(《한겨레신문》, 2015년 8월 17일)-을 기고하였다. 이것이 작으나마 파장을 일으키자 9월 22일에 화쟁위원회와 화쟁문화아카데미 주최로 "화쟁좌담회-화쟁(和諍)을 화쟁하다"라는 토론회가 열렸다. 《불교저널》이 "도법식 화쟁과 이도흠 교수 화쟁론 정식 맞서다"(2015년 9월 8일)라는 제목으로 보도할 정도의 분위기였고 그날 또한 치열한 논쟁이 이어졌다. 지금까지의 기술은 그때의 논쟁을 요약하며 약간 수정한 것이다. 설혹 의도는 선했을지라도, 도법 스님이 필자의 화쟁을 버리고 조성택 교수의 개시개비식 화쟁을 선택한 것이 화쟁위원회가 결과적으로 이명박, 박근혜 정권과 자승 총무원장 체제에 이용당하거나 그 편에 서게 된 근본 원인이라 생각한다. 도법 스님 개인적으로도 이전까지 종단개혁, 생명평화운동, 실상사 공동체 건설이라는 한국 현대불교사에 남을 실로 커다란 업적을 이루었음에도 '자승의 부역세력'으로 비판받게 되었다. 참으로 안타깝다.

24 원효, 『대승기회본』, 앞의 책, p. 748-중~하: "此中大意 欲明始覺待於不覺 不覺

원효는 마명이 『대승기신론』에서 시각과 본각이 같고[同] 서로 의거하고[依] 있다는 것에 대하여,[25] 시각과 본각, 불각이 서로 "待"한다고 해석하고 있다. "待"는 "기다리다, 상대하다, 대접하다, 모시다, 의지하다" 등의 뜻이 있다. 이 가운데 "모시다"로 해석한 것은 필자가 화쟁을 '대립물 사이의 연기적 깨우침'을 넘어 '대립물 사이의 중도(中道)의 깨우침'으로 보기 때문이다.

대립물이 실은 중도임을 깨우치려면 먼저 세계를 A or not-A의 이분법적 모순율을 넘어서서 A and not-A의 퍼지(fuzzy)의 논리 체계로 바라보아야 한다. 서양의 주류 철학은 이 세계를 이데아/그림자, 주체/대상, 현상/본질, 내용/형식, 물질/정신, 말/글 등 A or not-A의 이분법으로 바라보았고, '이데아인 동시에 그림자' 식으로 A and not-A는 모순으로 간주하였다. 우리 또한 어두우면 밤, 밝으면 낮이라 한다. 하지만, 실제 세계는 'A and not-A'이다. 낮 12시라 하더라도 12시에서 0.00001초도 모자라지도 남지도 않은 극점만이 낮인 것이며, 1분만 지났다 하더라도 그만큼 밤이 들어와 있는 것이니, 하루의 모든 시간은 낮인 동시에 밤이다. 이렇게 실제 세계는 A이거나 not-A인 것이 아니라 A인 동시에 not-A, 곧 퍼지다. 그러니, 이 세계를 이분법에서 벗어나 퍼지의 관계로 인식하는 것이 실상을 바라보는 길의 시작이다.

화쟁의 중도는 실체론이나 현상을 벗어나 대립물을 서로 모시는 대대

待於本覺 本覺待於始覺 旣互相待 則無自性 無自性者 則非有覺 非有覺者 由互相待."

25 "本覺義者 對始覺義說 以始覺者 卽同本覺 始覺義者 依本覺故而有不覺 依不覺故說有始覺."

(待對)의 역동적인 관계로 인식한다. 화쟁은 화엄연기론을 바탕으로 삼아 대립하는 양자가 상즉상입(相卽相入)하는 것임을 깨달아 양자를 대대적, 상보적(相補的), 차이적으로 인식한다. 화쟁은 변증법적인 것이 아니라 대대적(待對的)인 대화다. 내가 팔을 펴는 것이 양이고 팔을 구부리는 것이 음이라면, 팔을 펴는 순간에 구부리려는 기운이 작용한다. 이에 팔을 최대로 펴면 다시 구부리게 된다. 그 반대도 마찬가지다. 사물은 극단에 이르면 반드시 되돌아가고 전환한다[物極必反]. 팔이 정지상태일 때는 펴려는 성질과 구부리려는 성질 가운데 한 가지만 나타나지만, 폄 안에 구부림이 작용하고 구부림 안에 폄이 작용해야 팔을 움직이는 것이 가능하다. 음양론에서 파란 태극 문양에 빨간 동그라미가 있고, 빨간 태극 문양에 파란 동그라미가 있는 것은 이 때문이다. 상대방 안에서 나를 바라보고 내 안에서 상대방을 보는 것이다.[26]

위의 인용문으로 돌아가자. 원효는 깨달음과 깨닫지 못함을 이분법적으로 바라보고 구분한 것을 대대의 관계로 아우른다. 금덩이는 땅속에 묻

26 대대는 원효 이전부터 우리 민족의 고유의 사유 방식이자 집단무의식적 대응양식이다. 아득한 고조선 시대부터 우리 민족은 삶과 죽음을 이분법적으로 보지 않았다. 암으로 시한부 선고를 받은 사람이 처음에 이를 부정하지만 체념한 뒤에는 1분 1초를 의미로 가득한 삶을 사는 것에서 잘 나타나듯, 죽음이 있기에 언제인가 이승에서 사라진다는 유한성을 인식하고 실존적 삶을 살고, 삶이 있기에 죽음은 소멸 이상의 의미를 가지며 차이를 생성한다. 그러기에 한국인은 '죽이는 삶'을 살려고 하며 삶의 최고의 순간에 이르렀을 때 "죽인다"라고 말한다. '뜨거운 시원함'이 최고의 맛이기에 뜨거운 국을 먹으며 "시원하다"라고 말한다. 만남과 이별에 대해서도 대대적으로 사고하여 지극히 그리우면 "눈에 밟힌다." 정이 도타울수록 한을 낳고 한이 깊을수록 정이 도타워진다. 정과 한이 불일불이(不一不二)의 관계를 이루며 양자를 대대적으로 화쟁을 시킨 아우름(신명, 무심, 화쟁)을 가장 숭고하고 아름다운 것으로 인식하여 삶과 역사에서도 이를 추구하며, 향가, 속요,

혀 있어도 원래 금덩이의 특성을 가지고 있다. 이처럼 사람의 마음이 본래부터 지극히 맑고 깨끗한 불성을 지니고 있으니 이것이 본각이다. 다만, 땅 속에 묻혀서 금덩이로서 구실을 못하고 있을 뿐인데 땅 밖으로 나오면 되듯, 불법을 듣고 무명에서 벗어나 깨달음을 얻는 것이 바로 시각이다. "모든 중생이 불성을 가지고 있다[一切衆生悉有佛性]"는 것이 대승의 요체다. 누구든 무명을 없애면 자신 안의 불성을 드러내서 부처가 될 수 있다. 아라한보다 보살이 더 나은 것은 내가 부처가 되는 것으로 그치지 않고 고통 속에 있는 중생을 부처로 인도한다는 점에 있다. 팔정도와 육바라밀을 행하며 수행 정진을 하여 깨달아 설혹 부처가 되었다 하더라도 다시 중생으로 내려와 고통 속에 있는 중생을 부처로 이끄는 그 순간에 진정 부처가 된다. 그러니, 깨달음과 깨닫지 못함, 중생과 부처가 둘이 아니며, 깨닫지 못함 안에 깨달음이 있고 깨달음 안에 깨닫지 못함이 있다. 깨달음은 깨닫지 못함을 통하여 드러나고 깨닫지 못함은 깨달음을 통해 드러난다. 이렇게 대립되는 것이 서로 연기적 관계인 동시에 대대의 관계로 서로 조건과 인과로 작용할 뿐만 아니라 서로를 모시고 있으니 대립물의 본성이 없는 것이다.

왜 원효는 소통, 화해, 종합, 개시개비를 넘어 대대의 화쟁을 구성했는가. 화쟁이란 쟁(諍), 곧 쟁론의 대립과 딜레마, 모순을 직시하고 양자의 연기적 관계를 묘파하여 끊임없이 소통하다가 대대의 전환을 하여 하나로

시조, 탈춤 등 중국 문화에 침투당하지 않은 한국 고유의 예술은 '정-한-아우름'을 내적/외적 구조로 한다. (이에 대한 상세한 논증은 이도흠, 앞의 책 (1999), pp. 145~172로 미룬다.)

아우르는 것[和]이다. 예를 들어, 기술력만이 아니라 관리에서도 세계 최상위 기업인 삼성전자가 '갤럭시 노트7'을 단종까지 하면서 2조 원의 손실을 입은 까닭이 무엇인가. 무게를 가볍게 하는 것과 전기 용량을 늘리는 딜레마를 완벽하게 해결하지 않은 채 절충하였기 때문이다. 이를 근본적으로 해결하려면 부피를 줄이면서도 전기용량을 늘이는 혁신적인 전기 축전 테크놀로지나 메커니즘을 개발해야 하는데, 그렇게 하지 못한 상태에서 융착돌기를 비정상적으로 높여 해결하는 방식을 택하다 보니, 절연띠와 갑 안에 두루마기 모양으로 말린 일명 '젤리롤' 안의 분리막이 제대로 기능을 하지 못하여 음극판과 양극판이 만나면서 방전하면서 화재가 발생한 것이다.

불교에서도 마찬가지다. 원효는 불교계 안의 여러 논쟁과 딜레마를 직면하고 이를 어설프게 절충하거나 단순히 소통을 하는 데 머물지 않았다. 대립물의 연기를 살피면서 양자의 소통을 끊임없이 추구하다가 대대의 전환을 하여 양자를 하나로 아울러, 양자가 하나이면서도 둘이게 하였다. 이의 구체적 논리가 "불일불이(不一不二), 순이불순(順而不順), 비동비이(非同非異), 변동어이(辨同於異), 무이이불수일(無二而不守一), 무불파이환허(無不破而還許)와 무불립이자견(無不立而自遣)"인 것이다. 반야와 유식의 대립을 불일불이(不一不二)로, 언어와 진여(眞如)의 딜레마를 선령언구 후령의리(先領言句 後領義理)론으로, 부처와 중생, 깨달음과 깨닫지 못함의 대립을 진속불이(眞俗不二)로 화쟁을 하고, 사(事)와 이(理) 등 그 밖의 대립과 모순에 대해서도 순이불순(順而不順)이나 변동어이(辨同於異)를 통하여 하나로 회통(會通)을 한 것이다.

따르기도 하는 동시에 따르지 않아야 함[順而不順]은 각각의 주장을 대하는 기본이라 할 만하다. 어떤 것을 진리라 하여 전적으로 믿으면 도그

마가 되어 그에 갇히고, 어떤 것을 허위라 하고 내치면 그 속에 일말이라도 진리가 있는데 이를 놓친다. 또, 진리도 다른 시간과 맥락에서는 허위로 변하고 허위 또한 다른 시간과 맥락에서는 진리로 변한다. 그러니, 어떤 것이 허위라 해도 그 가운데 진리인 점과 그것이 진리로 변할 수 있는 점을 잘 살펴서 따르고, 어떤 것이 진리라 해도 허위인 점과 허위로 변할 수 있는 점을 잘 살펴서 따르지 말아야 우리는 각기 다른 주장 속에서 온전하게 진리를 구할 수 있다.

누구인가 진정으로 사랑하면 사랑한다는 말이 나오지 않는다. 진정한 사랑이 100이라면 이 세상의 모든 아름다운 말을 모아 표현해도 90 정도밖에 되지 않기 때문이다. 무지개가 일곱 가지 색인가. 100여 년 전만 하더라도 '주황'이라는 언어가 없어서 '주황'을 '빨강'으로 보았다. 하지만, '주황'을 '주황'이라 말하는 것도 잘못이다. 빨강과 노랑 사이에도 극도로 진한 주황에서 극도로 흐린 주황에 이르기까지 무한대의 색이 존재한다. '나무'라는 언어는 나무의 실체와 어떤 관련도 없으며 '풀'과 이항대립 관계 속에서 '목질의 줄기를 가진 여러해살이의 식물'이라는 의미를 가질 뿐이며 이는 대립항이 '쇠, 돌, 하늘' 등으로 달라질 때마다 의미는 미끄러진다. 그러니, 언어는 세계 그 자체를 인간이 자의적으로 범주화한 것에 지나지 않으며 한정된 언어로 무한한 세계를 표현한다는 자체가 한계를 내재하고 있다. 그러니, 궁극적 진리인 진여(眞如)나 도(道)는 언어를 떠나 있다. 말로 할 수 있다면 진여나 도가 아니다. 그래서 붓다와 달마는 이미 수천 년 전에 이를 깨닫고 언어도단(言語道斷)을 선언하고 지극한 선정(禪定)을 통해서만 그 경지, 곧 부처님의 마음, 일심(一心), 진여(眞如)에 이를 수 있다고 선언한 것이다. 하지만, 선생이 수업 시간 내내 언어가 진리를 왜곡한다며 입을 다물고 염화시중(拈華示衆)의 미소로 일관한다면 학생들은 더욱 어리석음에 빠질 것이다. 중생들은 언어 없이 진리에 다가갈 수 없다.

그러면, 진리가 언어를 떠난 저 편에 있는데 언어 없이는 이에 이를 수 없는 딜레마를 어떻게 해결할 것인가. 붓다는 뗏목을 타고 언덕 너머에 이르고 손가락을 통해 달을 보듯 언어를 이용하여 궁극적 진리에 다다르는 방편을 세웠다. 원효는 먼저 언어를 이해한 다음 그에 담긴 뜻을 헤아린다는 선령언구 후령의리(先領言句 後領義理)론을 세우고, 이를 더욱 구체화하여 진여문과 생멸문처럼 문어(文語)와 의어(義語) 사이의 화쟁을 꾀한다. 일상의 언어처럼 문어(文語)는 진리를 왜곡하지만, 화두(話頭)처럼 의어(義語)를 통해 궁극적 진리에 한 자락 다가갈 수 있다. 하지만, 배에서 내려야 언덕에 이르고 손가락을 떠나 달을 보아야 하듯, 의어 또한 방편일 뿐이다. 언어를 떠나 진여실제(眞如實際)로 가야 한다.

반야는 모든 것이 공(空)이라며 존재를 부정하고 유식은 그 반대다. 내 눈 앞에 사과가 있다. 이는 존재하는가. 시간만 작용해도 사과는 썩어 쓰레기로 변한다. 나는 사과라고 규정하지만, 시위 군중에게는 돌의 대체물이고 상인에게는 상품일 뿐이다. 사과는 사과 씨 없이 존재하지 못하고 온도와 빛, 토양, 영양분, 미생물 등 모든 조건이 맞아서 이런 저런 원소들이 결합되어 이루어진 구성물에 지나지 않으며, 찰나의 순간에도 원소들이 분해되며 변화하고 있기에 공이다. 씨는 씨이고 열매는 열매이며, 씨와 열매는 별개의 사물이니 하나가 아니다[不一]. 국광 종의 사과 씨는 육질이 단단하고 당도는 덜한 사과를 맺고, 후지 종의 사과 열매는 육질은 덜 단단하지만 당도는 높은 성질을 지닌 사과 씨를 품으니 씨와 열매가 둘도 아니다[不二]. 사과와 사과 씨 모두 상대방 없이 존재하지 못하고 금세 변하고 결국 사라져버리니 스스로 존재하는 것은 아무 것도 없다. 공이다. 하지만, 씨가 땅에 떨어져 자신을 썩히면 싹을 틔우고 꽃을 피워 열매를 맺고, 열매가 자기 몸을 흙에 던지면 씨를 남긴다. 이처럼, 모든 존재가 공하지만, 연기적 관계 속에서 이것이 원인이 되어 저것을 생성하며, 서로 변화하는 조건을 형성한다.[27]

이처럼 화쟁은 모든 대립과 갈등, 딜레마, 모순[諍]을 직시하고 양자의 연기적 관계를 묘파하여 끊임없이 소통하다가 대대(待對)의 전환을 하여 서로 대립되는 것이 상대방을 생성하게 하며[相反相成] 하나로 아우르는 것[和]이다. 그러기에 원효가 불교의 쟁론을 회통하는 데 국한하여 화쟁을 이용하였지만, 이는 다른 대립에 대해서도 확장될 수 있는 가능성과 잠재성을 갖는다.

---

27 지면 관계상 몇 가지만 예를 들었다. 이상 화쟁에 대한 논의는 앞의 책 (1999), pp. 105~144를 요약하며 독자의 편의를 위하여 수정을 가하여 쉽게 기술하였다. 이에 대한 상세한 논증은 이 책으로 미룬다. 여기서 '화쟁은 모든 대립과 갈등의 아우름,' '화쟁과 일심(一心): 화쟁은 일심(一心)의 본원(本源)으로 돌아가는 것,' '화쟁과 언어기호: 화쟁은 언어기호를 통해 언어 너머의 진여(眞如) 불법(佛法) 엿보기,' '화쟁과 사리(事理): 화쟁은 이(理)와 사(事)의 원융(圓融),' '화쟁과 불일불이(不一不二): 화쟁은 차이를 통한 공존,' '화쟁과 순불순(順不順): 화쟁은 순불순(順不順) 통한 절대와 상대의 회통(會通),' '화쟁과 중생: 화쟁은 진속불이(眞俗不二) 통한 요익중생(饒益衆生),'등 7절로 나누어 풀이하고 8절에서는 한국인의 고유사상과 비교하였다.

III. '지금 여기에서' 화쟁의 평화론을 위한 해석

8세기의 원효의 사상이 폭력이 난무하는 21세기 오늘에 어떤 의미를 가질까. 원효가 불교에 국한하여 활용한 화쟁을 사회문제에 적용하는 것이 가능하고, 또 타당한가. 화쟁을 전환 논리 없이 곧 바로 사회에 적용하는 것이 오류를 범하는 것이라면, 사회 적용이 불가하다는 주장은 비화쟁적이다. "화쟁은 원효가 스스로 추구하는 바에 이르는 데 사용하는 방법론이자 논리로서 이해되어야 마땅한 것이다."[28]

"방편이나 방법론은 늘 확장의 가능성을 담고 있으며, 확장은 다른 장이나 맥락에 적용함을 뜻한다. 단, 여섯 가지가 충족되어야 한다. 첫째, 이 담론과 장(場), 맥락에서 저 담론과 장과 맥락으로 전이해도 보편성이 있음을 입증해야 한다, 둘째, 다른 담론과 장(場), 맥락으로 전이하면서 발생하는 차이를 인식하고 이 차이를 드러내면서도 하나로 아우를 수 있는, 개별성을 인정하면서도 보편성으로 논증되는 화이부동(和而不同)의 논증과 해석이 수반되어야 한다. 셋째, 적용하는 과정이 객관적으로, 논리적으로 타당하고 논리의 오류를 범하지 말하여 하며, 이는 진리로 판별된 논거를 바탕으로 합리적 논증을 해야 함을 전제한다. 넷째, 추상적인 개념을 구체적인 문제에 적용할 경우 추상과 구체 사이에 변증법적 종합이 이루어져야 한다. 추상과 구체는 일반과 개별, 보편과 특수로 대치되기에, 추상과

28 석길암, "원효의 화쟁을 둘러싼 현대의 논의에 대한 시론적 고찰," 『불교연구』, 제28집 (2008), p. 209.

구체, 일반과 개별, 보편과 특수 사이에 변증법적 종합이 이루어지지 않으면, 그 적용은 성급한 일반화의 오류, 결합의 오류, 분할의 오류를 범할 수 있다. 다섯째, 이런 과정을 통해 의미 있는 해석이나 결과를 추출해야 한다. 여섯째, 방법이 일심과 요익중생의 목적에 부합하는가 따져보아 부합하지 않으면 수정하거나 버려야 한다. 8세기의 신라 불교의 맥락에서 생성된 화쟁의 개념을 21세기 사회문제에 적용할 경우 이 여섯 가지 조건을 충족하면서도 반드시 선행되어야 하는 작업은 초역사적이고 탈사회적인 불교나 화쟁에 역사성과 사회성을 결합하는 것이다."[29] 이 지면에서는 폭력과 평화에 한정하여 폭력의 유형을 알아본 다음 각각의 유형에 따라 원효의 텍스트에 대하여 '지금 여기의' 맥락에서 해석하며 화쟁의 평화론을 모색한다.

1. 폭력의 유형

K. Moyer, T. Nardin 등 J. Galtung 이전의 폭력에 대한 정의는 "제도화한 행위유형에서 일탈하여 타인에게 물리적 피해를 가하는 공격적 행위"라는 데서 크게 벗어나지 않았다. 이런 정의는 배제나 소외, 왕따와 같은 정신적이고 심리적인 폭력을 다루지 못하며, 국가나 지배 권력의 폭력을 정당한 것으로 간주하며, 폭력을 낳은 근인인 사회적 제도나 불평등 문제

29 이도흠, 『인류의 위기에 대한 원효와 마르크스의 대화』(서울: 자음과모음, 2015), p. 43.

등 구조적 요인에 대해서는 성찰하지 못한다.

요한 갈퉁은 직접적이고 물리적인 폭력과 함께 구조적 폭력(structural violence)과 문화적 폭력(cultural violence) 개념을 설정한다. '구조적 폭력'이란 "(인간이) 지금 처해 있는 상태와 지금과 다른 상태로 될 수 있는 것, 잠재적인 것과 실제적인 것 사이의 차이를 형성하는 요인"[30]이다. 위암으로 병원에 가서 수술 실패로 죽는 것은 자연사이지만, 제때 수술하면 살릴 수 있는데 수술비가 없다는 이유로 치료를 받지 못하여 죽는다면 이것은 구조적 폭력이다. 인간답게 존엄하게 살려 하고 모든 구속으로부터 자유롭고자 하는 인간에게 '피할 수 있는 모독'을 가하는 것이다.

문화적 폭력이란 "종교와 이데올로기, 언어와 예술, 경험과학과 형식과학 등 직접적 폭력이나 구조적 폭력을 정당화하거나 합법화하는 데 사용될 수 있는 우리 존재의 상징적 영역이자 문화적 양상"[31]이다. "가난은 게으름 때문이다", "경제 위기는 노동자 파업 때문이다", "동성애는 병이다" 식의 담론, 십자가, 국기와 국가, 사열식, 지도자의 선동적인 연설과 포스터 등이 이에 속한다.

소극적 평화가 전쟁과 직접적 폭력이 없는 상태를 말한다면, 적극적 평화는 경제적 복지와 평등, 정의, 자연과 조화 등이 달성되어 인간의 기본적 욕구가 충족되는 상태를 의미한다. 이는 거꾸로 이들이 주어지지 않는다면 평화는 요원함을 뜻한다. 그러니 진정한 평화란 구조적 폭력이 제거된

---

30 Johan Galtung, "Violence, Peace, and Peace Research," *Journal of Peace Research*, Vol.6, No.3 (1969), p. 168.

31 Johan Galtung, "Cultural Violence," *Journal of Peace Research*, Vol.27, No.3 (1990), pp. 291~295.

상태다.

갈퉁은 제1세계 및 지배 권력의 폭력, 직접적이고 물리적인 폭력만이 아니라 간접적이고 제도적인 폭력, 지배 권력의 폭력을 정당화하는 문화적 맥락, 구조적 요인에 대해서도 분석하고 비판할 수 있는 길을 열었으며, 평화에 대해서도 전쟁과 직접적 폭력이 없는 상태란 소극적 평화가 아니라 구조적 폭력을 제거한 상태라는 적극적 평화의 개념을 제시했다.

하지만 갈퉁의 이론 또한 한계가 있다. 무엇보다도 그의 이론은 대다수 서양 이론처럼 실체론을 넘어서지 못하며, 이분법에 얽매여 있다. 폭력은 강자(top dog)가 약자(under dog)에게 일방적으로, 정적(靜的)으로 행하는 것이 아니다. 폭력은 집단과 집단, 국가와 국가, 사람과 사람 '사이에서' 발생한다. 거시적 차원에서는 주권권력, 훈육권력, 생명 권력이 작용한다. 세 권력이 공권력과 자본, 정보, 제도와 제도의 운용과 해석을 독점하는 막강한 힘과 권위를 가지고 '예외상태'를 만들어 포섭하거나 배제하며 시민을 통제하고 길들이고 조절한다. 미시적 차원에서는 처음 만난 사람끼리 나이나 학번을 물어본 후 연장자가 말을 놓고, 접촉 사고가 난 후에 상대방 운전자가 여성이면 남성 운전자의 목소리가 커진다. 이처럼 사람과 사람 사이에 나이, 지식, 사회적 지위, 자본 능력, 젠더 등이 권력을 형성하여 양자를 '갑'과 '을'의 관계에 놓이게 한다. 남성 운전자에게 면박을 받던 여성 운전자가 남성 운전자에 대해 '나이도 어린놈이!' 운운하며 삿대질을 하는 데서 보듯, 사람들은 자신의 불리한 권력 관계는 숨기고 유리한 권력 관계를 내세우며 갑의 입장에 서려 한다. 이렇듯 일상에 미시적 권력 관계가 스며있다.

폭력은 또 일방적인 것이 아니라, 역동적이고 생성적이다. 권력은 속성

[體]이 없다. 사람과 사람, 집단 사이에서 그저 작동할[用] 뿐이다. 나무젓가락도 약하게 힘을 주면 부러지지 않는다. 누르는 힘(압력)에 버티는 힘(저항력)이 맞서기 때문이다. 이처럼 힘은 누르는 힘과 버티는 힘, 억압과 저항의 역학 관계에서 발생한다. 말 그대로 지렁이도 밟으면 꿈틀한다. 아무리 약자라도 강자에 맞서 저항하면 강자는 움찔하기 마련이다. 갑과 을은 상대에 따라, 행위자 사이의 역학관계에 따라 요동친다. 권력이 있는 곳에 저항이 있기 마련이어서 갑과 을이 전복되기도 하지만, 임계점 이하의 저항이 외려 권력을 강화하기도 한다. 개인과 개인 사이든, 지배층과 피지배층의 사이든, 국가와 시민의 사이든, 국가와 국가의 사이든, 누르는 힘과 버티는 힘 사이의 균형이 유지되는 임계점 이상의 저항을 해야만 권력 관계가 해체된다.

이에 폭력을 불교의 연기론에 따라 역동적이고 생성적인 관점에서 재정립할 필요가 있다. "폭력이란 사람이나 집단 사이에서 누르는 힘과 버티는 힘의 역학 관계에서 생성되는 것으로 한 개인이나 집단이 다른 개인이나 집단을 자신과 구분하고서 그를 타자로 배제한 채 동일성을 강화하거나 정신적이든 물질적이든 특정의 이익을 취하기 위하여 강제적으로 행하는 일탈행위이자, 인간이 지금과 다른 상태로 될 수 있는 잠재적인 것과 실제적인 것 사이의 차이를 형성하는 요인이자, 이를 정당화하는 문화적 양상"이다. 평화란 이 모든 폭력 및 폭력 관계가 제거된 상태를 뜻한다.

갈퉁의 폭력과 평화 이론에서 한 가지 더 아쉬운 점이 있다. 이를 디지털사회에 적용할 경우 한계가 발견된다. 그의 이론이 현실과 재현 사이에 괴리가 없으며, 규범이 현실을 인식하는 준거가 된다는 근대적 발상에서 출발하기 때문이다. 21세기 오늘, 우리는 실제 현실보다 '매체의 매개를 통한 현실(mediated realities)'을 더 체험하며, 가상현실은 일상에 스며들어 있다. 우리는 지금 '재현의 위기(the crisis of representation)'시대에 살고 있다. 두 남녀가 사랑하는 현실을 소설과 영화가 재현하는 것이 아니라 거꾸로 두 남녀가 소설과 영화 속의 사랑을 모방하여 사랑한다. 게임 중독에 걸린 아이가 친구를 살해하고 오랜 동안 게임 속의 악마를 죽였다고 착각한다. 대량살상무기가 있다는 권력의 조작과 허위 보도가 이라크전을 만들어 실제 최소 2만 명 이상의 사람을 죽였지만 아직 대량살상무기는 발견되지 않았다. 이처럼, 재현의 위기론은 구체적인 현실이 있고 이를 텍스트, 가상세계, 언론, 여론조사가 재현하는 것이 아니라 거꾸로 후자가 현실을 구성하는 현상을 분석하는 이론을 말한다.

재현의 위기는 재현의 폭력을 낳는다. 우리는 대개 9시 뉴스에서 방송사 리포터의 발언과 현장의 동영상을 듣고 보며 그를 믿지만, 그것은 조작인 경우가 적지 않으며 조작이 아니라 하더라도 그 기자나 방송사의 이해관계와 이데올로기, 시선, 형식에 따라 구성된 것이다. 같은 현장에서 보도하더라도 전혀 다른 현실이 재현된다. 똑같은 시위장면이라 하더라도 경찰의 뒤에서 영상을 촬영하면 시청자 또한 경찰의 시선에서 '과격한 군중들의 폭력행위'로 본다. 반대로, 군중의 뒤에서 촬영하면 군중의 시선에서 '공권력을 남용하여 정당한 주장을 외치는 시민에게 폭력을 휘두르는 경찰'로 바라보기 십상이다. 전두환 정권에서 그런 것처럼, 보도지침에 의해 전자의 사진만 신문에 게재하도록 언론을 통제하면, 독재 체제에 맞서서 고문과 구속을 각오하고 민주화 운동을 한 학생들이 '빨갱이'로 매도되고 고문과 구속에서 왕따와 구직 거부에 이르기까지 다양한 폭력을 당하기 마련이다. 이처럼 재현의 폭력(the violence of representation)이란 예술이나 언론을 통해 왜곡되어 재현된 것이 실제 현실에서 특정 집단에 대한 편견이나 이데올로기를 확대하고 이들을 타자화하고 배제하는 것을 구성하고, 여기에 권력이 개입하면서 폭력을 행하는 것을 정당화하는 것을 의미한다. 미국의 드라마와 영화에서 흑인이 주로 악당 역으로 나오고 이것이 시청자에게 흑인이 실제 폭력적이란 거짓 이미지를 만들고 이는 흑인에 대한 차별과 배제, 폭력을 야기한다.[32] 이에 폭력을 직접적 폭력, 문화적 폭력, 구조적 폭력, 재현의 폭력으로 범주화한다.[33]

2. 직접적 폭력과 변동어이(辨同於異)의 눈부처-차이론

집단과 국가 사이에서 인간이 행하는 직접적 폭력 가운데 가장 사악한

32 이도흠, "재현의 위기론의 타당성과 한계," 『미학·예술학연구』, 제22집 (2005년 12월), pp. 125~156 요약함.

33 재현의 폭력은 너른 범위의 문화적 폭력에 해당되는 것처럼 보인다. 하지만, 문화적 폭력이 직접적인 폭력이나 구조적 폭력을 정당화하는 문화적 맥락에 초점을 맞춘다면, 재현의 폭력은 현실과 매체에 의해 재현된 현실 사이의 괴리와 왜곡에 초점을 맞추어 분석하는 것이 다르다. 무엇보다 가상과 실재가 공존하고 '매트릭스적 실존'을 하는 디지털 사회의 폭력 양상에 대해 분석하려면 문화적 폭력을 넘어서서 새로운 개념 범주, 곧 재현의 폭력이 필요하다. 갈퉁은 규범이 현실을 인식하는 준거가 된다는 근대적 세계관에서 문화적 폭력을 규정하고 있다. 재현의 폭력은 규범이 더 이상 현실을 인식하는 준거가 되지 못하는 재현의 위기 맥락에서 빚어지는 폭력을 의미한다. 재현의 폭력은 문화만이 아니라 정치, 경제, 사회의 전 영역에 걸쳐서 행해진다. 재현의 폭력은 재현의 위기가 이데올로기, 편견, 착각을 낳고 그것이 특정 사람과 집단에 대한 배제를 구성하고 권력을 개입하면서 정신적/물리적 피해를 가하고 이를 정당화하는 것을 뜻한다.

것이 집단학살이다. 이는 문명사회에서도 끊임없이 자행되고 있다. 왜 교양과 상식, 이성을 가장 잘 갖추고 보통교육이 실시된 20세기가 외려 집단학살을 자행하는 '극단의 시대'가 되었는가. 이의 원인에 대해, 한나 아렌트는 '악의 평범성(the banality of evil)'과 '순전한 생각 없음(sheer thoughtlessness)'으로,[34] 스탠리 밀그램은 '권위에 대한 복종(obedience to authority)' 때문이라 주장한다.[35]

하지만, 아무런 생각이 없이 그저 조직에 충실한 아이히만에게 히틀러가 독일 우파 시민을 학살하라고 명령을 내렸어도 유태인에게 하듯이 별 거리낌 없이 이를 수행했을까. 백인 어린이는 때리지도 못하는 신부가 왜 마야족의 어린 아이를 별다른 죄책감이 없이 죽이는가. 이를 푸는 실마리는 학살 이전에 타자를 배제하거나 악마화하는 증오발언(hate speech)이 선행한다는 점이다. '생각 없음'보다, 권위에 대한 복종보다 대량학살이나 집단적인 폭력을 야기하는 근본 요인은 동일성에서 비롯된 타자에 대한 배제와 폭력이다. 아이히만은 독일인으로서, 게르만족으로서, 독일군 장교로서 자부심을 가지고서 충직하게 명령을 수행했다. 아이히만에게 진정으로 부족했던 것은 '생각 없음'이 아니라 타자인 유태인의 입장에서 생각하고 그들과 대화를 하며 공감하지 않은 것이다. 그가 무지한 자라 하더라도, 유태인의 입장에서 잠시만이라도 고통을 느껴보았다면 그리 서슴없이 학살을 주도하지는 못했을 것이다.

---

34 한나 아렌트, 김선욱 역, 『예루살렘의 아이히만』(서울: 한길사, 2006), pp. 380~382.

35 스탠리 밀그램, 정태연 역, 『권위에 대한 복종』(서울: 에코리브르, 2009), p. 32.

이처럼 동일성이 형성되는 순간 세계는 동일성의 영토로 들어온 것과 그렇지 못한 것으로 나뉜다. 동일성은 '차이'를 포섭하여 이를 없애거나 없는 것처럼 꾸민다. 동일성은 인종, 종교, 이데올로기, 입장이 다르다는 이유로 이를 동일성에서 분리하여 타자로 규정하고 자신과 구분시키면서 편견으로 바라보며, 이들을 '배제'하고 이에 '폭력'을 행사하면서 동일성을 유지하거나 강화한다.

반대로 주류의 동일성에 의해 타자화한 개인이나 집단은 삶의 활력을 잃고 자기실현을 하지 못하며 주눅이 든다. "마틴 루터 킹 목사가 암살된 바로 다음 날 초등학교 교사였던 제인 엘리엇(Jane Elliot)은 반 학생들을 파란색 눈동자 집단과 갈색 눈동자 집단으로 나누어 실험을 했다. 파란색 눈동자를 가진 학생들을 금방 알아볼 수 있도록 목에 두르는 천 조각으로 표시하고 이들의 기본적인 권리를 제한했다. 반대로 갈색 눈동자 학생들에게는 특혜를 제공했다. 그 후 파란색 눈동자를 가진 학생 중 똑똑하고 쾌활하던 학생들이 겁에 질리고 소심해지고 갈팡질팡하며 어리석게 행동하였으며, 파란색 눈동자 집단은 시험에서도 낮은 점수를 기록했고 열정을 보이지도 않았으며 학급 활동에도 심한 적개심을 보였다. 반대로 행해도 결과는 마찬가지였다."[36]

이에 대한 대안은 동일성에서 차이의 사유로 전환하는 것이다.

"같다는 것은 다름에서 같음을 분별한 것이요, 다르다는 것은 같음에

---

36 폴 애얼릭·로버트 온스타인, 고기탁 역, 『공감의 진화』(서울; 에이도스, 2012), pp. 88~89. 요약함.

서 다름을 밝힌 것이다. 같음에서 다름을 밝힌다 하지만 그것은 같음을 나누어 다름을 만드는 것이 아니요, 다름에서 같음을 분별한다 하지만 그것은 다름을 녹여 없애고 같음을 만드는 것이 아니다. 이로 말미암아 같음은 다름을 없애버린 것이 아니기 때문에 바로 같음이라고 말할 수도 없고, 다름은 같음을 나눈 것이 아니기에 이를 다른 것이라고 말할 수 없다. 단지 다르다고만 말할 수가 없기 때문에 이것들이 같다고 말할 수 있고 같다고만 말할 수가 없기 때문에 이것들이 다르다고 말할 수 있을 뿐이다. 말하는 것과 말하지 않는 것에는 둘도 없고 별(別)도 없는 것이다."[37]

동일성이란 것은 타자성에서 동일성을 갖는 것을 분별한 것이요, 타자성이란 것은 동일성에서 다름을 밝힌 것이다. 동일성은 타자를 파괴하고 자신을 세우는 것이 아니기 때문에 바로 동일성이라고 말할 수도 없고, 타자성은 동일성을 해체하여 이룬 것이 아니기에 이를 타자라고 말할 수 없다. 주와 객, 현상과 본질은 세계의 다른 두 측면이 아니라 본래 하나이며 차이와 관계를 통해 드러난다. 주와 객, 주체와 타자가 서로 비춰주면서 상대방을 드러내므로, 스스로 본질이라 할 것은 없지만 상대방을 통하여 자신을 드러낸다.

이를 재해석하여 필자는 '눈부처의 차이론'을 펼친다. 아주 가까이 다가

37 원효, 『금강삼매경론』, 『한불전』, p. 626-상: "同者辨同於異 異者明異於同 明異於同者 非分同爲異也 辨同於異者 非銷異爲同也 良由同非銷異故 不可說是同 異非分同故 不可說是異 但以不可說異故 可得說是同 不可說同故 可得說是異耳 說與不說 無二無別矣."

가서 상대방의 눈동자를 똑바로 보면 거기에 비친 내 모습이 보인다. 형상이 부처님과 비슷해서 우리 조상들이 '눈부처'라고 붙였는데, 필자는 여기에 크게 세 가지 의미를 덧붙여 하나의 개념으로 만들었다. 첫째, 눈부처란 '주/객의 이분법을 해체하는 대대(待對)'다. 우선 상대방의 몸인데 내가 있다. 그리고 상대방의 눈부처를 보는 순간에 내 눈동자에도 상대방이 담겨 있음을 깨닫게 된다. 이를 서로 바라보는 순간만큼은 너와 나, 주체와 객체의 이분법이 해체되고 상대방을 내 안에 서로 모시는 대대적 관계를 형성한다. 둘째, '내 안의 불성(佛性)과 타인 안의 불성의 서로 드러남'이다. 설혹 상대방을 때리러 간 사람이라 할지라도 눈부처를 보는 순간 멈출 수밖에 없다. 이처럼 눈부처는 내 안에 타인과 공존하고 섬기려는 불성이 드러난 것이다. 셋째, '동일성에 포획되거나 환원되지 않는 차이 그 자체'다.[38] 눈부처의 차이는 내 안의 타자, 타자 안의 내가 대화와 소통, 교감을 하여

38 이해하기 쉽게 허구적인 소설로 풀어 설명하면, 어떤 사람이 대학교 때 누이가 독일로 간호사로 가서 보내주는 돈으로 대학을 다녔는데, 어느 날 누이가 독일의사한테 성폭행을 당해서 자살했다고 설정하면, 당사자는 독일 의사를 원수처럼 생각할 것이다. 그 사람이 대학을 중퇴하고 입지전적 인물이 되어서 중소기업을 운영하는 사장에 올라, 고유명사 '독일의사' 뿐만 아니라 보통명사 독일의사도 되지 않기 위해서 고용인 백 명 가운데 오십 명을 이주노동자로 쓰고, 그들과 저녁도 같이 자주 먹고, 축구도 같이 하는 등 가족처럼 대해주었다. 그런데 어느 날 아들이 와서 아빠야말로 독일의사라고 말하고는 집을 나가버렸다. 아들이 회사 노동자 가운데 흑인 여성 이주 노동자를 데려와 결혼한다고 하자, 그는 유학자의 자손으로서 검은 피부를 가진 손자가 조상님의 제사를 지내는 것까지는 받아들이기 어렵다고 말했기 때문이다. 아들이 집을 나간 후 그는 밤새워 성찰하며, '내 안의 독일인 의사'를 발견하고 다음 날 아침 전화를 해서 아들과 그 흑인여성 이주노동자와 소풍을 가서 자기, 자기 안의 독일인 의사, 그리고 여성 이주노동자, 이주 노동자 안에 있는 누이, 이 네 자아가 하나가 되는 경지가 '눈부처 차이'다.

공감을 매개로 하나로 대대적(待對的)으로 어우러지는 것이다. 이는 두 사람이 서로 감성에 의해 차이를 긍정하고 몸으로 상대방을 수용하고 섞이면서 생성되기에, 개념을 넘어서서 자비와 공감을 바탕으로 한 것이기에 동일성으로 환원되지 않는다. 이는 들뢰즈의 '차이 그 자체(difference itself)'와 유사하다.[39] 차이를 전적으로 받아들이는 자는 다른 것을 만나서 그것을 통해 자신을 변화시킨다. 나와 타자 사이의 진정한 차이와 내 안의 타자를 찾아내고서 자신의 동일성을 버리고 타자 안에서 눈부처를 발견하고서 내가 타자가 되는 것이 눈부처의 차이다. 이 사유로 바라보면, 이것과 저것의 분별이 무너지며 그 사이에 내재하는 권력과 갈등, 타자에 대한 배제와 폭력은 서서히 힘을 상실한다. 그 타자가 이민족이든, 이교도든, 호모사케르든 그를 부처로 만들어 내가 부처가 되는 사유다.

동일성과 이에서 빚어진 갈등을 해소하고 눈부처 차이의 평화에 이르는 방법은 ① 만남, ② 대대의 대화, ③ 공정한 중재와 변증법적 종합, ④ 일심이문(一心二門)의 화쟁, ⑤-① 업의 받아들임, ⑤-② 아공(我空)의 깨달음, ⑤-③ 법공(法空)의 깨달음, ⑥ 공공(空空)의 깨달음의 단계가 필요하다.[40] 이를 매개하는 것은 "공동 육아와 공개적인 식생활과 함께 먹기,"[41] 공감을 확대하고 인간 사이의 협력을 증진하는 공감·협력 교육, 지혜의 공

---

39 들뢰즈는 어떤 방식으로도 동일성으로 귀환하지 않는 '차이 그 자체'에 주목한다. "차이 자체는 절대적이고 궁극적인 차이로 감성과 초월적 경험에 의해서만 도달할 수 있다. 사실 반성적 개념 안에서 매개하고 매개되는 차이는 지극히 당연하게 개념의 동일성, 술어들의 대립, 판단의 유비, 지각의 유사성에 복종한다. 차이는 파국을 언명하는 상태로까지 진전되어야만 반성적이기를 멈출 수 있으며 효과적으로 실제의 개념을 되찾는다."(Gille Deleuze, *Difference and Repetition*, Paul Patton tr., (New York: Columbia University Press, 1994), pp. 34~35)라고 말한다.

유, 음악과 예술을 통한 감정의 공유 등이다.[42]

3. 문화적 폭력과 진속불이론

여성에 차별적인 가부장적 문화가 남성들의 여성에 대한 권력과 이 권력을 이용한 젠더 폭력을 낳는다. 이처럼, 직접적 폭력이나 구조적 폭력을 정당화하고 합법화하는 문화적 폭력은 종교, 이데올로기, 언어와 예술, 과학을 포함하여 기호와 상징으로 이루어진 문화 전반에 만연해 있다. 이에 대한 불교 밖의 대안은 이데올로기의 허위성을 분석하고 비판하는 교육을 행하고, 문화적 폭력을 구성하는 지배이데올로기(dominant ideology)를 전복하는 저항이데올로기(counter-ideology)를 형성하며, 모든 문화적 차별을 일소하는 문화적 실천을 행하며, 기존의 담론을 전복하고 새로운 프레임을 창조하는 대항담론을 구성하는 것이다.

불교로 국한하면, 지혜를 통하여 갈등과 폭력을 야기하는 망상과 탐욕, 이데올로기를 비판하고 부정하며, 문화적 폭력으로 고통 받는 중생에 대한 자비심을 바탕으로 그들과 공존하는 삶을 추구한다. 문화적 폭력에 대

---

40 지면관계상 상세한 설명이나 논증은 생략한다. 이도흠, 앞의 책(2015), pp. 174~179를 참고하기 바람.

41 야마기와 주이치, 한승동 역, 『폭력은 어디서 왔나 – 인간성의 기원을 탐구하다』(서울: 곰, 2015), p. 305 참고함.

42 지금까지 이 장의 논의는 이도흠, 앞의 책의 2장 '타자의 배제와 폭력, 학살'을 많이 참고하였다.

한 근본적인 대안은 인간이 선과 악, 이기와 이타가 공존하는 이중적 존재이자 본성이 따로 있는 것이 아니라 연기의 관계 속에서 작동한다는 인식의 전환을 하는 것이다. 어떤 이데올로기나 담론으로 나타나든, 문화적 폭력이 특정한 사람이나 집단을 악마화하는 데 기반하기 때문이다.

인간은 이기적 유전자가 조종하는 생존기계에 지나지 않으며, "이기적 유전자의 목적은 유전자 풀 속에 그 수를 늘리는 것이다."[43] 리처드 도킨스의 지적대로, 인간 또한 유전자 보존과 복제를 위해 프로그램으로 만들어진 생존 기계이며 유전자는 철저히 자신의 유전자를 복제하는 목적을 수행한다. 인간은 다른 인간과 싸워서 더 많은 양식, 양식을 키울 수 있는 땅, 생존을 보장하는 자원과 자본, 이를 확보하는 힘으로서 권력을 얻어 자신의 유전자를 늘리고자 하였다.

리차드 도킨스의 이런 주장은 절반 정도만 타당하다. 인간이 사회적 진화를 해온 다른 한 면을 간과하고 있기 때문이다. 인간은 이기적 유전자를 담은 생존기계이지만, 사회적 협력을 하며, "혈연 이타성(kin altruism), 호혜적 이타성(reciprocal altruism), 집단 이타성(group altruism)을 추구하기 시작하였고,"[44] "고도의 이성을 바탕으로 맹목적 진화에 도전하여 공평무사한 관점을 증진시키며 윤리적 이타성 또한 추구하였다."[45] 협력을 잘하는 자가 진화에도 유리한 탓에 몸도 변해, 인간의 두뇌신경세포에 타인을 모방

---

43 리처드 도킨스, 홍영남·이상임 역, 『이기적 유전자』(서울: 을유문화사, 2010), p. 166.

44 피터 싱어, 김성한 역, 『사회생물학과 윤리』(고양: 연암서가, 2014), pp. 22~49 참고함.

45 위의 책, p. 280.

하거나 타인의 고통에 공감하는 거울신경체제(mirror neuron system)가 형성되는 것으로 진화하였다. "거울신경체계는 언어 학습과 소통에 관여하고 도움을 주면서 인간이 다른 동물과 현격하게 다르게 사회적 상호작용을 하는데 관여한다."[46] 2013년에 페라리 등은 거울신경체제가 타인에게 자신의 표현을 더 쉽고 안정적으로 전달하려는 것을 선호하는 데서 기인한 자연선택의 결과라고 밝혔다.[47] 결론적으로 인간은 선과 악, 이기와 이타가 공존하는 유전적 키메라(genetic chimera)다. 원효는 진속불이(眞俗不二)를 논한다.

"'평등한 상(相)이 또한 공(空)하다'란 곧 진제(眞諦)를 융합하여 속제(俗諦)로 삼은 "공공(空空)"의 의미이니, 순금을 녹여 장엄구를 만드는 것과 같다. (……) "차별상(差別相) 또한 공(空)하다"라 한 것은 이 속제를 다시 융합하여 진제로 삼은 것이니, 이것은 장엄구를 녹여 다시 금덩이로 환원시키는 것과 같다. (……) 또 처음의 문(門)에서 "속제를 버려서 나타낸 진제"와 제2의 공(空) 가운데 '속제를 융합하여 나타낸 진제'인 이 두 가지 문의 진제는 오직 하나요 둘이 아니며, 진제의 오직 한 가지로 원성실성(圓成實性)이다. 그러므로 버리고 융합하여 나타낸

46 Glacomo Rizzolatti, Leonardo Fogassi, & Vittorio Gallese, "The Mirror Neuron System: A motor−Based Mechanism for Action and Intention Understanding," in Michael S. Gazzaniga, ed., *The Cognitive Neurosciences* (Cambridge, Mass.: MIT press, 2009), pp. 625~640.

47 P. F. Ferrari, A. Tramacere, A. Simpson & E.A. Iriki, "Mirror neurons development through the lens of epigenetics," *Trends Cognitive Science*, 17/9, (2013), pp. 450~457.

진제는 오직 하나이다.[48]

순금을 녹여 금촛대, 금불상, 금반지와 금가락지 등 다양한 예술품이나 장신구를 만들지만 모두 금의 성질을 가지고 있듯, 중생이 어떤 형상으로 어떤 삶을 살든 모두 불성을 가지고 있으며, 경험적 진리인 속제가 어떻게 구현되든 그것은 결국 언어와 사고를 넘어서서 여러 법의 실상이 공하다는 진제로 귀결되니, 금덩이와 불성으로 평등한 상이 공하다. 반대로, 금촛대, 금불상, 금반지, 금가락지를 녹이면 모두 금덩이로 돌아가듯, 중생이 무명을 없애면 불성이 드러나며, 속제에서 모든 경계와 구분, 망령됨을 녹여 없애면 진제가 되니, 각각 차별상으로 드러난 것이 공하다. 이렇게 속제를 버려서 나타낸 진제와 속제를 융합하여 나타낸 진제는 둘이 아니라 하나이며, 그 자체로 불성이자 진여다.

우리 미천한 인간들이 속의 세계에서 깨달음의 세계로 끊임없이 수행정진하여야 부처에 이를 수 있고, 또 이에 이른 사람은 아직 고통 속에 있는 중생들을 구제해야 비로소 부처가 된다. 저 아름다운 연꽃이 높은 언덕에 피지 않는 것과 같이 반야의 바다를 완전히 갖추었어도 열반의 성에 머무르지 않으며, 진흙 속에서 연꽃이 피는 것과 같이 모든 부처님 무량한 겁 동안 온갖 번뇌를 버리지 않고 세간을 구제한 뒤에 열반을 얻는다.[49] 이

48 원효, 『금강삼매경론』, 『한불전』 제1책, pp. 639하~640상: "平等之相亦空卽是融眞爲俗 空空之義 如銷眞金作莊嚴具 (……) 差別亦空還是融俗爲眞也 如銷嚴具還爲金鉼 (……) 又初門內 遣俗所顯之眞 第二空中 融俗所顯之眞 此二門眞 唯一無二眞唯一種圓成實性 所以遣融所顯唯一."

49 원효, 『금강삼매경론』, 『한불전』 제1책, p. 649-중: "具足般若海 不住涅槃城 如

처럼 중생에서 부처로, 속제에서 진제로 나아가는 것이 상구보리(上求菩提)의 자리행(自利行)이라면, 부처에서 중생으로, 진제에서 속제로 돌아가는 것이 바로 하화중생(下化衆生)의 이타행(利他行)이다.

문화적 폭력으로 고통당하는 중생의 고통에 공감하고 연대하는 그 순간이 바로 진속불이가 발현되는 장이다. 『유마경』의 「문수사리의 병문안품」은 "중생이 병을 앓으면 보살도 병을 앓으며, 중생의 병이 나으면 보살의 병도 낫는다."[50]라고 말한다. 내 머리 안의 종자인 거울신경세포 체제를 바탕으로 약자의 고통을 내 고통처럼 아파하는 공감이 마음속에서 일어나며, 더 나아가 이성과 결합하여 그를 구제하는 행위에 동참하게 된다. 구체적으로, 일상에서는 인종, 종교, 젠더, 사회적 직위, 학벌, 지연(地緣), 빈부격차 등 문화적 차별이나 미시적 권력관계가 형성될 때 이를 제거한다. 두 사람이나 집단이 다름을 우열이 아니라 차이로서 인정하고 상대방의 입장에서 공감하면서 그를 존중하고 배려하는 말과 행위만을 하도록 노력한다. 거시적으로는 비정규직 노동자, 여성, 노인, 장애인, 성적 소수자, 이주민, 난민 등 사회적 약자들의 고통에 동체대비(同體大悲)의 자비심을 내어 이를 해소하는 일에 연대한다. 바로 이 순간 내 안의 불성이 드러난 것이다.

인간은 생물학적 존재, 실존적 존재, 사회적 존재, 미적 존재인 동시에 초월적 존재이기도 하다. 생물학적 존재로서 인간은 이기적 유전자의 조종

彼妙蓮華 高原非所出 諸佛无量劫 不捨諸煩惱 度世演後得 如泥華所出…"를 원용함.

50 『大正藏』, 第14冊, No.0475, 鳩摩羅什 譯,『維摩詰所說經』, 第2卷, p. 0544b20.: "維摩詰言, 衆生病則菩薩病, 衆生病愈, 菩薩亦愈."

에 따라 자신의 유전자를 더 확대하기 위하여 타인, 자연을 착취하려 하고 본능과 욕망의 언명에 휘둘린다. 실존적 존재로서 인간은 세계를 인식하고 그에서 의미를 구성하고 진리, 선, 정의 등 더 나은 의미와 가치를 찾아 성찰하고 결단하면서 자신의 본성을 구현하며, 죽음을 향한 존재로서 삶의 유한성을 인식하고 어떻게 살 것인가 생각하고 실존한다. 사회적 존재로서 인간은 노동과 소통, 교환을 통해 타인과 공감하고 상호작용하고 협력하면서 자기를 실현하고 세계를 변화시킨다. 미적 존재로서 인간은 물질과 현실을 초월하여 더 새롭고 더 아름답고 더 생명적인 것에 감동하고 이를 추구한다. 초월적 존재로서 인간은 과거와 현재에서 미래, 비속한 것에서 성스러운 것, 현실에서 이상과 유토피아, 유한에서 무한, 인간에서 신을 향하여 지향한다.

그러니, 교육, 수행, 의례, 참여를 통하여 공감을 증대하고 더 나은 의미와 진정한 가치를 추구하는 인간으로 거듭나게 하는 것이 궁극적으로 문화적 폭력을 일소하는 길이다. 이렇게 거듭난 인간이 눈부처-주체다. 눈부처-주체는 소극적 자유, 적극적 자유, 대자적 자유를 종합한다. 소극적 자유(freedom from)는 모든 구속과 억압, 무명(無明), 탐욕에서 벗어나 외부의 장애나 제약을 받지 않은 채 생명으로서 생의 환희를 몸과 마음이 가는 대로 누리면서 자신의 목적을 구현하고 인간으로서 실존하는 것을 의미한다. 적극적 자유(freedom to)는 자기 앞의 세계를 올바로 인식하고 판단하고 해석하면서 모든 장애와 소외를 극복하고 세계를 자신의 의지와 목적대로 개조하면서 진정한 자기를 실현하는 것을 뜻한다. 노동과 실천을 통해 세계를 변화시키거나 수행을 통해 자기완성을 이룰 때 도달하는 희열감의 상태가 이 경지다. 대자적 자유(freedom for)는 자신이 타자와 사회관계 속에서 밀접하게 관련이 있음을 깨닫고 타자의 아픔에 공감하고 연대하여 타자를 더 자유롭게 하여 내 자신이 자유로워지는 것을 의미한다. 이처럼 눈부처-주체는 나의 삶이 다른 타자 및 생명과 긴밀하게 연관되어 있음을 깨닫고 그를 위하여 나의 욕망을 자발적으로 절제하고 노동과 수행, 실천을 통한 세계의 변화와 자기 변화를 구체적으로 종합하는 속에서 실존의 의미를 찾고 타인의 아픔에 늘 동체의 대비심을 가지고 타인을 더 자유롭게 하여 내 자신이 자유로워질 때 환희심을 느끼는 존재다.[51]

4. 구조적 폭력과 화쟁의 정의평화론

구조적 폭력을 제거하는 일은 쉽지 않다. 불교 밖에서 보면, 온건한 방법으로 구조적 폭력을 야기하는 법과 제도, 시스템을 개혁하는 방안이 있다. 하지만, 근본적인 대안 없이는 구조적 폭력의 일소가 불가능하다. 세계 차원에서는 제국이 주변부를 착취하는 세계체제를 혁신해야 하며, '몫 없는 자'의 민주주의를 수용하여 국가와 종교와 인종을 초월하여 각 직업별로 안배하고 추첨한 시민들이 주체가 되는 세계의회와 세계공화국을 건설해야 한다. 국가 차원에서도 각 직업별로 추첨한 시민이 주체가 되는 의회를 구성하고, 이를 바탕으로 생명평화 복지국가로 전환해야 한다. 집단 차원에서는 '자유로운 개인의 연합'으로서 공동체를 건설하고, 모든 대중이 동등하게 권력을 갖고 참여하고 소통하면서 합의에 이르는 협치[gover-

---

51 지금까지 Ⅲ장 3절의 논의는 이도흠, 앞의 책 (2015), pp. 227~256을 참고하였다.

nance] 시스템을 확립해야 한다. 불교로 국한하면 좋은 예가 『장아함경』에 나온다.

> "때에 왕은 곧 좌우에 명령하여 그(도둑)를 묶게 하고 북을 치고 소리로 외쳐 모든 거리에 돌게 한 뒤에 그를 싣고 성을 나가 넓은 들에서 죽였다.…이때부터 비로소 가난이 생기고 가난이 있은 끝에 비로소 강도가 생기고, 강도가 생긴 뒤에 비로소 무기가 생기고 무기가 생긴 끝에 비로소 살해가 생기고, 살해가 생긴 끝에 곧 안색이 초췌해지고 수명이 짧아졌다."[52]

전륜성왕은 도둑을 잡아 가난 때문에 생긴 것이라며 창고의 물품을 내주었지만 이를 악용한 도둑이 생기자 그를 죽여 경계로 삼는다. 그 후에 가난 때문에 절도와 살해가 일어난다고 말하고 있다. 가난이 개인의 문제이기도 하지만 사회의 구조적 문제이고 이로 도둑, 살해 등이 일어난다는 인식이 깔려 있다. 이에 대한 대안으로 전륜성왕이 보당을 부수어 가난한 사람들에게 보시하고 수행을 하여 열반에 이르고 있다고 끝맺고 있다.

> "보살은 저들을 위하여 이치에 맞게 회통(會通)하고 이치에 맞게 화회

---

52 『長阿含經』第6卷(T01n0001_006), 「佛說長阿含第二 分轉輪聖王修行經第二」, p.0040c14: "時, 王卽勅左右使收繫之, 聲鼓唱令, 遍諸街巷, 訖已載之出城, 刑於曠野.… 自此王來, 始有貧窮, 有貧窮已始有劫盜, 有劫盜已始有兵杖, 有兵杖已始有殺害, 有殺害已則顏色憔悴, 壽命短促."

(和會)하여 저 중생을 포섭한다."[53]

원효는 화쟁의 목적이 "일심(一心)의 근원으로 돌아가서 중생을 넉넉하게 이롭도록 하자는 것이다(歸一心之源 饒益衆生)"라고 분명하게 천명한다. 그러니, 개시개비의 상황에 머물 것이 아니라 먼저 이치에 맞는가 따져보아야 하며, 무엇이 중생을 위한 것인가 판별해야 한다. 서로 주장이 맞설 때 여러 견해나 주장의 핵심적인 이치를 파악하여 부차적인 것을 버리고 한 맛[一味]으로 회통시킨다. 서로 옳다고 싸울 때 어떤 것이 진정으로 중생을 위한 것인가 따져서 서로 화합과 조화를 도모하는 것이다. 원효가 구체적으로 언급하지 않았지만, 이 과정에서 중생을 이롭게 하려면, 중생을 억압하고 고통 속으로 몰아넣은 구조적 폭력에 대한 인식과 그에 대한 제거 노력을 하지 않을 수 없다. 그리하여, 수많은 강이 있지만 바다에서 하나로 합치듯 각기 다른 상황에 있고 다른 주장을 펼치는 중생들을 모두 하나로 어울리게 하는 것이다.

그럼, 팔다리를 자르더라도 절대 분노하지 말고 인욕과 자비심을 유지하라는 경전의 가르침과 구조적 폭력에 대한 저항 사이의 딜레마를 어떻게 해결할 것인가. 필자가 희망버스와 쌍용자동차 해고 노동자 복직 투쟁에 1,000여 명의 진보적 교수들의 조직인 민주화를위한전국교수협의회(민교협) 의장으로서 기획단과 공동대표로 참여할 때 한 불자가 "지식인의 사회참여로서는 옳지만, 불자로서는 분노하지 말라는 가르침을 어기는 것이

53 원효, 『十門和諍論』, 『한불전』, p. 838-하: "菩薩爲彼, 如理會通, 如理和會, 攝彼有情."

다"라고 말하였다. 딜레마였다. 집회에 참여하여 분노하면 부처님의 제자가 아니고, 대중의 고통을 외면하면 지식인의 본분을 잃는 것이었다. 여기에도 화쟁의 방편이 있을까. 많은 시간 동안 차벽 앞에서, 서재에서, 산을 거닐며 번민하였다. 분노에 관련된 문구를 찾아 경전을 뒤졌다. 경전에서 분노를 긍정하는 문구를 찾을 수 없었다. 학술논문 또한 단 한 편도 긍정하지 않았다.

불교는 "높은 수행의 경지에 오른 사람이 자비의 마음으로 인해서 폭력을 사용하는 것, 바른 가르침을 말하는 비구를 보호하는 경우에 폭력을 용인한다."[54] 『대방편경』에서는 "500명이 탄 배에서 한 선원이 499명의 선원을 죽이고 그들이 가진 것을 빼앗으려는 음모를 꾸민다. 선장은 세 차례나 그러지 말라고 그 선원을 설득했지만 그 선원은 고집을 꺾지 않았다. 선장은 이렇게 생각했다. '만일 내가 저 선원을 죽이지 않는다면 다른 499명이 죽게 될 것이다. 하지만 그를 죽이면 499명의 목숨을 구하기 위해, 그리고 그가 499명을 죽이는 죄를 범하는 것을 막기 위해 한 사람을 죽인 죄에 따른 악업의 결과를 그대로 받게 된다. 게다가 만약 내가 음모를 꾸미는 저 사람을 죽이지 않는다면, 나는 499명의 죽음에 간접적으로 책임이

54 이병욱, 앞의 책, p. 177. 이병욱에 따르면, 『대열반경』에서는 "칼과 화살과 창을 가지고서 계를 지키는 청정 비구를 수호해야 한다."(『대열반경』/『대정장』 12권, 383中: "應持刀劍弓箭鉾槊, 守護持戒淸淨比丘")라며 계를 지키는 청정비구를 수호하기 위한 방편으로서 폭력을 용인하고, "오계를 받지 않았지만 바른 법을 수호한다면 이를 대승이라고 부를 것이다. 바른 법을 수호하는 자는 칼과 무기, 의장(儀仗)을 들고 설법자를 호위해야 한다."(『대열반경』/『대정장』 12권, 384上: "不受五戒, 爲護正法, 乃名大乘, 護正法者 應當執持刀劍器仗 侍說法)라고 말하면서 정법을 보호하기 위하여 폭력을 사용하는 것이 대승이라고 밝히고 있다.

있다.' 이에 선장은 무기를 들고 그 선원을 죽인다. 그 선장의 이름이 '자비 선장'이며 바로 부처님의 전생이었다."[55]

필자는 모든 분노를 부정한 기존의 불교학계의 주장과 달리 위의『대열반경』과『대방편경』을 근거로 '자비로운 분노' 개념을 내세우고, 이를 불교 교리를 어기지 않으면서 구조적 폭력에 저항하여 적극적 평화를 실현하고 중생구제의 목적을 구현하는 방편으로 본다. 지혜 없는 자비가 맹목이라면 자비 없는 지혜는 공허하다. 수행을 통하여 고통과 분노가 일어나는 원인, 모든 것의 연기성과 공성(空性)에 대하여 통찰하고 중생의 고통에 자비심을 가져 이를 해결할 다양한 방편을 모색하고 실천하여 그를 구제하는 것이 모든 중생을 행복하게 하는 길이다. 물론, '정의로운 분노'는 이를 행사하는 개인이나 집단의 이해관계를 합리화하거나 이데올로기의 소산일 수 있어 경우와 맥락에 따라, 특히 상대방의 입장에서는 정의롭지 않을 수 있다. 하지만, "뇌나 심장, 배꼽이 아니라 아픈 곳이 우리 몸의 중심이다."라며 죽어가는 생명, 억압받고 수탈당하는 중생에 대한 자비심의 연장으로 발생하는 분노, 생명을 살리고 구성원의 분노를 줄이기 위하여 구조적 폭력이나 잘못된 국가와 세계 체제에 대한 분노는 정당하다. 단, 그 분노의 표출은 설득과 협상 등 평화적 방법이 무망한 상황에서 증오와 폭력이 없이 자비심을 잃지 않는 범위에 한정하여 행해야 한다.[56] 바로 그 순간에 그

55 달라이 라마·스테판 에셀, 임희근 역,『정신의 진보를 위하여』(서울: 돌베개, 2012), pp. 51~52 참고함.

56 이는 평화적 협상을 먼저 시도하고 그것이 불가능할 경우에 분노하라는 것이 아니다. 종종 권력자들은 협상에 응하되 시간을 끌며 자기네 목적을 달성한다. 권력이 심하게 비대칭적이고 상대자가 절대 악으로 평화적 협상을 이용 대상으로만

는 보살이 되어 자비로운 분노를 행할 수 있는 자격을 갖게 된다. 상황에 따라 방편과 전략, 전술을 활용하여 폭력을 최소화하는 것과 중생구제와 평화달성의 목적을 달성하는 것 사이에서 어떻게 균형을 유지할 것인가에 대해 숙고하고 또 숙고하여야 하며,[57] 시간이 허락할 경우 갈마(karma)와 같은 민주적 방식으로 집단지성을 도출해야 할 것이다.

그러니, 구조적 폭력에 대한 대안은 중생을 고통스럽게 하는 구조적 폭력에 대한 인식을 하고 중생을 진정으로 이롭게 하는 길이 무엇인가 통찰하여 이를 지향하는 가운데 고통받는 중생에 대한 자비심에서 비롯된 분노를 표출하는 것이다.

5. 재현의 폭력과 화쟁의 체용론

사이버 세계에서 남북통일을 수만 번 이룬다 해도 실제 통일은 이루어지지 않는다. 시뮬라시옹이 현실을 대체하는 한, 현실의 모순을 인식하고 이를 변혁할 가능성은 사라진다. 불교 밖의 대안은 여실지견(如實知見)으로 현실과 가상, 원본과 복사본을 구분하고 거기에 현실의 구체성을 회복하는 것, 언론의 자유를 구현하고 확실하게 제도화하는 것, 기억투쟁, 담

삼으려는 의도가 명확할 경우 평화적 협상이 무망하다고 판단하는 것 또한 지혜다.

57 예를 들어 테러리스트가 어린이를 납치하여 죽이려고 할 경우, 먼저 협상과 설득을 하고 그래도 안 될 경우라 할지라도 어린이를 구하는 목적을 달성하는 전제에서 테러리스트에 대한 폭력을 최소화할 수 있는 방안을 고민해야 한다.

론 투쟁, 헤게모니 투쟁을 하는 것, 기표에 물질성을, 텍스트에 맥락을 부여하는 작업을 하는 것 등이다.[58]

불교적인 대안은 화엄의 사법계(四法界)로 현실을 바라보는 것이다. "사리무애법계(事理無碍法界)는 현상과 원리가 완전 스스로 존재하고 서로를 포섭하여 하나로 융합하는 경계, 구체적 사물의 구체적 현상(事)의 원리와 법이 드러나고 원리(理)는 현현하는 현상의 증거가 되는 세계다. 바다가 물결을 포용하고 물결이 바다를 포용하듯이 리(理)와 사(事)가 서로 방해함이 없이 서로 안과 밖에 존재한다. 사리무애법계로부터 사법계와 이법계를 유추할 수 있다. 사법계(事法界)는 현상의 경계를 뜻한다. 물과 산이 있고 산이 물이 아니고 물이 산이 아닌 것처럼, 현상, 개별적 사상(事象), 구체적 현실의 경계를 가리키는 것으로 모든 사물이 서로 다른 분명한 대상이나 형상으로 드러나는 현상의 세계다. 이법계(理法界)는, 본체, 혹은 원리의 경계를 뜻하며 현상과 현실의 기초를 이루는 추상적 원리 및 여러 법(法)을 떠받치는 실재(實在)가 드러나는 세계이다. 사사무애법계(事事無碍法界)는 현상과 현상이 완전 자재하고 융섭하는 경계로 사(事)가 리(理)의 도움 없이 다른 모든 사(事) 속으로 자유롭게 들어가고 융섭하는, 사(事)와 사(事)가 무애할 뿐만 아니라 만유(萬有) 그 자체가 서로를 비추어주고 서로를 침투하여 하나가 곧 세계이고 세계가 곧 하나인 경지이다. 즉, 세계는 서로 방해를 하지 않고 서로를 비춰주고 포섭하여 하나로 융합하여 총

---

58 이상 이도흠, 「현실의 재현과 진실 사이의 차이에 대하여」, 『한국언어문화』, 제25집, 한국언어문화학회, (2004), pp. 46–53을 참고하였으며 상세한 논증과 예술적, 정치적, 철학적 대안은 이를 참고하기 바람.

체성(總體性)을 지향하는 것이다."[59]

촛불이 무한대로 비추는 방 안에 수정 공을 가져다 놓으면 그 수정 공 안에 모든 것이 다 들어가 비춰진다. 138억 년 전에 원자보다 더 작은 양자가 요동을 하면서 대폭발[Big Bang]이 일어나서 광대한 우주가 탄생하였다. 시작도 끝도 없는 우주가 한 티끌 속에 있는 한 원자에 압축되어 있고 우주의 구조와 원자의 구조가 상동성을 갖기에, 천체물리학자들은 원자의 구조를 연구하여 우주의 비밀을 해명하려 한다. 입자가속기 등을 통해 원자 안의 작은 미립자에 대해 새로운 사실이 추가되면 우주의 비밀이 한 꺼풀 벗겨지고 허블 망원경 등을 통해 우주의 비밀이 밝혀지면 원자의 실체를 밝히는 연구도 한 걸음 진전된다. 한 번 짝을 이룬 두 입자는 수십 억 광년 떨어져 있다 하더라도 어느 한 쪽 입자의 위치나 운동량, 스핀이 변하면 그 반대편의 입자도 즉각 바뀐다[양자얽힘, quantum entanglement]. 망망한 우주가 곧 하나의 원자이고, 하나의 원자가 곧 망망한 우주이다. 하나의 세포를 채취해 배양하면 한 사람의 복제인간이 만들어지듯, 체세포가 인간 몸 안의 수백조 개의 세포 가운데 한 부분이 아니라 한 인간의 모든 유전자 정보를 담고 있는 하나의 완전한 구조이다. 의상의 말대로 하나 중에 일체 있고 일체 중에 하나 있다[一中一切多中一].

465억 광년에 이르는 광대한 우주 전체[總相]는 각각의 소립자와 원자와 별들[別相]이 모여서 이루어진 것이며, 각각의 원자와 별들과 우주는 서로 연기적 관계에 있다. 각 원자와 별들은 각각의 물리적 작용[異相]을 하며 운동을 하고 변하지만 중력의 법칙이나 양자얽힘처럼 모든 물질과

---

59 까르마 츠앙, 이찬수 역, 『화엄철학』(서울: 경서원, 1990), pp. 218~237 참고.

우주에 공통적인 원리[同相]를 공유한다. 우주가 별들의 조합으로 전체 모습[成相]을 이루고 있지만, 각각의 별들과 원자들이 각각의 위상에서 에너지를 갖고 중력이 형성한 시공간과 암흑물질과 암흑 에너지를 비롯한 다른 물질 등 우주와 관계에 따라 자신의 모습[壞相]을 갖는다. 이 여섯 가지의 상이 서로 상즉상입한다. 서로 연기적 관계 속에서 무한하게 반복을 되풀이하면서 차이를 생성하며 우주를 이루고 있다.

사회도 마찬가지다. 사회[總相]는 각 주체[別相]들이 모여서 이루어진 것이며, 각 주체와 사회 전체는 서로 연기적 관계에 있다. 각 주체들은 각자의 삶[異相]을 행하지만 모든 사회의 공통적인 원리[同相]를 공유한다. 사회가 구성원들의 조합으로 전체 모습[成相]을 이루고 있지만, 각 주체들은 나름대로 자신의 형상[壞相]을 갖는다. 이 여섯 가지 상이 상즉상입한다. 서로 연기적 관계 속에서 끊임없이 반복을 되풀이하는 가운데 차이를 생성하면서 사회를 형성하고 있다.

그렇듯 주체는 실은 거울, 아버지, 타자들의 반영이다. 모든 존재는 상호생성자(inter-becoming)로서 서로 작용하고 인과관계를 미치면서 실재한다. 텍스트가 현실을 구성하고, 현실이 텍스트로 재현된다. 과거가 현재에 되먹임[feedback]되고, 현재의 기억투쟁과 헤게모니 투쟁, 담론 투쟁에 따라 과거가 새롭게 해석되어 존재한다. 미래를 지향하여 현재가 만들어지고, 현재에 따라 미래가 달라진다. 집착이 고통을 낳지만 집착을 없애면 고통이 사라진다. 상상계(the imaginary)의 결핍이 상징계(the symbolic)를 만들고, 상징계의 괴리가 상상계를 구성한다. 이데올로기가 현실을 재현하고, 현실을 은폐하려 이데올로기가 만들어진다. 세계가 완전하고 조화롭지 못하여 환상이 만들어지고, 환상은 세계가 완전하지 못하고 조화롭지 못하도록 작동한다.

그러니 현실이란 근원적으로 허상이고 집착이다. 현실은 허상이지만 연기를 드러내는 것은 실상(實相)이다. 현실을 완벽히 재현한다는 것은 불가능하지만 연기를 드러내면 그 텍스트는 현실에 담긴 진리를 비춰준다. '지금 여기에서 현실'은 '내가 무한한 연기–상관관계, 조건, 인과–속에서 저 먼 별에서 눈앞의 미생물에 이르기까지 우주 삼라만상과 과거의 과거에서 미래의 미래에 이르기까지 시공간과 상즉상입하고 있는 바로 그 순간'이다. 현실과 해석, 진리의 관계를 원효가 대승기신론(大乘起信論)의 체용론을 화쟁으로 체계화한 것을 재해석하여 응용할 수 있다.

> 만약 상주(常住)를 논한다면 다른 것을 따라서 이루어지지 않는 것을 체(體)라 하고, 무상(無常)을 논한다면 다른 것을 따라서 생멸하는 것을 상(相)이라 하니 체는 상(常)이요 상(相)은 무상(無常)이라고 말할 수 있을 것이다. (……) 일심이 무명(無明)의 연을 따라 변하여 많은 중생심을 일으키지만 그 일심은 항상 스스로 둘이 없는 것이다. (……) 비록 심체가 생멸하나 늘 심체는 상주하여 이는 심체가 하나도 아니고 다른 것도 아니기 때문이다. 이른바 이는 심체가 둘도 아니고 하나도 아닌 성질이며 움직임과 머묾이 같지도 않으면서 다른 것도 없는 성질인 것이다.[60]

60 원효, 『대승기회본』 卷2, 『한불전』제1책, pp. 746–하~747–중: "若論其常住 不隨他成 曰體 論其無常 隨他生滅 曰相 得言體相 相是無常 (……) 如是一心隨無明緣變作多衆生心 而其一心常自無二 (……) 又雖心體生滅 而恒心體常住 以不一不異故 所謂心體不二而無一性 動靜非一而無異性."

이를 재현의 폭력에 응용하자. 생멸문에서는 이문(二門)의 차원에서 현실과 진리를 바라본다. 현실[참, 體1]은 알 수 없고 다다를 수도 없지만, 인간의 사건과 상징적 상호작용 행위[用]를 통해 일부 드러난다. 이는 텍스트[相]를 만든다. 이 텍스트가 몸을 품고 있기에 읽는 주체들은 텍스트를 해석하면서 텍스트에 담긴 현실[몸, 體2]을 읽는다. '몸의 현실'이 일상의 차원에서 감지하는 현실이라 할 것이다. 물론 실재 현실인 참의 현실[體1]과 텍스트를 통해 재구성한 몸의 현실[體1]은 동일하지 않다. 인간은 영원히 실재 현실에 이를 수 없다. 현실은 있지만 다다를 수 없다. 하지만 몸의 현실에서 연기와 일심(一心)을 발견하고 그로 돌아가려는 순간 우리는 실재 현실의 한 자락을 엿볼 수는 있다.

'진정한 텍스트'를 통하면 우리는 현실에 점점 접근해 간다.[61] 모더니즘은 현실을 애써 회피하고 텍스트의 혁신에만 주력했고 리얼리즘은 텍스트를 통해 현실을 투명하고 올바르게 재현할 수 있다고 착각했다면, 포스트모더니즘은 현실을 알 수도 다다를 수도 없는 것으로 해체해버렸다. 이제 '지금 여기에서' 몸의 현실의 재현을 통해 구체적 현실 속에서 연기되지 않고 갈등하고 있는 것들에 대해 비판하고 부정하고, 이에 그치지 않고 그 현실 너머에 있는, 언어로는 드러낼 수 없는 일심(一心)으로 돌아가야 한다.

61 텍스트(text)란 '짜여 있고 그 질서에서 의미나 메시지를 발견하는 것'이다. 한 편의 시, 소설, 영화도 텍스트이지만, 가을 날 창밖으로 떨어지는 낙엽을 보며 무상을 떠올린다면 그 풍경의 구도 자체가 텍스트다. 진정한 텍스트는 예술작품이든 아니든 진부한 세계를 깨고 새로운 세계의 실상을 보여주거나 인언견언(因言遣言)의 논리로 언어기호를 방편으로 하되 이를 넘어서서 궁극적 진리에 다가가는 텍스트를 말한다.

한 마디로 요약하여, 용을 통하여 체를 유추하며 그 상으로서 텍스트를 구성하며 그 텍스트에 담긴 현실과 진리를 읽되, 실재 현실인 참의 현실[體1]과 텍스트를 통해 재구성한 몸의 현실[體1]은 동일하지 않음을 깨닫고, (라캉식으로 말하면 인간의 욕동(drive)은 상징계를 넘어서서 실재계(the real)를 지향하지만 실재계에 다다를 수 없기에 욕동은 상징으로 표현되고 욕망의 대상으로 환유됨을 인식하고) 진정한 텍스트를 방편으로 삼아 언어로는 드러낼 수 없는 일심(一心)으로 돌아가야 한다. 그럴 때 우리는 현실과 재현 사이의 거리를 인식하고 그를 지배하는 신화와 권력에 맞설 수 있으며, 연기의 구조를 갈등의 구조로 바꾸려는 세력에 저항하면서 역사의 진보를 이룩할 수 있으며, 현실을 구체적으로 인식하면서도 그 현실 너머의 실재 현실을 향해 다가갈 수 있다.[62]

6. 화쟁의 확장과 응용

8세기의 화쟁을 '지금 여기에서' 전쟁과 갈등에 대한 평화론이나 남북의 평화통일론으로 응용하려면 어떤 과정이 필요한가. 앞 장에서 말했듯, 원효는 다양한 쟁론이 다툼을 벌이는 당시 불교계에서 이 쟁론을 전혀 다른 차원의 패러다임인 화쟁의 방편을 통하여 회통하고 화해하려는 맥락에서 언어와 진리, 중관과 유식, 부처와 중생, 깨달음과 깨닫지 못함, 사(事)

62 지금까지 Ⅲ장 5절의 논의는 이도흠, 앞의 책 (2015), pp. 727~734를 참고함. 상세한 논증은 이로 미룬다.

와 리(理)를 대대(待對)적으로 아우른 것이다. 형이상학의 차원에서는 이를 그대로 응용해도 되지만, 사회적, 정치적으로 응용할 경우 맥락화와 재맥락화를 거쳐서 재해석을 해야 한다. 원효의 저술을 비롯하여 고대의 텍스트(T1)는 그 경전과 논저가 생성되고 해석된 조건과 맥락(C1)에 비추어 해석하여 2차 텍스트(T2)를 생성하고, C1을 '지금 여기에서' 인간이 맞고 있는 조건과 맥락(C2)으로 대치하여 해석하여 3차 텍스트(T3)를 생성한 후, 각각의 텍스트와 맥락 사이에서 끊임없이 대화를 하며 양자의 화쟁을 시도하여야 한다. 이 과정에서 핵심은 대부분이 초역사적인 텍스트인 원효의 텍스트에 역사성과 사회성, 정치성을 부여하여 해석하여야 한다.

이 작업을 거쳤든 거치지 않았든, 원효의 화쟁은 한국 사회에서 무수히 응용되고 있다. 평화론과 통일론, 갈등의 해결론으로 확장되었으며, 도법스님은 조계종 안에 화쟁위원회를 만들어 4대강 사업, 쌍용자동차 노동자 대량해고 사태 등 당시에 가장 국론이 분열되었던 사안에 대하여 보수와 진보, 정부와 시민사회 노동단체를 함께 불러 화쟁을 시도하였다. 그럼에도 대다수의 말과 글들이 화쟁을 왜곡하였고 화쟁위원회의 활동은 실패로 끝났다.

이는 우선 화쟁을 잘못 이해하거나 다른 의도를 가지고 해석하였기 때문이다. 현실에서는 시민과 국가, 노동과 자본, 남과 북이 치열하게 대립하고 있는데, 이를 무시한 채 쟁(諍)의 과정 없이 화(和)에 초점을 맞추면 유신체제를 옹호한 이데올로기나 분단모순을 은폐한 남북 통일론처럼 '거짓화해'로 귀결된다. 그러니, 화쟁은 쟁(諍)의 실상을 철저히 파악한 후에 그 대립과 갈등과 모순, 딜레마를 극복하고 아우르는 길[和]을 도모해야 한다.

둘째, 불일(不一)과 불이(不二)가 함께 동등하게 다루어져야 한다. 불일에서 빚어지는 차이를 없애면 동일성으로 회귀하며, 불이로부터 생성되는 소통과 화해, 대대(待對)의 면을 보지 못하면 다투기 마련이다. 특히, 불일을 간과한 채 국가와 지도자를 옹호한 화쟁은 천박한 아부론으로 전락하거나 지배층의 합리화 논리, 전체주의나 국가주의의 이데올로기로 귀결되기 십상이다.[63]

셋째, 화쟁의 목적에 충실해야 한다. 앞에서 말하였듯, 화쟁의 목표는 일심의 본원으로 돌아가서 중생을 이롭게 하는 것이다. 중용에서 '중(中)'이 산술적 균형이 아니라 올바름이듯, 화쟁은 양자에게 상대방의 말을 경청하고 그 입장에서 생각해보라는 것만을 뜻하지 않는다. 일심은 진여문

---

63 2010년 4월 24일에 일본에서 열린 교토포럼에서 필자는 「相生哲學으로서 風流道와 和諍哲學–21세기 인류가 맞은 갈등과 위기에 대한 대안을 중심으로」를 발표하였다. 직후 토론에서 일본의 한 학자가 "니시다 기타로[西田幾多郞]가 처음에는 병역을 거부할 정도로 평화주의자였는데 나중에는 천황을 지지한 이유에 대해 화쟁으로 설명이 가능한가?"라고 물었다. 이에 대해 필자는 "니시다가 화쟁이나 화엄을 통해 서양 철학을 불교와 종합하는 것까지는 좋았는데, 후반으로 갈수록 국가주의에 빠지면서 불일(不一)보다 불이(不二)에 더 기울어진 듯하다. 차이를 없애면 모든 것은 동일성으로 돌아간다. 불일을 통해 차이를 드러내고, 불이를 통하여 서로 통하고 공(空)이 생성의 조건임을 함께 직시해야 실상에 다가갈 수 있다. 그런데 하이데거가 존재와 총통을 동일시하여 나치에 협조한 것처럼, 니시다도 불이에 더 천착하여 천황과 '절대 무(無)'를 동일시하면서 차이들을 없애 버린 데서 기인한 듯하다."라고 대답하였다. 아울러, 이 자리에 참여한 일본 학자들과 주최측이 기존의 한국 철학 발표가 중국과 다른 차이를 보여주지 못하여 한국 철학의 독자성을 인정하지 못하였는데, 원효 화쟁 철학과 다른 학자가 발표한 동학의 독자성을 인정할 수 있다고 평가하였다. 더 나아가 『한국철학사전』의 제작을 요청하고 재정 지원과 일본어판 발간을 약속하였다. 여러 사유로 실제 지원과 일본어판 발간은 이루어지지 못하였지만, 필자를 비롯하여 각 분야별로 6명의 학자가 편집위원을 맡아 2011년에 펴낸 것이 『한국철학사전』(서울: 동방의 빛, 2011)이다.

에서는 진여실제이지만, 생멸문에서는 올바름이요 진리다. 정권이나 종단이 수많은 진실을 은폐하고 왜곡하는 상황에서, 아무리 동기가 선하더라도 시민 진영의 사람들에게 개시개비의 화쟁의 논리를 펴면서 진영의 감옥에서 벗어나 정부의 입장에서 보라는 것은 진실의 은폐와 왜곡을 수용하라는 결과로 귀결된다. 더구나, 진여실제를 제외하면, 진리건 정의건, '옳음'이란 늘 조건과 맥락의 연기 속에 있다. 그러기에 개시개비에 앞서서 수행되어야 하는 것은 파사현정(破邪顯正)이다.

넷째, 실체론을 완전히 벗어나서 연기론으로 바라보아야 한다. 박경준은 연기설을 상의적(相依的)으로 해석한 것을 비판하며, "12연기설은 우리의 현실고(現實苦)가 절대적인 것이 아니라, 근본적으로 무명에 의해 나타나 있는, 상대적이고 가변적인 것임을 말해주고 있는 것이다. (……) 모든 고통은 절대적 존재가 아니고 연기되어 있으므로 그 조건과 원인을 파악하여 그것을 극복하도록 노력하자"[64]라고 말한다. 우주와 자연, 인간 사회와 몸에 이르기까지 연기 아닌 것이 없다. 하지만, 연기는 불변의 원리는 아니다. 박경준의 지적대로, 연기(緣起)와 연멸(緣滅)이 하나다. 고통의 원인이 무명(無明)이라면 이에서 벗어나면 고통이 사라지듯, 원인을 없애면 결과가 달라진다. 말 그대로 "이것이 없음으로 말미암아 저것이 없어진다." 그러니, 고통과 이를 낳은 현실과 조건, 인과관계에 대한 자각과 깊은 통찰과 창조적 비판, 조건을 변화시켜 고를 근본적으로 없애려는 적극적 실천이 정당성을 갖는 것이다. 조건과 인과에 대한 자각은 개인적 차원과 사회

64 박경준, "초기불교의 연기상의설 재검토," 『한국불교학』, 제14집 (1989), pp. 138~139.

적 차원 모두를 뜻한다. 화쟁은 연기론의 한 부분이기에 연기론에 종속된다. 개시개비의 화쟁은 대립자 사이의 연기를 따지는 것으로 나아가야 하며 양자 사이에서 고통을 낳는 조건과 원인을 분석하여 이 고통을 없애는 노력 또한 수행해야 한다.

다섯째, 현대에 적용하여 역동적인 수직의 논리로 적용하면 대립물 사이의 권력관계를 파악해야 한다. 원래 화쟁은 정적인 수평의 논리이고 불교의 쟁론을 아우르자는 것이었다. 하지만, 이를 모든 장에서 권력–주권권력, 훈육권력, 생명권력의 거시권력과 미시권력–이 작동하는 현대 사회문제에 적용하려면 역동적인 수직의 논리로 전환하여야 하며, 이럴 때 대립물 사이의 연기적 관계에서 가장 중요하게 따져보아야 하는 것이 권력이다. 권력이 비대칭인 곳에서는 서로 경청하고 상대방의 입장에서 생각한다 하더라도 개시개비의 화쟁은 불가능하다. 대립물 사이에서 권력이 작용하기에 이것을 평등하게 만들지 않는 한, 공정하거나 객관적인 화쟁은 거의 불가능하다.[65]

---

65 예를 들어, 더 많은 이윤을 남기려 수억 원에 이르는 환경비용을 지출하지 않고 비 오는 날 폐수를 몰래 버리는 재벌이 환경운동가들을 '빨갱이'로 생각하였다가, 어느 날 자기 공장에서 버린 폐수를 먹고 자란 물고기를 자신의 자식이 먹고 기형아 손자를 낳을 수 있다고 깨닫고서는 정화장치를 설치하고 친환경기업으로 탈바꿈하는 것이 바로 화쟁이다. 이처럼, 화쟁은 둘 사이의 연기적 관계를 깨닫고 서로 눈부처를 내 안에 모시는 작업을 꾸준히 하여서 결국 하나가 되는 것이다. 거꾸로 그 반대로 환경운동가가 기업이 망하면 자기 가족의 생계도 위협받을 수 있다고 생각하여 친기업 환경운동가가 되는 것도 화쟁인가. 이는 우선 일심의 본원으로 돌아가서 중생을 이롭게 한다는 목적에서 어긋난다. 이는 재벌 몇 명을 위한 것이고 중생에게는 환경오염의 고통을 늘릴 뿐만 아니라 생명을 죽이는 것이다. 게다가 많은 진리를 은폐하고 실정법조차 어기는 삿된 짓이기에 일심에서 더 멀어진다. 지금까지 Ⅲ장 6절의 논의는 이도흠, 앞의 책 (2015), pp. 51~56을 참고함.

한 예로 화쟁을 응용하여 남북의 통일의 방안을 모색하면, 7단계–① 남북의 통일을 위한 최소 합의, ② 비핵화와 맞바꾸는 종전선언과 평화협정 체결, ③ 남한과 북한 사이에서 정치적, 경제적, 사회문화적으로 규제 없는 전면적 교류와 협력(사람, 정보, 물류의 자유로운 이동, 개성공단 외에 철원, 금강산 공단 추가) ④ 눈부처 코리아, ⑤ 남북의 국가연합, ⑥ 낮은 단계의 연방제, ⑦ 완전한 통일국가–로 가능하다. 이 가운데 넷째 눈부처 코리아 단계에서는 북한에 자본주의 정당과 자본주의 마을, 남한에 공산당과 공산주의 마을을 세우고 해방 이후 남북한의 문학, 역사, 사상과 사회에 대해 공동의 교과서를 만들어 배우며, 서로 눈부처를 바라보며 정치, 경제, 사회문화, 교육, 사회체제의 모든 분야에서 대대(待對)의 화쟁을 구현하는 것이다.[66]

IV. 맺음말

평화를 내적 평화와 외적 평화로 나누어 이에 대해 원효의 목소리를 들어본 다음, 이를 바탕으로 지금 여기에서 우리가 맞고 있는 전쟁과 폭력, 갈등의 원인을 살피고 그에 대한 대안으로서 평화론을 원효의 텍스트에

66 이에 대한 상세한 논증은 이도흠, 앞의 책 (2015), '7장 분단모순의 심화와 동아시아 전쟁의 위기–변증법적 통일론 대 동아시아 화쟁체제론,' pp. 499~546으로 미룬다.

서 찾아 해석하였다.

대중의 마음이 평화롭지 못한 것은 의혹과 삿된 집착 때문이다. 의혹이란 법과 교문을 의심하는 것이다. 삿된 집착에는 인집(人執)과 법집(法執)이 있다. 지행과 관행을 짝으로 부려서 온갖 사념과 망상, 번뇌를 떨쳐버리고 마음을 한 곳으로 모아 사성제(四聖諦)와 연기의 진리를 올바로 깨달아 무분별지와 무념무상의 경지에 이른다. 유리창의 먼지만 지우면 맑고 푸른 하늘이 드러나듯, 사성제와 연기의 이치를 깨닫지 못한 미혹한 마음의 상태인 무명(無明)을 마음에서 없애버리면 중생은 누구나 마음이 지극한 평화상태인 일심(一心)에 이르고 불성(佛性)이 드러난다.

화쟁은 모든 대립과 갈등, 딜레마, 모순[諍]을 직시하고 양자의 연기적 관계를 묘파하여 끊임없이 소통하다가 대대(待對)의 전환을 하여 하나로 아우르는 것[和]이다. 그러기에 원효가 불교의 쟁론을 회통하는 데 국한하여 화쟁을 이용하였지만, 이는 다른 대립에 대해서도 확장될 수 있는 가능성과 잠재성을 갖는다.

'지금 여기에서' 화쟁의 평화론으로서, 갈퉁의 논의를 비판적으로 수용하고 보완하여 폭력을 직접적 폭력, 구조적 폭력, 문화적 폭력, 재현의 폭력으로 나누고 각 유형별로 원인과 화쟁적 대안을 모색하였다.

직접적 폭력의 경우 개인적인 차원에서는 인욕과 자비심 등이 대안이지만, 집단학살과 같은 경우 근본적인 원인은 동일성을 형성하여 타자를 배제하고 폭력을 행하는 데서 비롯된다. 원효의 변동어이(辨同於異)론을 현대적으로 재해석한 눈부처의 차이론을 통하여 동일성을 해체하고 타자성(alterity)을 회복할 수 있다.

문화적 폭력에 대한 화쟁적 대안은 진속불이(眞俗不二)론을 활용하여 고통 받는 중생에 대한 자비심을 증대하는 공감·협력교육과 수행을 통하여 대중을 소극적 자유, 적극적 자유, 대자적 자유를 구현하는 눈부처-주체로 길러내는 것이다.

구조적 폭력에 대한 대안은 개시개비(皆是皆非)식의 화쟁을 넘어서서 파사현정(破邪顯正)을 한 후에 권력을 대칭으로 만들고 구조적 폭력과 사회적 고를 증대하는 세력, 제도, 시스템에 맞서서 고통 받는 중생에 대한 자비로운 분노를 하여 이를 없애는 실천을 행하는 것이다.

재현의 폭력에 대한 화쟁적 대안은 생멸문에서는 이문(二門)의 차원에서 현실과 진리를 바라보고, 용(用)을 통하여 체를 유추하며 그 상으로서 텍스트를 구성하며 그 텍스트에 담긴 현실과 진리를 읽되, 실재 현실인 참의 현실[體1]과 텍스트를 통해 재구성한 몸의 현실[體1]은 동일하지 않음을 인식하고 진정한 텍스트를 방편으로 언어로는 드러낼 수 없는 일심(一心)으로 돌아가는 것이다.

필자가 과문한 탓인지 모르지만, 기독교 문명과 이슬람 문명, 자본주의 사회와 사회주의 체제, 남한과 북한, 아날로그 세대와 디지털 세대 사이의 갈등과 대립을 해결하는 데 화쟁 만한 해법이 없다고 생각한다. 각각의 연기관계를 묘파하여 대대(待對)의 전환, 곧 각자의 동일성을 근본적으로 해체하고 서로 차이를 인정하고 끊임없이 소통하면서 마치 사랑하는 연인처럼 서로 섬기고 닮으려 하면서 결국 불일불이(不一不二)의 하나가 되기 때문이다. 단, 8세기의 화쟁을 '지금 여기의 평화론'으로 응용하려면 맥락화와 재맥락화를 거쳐야 하며, 쟁(諍)의 실상을 철저히 파악한 후에 그 대립과 갈등과 모순, 딜레마를 극복하고 아우르는 길[和]을 도모해야 하고, 불일(不一)과 불이(不二)를 동등하게 다루고, 화쟁의 목적에 충실하며, 이 세계를 실체론을 완전히 벗어나서 연기론으로 바라보아야 하며, 역동적인 수직의 논리로 적용하려면 대립물 사이의 권력관계를 파악해야 한다.

이도흠

2장
유불도와 선을 아우른 최치원의 평화사상

Ⅰ. 머리글

주지하듯 최치원(崔致遠, 857~?)은 신라와 중국 양국에서 활동하고 이름을 날린 시인이자 정치인이고 사상가다. 그는 조선시대에 여러 문묘(文

廟)에 배향되고 서원에 종향(從享)될 정도로 높은 위상을 갖는 대표적인 유학자였지만 불교와 도교에도 능통하였고, 풍류도에 대해서도 관심이 많았으며, 중국과 다른 신라의 정체성이나 자주성에 대해 자부심을 갖는 동인의식(東人意識)도 강하였다. 중국에까지 문명을 떨친 그의 문장에 대해서는 많은 연구가 있었지만, 사상에 대해서는 별로 성과가 없다가 1980년에 김복순[1]의 석사학위논문을 필두로 최근영, 류승국, 송항룡, 최일범, 한종만 등의 연구가 이어졌으며, 최영성은 1990년에 최초의 최치원 사상 관련 학술저서인 『최치원의 사상연구』(아세아문화사)를 펴냈고, 1997년에는 부산 파전 한국학당에서 연구논총 제1집으로 『고운의 사상과 문학』을 출간하였다. 2008년에는 장일규가 최치원의 생애와 사상, 특히 정치사상을 당대 사회와 연관하여 해석한 『최치원의 사회사상연구』(신서원)를 출간하였고, 2009년에는 고운국제교류사업회에서 그동안 발표된 고운의 철학과 종교에 관련된 논문을 모아 『고운 최치원의 철학·종교 사상』(문사철)을 편찬하였다. 2012년에는 고운의 저술에 대해 탁월한 번역을 행한 바 있는 최영성이 사상의 형성배경, 유불도 사상, 인본주의적이고 주체적인 의식, 현대적 의의 등을 망라한 『고운 최치원의 철학사상』(문사철)을 출간하였다.[2]

최치원의 문학사상, 유불도에 관련된 사상에 대해서는 자료도 풍성하고 연구도 많이 이루어졌다. 그럼에도 그의 평화사상에 관련한 연구는 아직 단 한 편도 없다. 전자에 비하여 그의 평화사상을 분석하고 종합할 수

1 김복순, "최치원의 사상 연구," (고려대학교 석사학위논문, 1980).

2 기존연구에 대한 연구 성과와 상세한 서지는 장일규, 『최치원의 사회사상연구』(서울: 신서원, 2008)의 '제1장 최치원 연구의 성과와 전망'을 참고하기 바람.

있는 현전 자료는 거의 찾기 힘들다. 그럼에도 연구자의 자의적이거나 비약적인 과잉해석을 범하지 않으려면, 그의 행적이나 2차 자료가 아니라 1차 텍스트에서 이 논거를 찾아 해석하고 종합하여야 한다. 최치원이 남긴 모든 문건을 읽고 평화에 관련된 텍스트들을 모아, 생명평화사상, 전쟁과 폭력 반대의 소극적 평화사상, 전쟁예방의 적극적 평화사상, 곧은 마음에서 비롯된 차이의 평화관으로 나누어 분석하였다. 그런 다음에 이것이 오늘날에 갖는 의미를 조명한다.

II. 생명 평화사상

최치원은 유불도 삼교에 능통하였을 뿐만 아니라 풍류도에 대해서도 잘 알고 있었다. 『삼국사기』에는 사산비명(四山碑銘)처럼 그가 찬술한 난랑비의 서문이 실려 있다.

> 최치원은 난랑비 서문에서 '우리나라에는 현묘한 도가 있으니, 이를 풍류라고 한다. 이 가르침의 근본에 대해서는 선사(仙史)에 자세히 밝혀져 있는데, 그 내용은 유불도의 세 가지 가르침을 포함(包含)하고 있는데, 모든 생명을 접화(接化)하자는 것이다. 이를테면 집에서는 효도하고 집밖에 나아가서는 나라에 충성하는 것은 공자의 뜻이요, 무위(無爲)의 일에 처하며 말 없는 가르침을 행하는 것은 노자의 으뜸 가르침이요, 모든 악행을 하지 않고 모든 선행을 실천하는 것은 석가의 교화

와 같은 것이다.'라 한다.[3]

위의 기록을 근거로 풍류도가 유불도 3교를 종합시킨 것이라고 주장하는 이들이 있다. 이는 사대주의적 발상이자 텍스트를 자의적으로 해석한 데 따른 것이다. 유교를 받아들인 때가 대개 신문왕대 이전, 도교를 받아들인 때가 효소왕대 이전의 시기라 하더라도, 신라 건국 초기부터 풍류도는 있었다. 다만, 최치원이 난랑비를 기술하던 신라 말기에는 풍류도가 이미 신라인에게 잔존적 세계관으로 쇠퇴하고 유불도가 그 자리를 차지하였기에, 당대 신라인에게 풍류도를 이해시키기 위하여 그들이 잘 알고 있는 유불도와 비교한 것이다. "이 가르침의 근본에 대해서는 선사(仙史)에 자세히 밝혀져 있다"라고 따로 기술한 이유도 이와 같다.[4]

세계관이란 세계의 부조리에 대한 집단무의식적 대응양상의 체계이자 집단적 믿음의 체계로서, 의미의 연결망을 형성하고 의미작용과 해석을 관장하는 바탕체계다.[5] 『삼국유사』에서 외침이나 재난 등 세계의 부조리에

---

3 金富軾, 『三國史記』, 「新羅本紀」, '眞興王' : "三十七年 春… 崔致遠鸞郎碑序曰 國有玄妙之道 曰風流 設敎之源 備詳仙史 實乃包含三敎 接化群生 且如入則孝於家 出則忠於國 魯司寇之旨也 處無爲之事 行不言之敎 周柱史之宗也 諸惡莫作 諸善奉行 竺乾太子之化也."

4 이 단락은 이도흠, "新羅人의 世界觀과 意味作用에 대한 연구," 『한민족문화연구』, 제1집 (1996년 12월), pp. 159~162을 참고함.

5 이도흠, 『화쟁기호학, 이론과 실제』(서울: 한양대출판부, 1999), pp. 182~192. 예를 들어, 착하게 살아온 누이동생이 암에 걸려 죽을 위기에 놓인 것은 세계의 부조리다. 인간은 이에 맞서서 세계와 조화를 모색한다. 샤머니즘의 세계관에 있는 이들은 무당을 찾아 악귀를 없애는 굿을 하지만, 불교의 세계관에 있는 이들은 부처님을 찾아 재를 지내며, 현대의 과학적 세계관에 있는 우리는 병원으로 가서 수술을 비롯한 치료를 행한다. 똑같이 높이 떠서 산과 들을 비추는 보름달을 보고

대응한 양상과 은유와 환유를 통하여 의미를 형성한 것을 종합하면, 신라의 풍류도는 한마디로 말해 삼재(三才) 사상과 신라의 샤머니즘에 산신신앙(山神信仰)과 풍류를 추구하는 삶이 결합한 것이다. "풍류도는 북방 샤머니즘의 고유한 사상체계인 '3수 분화의 세계관'에 바탕을 둔 것으로,"[6] 우주론으로 보면, 타계로 천상계와 해수계, 지하계를 설정하고 인간계와 타계가 서로 순환하는 것으로 간주하고 하늘을 최고신격으로 하되 하위 신격으로 타계와 인간계의 중개자인 산, 새, 용, 나무, 달, 별, 거북 등을 숭배한 신앙이다. 그래서 죽으면 "돌아가셨다", "타계했다"라고 표현하며 무덤에 새, 배, 천마 등 타계로 가는 전달체를 껴묻거리[副葬品]로 함께 묻는다. 집단무의식적 대응양식으로 보면, 착하게 살아온 부모형제의 병이나

불교적 세계관에 있는 신라인들은 관음보살의 자비심이 높은 귀족과 낮은 양인에게 베풀어지고 있다는 은유의 사고와 표현을 한다. 반면에 유교적 세계관에 있는 선비들은 임금의 은총이 높은 양반과 낮은 서민에게 고루 뿌려지고 있다는 은유의 사고와 표현을 한다. 이렇게 세계의 부조리에 대해 집단무의식적으로 대응하게 하는 것, 중세의 신(神)이나 현대의 기업과 국가처럼 집단적 믿음의 체계로 작동하며 대중의 사고와 실천을 규정하는 것, 동그란 유사성으로 '보름달'을 '엄마얼굴'이라 표현하는 것처럼 유사성의 유추인 은유와 '축구'하면 박지성이 떠오르듯 인접성의 유추인 환유를 바탕으로 의미를 구성하고 이를 믿고 실천하는 체계로 작용하는 것이 바로 세계관이다. 그러니, 어떤 시대의 텍스트를 올바로 분석하고 그 사회의 행위와 의례를 올바로 파악하려면 세계관을 먼저 재구성해야 한다. 한 시대에도 지배적인 주동적 세계관, 전 시대의 잔존적 세계관, 새로운 시대의 부상적 세계관이 공존한다.

6 우실하, 『3수분화의 세계관』(서울: 소나무, 2012), p. 78. 광의의 선(仙)은 도가와 풍류도를 포함한 개념이고 협의의 선은 풍류도를 뜻한다. 필자가 앞의 논문(각주 4번) 에서 이를 구분하는 논증을 폈음에도 이번 발표문 원문에서는 유불도와 선을 구분하기도 하고 구분하지도 않았는데, 이를 명백히 구분한 것은 토론 때 우실하 교수의 지적 덕분이다.

죽음 등 세계의 부조리에 맞서서 '지금 여기에서' 샤먼[巫]의 매개를 통하여 재앙을 없애고 복을 불어오는 제재초복(除災招福)의 원리를 통하여 다시 조화와 전일(全一)을 도모하려 하였다. 집단적 믿음의 체계나 윤리관이나 생활관에서 자연에 신이 깃들어 있다고 보고 이와 하나가 되려는 범아일여(梵我一如)를 추구하였다.

풍류를 따르는 집단이라는 의미에서 풍류도(風流徒)로도 불렸던 화랑은 인위를 배격하고 무위(無爲)의 자연 속에서 춤을 추고 노래하며 노닐며 소요(逍遙)의 삶을 행하였고, 또 고대 한국인은 말에 신령이 깃들어있다는 언령(言靈) 신앙을 믿었으며, 언어 저 너머에 궁극적 진리가 있다고 생각하여 굳이 언어로 뜻을 나타내는 것을 지양하였다. 이런 삶과 언어에 대한 이해는 도교와 통한다.

풍류도에서는 새도, 거북이도, 말도, 나무도, 심지어 생명이 없는 달과 별과 산도 모두 신(격)이다. 이렇듯 사람을 포함하여 모든 살아 있는 생명체를 존귀하게 여기고 악한 일을 행하지 않으며 선한 일을 추구하고자 한다. 이는 모든 생명을 죽이지 않으며 동체대비(同體大悲)의 자비의 마음을 갖는 불교의 삶과 통한다.

이런 방법으로 마음을 닦아 부모에게 효도하고 친구와 의리를 지키며 상하가 예(禮)를 따라 자연 속에서 놀이를 하면서 자연스레 단련한 몸으로 나라와 임금에 충성하고자 한 것은 유교가 지향하는 바와 같다. 이렇듯 풍류도는 개인적으로는 놀이와 노동이 일치하는 아주 자유스러운 삶을 지향하며, 타자에 대해서는 모든 살아 있는 것을 존귀하게 여기고 주변 사람들과 자연을 사랑하고 지키는 신앙이자 삶의 원리다.[7]

이런 바탕에서 볼 때, '接化群生'은 "모든 살아있는 생명들과 마주쳐서 어울리며 (서로) 변화하다"의 뜻이다. 이는 도교와 관련된 다른 텍스트에서도 확인할 수 있다. 최치원은 자연과 생명이 서로 깊은 연관을 맺고서 상대방을 생성시켜 주는 존재로서 파악하고 온 생명들과 평화를 모색하였다.

> 삼가 원하옵건대, 참된 바람이 세상을 깨끗이 씻고 아득히 큰 호수의 물이 세차게 흘러 우리 임금께서 한무제(漢武帝)가 그런 것처럼 하늘에서 축복을 받아 만세를 누리시고 … 그런 뒤에 머리털을 인 것과 이빨을 머금은 것에서 비늘을 달고 헤엄치는 것과 하늘을 날아가는 것에 이르기까지 모두가 날마다 하는 일을 모르면서도 하늘이 이룬 즐거움을 누리도록 하여지기를 바라나이다.[8]

머리털을 가진 사람, 이빨을 가진 포유류, 비늘을 달고 물속을 헤엄치는 어류, 날개를 달고 하늘을 나는 조류에 이르기까지 모든 생명들을 동등하게 주체로 나열하고 있다. 날마다 하는 일을 모른다는 표현은 이 글이 도교의 재사(齋詞)로 쓰인 때문이다. 도교에서 바라보면, 온 생명들은 유교

---

7 이 단락도 각주 5처럼 위의 글, pp. 159~162를 요약하며 약간 수정함.

8 崔致遠,『桂苑筆耕』, 卷15,「中元齋詞」: "伏願眞風蕩滌 玄澤滂流 吾君享萬歲於巖音 … 然後戴髮含齒 鱗潛羽翔 不知日用之功 各遂天成之樂" 이하『계원필경』은『桂苑筆耕』(서울: 민족문화추진회, 1990)을 활용하였고, 이를 비롯하여 최치원의 원문 텍스트의 번역은 최영성,『역주 최치원전집』 1–2권 (서울: 아세아문화사, 1998–1999)과 한국고전번역원DB를 참고하되, 필자가 나름대로 번역하였기에 대략 10~30%는 차이를 보일 것이다. 한시의 번역은 우리 시가의 3.4조나 4.4조의 율격에 맞추어 행해야 한다는 필자의 평소 지론과 전후 맥락에 맞게 수정하였다.

에서 바라보듯 인간을 위하여 존재하고 인간을 위해 제 할 일을 하고 있는 것이 아니다. 무슨 일을 하는 지 자신도 모른 채 제 각각의 일을 하고 있지만, 그것이 만물을 생성하며, 그것들로 이루어진 우주 삼라만상이 조화와 질서를 이루고 있다. 자연(自然)은 이름 그대로 인위(人爲)가 아니라 스스로 그리 작동하고 그리 존재하고 아무런 함이 없이 하지 않음이 없는 무위(無爲)이다. 그것이 하늘의 뜻이자 하늘이 부여한 즐거움이다. 최치원은 도교의 재사를 통하여 인간과 포유류, 조류, 어류들이 모두 다 같이 하늘이 부여한 무위의 즐거움을 누리기를 소망하고 있다. 이는 다음 재사에도 나타난다.

> 공중을 날거나 물속에서 뛰어오르는 것, 땅을 기어다니는 것과 부리로 숨을 쉬는 것들에 이르기까지 모두 '인수지역'에 올라서 혼미한 길을 밟지 않기를 바라나이다.[9]

'인수지역(仁壽之域)'이란 천수를 다하며 즐겁게 사는 태평성대를 뜻한다. 여기서도 새, 물고기, 벌레, 포유류 등 모든 동물이 태평성대의 평안한 백성처럼 자기 목숨을 다하면서 즐겁게 살고, 그렇지 못한 채 전쟁, 병, 굶주림 등으로 천명을 다하지 못하고 죽거나 고통당하는 세상에서 살지 않기를 소망하고 있다. 이런 도가적 생명평화관은 불교를 만나 더욱 높은 단계로 상승한다.

---

9 위의 책, 권15, 「下元齋詞」: "至於翔翼躍梨事 跂行喙息 偕登仁壽之域 不蹈昏迷之途."

> 그 다음으로 원하건대, … 태위께서 묘당에 높이 앉아…무릇 머리털을 인 것과 이빨을 머금은 것에서 비늘을 달고 헤엄치는 것과 하늘을 날아가는 것에 모두 자비를 입어 능히 완전히 해탈을 이루게 하시옵소서.[10]

이 글에서 최치원은 불교의 교리를 통해 생명평화를 피력하고 있다. 머리털을 가진 사람과 이빨을 머금은 포유류, 비늘을 달고 헤엄치는 어류, 하늘을 날아가는 조류가 모두 동등하게 부처님의 자비를 입어서 완전한 해탈을 이루게 해달라고 소망하고 있다. 불심(佛心)이 깊은 스님들조차 불성과 해탈의 대상은 가난하고 억압받는 인간에게 한정되어 있다. 대다수의 스님들이 짐승에게도 불성(佛性)이 있다는 것, 더 나아가 짐승이 열반에 이른다는 점에 대해서는 부정적이다. 하지만, 최치원은 어떤 동물이든 모두 부처님의 가피를 입을 수 있다고 보고 온 생명들의 해탈을 소망하고 있다.

최치원은 글과 사상만이 아니라 생명평화를 몸소 실천하였다. 진성왕(재위 887~896) 때 최치원은 함양의 태수로 부임했다. 함양을 가로질러 흐르는 위천은 자주 홍수가 났다. 홍수의 대안은 크게 두 가지다. 하나는 둑을 쌓는 것이고 다른 하나는 물길을 트는 것이다. 둑은 물을 썩게 하고 생명들을 죽이지만, 숲은 빗물을 품었다가 정화한 다음 서서히 내보낸다. 물은 흐르면서 이온작용, 미생물의 물질대사, 식물의 흡수에 의하여 자연정화를 한다. 둑을 쌓아 홍수를 막으면, 물이 흐르면서 자연정화를 하는 것

10 위의 책, 권16, 「求化修大雲寺疏」: "…次願太尉… 高坐廟堂…凡於戴髮含齒鱗潛羽翔 皆荷慈悲 盡能解脫."

이 중단되어 강을 오염시키고 그 강에 서식하는 생명을 죽인다. 최치원은 홍수를 막기 위하여 둑을 쌓는 대신 상림이라는 숲을 조성하고 숲 사이로 실개천을 여러 개 만들어 물이 자연스럽게 흐르게 하였다. "일제강점기에 벌채를 하여 하림(下林)은 사라져버리고 상림(上林)만 남았으나, 지금도 폭 200~300미터, 길이 2킬로미터, 6만여 평에 걸쳐 2백 년 된 갈참나무를 비롯하여 120종, 2만여 그루의 활엽수가 원시림과 같은 깊은 숲을 이루고 있다."[11] 그렇게 하여 1천여 년이 넘는 세월 동안 홍수를 막으면서도 물이 더욱 맑게 흐르게 했다.[12]

이처럼 최치원은 풍류도, 도교, 불교를 한데 아우른 생명 평화관을 가졌다. 풍류도에서 보면 모든 생명과 자연은 신이 깃든 곳이며 인간과 자연이 한데 어울려 하나가 될 때 지극한 즐거움, 곧 흥(興)의 상태에 이를 수 있다. 도가에서 보면, 모든 동물과 인간이 무위 자연을 이루는 것으로 다 같이 평등한 것이다. 불가에서 보면, 모든 생명은 불성을 가지고 있으며 해탈을 할 수 있다. 최치원은 풍류도, 도교, 불교를 아울러 모든 생명과 인간이 다 같이 존엄하고 평등하며 서로 평화롭게 공존하고 그 속에서 인간과

---

11 《경남도민일보》, 2014년 8월 8일; 《한국일보》, 2015년 8월 18일 참고함.

12 盧思愼, 『신증동국여지승람』 31권 (서울: 민족문화추진회, 1970), p. 247에 상림 안에 있는 '학사루(學士樓)'에 대해 "최치원이 태수로 있으면서 등림(登臨)하던 곳인 까닭으로 학사루라 이름하였다." 1923년 최씨문중(崔氏門中)에서 세운 「문창후최선생신도비(文昌侯崔先生神道碑)」에는 "…일찍이 함양에 부임하여 벌을 주지 않고도 (백성들을) 교화하여 행실이 다르게 하였으며 고을에 학사루를 세우고 긴 제방에 손수 나무를 심었다.(…莅咸陽不罰化行移 郡建學士樓 手植木於長堤)"라는 기록이 있다. 이 단락은 이도흠, "원효의 화쟁사상과 생태이론의 비교철학적 연구," 『돈암어문학』, 제14집 (2001), pp. 22~23을 요약하여 일부 수정함.

온 생명이 하나로 범아일여(梵我一如)를 형성하다가 함께 해탈을 하기를 바랐으며, 실제로 함양의 태수로 부임하였을 때 위천의 홍수를 막기 위하여 둑을 쌓는 대신 숲을 조성하고 실개천을 만들어 생명을 살리면서도 홍수를 막는 대안을 택하였다.

Ⅲ. 전쟁과 폭력 반대의 소극적 평화사상

주지하듯, 최치원은 고변(高騈)의 종사관으로 있으면서 지은 글이 표·장·격(檄)·서(書)·위곡(委曲)·거첩(擧牒)·제문(祭文)·소계장(疏啓狀)·잡서(雜書)·시 등 1만여 수에 달하였으며, 귀국 후 정선하여『계원필경 桂苑筆耕』20권으로 엮어내었다. 그가 종사관으로 참전하여 맡은 바 임무대로 글을 썼음에도 전쟁을 좋아한 흔적은 없다.「가야산 독서당에서」란 시를 보면 "저 세상 시비소리 들릴까 두려워서/일부러 물돌려서 온산을 감쌌다네(常恐是非聲到耳 故敎流水盡籠山)"라고 노래하고 있다. 이 시구와 실제 가야산에 은거한 그의 삶으로 유추할 때, 그는 시비조차 싫어하는 품성을 지닌 것으로 보인다.

> 물시계에선 아직 물방울 떨어지고 있건만, 은하는 벌써 한 바퀴를 돌았구나. 어렴풋이 산천은 시나브로 변하여, 들쭉날쭉 물상들이 드러나려 하는데, 높고 낮은 새벽 안개의 모양이 어슴푸레 분간되니, 구름사이로 궁전이 보인다. 멀리서 가까이에서 수레가 움직이니 길 위에 먼지가 일

어난다. 하늘가가 발그레해지며 해 주변에 푸른 기운이 감돌고, 먼 숲의 나뭇가지에는 성긴 별이 깜빡이고, 어젯밤부터 묵은 안개가 거두어지니 성밖 들판의 때깔들이 드러난다. 화정(華亭)에는 바람결에 두루미 울음소리가 여전히 아련하게 들려올 것이고, 파협(巴峽)에는 달 밝은 밤에 멀리서 들려오던 잔나비 슬픈 울음소리가 지금쯤은 그쳤을 것이리라. 어슴푸레 보이는 주막집 푸른 깃발 속에 마을은 아스라한데 초가에선 닭울음소리 들리고, 희미하게 보이는 붉은 누각에서 둥지를 비운 채 제비들만 지지배배 지저귄다. 유영(柳營) 안에서 조두(夜警)를 마치자 계수나무 궁전[桂殿] 곁에선 벼슬아치들이 의젓하게 의관을 정제한다. 변방의 성에서 기르는 말은 자주 울어대고, 너른 모래밭은 아득하다. 그 너머 멀리 보이는 강엔 외로운 돛단배 모두 사라지고, 오랜 강 언덕은 푸르기만 하다. 어부의 피리소리 청아하고 쑥덤불은 이슬에 함빡 젖었는데, 온산엔 푸른 서기가 높고 낮게 깔려 있네. 사방의 들에는 새벽안개가 자욱하고, 뉘집의 푸른 난간일런가, 꾀꼬리는 노래하는데 비단장막은 아직도 드리워져 있고 몇몇 부유한 집에서는 잠에서 깨었으련만 구슬발을 채 걷지 않았네.(…) 외로운 성엔 백전(百戰)을 치른 군사들이 머물고 있건만, 오랑캐의 피리 소리는 그치지 않네.(…)[13]

13 최치원, 『孤雲文集』, 賦. 「詠曉」, 최영성, 앞의 책, 2권, pp. 49~50: “玉漏猶滴 銀河已回 彷彿而山川漸變 參差而物像將開 高低之烟景微分 認雲間之宮殿 遠近之軒車齊動 生陌上之塵埃 晃蕩天隅 葱籠日域 殘星映遠林之梢 宿霧斂長郊之色 華亭風裏 依依而鶴唳猶聞 巴峽月中 迢迢而猿啼已息 隱映青帘 村逈而雞鳴茅屋 熹微朱閣 巢空而燕語雕樑 罷刁斗於柳營之內 儼簪笏於桂殿之傍 邊城之牧馬頻嘶 平沙漠漠 遠江之孤帆盡去 古岸蒼蒼 漁篴聲瀏 蓬艸露瀼 千山之翠嵐高下 四野之風烟深淺 誰家碧檻 鸎啼而羅幕猶垂 幾處華堂

위의 부(賦), 「새벽을 읊다(詠曉)」를 보면, "유영(柳營) 안에서 조두(夜警)를 마치자"와 "외로운 성엔 백전(百戰)을 치른 군사들이 머물고 있건만, 오랑캐의 피리 소리는 그치지 않네."라는 대목이 나온다. 유영(柳營)은 병졸들이 장군 주아부(周亞夫)의 명령에 따라 시찰 나온 한문제(漢文帝)도 제지할 정도로 군기가 엄정했던 세류영(細柳營)을 가리킨다. 조두(刁斗)는 낮에는 취사용구로 쓰다가 순라를 돌 때 야경(夜警)용으로 두드리던 용기를 뜻한다. 군기가 센 군영에 야경이 끝나고 날이 밝았음을 의미한다. 지금 최치원이 글을 쓰는 현장은 아군의 군영까지 오랑캐의 피리 소리가 그치지 않을 정도로 최전선이다. 그럼에도 이 두 문장을 빼면, 위의 글에서 전혀 전시의 급박함과 불안감, 비참함을 느낄 수 없다. 날이 밝았는데도 비단장막과 구슬발을 걷지 않았다고 할 정도로 평화 시의 고즈넉하고 유유자적(悠悠自適)한 성과 마을 정경을 서정적으로 묘사하고 있다. 전시인데 어찌 성안의 모든 사람과 군인이 그런 마음을 가졌겠는가. 군영과 성, 마을, 그곳의 사람들을 바라보는 최치원의 마음이 그런 까닭이다.

공산성 둘러싼 강산은 그림같은데
고요히 병란그쳐 오늘에도 애닯구나.
홀연히 음풍불어 큰물결을 일렁이니
그날의 북소리 쿵쿵쿵 들리는 듯.[14]

夢覺而珠簾未捲(…) 駐孤城百戰之師 胡笳未歇(…)."

14 최치원, 「公山城」, 위의 책, pp. 62~63. : "襟帶江山似畵成/可憐今日靜消兵/陰風忽捲驚濤起/猶想當時戰鼓聲."

공주 공산성을 산이 옷깃처럼 둘러싸고 강은 띠처럼 두르고 흐르는 풍경이 그림처럼 아름답다. 이곳 웅천주의 도독 김헌창(金憲昌: ?~822년)은 자신의 아버지 김주원(金周元)이 왕으로 추대되었음에도 알천의 물이 넘쳐 건너지 못한 틈을 노려 상대등 김경신이 왕위를 빼앗아 원성왕에 오른 것을 문제 삼아 반란을 일으킨다. 무진주, 완산주, 청주, 사벌주와 국원경, 서원경, 금관경을 복속시킬 정도로 큰 전쟁이었지만 결국 실패하고 김헌창은 자살한다.[15] 그리 병란이 있고 수많은 사람들이 죽음을 당한 것이 오늘에도 애달프다. 죽음의 기운 담은 음산한 바람이 불어 공산성 옆을 흐르는 금강에 거센 물결을 일렁이니, 그날 울렸던 전쟁의 북소리가 쿵쿵쿵 들리는 듯하다. 최치원은 김헌창의 반란과 이로 죽어간 사람들을 생각하며, 전쟁의 참상과 아름다운 강산을 대비시켜 비교하며 애달파하고 있다.[16] 「강남으로 돌아가는 진사 오만(吳巒)을 보내며」에서도 "가는 곳곳 전쟁으로 사건도 많은데/언제나 다시 만나 시와 술을 나누리(干戈到處方多事/詩酒何時得再逢)"로 노래한다. 친구와 만나 평안하게 시와 술을 나누는 평화와 사건이 많이 일어나는 전쟁을 대비하며 평화의 삶을 누리지 못함을 슬퍼한다. 이로 최치원이 전쟁터에서든 이를 기억하는 장소든, 전쟁과 평화를 대비하며 후자를 지향하였음을 알 수 있다.

---

15 김부식, 『삼국사기』, 「신라본기」, 憲德王 14年 조 요약.

16 물론 이 애달픔은 비애감과 안타까움이 뒤섞인 감정일 것이다. 38대 원성왕의 후손들이 소성왕, 애장왕, 헌덕왕, 흥덕왕, 희강왕, 민애왕, 무왕, 문성왕, 헌안왕, 경문왕, 헌강왕, 정강왕을 거쳐 51대 진성여왕으로 왕위를 계승하며, 극히 소수를 제하고는, 대체로 천년 왕국 신라를 망국으로 이끌었다. 최치원은 충신으로서 이에 대한 분노와 비애감, 김주원계가 통치하였다면 달라졌을 것이라는 안타까움도 담겨 있을 것이다.

이런 마음은 직설적으로 전쟁을 반대하는 글로도 나타난다. 고운은 효공왕 12년(908)에 중알찬(重閼粲)으로 호국의영도장(護國義營都將)을 지내던 이재(異在)가 국가의 경사를 기원하고 병란을 없애기 위하여 남령(南嶺)에 팔각등루(八角燈樓)를 세웠기에 그 기문을 썼다.

> 임금의 은혜에 보답하리라 결심하는 것은 아마도 불사(佛事)를 융성하게 하는 일이리라. 어두운 곳이 생기지 않게 하고 미혹한 중생들을 널리 깨우치기를 바라옵나니, 이를 위해서는 오로지 불법(佛法)의 등불을 높이 매달아 병화(兵火)를 빨리 없애야 되리.[17]

최치원이 이재를 빌려서 말한다. 여기서 전제는 임금의 뜻과 이재의 뜻이 일치하는 것이다. 임금의 은혜에 보답하는 길은 어둡고 고통스러운 곳이 생기지 않도록 하고 미혹한 중생들을 널리 깨우치는 것이다. 이를 가능하게 하는 방편은 불법의 등불을 높이 밝히는 것이다. 등불이 어두운 곳을 비추어 밝게 하듯, 부처님의 자비정신이 곳곳에 퍼지고 사람마다 이를 마음에 품게 하여 전쟁을 근본적으로 없애는 것이다. 당시에는 호국삼부경이었던 『인왕경』, 『법화경』, 『금광명경』의 가르침에 따라 1백 명의 스님을 청해 1백 분의 부처님을 모셔놓고 공양을 하여 부처님의 힘으로 호국(護國)을 기원하였다. 적들에 맞서서 싸우는 것은 인간의 몫이지만 그들이 아예 외침을 하지 않게 하는 것은 부처님의 영역이었다. 이처럼, 최치원은 사

---

17 최치원, 「新羅壽昌郡護國城八角燈樓記」, 앞의 책, p. 299: "決報君恩 蓋隆佛事 所願不生冥處 遍悟迷羣 唯宜顯擧法燈 亟銷兵火."

람들의 마음에 자비심이 깃들고 더불어 부처님의 가피를 받아 이 땅 신라가 아예 전쟁 자체가 없는 평화로운 나라가 되기를 발원하였다.

> 엎드려 생각하옵건대, 선왕께서는 자기와 이기심을 극복하는 것으로 임금 노릇을 하시고 백성을 자식처럼 돌아보셨으며, … 바야흐로 간과(干戈)를 영원히 거두고 만물을 능히 소생하게 하였거늘, 헛되이 활과 칼만 남겨둔 채 갑자기 팔음(八音)이 그치게 될 줄을 어찌 생각이나 했사옵겠습니까.[18]

위의 글은 헌강왕이 승하한 뒤에 화엄경으로 결사(結社)를 하면서 명복을 빌며 지은 발원문으로 보인다. 헌강왕이 무기를 거두고 인간을 포함하여 모든 생명들이 소생하게 한 것을 찬양하고 있다. 헌강왕이 죽음으로써 순(舜) 임금이 떠날 때처럼 온 세상에 거문고, 비파, 석경, 종, 피리 등 여덟 악기의 음악이 끊겼다고 표현하고 있다. 헌강왕의 여러 업적 가운데 전쟁을 피하고 평화를 추구한 것을 칭송하고 있다. 실제로 『삼국사기』를 보면, 헌강왕 대에 전쟁의 기록이 없다. 실제 있었지만 누락된 것으로 볼 수도 있지만, 왕 6년에 오늘날의 총리와 유사한 시중(侍中) 자리에 있던 민공(敏恭)이 "왕께서 즉위하신 이후로 음양이 조화를 이루고, 바람과 비가 순조로워서 해마다 풍년이 들고, 백성들은 먹을 것이 넉넉하며, 변경이 안정되

---

18 최치원, 「華嚴經社會願文」, 앞의 책, pp. 224~225: "伏惟先王, 剋己爲君, 視民如子, … 方當永戢干戈 能蘇萬彙 豈料空遺弓劒 遽密八音."

고 시정이 즐거워하니, 이는 왕의 어진 덕에 의하여 이루어진 것입니다"[19] 라고 대답하고 있다. 왕 12년에는 북쪽의 변경에 있는 진영에서 적국 사람들이 들어와서 판자쪽을 나무에 걸어놓고 갔는데, 거기에는 "보로국과 흑수국 사람들이 모두 신라국과 화친하고자 한다"[20]라고 쓰여 있었다. 이로 추론하면, 헌강왕 대에 실제로 신라가 화평하고 백성들의 삶이 풍요로웠고 이웃 나라조차 화친을 맺으러 온 것으로 보인다. 최치원 또한 이런 평화를 원하였기에 수많은 헌강왕의 치적 가운데 이를 꼽은 것이다. 최치원은 무엇보다도 간과를 거두는 것이 만물을 소생시키는 길이라고 단언하고 있다. 무기를 없애는 일이 평화를 가져오는 길일 뿐만 아니라 만물을 잘 살게 하는 길이라고 통찰하고 있는 것이다.

이처럼 최치원은 전쟁터에서든 이를 기억하는 장소든, 전쟁과 평화를 대조하면서 후자를 지향하였으며, 부처님의 가피를 받아 이 땅 신라가 아예 전쟁 자체가 없는 평화로운 나라가 되기를 원하였으며, 무기를 거두는 것이 평화를 가져오는 길일 뿐만 아니라 만물을 잘 살게 하는 길이라고 통찰하였다.

---

19 金富軾, 『三國史記』, 「新羅本紀」, 憲康王 6年: "上卽位以來, 陰陽和, 風雨順, 歲有年, 民足食, 邊境謐靜, 市井歡娛, 此, 聖德之所致也."

20 같은 책, 12年 조: "寶露國與黑水國人 共向新羅國和通."

IV. 전쟁 예방의 적극적 평화사상

소극적 평화가 전쟁을 반대하는 것이라면, 적극적 평화는 이를 미리 예방하는 것이다. 예방에는 다양한 방안이 있다. 개인적인 차원에서는 마음을 다스려 분노와 이기심, 악함을 줄이고 관용과 이타심, 선함을 키우는 것이다. 집단적인 차원에서는 평화적인 교환 체계를 만들고 이를 보장하는 협정을 맺는 것과 구조적 폭력을 제거하는 것이다.[21] 1장, 원효의 화쟁의 평화론에서 논한 대로, 요한 갈퉁은 직접적이고 물리적인 폭력과 함께 구조적 폭력(structural violence)과 문화적 폭력(cultural violence) 개념을 설정한다.

> 지금 불법이 장차 쇠멸하려 하면서 마군(魔軍)이 다투어 일어나고 있으니, 날은 저무는데 갈 길은 아득히 먼 것을 바라보면서 연기가 짙게 일어나 불타서 없어질 것을 걱정한다. 도가의 교훈에 이르기를 '안정되어야 보전하기가 쉽다'라고 하였고, 유가의 글에 이르기를 '미리 환란을

21 인간은 선과 악, 자신 및 자신의 유전자와 친연도가 높은 사람이나 집단의 유전자를 보존하고 확산하기 위하여 타인을 살해하거나 타인을 약탈하려는 이기적 유전자와 공동의 목적을 위하여 사회적 협력을 하는 이타적 유전자가 공존하는 유전적 키메라(genetic chimera)다. 인류는 생존과 번영을 위하여 자원을 필요로 하며, 이의 획득방식은 생산, 교환, 약탈이다. 그러기에 전쟁을 막는 가장 좋은 방안은 자원을 교환하고 이를 보장하는 협정을 맺는 것이다. 이에 대한 논증은 이도흠, 『인류의 위기에 대한 원효와 마르크스의 대화』(서울: 자음과 모음, 2015), pp. 229~249를 참고하기 바람.

> 방지하고자 노력하지 않고서 이를 바라는 것을 폭력이라 한다'라고 하였다. … 마음을 씻어내는 것을 재(齋)라 하고, 환난을 미리 방지하는 것을 계(戒)라고 한다. 유자(儒者)도 이와 같이 하는데, 어찌 불자(佛者)가 그냥 있을 수 있으리오.[22]

최치원은 도적과 반란군이 들끓어 신라가 쇠멸하는 상황에서 가야산 해인사의 결계(結界)를 도모하는 자리에서, 왕족과 귀족은 물론 온 백성들이 탐욕을 씻고 미리 환란을 경계하고 예방을 하여 나라를 살릴 것을 불교 경전과 『논어』, 『도덕경』을 인용하며 간곡하게 청하고 있다. 여기서 마군(魔軍)은 형이상학적으로 보면 삼독(三毒)이고, 형이하학적으로 보면 삼독을 씻어내지 않은 채 물든 자들, 더 나아가 도적들일 것이다. 최치원은 도가의 말을 인용하며 안정되고 평화로운 때에 미리 조심할 것을 주장한다. 더 나아가 최치원은 미리 경계하여 환난을 방지하는 것을 계(戒)라 정의하고 이렇게 하지 않은 것을 폭력이라 비판하였다.[23] 환난을 반대하는 것을 넘어서서 이를 먼저 방지하는 노력을 해야 한다고 주장하며 이런 노력을 하지 않는 것을 폭력으로 단정한다. 먼저 마음속에서 분노와 갈등 등의 마음을 씻어내는 재(齋)에 진력하고 환란이 오지 않게끔 경계하여 폭

---

22 최치원, 「新羅伽倻山海印寺結界場記」, 앞의 책, pp. 308~309: "況今象法將衰 魔軍競起 觀日暮而途邈 慮烟深而火熸 道訓曰 其安易持 儒書云 不戒謂暴 … 且洗心曰齋 防患曰戒 儒猶若此 釋豈徒然."

23 '防患曰戒'에서 '患'은 근심, 환난 등 여러 뜻을 갖는다. 개인적인 것인가 집단적인 것인가가 관건이다. 이 글이 각처에서 도적과 민란이 끊이지 않는 상황에서 쓴 것이므로 환난으로 번역하였다.

력과 다툼을 아예 없애는 계(戒)에 힘써야 한다고 폭력의 원인과 해소 방안에 대해 묘파한 것이다.

최치원에게 과연 구조적 폭력에 대한 인식이 있었을까. 사회에 대한 구조적 인식이 있어야만 구조적 폭력에 대한 인식이 가능하다. 그의 시, 「강남녀(江南女)」를 보면, 바느질하는 것을 부끄러워하며 교태를 부리고 분단장과 춘정(春情)에 이끌리는 노래나 하는 강남녀와 하루 종일 길쌈을 하는 사녀(舍女)를 비교하고 있다. 이 시에서 강남녀가 도리어 "종일토록 북과 베틀을 놀리고/길쌈을 거두어도 몸만 힘든데/비단옷은 네 차지가 아니라네."[24]라며 사녀를 비웃는다고 묘사하고 있다. 하층의 여성이 아무리 부지런히 일해도 그 노동의 대가를 귀족이 차지하고 귀족의 여인은 일하지 않고도 온갖 부귀영화를 누리는 구조적 모순을 노래하고 있다. 최치원은 앞에서 인용하였던 「팔각등루기」에서 다음과 같이 말한다.

> 하늘이 재앙을 내린 것을 뉘우치지 않고 있는데, 땅에서는 여전히 간악한 무리들을 용인하는구나! 시국이 위태로우면 생명 모두가 위태로우며, 세상이 어지러우면 사람들의 물정(物情)도 어지러운 법이다.[25]

최치원은 당시에 도적이 들끓고 민란이 끊이지 않는 상황에서 백성만이 아니라 생명이 위태롭고 세상 사람들의 인심이 흉흉해진 원인을 개인

24 최치원, 「江南女」, 앞의 책, pp. 54~55: "終朝弄機杼/機杼縱勞身/羅衣不到汝."
25 앞의 책, pp. 298~299: "天未悔禍 地猶容奸 時危而生命皆危 世亂而物情亦亂."

에게만 두지 않고 세상과 시국에 두었다. 생명이 생존의 위기를 맞는 것은 생명 자신에게 있는 것이 아니라 시국 때문이다. 사람들의 인심이 타락한 것도 사람들의 개인적인 본성에 있는 것이 아니라 세상이 어지럽기 때문이다. 반대로 세상이 올바르고 시국이 바르게 정립되면 사람의 인심이 순후해지고 생명들은 평안하다. 그러기에 그 상세한 내역을 알 수 없지만, 진성왕에게 나라의 개혁책을 제시한 것이다.

이처럼, 최치원은 생명의 위기와 사람들의 본성의 어지러운 원인을 개인적인 것으로 보지 않고 세상과 시국 때문인 것으로 파악하는 사회 구조적인 인식을 하였으며, 먼저 마음속에서 분노와 갈등 등의 마음을 씻어내는 재(齋)에 진력하고 환란이 오지 않게끔 경계하여 폭력과 다툼을 아예 없애는 계(戒)에 힘써야 한다며 전쟁과 폭력을 근본적으로 해소하려는 적극적 평화사상을 피력하였다.

V. 곧은 마음에서 비롯된 차이의 평화관

최치원은 종교와 사상 사이의 갈등과 대립을 아울러 융합하였다. 주지하듯 고운은 유불도와 풍류도 모두에 해박하였을 뿐만 아니라 서로 통할 수 있다고 보았다. 더 나아가 그는 "반야(般若)로 간과(干戈)를 삼고, 보리(菩提)로 갑주(甲冑)를 삼아"[26] 진리에 이르고자 하며 교(敎)와 선(禪)을 융

26 최치원, 「新羅壽昌郡護國城八角燈樓記」, 앞의 책, p. 298: "以般若爲干戈 以菩

합하였고, "유(有)에만 빠져 있거나 무(無)만 고수하면 단지 한쪽 면으로 치우쳐서 이해하기 십상이다. 진여(眞如)의 근원에 이르려 한다면 경계가 끊어진 반야[般若之絶境)]의 경지로 나아가야 하리라."[27]라며 모든 존재를 공하다며 부정하는 중관과 긍정하는 유식 사이에서 중도를 취하고 있으며, 선에서도 돈오와 점수 또한 어느 하나를 버릴 것이 아니라 깨달음에 이르는 두 가지 길로 보았다.[28] 이는 최치원이 큰 그릇으로 도를 바라보면서 인본주의, 곧은 마음[直心], 차이의 사유를 하였기에 가능한 것이었다.

> 위대하도다! 하늘이 귀하게 여기는 것은 사람이요, 사람이 마루로 삼는 것은 도(道)다. 사람이 도를 크게 할 수 있는 것인 만큼 도는 사람과 멀리 떨어져 있지 않다. 그렇기 때문에 도가 혹 존귀해진다면 사람도 저절로 존귀해지게 마련이다. 도를 도울 수 있는 것이 있다면 그것은 바로 사람의 덕을 높이는 것이다. 그렇게 되면 도가 존귀해지고 덕 있는 사람이 귀중하게 된다.[29]

提爲甲胄."

27 최치원, 『孤雲集』, 권2, 碑, 「無染和尙碑銘」: "滯有守無, 徒銳偏解 欲詣眞源 其般若之絶境."(한국고전번역원 DB 활용.)

28 이도흠, "최치원, 유학파 지식인, 불교에 빠지다," (『불교평론』, 제64호 (2015년 12월))에서 시인, 유교관료, 사상가로서 최치원이 본 불교로 나누어 그의 불교관을 분석하였으며, 특히 4장 "사상가로서 본 불교," pp. 20~26에서 이에 대해 논증하였다.

29 최치원, 『孤雲集』 권1, 記, 「善安住院壁記」: "偉矣哉 天所貴者人 人所宗者道 人能弘道 道不遠人 故道或尊焉 人自貴矣 能助道者 惟崇德歟 然則道之尊德之貴." (한국고전번역원 DB 활용.)

최치원은 하늘 아래 가장 귀중한 것이 사람이며 사람이 가장 귀중한 것으로 여기는 것이 도라고 본다. 도란 것이 모든 것 가운데 으뜸인 것이자 궁극적 진리다. 그 어떤 도(道)든 사람을 떠나서 멀리 있는 것은 아니다. 사람을 위해 있는 것이고, 사람을 가장 존귀하게 만드는 것이다. 최치원은 궁극적 진리와 사상이 사람을 위해 존재함을 분명히 한다. 아울러 도를 따르는 사람 또한 품성을 갖추어야 도에 이를 수 있음도 명확히 한다. 도를 따를수록 사람이 존엄해지며, 거꾸로 사람의 덕이 높아야 도에 가까이 다가갈 수 있다. 그러기에 도와 덕은 둘이 아니다. 이처럼, 최치원은 사람과 도, 도와 덕이 불일불이(不一不二)의 관계임을 밝히고 있다.

이를 위한 인간의 자세는 곧은 마음[直心]이다. 그는 "『법장화상전』에서 법장의 행적을 그의 저술인 『화엄삼매관』에서 설한 발심(發心) 가운데서 '직심(直心)'의 열 가지 의미에 맞추어 전기를 구성할"[30] 정도로 직심을 중요하게 여겼다.

> 유서(儒書)에 이르기를,'(곧은 것을) 굽은 것 위에 두어야 한다', '생각에 삿됨이 없어야 한다'고 하였으며, 불경에 이르기를 '정토가 도량이다'고 하였으니, 바로 곧은 마음을 가리킨 것이다.[31]

곧은 것은 늘 굽은 것 위에 두어야 한다. 공자는 시 3천여 편을 모아

30 최영성, 『고운 최치원의 철학사상』(서울: 문사철, 2012), p. 230.

31 최치원, 『唐大薦福寺故寺主翻經大德法藏和尙傳』, 『역주 최치원전집』 2권, p.318: "書云 措諸枉 思無邪 經曰 爲淨土是道場 乃直心之謂也."

306편으로 정선하여 『시경(詩經)』을 편찬하고서 이들 시에 보편적으로 내재한 시정신의 핵심을 사랑하는 마음, 그리워하는 마음, 선(善)과 인간다움과 진리와 정의를 추구하는 마음 등 "인간 성정(性情)의 올바름을 추구하는 마음"이란 뜻으로 "사무사(思無邪)"라 하였다. 곧은 마음을 가지면 생각할 때마다 삿됨이 없이, 좋은 시를 쓰고 읽을 때처럼 늘 성정의 올바름[性情之正]을 구현할 수 있는 것이다. 불교에 적용하면, 곧은 마음이 곧 부처의 마음으로, 유리창의 먼지를 닦으면 푸른 하늘이 드러나듯, 고통의 원인과 그를 없애는 길과 연기의 이치에 대해 깨닫지 못한 미혹한 마음의 상태인 무명(無明)을 없애고 탐욕과 화와 어리석음의 삼독(三毒)을 소멸시켜 곧은 마음에 이르면 그것이 바로 부처이니, 수행을 하고 있는 그 자리가 바로 정토로 변한다. 그러니, 곧은 마음을 가지면 유교를 통해서든, 불교를 통해서든, 도교를 통해서든 누구나 진리와 깨달음과 열반에 이를 수 있다.

최치원은 차이의 사유를 가졌다. 그는 진감선사비에서 "무릇 도는 사람과 멀지 않다. 사람은 나라마다 차이가 없다"[32]라고 첫 문장에서 선언한다. 도는 사람들로부터 멀지 않으니 누구나 도를 구하는 자는 이에 이를 수 있다. 여기에 개인의 능력, 지위, 인종의 차이는 없다. 누구든 곧은 마음과 신심(信心)만 있으면 이에 이를 수 있다. 사람이란 나라마다 다름이 없다.[33]

---

32 최치원, 「有唐新羅國故知異山雙谿寺教謚眞鑒禪師碑銘」, 『역주 최치원전집』 1권, p. 151: "夫道不遠人 人無異國."

33 물론, 최치원이 차이에 대한 인식을 한 사례가 진감선사비 하나이기에 이를 일반화하기는 문제가 있다. 하지만, 가장 첫 문장에서 선언적으로 단정하였기에 최치원이 다름을 인정하는 사유를 가졌다고 판단해도 크게 무리는 아닐 것이다.

이처럼 최치원은 유불도와 풍류도 모두에 능통하였을 뿐만 아니라 서로 통할 수 있다고 보았다. 이는 큰 그릇으로 도(道)를 바라보고 이 안에서 다양한 종교와 사상이 하나로 통할 수 있다고 본 점, 어떤 진리와 종교든 사람이 근본이어야 한다는 인본주의의 관점을 지닌 점, 내적으로는 곧은 마음을 가지면 삿된 생각을 벗어나 누구든 깨달음과 부처에 이른다고 통찰한 점, 무엇보다도 동일성을 해체하고 차이의 사유를 지향한 데서 비롯된다.

VI. 최치원 평화사상의 현대적 의미

21세기는 생명의 위기 시대다. 국제자연보존연맹은 전 세계 과학자 1,700명이 참가하여 조사한 끝에 "44,838종의 대상 동식물 가운데 1.94%인 869종이 멸종되었으며, 38%인 16,928종이 멸종 위기에 놓였다고 발표했다."[34] 이에 대한 대안으로 여러 생태론이 모색되고 있으며, 그 가운데 가장 급진적인 것은 심층생태론(deep ecology)이다. 이 이론은 "생태계에 존재하는 모든 것들은 자기를 실현할, 즉 생존하고, 번성하고, 자기 나름의 형

34 Jean-Christophe Vié, Crig Hilton-Taylor & Simon N. Stuart ed., *Wildlife in a Changing World: an analysis of the 2008 IUCN Red List of Threatened Species* (Gland, Switzerland: The International Union for Conservation of Nature, 2008), p. 16.

태에 도달할 평등한 권리를 갖는다."라고 주장한다.[35] 심층생태론자들은 생명평등주의(biospherical egalitarianism)의 입장에서 인간이 상실한 '자연의 소리', '지구의 소리'를 들을 수 있는 감수성을 다시 회복할 것을 요청한다. 최치원은 모든 생명과 인간이 다 같이 존엄하고 평등하며 서로 평화롭게 공존하고 그 속에서 하나로 범아일여(梵我一如)를 형성하다가 함께 해탈하기를 바랐다. 이런 점에서 그의 생명평화사상은 심층생태론과 통하는 부분이 많다.

무엇보다도 최치원이 홍수를 막기 위하여 둑을 쌓는 대신 숲을 조성하고 실개천을 만든 사례는 비록 9세기에 행해진 것이지만, 근대성의 위기(the crisis of modernity)를 극복하는 탈근대적 대안으로 적용될 수 있다. "이항대립(binary opposition)적 사유에는 하나가 다른 것보다도 우위를 차지하고 지배하는 폭력적 계층질서가 존재한다."[36] 데리다의 지적대로, 근대적 패러다임은 자연과 인간, 정신과 육체, 이데아와 그림자, 이성과 감성 등 세계를 둘로 나누고 전자에 우월권을 부여한 폭력적 서열체계다. 이 패러다임에서는 홍수에 대한 대안으로 더 우월한 위상에 있는 인간이 자신의 목적과 필요대로 자연을 개발/착취하는 방식이 제시되며, 그 구체적 표현이

35 심층생태론은 "인간은 생명의 유지에 필요한 것을 제외하고는 생명의 풍부함과 다양성을 훼손할 권리가 없다. 인간의 생명과 문화의 번영은 실질적으로 보다 작은 인간 개체군과 양립할 수 있다. 인간 이외의 생명이 번창하려면 인간은 작은 개체군이 되어야 한다."(Arne Naess, "The Deep Ecological Movement: Some Philosophical Aspects," In Michael E. Zimmerman ed., *Environmental Philosophy* (New Jersey: Prentice Hall, 1998), pp. 196~197)라고 주장한다.

36 Jacques Derrida, Alan Bass, tr., *Positions* (Chicago: University of Chicago Press, 1982), pp. 56~57.

둑을 쌓는 것이다. 이는 당장의 홍수를 막지만 미생물, 이온, 주변의 식물들의 자연정화를 방해하여 물을 오염시키고 그 속에 사는 생명을 죽인다. 반면에 최치원의 방식은 홍수를 막으면서도 강물을 맑게 유지하여 생명을 살린다. 실제로 독일, 캐나다, 호주 등은 둑을 쌓는 방식이 강물을 오염시키고 생명을 훼손했으며 홍수에도 지속적인 큰 효과가 없다는 반성을 하고 둑을 해체하고 숲을 조성하고 강의 유역을 넓히는 대안으로 이행하고 있다. 이처럼, 최치원은 심층생태론과 상통한 생명평등주의의 사상가였으며 탈근대에도 적용될 수 있는 생태적 대안을 실천한 정치인이었다.

최치원이 시비와 전쟁을 싫어하고 반대하였을 뿐만 아니라 전쟁을 예방하려 한 적극적 평화주의자였던 점도 부각되어야 하지만, 곧은 마음에서 비롯된 차이의 사상을 지향하였다는 점도 새롭게 평가하여야 한다. 이 책의 1장 원효의 화쟁 평화론에서 말한 대로, 이성과 교양이 증대되고 보통교육이 실시되었으며 인간의 존엄성과 평등이 거의 모든 나라의 헌법에 명시될 정도로 보편 원리로 자리를 잡은 20–21세기에 집단학살이 끊이지 않은 근본 이유는 동일성 때문이다. 백인/기독교/우파가 유색인/이교도/좌파에 대해 대량학살을 감행하고 백인 아이는 때리지도 못하는 신부가 유색인 아이는 별 죄책감 없이 살해한 것에서 잘 나타나듯, 동일성은 타자를 상정하고 이를 배제하고 폭력을 가하면서 동일성을 강화한다. 그러기에 이의 대안은 차이, 혹은 타자성(alterity)의 사유로 전환하는 것이다. 차이의 사유에서는 동일성을 해체하고 다름을 인정하고 포용한다. 최치원은 동일성을 해체하고 다름을 인정하는 사유를 지향하였다.

최치원은 큰 그릇인 도(道)를 바탕으로 인본주의의 관점에서 유불도와 풍류도를 포용하였으며, 평화사상의 근본에 곧은 마음을 두어 사상의 깊이를 더하였다. 넓이로서 도(道), 깊이로서 곧은 마음, 지향점으로서 인본주의를 설정하여 당대의 사상과 이데올로기를 포용하면서도 사상적 심오함을 잃지 않았다. 이는 다양한 이데올로기와 사상이 서로 갈등하고 넓이를 갖추면 깊이를 잃고 깊이를 추구하면 너른 포용을 잃는 이 시대에 시사하는 바가 크다.

Ⅶ. 맺음말

신라 말기의 사상가, 시인, 정치인이었던 최치원은 유불도와 풍류도에 능통한 지식인이었다. 그의 사상을 평화관의 입장에서 생명평화사상, 소극적 평화사상, 적극적 평화사상, 차이의 평화관으로 나누어 조명하였다.

최치원은 풍류도, 도교, 불교를 회통(會通)하는 생명 평화관을 가졌다. 그는 모든 생명과 인간이 다 같이 존엄하고 평등하며 서로 평화롭게 공존하고 그 속에서 하나로 범아일여(梵我一如)를 형성하다가 함께 해탈을 하기를 바랐다. 실제로 그는 함양의 태수로 부임하였을 때 위천의 홍수를 막기 위하여 둑을 쌓는 대신 숲을 조성하고 실개천을 만들어 생명을 살리면서도 홍수를 막는 대안을 택하였다.

최치원은 전쟁터에서든 이를 기억하는 장소든, 전쟁과 평화를 대조하면서 후자를 지향하였으며, 부처님의 가피를 받아 이 땅 신라가 아예 전쟁 자체가 없는 평화로운 나라가 되기를 원하였으며, 무기를 거두는 것이 평화를 가져오는 길일뿐만 아니라 모든 생명을 잘 살게 하는 길이라고 피력하였다.

최치원은 생명이 위기를 겪고 사람들의 본성이 어지러운 원인을 개인적인 요인만이 아니라 세상과 시국 때문인 것으로 파악하는 사회 구조적인 인식을 하였다. 이에 먼저 마음속에서 나쁜 마음을 씻어내는 재(齋)에 진력하고 환란이 오지 않게끔 경계하여 폭력과 다툼을 아예 없애는 계(戒)에 힘써야 한다며 전쟁과 폭력을 근본적으로 해소하려는 적극적 평화사상을 피력하였다.

최치원의 평화사상을 21세기의 맥락에서 조명할 때, 그의 생명평화사상은 심층생태론과 상통하며, 홍수를 막기 위하여 둑을 쌓는 대신 숲(상림)을 조성한 대안은 근대성의 위기를 극복하는 탈근대적 대안으로 적용될 수 있다. 곧은 마음에서 비롯된 다름 인정의 사유는 근대적 주체가 동일성에 포획되어 타자를 상정하여 배제하고 혐오와 폭력을 행한 것을 성찰하는 차이와 타자성의 사유에도 시사하는 바가 크다.

중국 양주에 가면 최치원 기념관이 있다. 중국 정부가 공식적으로 인정한 최초의 외국인 기념관이다. 옛날에도 현재에도 대륙에서 인정받았던 천재는 정작 모국에서는 그의 웅대한 포부를 담은 개혁책이 받아들여지지 않아 전국을 떠돌다가 가야산에 은거하였다. 최치원은 중국에서든 신라에서든 전쟁과 환난의 한복판에 있으면서도 평화의 의지와 꿈을 잃지 않았다. 그는 전쟁을 예방하는 적극적 평화론을 폈을 뿐만 아니라 인간은 물론 미물까지도 안락하기를 소망하였으며, 생각에만 머물지 않고 나라 전체를 개혁하려는 포부를 펼치고 홍수를 막으면서도 생명을 살리는 대안으로서 상림을 조성하였다.

그의 평화사상을 반추하는 지금 동아시아는 위기와 평화가 교차하고 있다. 남한과 북한이 화해의 국면으로 전환한 것은 긍정적이지만, 환경파괴는 문명 자체의 지속 가능성을 의심할 수준에 이르고, 신자유주의 체제로 빈부격차는 더욱 심화하여 상위 10%가 절반의 부(富)를 점유하고 있으며, 미국의 동아시아전략과 아베 정권의 극우적이고 호전적인 대외정책으로 긴장의 파고가 고조되고 있다. 이런 상황에서 곧은 마음을 바탕으로 다름을 인정하면서 전쟁을 예방하고 적극적 평화를 도모한 최치원의 평화사상과 실천이 이를 극복하는 지혜가 되기를 바란다. 다만, 오늘날의 위정자들이 당시의 진성여왕과 귀족들처럼 우리 주변의 '최치원'을 은거하게 하는 실수를 또 다시 범하지 않기를, 9세기에 펼쳤던 그의 사상이 박제되지 않고 우리가 발을 디디고 있는 현재를 분석하고 미래를 상상하는 비전이 되기를 간절히 소망한다. "성찰하지 않는 과거는 미래가 된다."

김성실

3장

퇴계의 평화사상

I. 사화의 시대 속을 살아가면서 평화를 외친 퇴계

평화보다 좋은 말이 어디 있을까? 그러나 평화를 외치는 자는 역설적이다. 역사를 통해 보아도 평화를 외치던 자들이 전쟁준비에 가장 열을 올린 사람들이 많았다. 오늘날도 역시 마찬가지이다. '평화를 외치려거든 전쟁에 대비하라'[1]는 자극적 문구가 굳이 아니더라도 현실의 정치세계 속에는 힘이 곧 평화인 시대가 되어버렸다.

오늘날 한반도를 둘러싼 강대국들의 외교 각축장에서 겉으로는 대화와 평화를 원하지만 실제로는 힘 대 힘이 치열하게 다투는 형국이 벌어지고 있다.[2] 왜 우리는 평화를 원하지만 평화가 찾아오지 않는 것일까? 어쩌면 우리가 말하는 평화의 개념과 실제 현실정치에서 적용되는 평화의 개념이 다른 것은 아닐까? 그렇다면 우리는 평화라는 개념이 정확히 무엇인지를 검토한 후에야 평화가 무엇인지를 알 수 있을 것이다.

평화(平和)의 사전적 정의는 "인간집단(종족·씨족·국가·국가군) 상호간에 무력충돌이 일어나지 않은 상태"[3]를 일컫는다. 물론 광의의 의미에서 '서로 이해하고 우호적이며 조화를 이루는 상태'로 이해하기는 하지만 일반적으로 '평화'란 전쟁의 반대말이라고 이해되고 있다. 전쟁이 없기만 하면 평화일까? 한 통계에 따르면 세계대전과 한국전쟁, 베트남전쟁 등 전면전으로 치달은 시대보다 냉전 종식 이후 크고 작은 국지전과 테러 등으로 인한 인명피해가 더 크다고 한다. 냉전시대 이후 오히려 더 많은 국지전, 테러 등이 일어난 셈이다. 탈냉전의 시대라면 마땅히 평화가 와야 할 텐데도

---

1 베게티우스(Publius Flavius Vegetius Renatus): "Si vis pacem para bellum."

2 본고를 썼던 지난 시간 이후 최근에 급격히 진전된 남북대화 무드는 지난 2018년 4월 27일 판문점에서 열린 제3차 남북정상회담에서 공동 발표한 '판문점 선언'을 통해 구체화되었는데, 그러한 변화의 과정을 목도하면서 평화는 전쟁이 아닌 대화로써 출발한다는 점을 다시 한 번 상기시켜주었다.

3 두산백과; 〈http://www.doopedia.co.kr〉.

왜 냉전보다 더 갈등과 긴장이 높아진 것일까?

진정으로 평화를 원한다면 정치, 경제, 외교, 문화 등 다양한 해법이 필요하겠지만 보다 근본적으로는 우리가 생각하는 평화의 개념에 대한 재검토가 선행되어야 할 것이다. 평화가 단순히 '전쟁이나 갈등이 없이 세상이 평온한 상태'가 아니라 '서로 이해하고 우호적이고 조화를 이루는 상태'로 한 단계 더 나아가야 하며 모두가 함께 사는 공동체를 이루어야 할 것이다. 사람과 사람이 싸우지 않는 상태가 평화라고 여긴다면, 타자에 대한 무관심, 개인이기주의 같이 싸우지 않고 남에게 피해를 입히지도 않는 형태 역시도 평화로운 상태가 되어버린다. 하지만 우리는 타자에 대한 무관심이나 개인이기주의를 평화로운 상태라고 한다면 동의하지 않을 것이다. 그것보다 사람과 사람이 싸우지 않는 것은 물론이거니와 사람과 사람이 사람으로서 대화와 소통, 협력, 이해, 믿음, 신뢰를 쌓아가는 상태가 평화로운 상태일 것이다. 그리고 그것을 그대로 세계로 확대해서 본다면 진정으로 '평화'라는 개념으로 사용하기 적절할 것이다.

그렇다면 한 개인의 마음의 조화로운 상태와 전 세계의 평화로운 상태는 결코 무관하지 않을 것이다. 평화를 위한 정치, 외교, 경제, 사회, 문화적 해법뿐만 아니라 개인과 공동체를 이루는 사상적 토대에 대한 검토와 이해 역시 그러한 해법 못지않게 중요한 것이다. 세계는 개인이 모여 이루는 것이자 개인의 위상과 가치 역시 하나의 세계와 같은 것이다. 한 개인의 마음과 몸의 평화로운 상태는 나와 너의 평화로운 만남을 이루고 그것이 사회, 국가, 세계로 확장되어 나가게 된다. 수기(修己)면 치인(治人)이라는 것 역시도 수기(修己) 이후에 치인(治人)이라는 단계나 과정이 연결되는 것이 아닌 수기치인(修己治人)이 함께 있는 것처럼, 평화 역시 개인에게서 세계로까지 하나로 이어져 있다.

퇴계는 사화(士禍)의 시대를 살았다. 무고한 선비들이 바른 말을 하다가 정치적으로 탄압받던 시대의 한 가운데 퇴계는 살았던 것이다. 그의 생애 속에서 관직으로 나아가 입신양명(立身揚名)하는 것보다 오히려 병을 핑계로 사직소(辭職疏)를 냈던 것이 더 많을 정도로 암울한 시대의 한 가운데 있었던 것이다. 그러한 시대 속에서 퇴계가 느끼고 이해했던 올바름이 오늘날 평화를 논하는 현대사회에 많은 시사점을 제공해 줄 수 있다. 몸과 마음의 수양에서 성군이 되기를 희망하며 올린『성학십도』에 이르기까지 퇴계 사상은 평화와 밀접히 연결되어 있다. 그렇다면 퇴계의 평화사상에 대해 좀 더 자세히 살펴보도록 하자.

II. 퇴계 평화사상의 알맹이, '하늘'과 '이치'

퇴계는 일찍이 동방의 주자(朱子)라고 불릴 정도로 주자학을 계승하였고, 퇴계 스스로도 주자를 존경하였음을 여러 문헌에서 알 수 있다. 주자학은 성(性)이 곧 이치[理]임을 말하는 성리학(性理學)이다. 조선시대 들어온 유학은 성리학, 곧 주자학이지만 한국전통 사상으로 변모되는 과정을 거치게 된다. 가령 주자 당시의 송대(宋代) 유학의 특징은 우주론을 중심으로 한 세계와 인간에 대한 형이상학적 이해에 천착하였다면, 조선시대 유학은 하늘의 가치를 지닌 인간과 그러한 인간과 인간이 부대껴 살아가는데 있어 중요한 인간 마음 깊은 내면에 대한 탐구로 이어졌다. 이러한 기본적 차이는 인간에 대한 심성론적(心性論的) 이해에 대한 초점을 맞춘 한국철학사상의 특색이 되었다. 그러한 토대 위에서 퇴계는 하늘과 사람(天人), 사람 마음의 이치(理, 情)에 관한 심도 있는 이해를 전개하였다.

1. 천인(天人): 하늘의 가치를 지닌 인간

퇴계에게 있어 천(天)은 특별한 의미를 지닌다. 주자학적 전통 속에서 하늘은 '태극(太極)', '완전함', '이치의 극치'인 것으로 이해되지만 거기에 더해 특별한 가치를 부여한다. 퇴계는 "천지의 태극이 인간에서는 성이요, 천지의 동정·음양이 인간에서는 심이요, 천지의 오행이 인간에서는 오상이요, 천지가 화생하는 만물은 인간에서 만사이다"[4]라고 하여 인간이라는 존재는 하늘의 가치를 지니고 있다고 보았다. 우주만물의 이법(理法)적 천(天)으로 여기는 성리학의 천(天) 개념에 반드시 인간을 항상 함께 놓고 그 가치를 논하는 것이다. 또 하늘과 인간의 합일(合一)을 말하는 중국철학과 달리 한국은 목은 이색(牧隱 李穡)을 필두로 하늘과 인간 사이에 간극이 없다는 천인무간(天人無間)의 전통 역시 퇴계를 비롯한 많은 학자들에게 영향을 미쳤다.

4 『退溪先生文集』 卷22, 「書」, 〈答李剛而〉, "天地之太極. 在人便是性, 天地之動靜陰陽, 在人便是心, 天地之金木水火土, 在人便是仁義禮智信, 天地之化生萬物, 在人便是萬事."(이하 한국문집은 한국고전종합DB 〈http://db.itkc.or.kr/〉) 참조.

하늘과 사람 사이에는 간격이 없으며 서로 어긋남이 없이 감응한다. 그러므로 이륜(彝倫)이 베풀어지고 정치와 교육이 밝아지면, 해와 달이 궤도를 따라 순행하고 바람과 비가 제때에 맞으며, 경성(景星)과 경운(慶雲)과 예초(醴泉)과 주초(朱草) 등의 상서로운 조짐이 이르게 마련이다.[5]

목은 이색은 "하늘이 곧 이치이므로 사람의 일[人事]이 하늘 아님이 없고, 인간을 비롯한 우주만물에 성(性)이라는 것을 놓고 볼 때에 이 성(性)을 동일하게 가지고 있으면 천(天)을 동일하게 가지는 것을 의심할 수 없다"[6]고 보았다. 하늘의 가치를 지닌 인간을 천명한 것이다. 양촌 권근 역시 「천인심성합일지도」를 통해 하늘과 인간, 그리고 하늘이 명한 성을 품부한 인간의 마음에 관한 이치를 상세히 설명하였으며, 인간심성에 관한 세밀한 분석을 시도하였다. 이처럼 하늘과 인간에 대한 독특한 이해를 담고 있는 조선유학의 특징은 성리학 우주론의 대표적 개념인 태극(太極)에 대한 이해에서도 잘 나타난다.

송대 신유학은 북송오자(北宋五子)라 불리는 주돈이, 장횡거, 정호, 정이, 소강절 이 다섯 명의 사상을 주자가 종합·집대성한 것인데, 특히 주돈이의 「태극도」는 송대 신유학의 우주론으로 가장 중요한 위치를 차지하고

---

5 『牧隱文藁』 卷1, 「記」, 〈西京風月樓記〉, "天人無間, 感應不惑. 故彝倫敍而政敎明, 則日月順軌, 風雨以時, 而景星慶雲醴泉朱草之瑞至焉."

6 『牧隱文藁』 卷10, 「說」, 〈直說三篇〉, "天則理也, 然後人始知人事之無非天矣. 夫性也在人物, 指人物而名之曰人也物也, 是跡也. 求其所以然而辯之, 則在人者性也, 在物者亦性也. 同一性也, 則同一天也."

있다. 그래서 성리학 해설서라 할 수 있는 『근사록』에서 「태극도설」이 가장 먼저 나온 것이며, 태극이라는 개념을 통해 우주의 생성과 만물화생의 원리를 밝히려는 것이 주자학의 시작이었다. 퇴계 역시 그러한 전통 위에서 태극의 중요성을 알고 『성학십도』 첫 번째 도(圖)로 배치하지만 최초에는 「천명도」라는 그림을 통해 태극도의 5단계의 동그라미 그림을 하나의 동그라미로써 하늘과 인간의 관계를 설명하였다. "'태극'이 우주의 조화질서를 내포하는 '천리'의 차원이라면, '천명'은 인간과 사물이 부여받는 성품을 수양하는 인도의 차원"[7]으로 본 것이다. 태극(太極)이 인간과 만물을 생성하는 근원이라고 보고 그 과정을 5단계의 원 형태로 그 내용을 전개하는 태극도와 달리 하나의 원의 형태로 그린 「천명도」는 사람이 하늘이 명한 바를 알고 깨닫는 인식의 과정이라는 점에서 퇴계는 태극(太極)과 천명(天命)의 관계가 하늘과 인간이 서로 상응하는 것을 보여주고 있다.

> 이 도식은 사람과 물건의 타고난 것으로 인하고 이와 기의 화생(化生)을 근원하였으니, 합하여 하나로 만들지 않으면 그 위치가 제대로 되지 않기 때문입니다. 이는 모두 부득이하게 그렇게 만든 것입니다. 더구나 사람의 위치에서 본다면 이른바 '하나를 나누어 다섯으로 만들었다.'는 것이 완연히 다 갖추어져 있으니, 그 뜻은 이미 염계의 도설에 전부 갖추어져 있습니다. 따라서 이것은 태극도설을 기반으로 그려 놓은 것에 불과할 뿐 다른 뜻이 있는 것은 아닙니다.[8]

7 금장태, 『퇴계의 삶과 철학』(서울: 서울대학교출판부, 1998), p. 80.

8 『退溪先生文集』 卷41, 「雜著」, 〈天命圖說後叙〉 "是圖, 因人物之稟賦, 原理氣

퇴계는 「태극도설」을 기반으로 「천명도」를 수정하면서도 본래의 뜻을 해치는 내용이 아니라 기존의 「태극도설」 내용 전반을 포함하되, '사람과 물건의 타고난 것으로 인하고 이와 기의 화생에 근원'하여 수정하였다. 사람의 위치에서 하늘과 인간, 인간과 인간의 관계를 말하고 있는 것이다.

맹자에 따르면 인간은 측은한 마음을 비롯한 사단의 마음을 가지고 있는데 그 마음을 따라가 보면 인간본연의 성품이 선하다는 것을 알 수 있다고 보았다. 또 하늘의 가치를 지닌 우리 인간은 천명(天命)에 따라 하늘의 성품을 품부 받는데 그것을 성(性)이라 하고 그 성이 곧 이치라고 하는 것이 성리학의 핵심이다. 그렇다면 인간은 선한 성품 그대로를 품부 받았기에 악한 성품이나 행위가 나타나지 않아야 하는데 현실 속에서 일어나는 여러 가지 문제는 어떻게 설명해야 할까. 하늘의 가치를 지닌 인간이라면 평화 역시 우리가 살아가는 세상 자체가 평화일 텐데 그렇지 못한 현실을 어떻게 설명해야 할까. 주자는 인간 본성이 이치인데 현실세계 속에서 그렇지 못한 까닭을 하늘의 이치를 품부함에 있어 기질(氣質)의 청탁수박(淸濁粹駁)에 따라 편벽되고 치우칠 수 있기 때문에 선한 본성이 온전히 발휘되지 못한다고 보았다. 사람은 본래 최령(最靈)한 존재로 온전히 빼어난 기질을 품부해야 하지만 청탁수박에 따라 편벽되고 치우칠 수 있다는 것이다. 그것을 악한 행위의 원인으로 지목하고 있다. 주렴계가 『태극도설』에서 "오성이 감하고 동하여 선악이 나누어진다(五性感動而善惡分)"에 대

之化生, 不合爲一, 不成位置, 皆不得已而爲之者也. 而況就人位而觀之, 所謂分一爲五者, 宛然畢具, 其義已備於濂溪圖說, 此不過卽圖說而畫出之耳, 非有異也."

한 내용에 대해 주자는 "오성(五性)이 느껴 움직인다는 것은 양이 변하고 음이 합하여 물, 불, 나무, 쇠, 흙의 성질이 생겨난다는 것이며, 선과 악이 나누어진다는 것은 마치 남성의 요소와 여성의 요소가 이루어지는 현상과 같은 것이고, 인간 만사가 생겨나고 변화하는 것은 만물이 생겨나고 변화하는 모습과 같다는 것이다"라고 이해하였다. 그러나 퇴계는 기본적으로 주자의 입장을 계승하지만 선악(善惡)의 문제에 관해 다음과 같이 풀어내고 있다.

> 손님이 말하기를, "그렇다면 천명(天命)에서부터 심(心)·성(性)·정(情)·의(意)에 대한 선(善)·악(惡)의 구분과 또 사단·칠정의 발(發)함이 자사(子思)와 주자(周子)에 부합한다는 것에 대한 그 대략을 들어볼 수 있겠습니까?" 하여, 대답하기를, "천명의 원(圓)은 곧 주자(周子)가 이른바 '무극의 진(眞)과 음양·오행의 정기(精氣)가 묘하게 합하여 응결한다.'는 것인데, 자사는 이(理)와 기(氣)가 묘하게 합한 가운데서 홀로 무극의 이(理)만 가리켜 말하였습니다. 그러므로 곧바로 이것을 성(性)이라고 하였을 뿐입니다. 사람과 물건을 갈라놓고 '물건마다 각각 하나의 태극을 가지고 있다.'는 것은 주자(周子)의 도설(圖說)에 근본한 것으로 자사의 이른바 성(性)이란 것이고, 심(心)·성(性)의 원은 곧 주자(周子)가 말한 '오직 사람만이 그 빼어난 것을 얻어 가장 영특하다.'는 것이며, 그 영특한 것은 심(心)으로서 성(性)이 그 가운데 갖추어져 있으니 인(仁)·의(義)·예(禮)·지(智)·신(信)의 다섯 가지가 바로 이것이며, 빼어나다는 것은 기(氣)와 질(質)입니다. 오른쪽의 질(質)은 음(陰)이 하는 것이니, 곧 이른바 '형체가 이미 생겼다.'는 것이고, 왼쪽의

기(氣)는 양(陽)이 하는 것이니, 곧 이른바 '신(神)이 지(知)를 발한다.'는 것입니다. '성이 발하여 정(情)이 되고 심이 발하여 의(意)가 된다.'는 것은 곧 오성(五性)이 감동함을 이르는 것이고, 선기(善幾)와 악기(惡幾)는 '선과 악이 나누어진다.'는 것이고, 사단(四端)과 칠정(七情)은 '온갖 일이 여기에서 나온다.'는 것입니다.[9]

퇴계는 '성발위정(性發爲情), 심발위의(心發爲意)'의 개념을 통해 인간 본성의 감(感)하고 동(動)하게 되면 정(情)과 의(意)라는 것이 나타나게 되는데 온갖 일이 나오는 정(情)은 성(性)의 발하는 것이므로 본래 선하지 않을 수 없지만 악이라고 여긴다고 보았다. 다시 말하면 통괄한 심(心)이 발하면 의(意)가 되기에 성(性)과 정(情), 심(心)과 의(意)의 관계 속에서 선(善)과 악(惡)의 개념을 복합적으로 이해하지 않으면 안된다고 본 것이다. 퇴계는 "의(意)가 심(心)의 발함이 되고, 또 정(情)을 끼고 좌지우지하기 때문에, 혹은 천리의 공(公)을 따르기도 하고, 혹은 인욕의 사(私)를 따르기도 하여 선과 악의 구분이 이로 말미암아 결정 나니, 이것이 이른바 의의

---

9 『退溪先生文集』卷41, 「雜著」, 〈天命圖說後叙〉, "曰然則自天命而下, 心性情意善惡之分與夫四端七情之發合於子思周子者, 可得聞其略歟. 曰天命之圈, 卽周子所謂無極二五妙合而凝者也, 而子思則就理氣妙合之中, 獨指無極之理而言. 故直以是爲性焉耳. 分人分物, 物物各具一太極者, 本周子圖說之意, 而子思之所謂性也. 心性之圈, 卽周子所謂惟人也得其秀而最靈者也, 靈者, 心也, 而性具其中, 仁義禮智信五者是也, 秀者, 氣與質也, 右質, 陰之爲, 卽所謂形旣生矣者也, 左氣, 陽之爲, 卽所謂神發知矣者也, 性發爲情, 心發爲意, 卽五性感動之謂也, 善幾惡幾, 善惡分者也, 四端七情, 萬事出焉者也, 由是言之."

선기(善幾)와 악기(惡幾)라는 것"[10]이라고 보고 정(情)의 발함에 선과 악의 다름이 있는 것에 대한 단서보다는 의(意)의 발함에 마음을 좌지우지 하여 선악의 구분을 일으킨다고 보았던 것이다. 또 퇴계에게 있어 사람은 기질(氣質)의 빼어난 것을 품부한 존재로 청탁수박(淸濁粹駁)이 있을 뿐 기질 자체가 나쁜 것이 아니라고 보았다. 그러나 온갖 일이 벌어지는 감정에는 사단(四端)과 칠정(七情)으로 구분해서 보아야 하는데 그것은 좋은 감정과 나쁜 감정을 구분해서 보라는 것이 아닌, 온갖 일이 나오는 감정이 결국 인간 마음의 사유 속에서 의지를 형성하기에 그것이 타당한지 그렇지 않은지에 대한 판단의 문제가 결국 선악의 이해를 대신하게 되는 것이다. 즉 퇴계에 있어 선과 악의 문제는 존재론이 아닌 가치론으로서 선천적으로 악한 것이 있는 것이 아닌 선한 성품을 품부받은 하늘의 가치의 인간에게 그렇지 않다고 여기는 사유(思惟)의 부재(不在)와 착각(錯覺)을 의미한다.[11] 퇴계는 이것을 리기(理氣)의 문제로 풀면서 본성(本性)과 감정(感

10 『退溪先生續集』 卷8, 「雜著」, 〈天命圖說〉, "故其情之發, 不能無善惡之殊, 而其端甚微, 於是意爲心發, 而又挾其情而左右之. 或循天理之公, 或循人欲之私, 善惡之分, 由玆而決焉. 此所謂意幾善惡者也."

11 퇴계의 사칠논변(四七論辯)의 핵심은 감정에 좋은 것과 나쁜 것이 있는 것이 아니라 잘못된 사유, 착각을 경계하고 올바른 앎으로서 바로잡을 것을 말하고 있다. 사단(四端)과 칠정(七情)에 대해 리(理)가 발하여 기(氣)가 따르는 것[理發氣隨]은 사단, 기(氣)가 발하여 리(理)가 타는 것[氣發理乘]은 칠정이라는 퇴계의 사칠이해는 기존의 호발론(互發論)으로 리도 발하고 기도 발하는 것으로 이해되어 사단은 선한 감정, 칠정은 선악이 뒤섞여 있는 감정으로 이해되지만, 칠정이라고 하면서 나쁜 감정이 아니라 감정 그 자체로는 좋은 것이지만 그렇지 않다고 여기는 사유에 대해 분별하는 태도가 중요함을 역설하였다. 올바른 생각과 배움에 대해서는 이미 공맹의 전통을 따르고 있는데, 공자는 "배우되 생각하지 않으면 어둡고 생각하되 배우지 않으면 위태롭다(學而不思則罔 思而不學則殆)"라고 하

情)의 문제로 넘어온다.[12] 선한 본성에서 발휘한 우리의 감정이 어떻게 악(惡)하게 될 수 있냐는 문제로 풀어나간 것이다. 맹자(孟子)는 4가지 선한 감정의 실마리[四端]를 따라 그 근원을 찾아보면 인간 본성의 선함을 알 수 있다고 보았는데 퇴계 역시 그렇다고 보았다. 더 나아가 인간 본성과 감정을 통솔하는 마음을 어떻게 갈고 닦을 것인가에 대한 인간 내면의 수양(修養)문제로까지 연결되었다.

퇴계는 "태극에 동정이 있는 것은 태극 스스로가 동정하는 것이요, 천명이 유행하는 것은 천명 스스로가 유행하는 것이니 어찌 다시 시키는 자가 있겠느냐"[13]고 하며 태극(太極)과 천명(天命)의 유행이 수동적인 것이 아닌 능동적이고 자발적인 것임을 말하고 있다. 이는 태극은 리(理)이기에 움직이는 것이 기이며 동정과 유행은 기를 통해서만이 가능하므로 태극

였고, 맹자는 "생각하면 얻고 그렇지 않으면 잃는다(心之官則思 思則得之 不思則不得也)"고 하여 사유의 부재, 착각, 배움의 중요성을 강조하였다.

12 퇴계는 고봉과의 사칠논변을 통해 인간 감정에 대한 이해를 리기로 이해해 볼 수 있다고 생각하고 이러한 시도가 자신이 최초임을 밝힌다. "성정(性情)에 대한 변론은 선유(先儒)들이 상세하게 밝혔습니다. 다만 사단·칠정을 말한 데서는 모두 그것을 정(情)이라고 하고 이(理)·기(氣)로 나누어 말한 것은 보지 못하였습니다. 그런데 지난해에 정생(鄭生 정지운(鄭之雲))이 천명도(天命圖)를 만들면서 사단은 이(理)에서 발하고 칠정은 기(氣)에서 발한다는 설(說)이 있었는데, 나의 뜻에도 역시 그 분별이 너무 심하여 혹 분쟁의 실마리가 되지 않을까 염려되었습니다. 그래서 '순선(純善)'·'겸기(兼氣)' 등의 말로 고쳤습니다."(『退溪先生文集』 卷16, 「書」, 〈答奇明彦〉, 〈論四端七情第二書〉, " 性情之辯, 先儒發明詳矣. 惟四端七情之云, 但俱謂之情, 而未見有以理氣分說者焉, 往年鄭生之作圖也, 有四端發於理, 七情發於氣之說, 愚意亦恐其分別太甚, 或致爭端, 故改下純善兼氣等語.")

13 『退溪先生文集』 卷13, 「書」, 〈答李達李天機〉, "太極之有動靜, 太極自動靜也, 天命之流行, 天命之自流行也, 豈復有使之者歟."

그 자체가 동정하고 유행하는 것이 어찌 가능하겠냐는 기존의 이해를 넘어 리(理)의 능동성을 말하는 것이었다. 리가 단순히 이치, 이법으로서 기에 부속되어 올라타는 리승(理乘)의 리가 아닌 리발(理發)의 리이며, 이를 인간의 성품 즉 '성이 곧 이치[性卽理]'라는 주자학적 사유 속에서 인간 존재의 가치가 그 누구의 강요나 타율에 의해 강제될 수 없다는 것을 의미하는 것이다.

그래서 퇴계의 천(天)은 인간과 분리된 이법적(理法的) 천(天)이 아니라 나와 함께 하는 천(天)이자 상생하는 천(天)이며 능동하고 자발적인 천(天)이다. 그러한 천(天)은 명(命)함으로써 인간에게 품부되어 모든 사람이 그 천(天)을 품부한 하늘의 가치를 지닌 인간이 되는 것이다. 하늘의 가치를 지닌 인간이라는 이해가 바로 서게 되면 사람을 미워하거나 때리거나 죽이는 행위라는 것은 상상할 수 없으며 하늘의 가치를 지닌 '나'와 같이 동일한 가치를 지닌 '너'를 마주대하게 됨으로써 그것이 사회, 국가, 공동체로 확산되어 평화를 추구할 수 있는 기반이 되는 것이다.

2. 주리(主理): 차별 없는 세상

'리(理)'라는 것은 본래 옥에 있는 무늬, 물결을 따라 다듬는 것을 그 어원으로 하여 '다스리다', '다스려지다' 등의 의미를 지니고 있는데, 오늘날에는 '이치', '이법' 등의 의미로 통용된다. '리'라는 개념은 주역 등 경서에서 다양한 용례로 사용되어 오다가 송대 신유학적 체계 속에서 '성은 곧 이치(性卽理)'라는 개념으로 자리매김하게 된다. 하늘로부터 품부 받은 인간의 본성은 곧 이치라는 의미를 지니게 된 것이다. 유학적 체계 속에서 '리'는 곧 세상만사의 이치이자 인간 도리의 법칙으로서 자리매김하게 되었다. 그래서 주자는 태극과 이치를 다음과 같이 말한다.

> 천지가 생기기 이전에는 틀림없이 이치뿐이었다. 이치가 있기 때문에 곧 천지가 있는 것이다. 만약 이치가 없었다면 마찬가지로 천지도 없었을 것이고 사람이나 외물도 없었을 것이니, 아무것도 싣지 못했을 것이다. 이치가 있으면 곧 기운이 유행하여 만물을 기른다.[14]

> 태극은 단지 천지 만물의 이치일 뿐이다. 천지에 대하여 말하면 천지 속에 태극이 있고, 만물에 대하여 말하면 만물 속에 각각 태극이 있다. 천지가 생기기 이전에 틀림없이 이치가 먼저 있었다. '움직여서 양의 기운을 낳는 것'도 역시 이치일 뿐이고, '멈추어서 음의 기운을 낳는 것'도 역시 이치일 뿐이다.[15]

퇴계 역시도 주자학적 전통 위에서 리(理)를 이해한다.

"주자의 말에 '모든 사물이 마땅히 그러하여 그만둘 수 없고, 본래 그러

---

14 『朱子語類』 卷1, "未有天地之先, 畢竟也只是理. 有此理, 便有此天地. 若無此理, 便亦無天地, 無人無物, 都無該載了. 有理, 便有氣流行."

15 『朱子語類』 卷1, "太極只是天地萬物之理. 在天地言, 則天地中有太極, 在萬物言, 則萬物中各有太極. 未有天地之先, 畢竟是先有此理. 動而生陽, 亦只是理, 靜而生陰, 亦只是理."

> 하여 바꿀 수 없는 것이 이치이다.'라고 하였다. 대개 '마땅히 그러해야 할 것'이라는 말은, 곧 임금은 마땅히 어질어야 하고 자식은 마땅히 효도해야 한다는 따위가 그것이요, '본래 그러한 것'이라는 것은, 곧 어진 까닭이나 효도하는 까닭을 말하는 것이다"하였다.[16]
>
> 하늘은 즉 리(理)이다. 그런데 그 덕이 네 가지가 있으니, 원(元)·형(亨)·리(利)·정(貞)이다. 대개 원이란 것은 시작의 이치요, 형은 형통의 이치이며, 리는 수행의 이치요, 정은 성공의 이치다. 그것이 순환하여 쉬지 않음이 모두 진실하여 거짓이 없는 묘함이, 이른바 성(誠)이라 한다. 그러므로 음양과 오행이 유행할 때 이 네 가지가 항상 그중에 있어서 만물을 명하는 근원이 되었다.[17]

하지만 '리(理)'만을 강조하는 것이 아닌 우리가 살아가는 기(氣)의 세계, 현상의 세계에 대해서도 이기(理氣)의 조화로서 설명한다. 다만 리(理)와 기(氣) 중 어떤 것을 주로 얘기하느냐에 따라 달라지는 문제라고 보았다.

> 내 생각에, 천지의 성은 오로지 리만을 가리켰다 하니 여기에는 리만 있고 기는 없는 것입니까? 천하에 기가 없는 이가 없으니, 이만 있는 것

---

16 『退溪先生言行錄』 卷4, 「類編」, 〈論理氣〉 "朱子曰, 凡事物之當然而不容已. 所以然而不可易者, 是理, 盖所當然, 卽君當仁, 子當孝之類, 所以然, 卽所以仁, 所以壕者, 便是."

17 『退溪先生續集』 卷8, 「雜著」, 〈天命圖說〉, "天卽理也. 而其德有四, 曰元亨利貞是也.(四者之實曰誠) 蓋元者, 始之理, 亨者, 通之理, 利者, 遂之理, 貞者, 成之理, 而其所以循環不息者, 莫非眞實無妄之妙, 乃所謂誠也. 故當二五流行之際, 此四者常寓於其中, 而爲命物之源."

도 아닙니다. 그런데도 이만을 가리켜서 말할 수 있다면 기질의 성이 비록 이·기가 섞여 있다 하더라도 어찌 기를 가리켜 말하지 못하겠습니까. 하나는 이가 주가 되기 때문에 이에 나아가 말한 것이고, 하나는 기가 주가 되기 때문에 기에 나아가서 말한 것뿐입니다. 사단에 기가 없는 것은 아닌데도, '리의 발'이라고만 하고, 칠정에 이가 없는 것은 아닌데도 '기의 발'이라고만 하는 것도 이런 뜻에서입니다.[18]

퇴계사상의 주리(主理)적 특성은 단순히 리(理)만 귀하게 여기고 기(氣)를 천하게 여기는 것이 아니라 리기의 조화(調和)와 묘응(妙應)을 얘기하고 있다는 점에서 일반적으로 이해하는 리기의 이분법적 주장과는 다르다. 누구보다도 '리'의 소중한 가치를 알기에 그런 '리'로부터 나온 '기' 역시도 '리' 만큼이나 중요하다는 것을 말하고 있는 것이다. 다만 '리'를 주로해서 말하는 까닭은 천리(天理)에서 성리(性理)로 하늘에서 인간으로 품부되는 이치가 동일한 가치를 지니고 있음을 말하고자 한 것이다. 또 퇴계는 기질(氣質)의 다름에 대한 제자의 질문에 다음과 같이 답변하면서 기(氣)에 대한 인식을 보여준다.

사람이 태어날 때 다 같이 일원지기(一元之氣)를 받았다고 하나, 그 일

18 『退溪先生文集』卷16, 「書」, 〈答奇明彦〉, 〈論四端七情第二書〉, "滉謂天地之性, 固專指理, 不知此際只有理, 還無氣乎. 天下未有無氣之理, 則非只有理. 然猶可以專指理言, 則氣質之性, 雖雜理氣, 寧不可指氣而言之乎. 一則理爲主, 故就理言. 一則氣爲主, 故就氣言耳. 四端非無氣, 而但云理之發, 七情非無理, 而但云氣之發, 其義亦猶是也."

> 원지기라는 것 또한 그 자체가 같지 않은 것이다. 그 일원에서 음과 양이 나뉘어지니, 그 기는 본래 청탁(淸濁)의 구분이 있었던 것이고, 음과 양이 다시 오행으로 나누어지니 그 기가 생하기도 하고 극(克)하기도 하며, 순응하기도 하고 거스르기도 하며, 올라가기도 하고 내려가기도 하며, 혹은 갔다가 돌아오기도 하며, 오기도 하고 가기도 하며, 열리기도 하고 닫히기도 하며, 왕성하기도 하고 쇠퇴하기도 해서, 어지럽게 서로 부딪치면서 뒤집어지고 뒤섞여지며, 진하기도 묽기도 맑기도 탁하기도 하여 만 가지로 서로 같지 않은 것이다. 사람이 이러한 기를 받아 태어났으니 그 기질이 같지 않다는 것이 이상할 게 무엇인가. 옛날 선비들이 이른바 '솟아오르고 가라앉고 하면서 오늘에 이르렀다'라고 한 것이 바로 음양오행이 같지 않음을 지적하여 말한 것이다.[19]

퇴계에게 있어 하늘의 가치를 품부한 인간은 그 자체로 소중하고 귀하지만 일률적으로 다 같은 것이 아니라 청탁수박의 기질의 특성에 따라 품부한대로 그 나름의 개성을 지니고 있기에 각기 다름을 인정해야 한다고 보았다. 그러나 그것이 다르다는 것을 인정하는 것이지 하늘로 품부 받은 리(理)가 다르다는 의미가 아니었다. 하늘의 도는 지극히 공정하지만 그 기

---

19 『退溪先生言行錄』卷4, 「類編」, 〈論理氣〉, "先生曰, 人之生也, 雖曰同稟一元之氣, 而一元之氣, 亦自不齊. 盖自一元而分爲陰陽, 則其氣固有淸濁之分, 陰陽又分爲五行, 則其爲氣也. 或生或克, 或順或逆, 或升或降, 或往或復, 或來或去, 或闢, 或闔或旺或衰, 紛綸交盪顚倒錯綜, 淳漓淸濁有萬不齊人稟是氣而生, 則其氣質之不同. 何足怪乎. 先儒所謂, 騰倒到今日者, 正指二五不齊處, 言也."

를 부여하는데 있어서 순수하고 박잡함이 일정하지 않은 것은 사사로운 뜻이 있는 게 아니라고 보았던 것이다.[20] 또 기질이라고 할 때 '질'의 뜻에 대해 묻자 퇴계가 말하기를 "질(質)자의 뜻은 나 역시 깨닫기 어렵지만 이것은 형질(形質)을 말한 것으로 주자가 말한 '어떤 모양을 이루는 것'과 같은 것인데, 그러나 이러한 뜻뿐이라면 사람들 중에는 체질과 생김새는 매우 아름다우나 심성은 악한 자가 있는가 하면 또 못생겼지만 성품이나 행실은 아름다운 자도 있으니, 형질만으로 이 글자의 뜻을 단정할 수 없다는 것은 분명하다"[21]고 하면서 주자가 이해하는 질의 개념에 대해서도 비판적으로 계승하고 있다. 퇴계는 아름답거나 악한 것은 형체로 단정할 수 없다고 본 것이다. 그것은 리기지합(理氣之合)의 인간 존재의 가치에 기의 다름으로 그 가치를 판별하는 것이 아니라 천명지위성(天命之謂性)의 성(性)과 성즉리(性卽理)의 리(理)가 만난 성리(性理)의 담지자인 우리의 주리(主理)적 특성을 강조한 퇴계의 의도가 잘 드러난 것이다. 다름을 차별로 보지 않고 다름을 강조함으로써 동일한 가치를 잃지 않고자 한 퇴계의 인간이해를 살펴볼 수 있는 것이다.

이처럼 하늘과 인간, 리기의 이해방식의 지평 속에 퇴계는 자신만의 평화사상 토대를 구축한 것이다.

---

20 『退溪先生文集』 卷38, 「書」, "天道至公, 而賦予純駁之不一, 非有私意於其間."

21 『退溪先生文集』 卷39, 「書」, 〈答李公浩〉, "質字之義, 滉亦難曉. 嘗思之, 固是以形質言, 如朱子所謂成這模樣子底也. 然若止此而已, 則人有體質形貌甚美而心性惡者, 如韓子所謂平脅曼膚. 顏如渥丹美而狠者, 又有體貌寢陋如鬷明, 澹臺滅明之倫而性行美者, 則不可以形質而斷此字之義, 明矣."

III. 함께 사는 것과 모두가 내 형제임을 말하는 퇴계, 그리고 평화

1. 공생(共生)

퇴계는 갑진(甲辰)년(1554년, 중종39년)에 올린 상소를 통해 이웃나라와 어떻게 지내야 하는지 어떻게 외교정책을 펼쳐야 하는지에 대해 다음과 같이 말한다.

> 신 이황은 진실로 황공하옵게 삼가 주상 전하께 아룁니다. 신은 삼가 생각건대, 사람들이 보통 모두들 "이적은 짐승"이라고 합니다만 저 이적 역시 사람일 뿐입니다. 그런데도 짐승에 비교하는 것은 일부러 심하게 말한 것이 아니라, 그들이 예의를 알지 못해서 군신과 상하의 분별이 없고, 그들의 생활이 무지하고 미련하며 어리석고 지각이 없어서 거의 짐승과 다를 것이 없으므로 그들을 짐승과 같은 종류로 병칭하는 것뿐입니다. 그러므로 짐승을 짐승으로 기른다면 짐승들은 그 본성대로 살고, 이적을 이적으로 대하면 이적들은 자신의 분수에 편안할 것입니다. 그러므로 왕자는 이적을 다스리지 않습니다. 『춘추』에 이적에 대해 기록하기를 "오는 자는 막지 않고, 가는 자는 붙잡지 않는다." 하였으니 다스리지 않는 것으로 다스리는 것이 바로 잘 다스리는 것입니다. 만일 군신 상하의 분별함을 가지고 그들에게 예의와 명교의 도로써 책망하며, 반드시 그들과 시비를 가리고 곡직을 다투며 역과 순을 밝힌

뒤에라야 마음이 풀린다고 한다면 그것은 짐승에게 예악을 행하는 일로 독려하는 것이니, 그 마음을 길들이자는 것이 결과적으로 그 본성만 거슬릴 뿐이어서 치거나 물어뜯거나 할 것입니다. 옛날 묘족이 반역할 적에 우가 정벌했는데도 오히려 굴복하지 않았으니, 그 완악함이 또한 심하였습니다. 그러다가 순이 간우의 춤을 추자 곧 와서 항복하니, 순이 곧 받아들였고 구악을 기억하고 그들을 거절하였다는 말은 듣지 못하였습니다. 또 주나라 때에는 험윤이 국내에 침입하여 기내에까지 가까이 쳐들어왔으니 그 반역이 대단했다 할 수 있습니다. 그러나 장수에게 명하여 가볍게 쳐서 국경 밖으로 몰아냈을 뿐, 역(逆)과 순(順)을 가려서 영원히 절교했다는 말은 듣지 못하였습니다.[22]

퇴계는 당시 왜구라고 여긴 일본을 금수, 이적과 같이 보는 견해에 대해 비록 금수, 이적이라 할지라도 그들 역시 사람이라는 생각을 밑바탕에 깔고 있다. 또한 그들을 대할 때 우리는 예의와 분별을 알지만 그들은 모르기 때문에 가르쳐주어야 한다는 우월의식 속에서 그들을 대하는 것이 아

---

22 『退溪先生文集』 卷6, 「疏」, 〈甲辰乞勿絶倭使疏〉, "臣伏以. 人有恆言, 皆曰夷狄禽獸, 夫夷狄亦人耳. 乃比於禽獸者, 非固甚言之也, 爲其不知禮義, 無君臣上下之分, 而其爲生也蚩蚩蠢蠢, 冥頑不靈, 殆與禽獸無異, 故取類而竝稱之爾. 故以禽獸畜禽獸, 則物得其性, 以夷狄待夷狄, 則夷安其分. 故王者不治夷狄. 春秋錄戎, 來者不拒, 去者不追, 治之以不治者, 乃所以深治之也. 若乃執君臣上下之分, 而責禮義名敎之道, 必欲與之辨是非, 爭曲直, 正逆順, 而後爲快, 則是所謂督禽獸以行禮樂之事, 求以擾其心, 適以逆其性, 不搏則噬矣. 苗民叛悖, 大禹征之而猶不服, 頑亦甚矣. 至其舞干羽而來格則受之, 未聞念舊惡而猶拒之也. 玁狁內侵, 逼近京邑, 逆已大矣. 及其命將薄伐, 逐出境而已. 未聞較逆順而永絶之也."

닌 그들의 입장(분수)에 맞는 대접을 해야 한다고 보았다. 퇴계는 의리(義理) 명분(名分)의 역사를 다룬 『춘추(春秋)』의 사례를 들며 이적(夷狄)이 침입했을 때 국경 밖으로 몰아낼 뿐 영원히 절교하지는 않았다고 말한다. 이는 평화의 기반이 힘이 아닌 신뢰와 믿음이라는 것을 알 수 있다. 힘으로서 상대를 굴복시키면 당장은 굴복한 듯하지만 실제로는 그렇지 않다. 그러나 믿음과 신뢰로서 굴복시킨다면 그것은 서로가 함께 살아갈 수 있는 공동체의 토대를 마련할 수 있는 것이다. 평화는 '나는 살고 너는 죽는 것'이 아닌 함께 살아가는 공생(共生)의 기반에 토대를 두고 있음을 말하고 있다.

> 지난번 섬나라 오랑캐의 사량(蛇梁)의 변은 개나 쥐새끼들의 도적질에 불과할 뿐입니다. 이미 도적의 무리를 죽여 물리쳤고, 또 왜관(倭館)에 머물던 자들까지 모조리 쫓아 버렸으니, 국위는 이미 떨쳤고 왕법(王法)도 바로잡혔습니다. 저들도 위엄을 두려워하고 은덕에 부끄러워하며, 마음을 바꾸고 허물을 고쳐서 다른 왜인(倭人)들을 핑계 대고 대국(大國)에 호소하며 스스로 해명하여 머리를 숙여 애걸해 오고 꼬리를 흔들며 불쌍히 여겨 줄 것을 청해 왔습니다. 왕도(王道)는 넓고 넓어 속일 것이라고 미리 단정하지 않으며, 불신(不信)할 것이라고 미리 억측(億測)하지 않습니다. 지극한 마음으로 온 것이라면 이를 받아들일 뿐입니다. 지금 왜노(倭奴)가 청하는 것은 허락할 만한데도 허락하지 않으시니, 어느 때에 허락해 주시려는지 모르겠습니다.[23]

---

23 『退溪先生文集』 卷6, 「疏」, 〈甲辰乞勿絶倭使疏〉, "往者, 島夷蛇梁之變, 不過

함께 살아가는 방법을 찾는 것은 서로가 함께 살아가는 존재임을 인정한 바탕 위에서이다. 퇴계는 당시 왜구침탈로 피폐해진 연안내륙 일대를 토벌하고 그 뒤에 다시금 화친을 요청하는 왜구에게 비록 분노와 불신이 가득하지만 선불리 편견을 가지고 대하는 것이 아닌 왕도(王道)의 자세로 너그럽게 받아들일 것을 임금께 호소하였다. 함께 살아가자는 것이었다.[24] 하늘 아래 '함께 살아가는' 같은 '사람'으로 이해하자는 것이었다.[25] 강대강의 힘으로써 굴복시키는 것이 아닌 함께 살아갈 수 있는 방도를 찾는 것 그것이 퇴계가 말하는 평화인 것이다.

이러한 점은 오늘날 강대국들이 외치는 평화에 대해 다시금 생각해보게끔 한다. 평화를 외치면서도 자신들의 기준에서 상대방의 입장을 재단

狗鼠之偸耳. 旣殺賊徒而卻之, 又掃留館而逐之, 國威旣震, 王法亦正. 彼乃怛威赧德, 革心改過, 指他倭而爲辭, 控大邦而自解, 俛首而祈哀, 搖尾而乞憐, 王道蕩蕩, 不逆詐, 不億不信. 苟以是心至, 斯受之而已, 則今之倭奴之請. 若在可許而猶不許, 然則未知何時而可許乎."

24 퇴계의 이러한 주장에 대해 정치학계에서는 화친론이라 규정짓고 유화책을 펼친다고 본다. (김병욱, "퇴계 평화개념에 관한 검토," 『국제정치논총』, 제43권 3호(2003); 성해준, "퇴계의 화친유화의 대일관에 보이는 평화," 『대한일어일문학회 학술대회 발표논문 요지집』(2016)). 물론 화친론이라고 규정지을 수 있지만 퇴계가 말하는 평화는 단순히 정치외교적 수단으로서 화친만이 아니라 사람이라면 누구나 함께 살아가는 하늘의 가치를 지닌 인간이라는 보편성에 기반한 것이라는 점에서 미묘한 차이가 있다.

25 사람을 사람으로 대하는 태도는 아무것도 아닌 것 같지만 매우 중요한 의미를 지니고 있다. 오늘날 인공지능시대로 접어든 4차 산업혁명 시기에 드론과 같은 기기는 인간의 삶을 매우 편리하게 이끌 기계로 각광받지만 이것이 '전쟁정신'에 의해 전쟁무기로 둔갑하게 되었을 때에는 사람을 사람으로 마주대하지 않고 특정한 목적에 따라 소비될 뿐이다. 퇴계가 말하는 하늘의 가치를 지닌 인간과 인간으로서 대하는 태도는 이러한 점에서 중요하다고 볼 수 있다.

하려는 태도가 아닌 진정으로 함께 살아갈 수 있는 해법을 찾기 위해 서로 노력해야 하는 것이다.

2. 사해동포주의(四海同胞主義)

우리가 평화를 말하는 기본적인 전제는 사람은 누구나 함께 살아가는 존재라는 것이다. 우리가 함께 살아가기 때문에 그 안에서 사랑이 혹은 대립과 갈등이 일어나기 마련이다. 평화는 그러한 대립과 갈등을 단순히 없는 상태만이 아닌 사람과 사람이 함께 어울려 살아가는 상태를 말한다. 그런 의미에서 '나'라는 존재는 '너'와 더불어 함께 살아가는 존재임을 깨닫는 것이 중요하다. 맹자(孟子)는 사람이라면 누구나 선한 마음을 가지고 있고 그 마음의 실마리를 따라가보면 인간의 본성이 선함을 알 수 있다고 보았다. 그러한 선한 마음을 확장하여 천하에 이르면 사해(四海)를 보존하기에 충분하다고 보았다.

> 사람이 네 가지 단서(四端)를 가지고 있는 것은 사람에게 있어 사지(四肢)가 있는 것과 같다. 이 사단을 지니고 있으면서도 스스로 인의(仁義)를 행할 수 없다고 말하는 자는 스스로를 해치는 자이며, 또 자기 임금더러 인의를 행할 수 없다고 말하는 자는 자기 임금을 해치는 자이다. 무릇 나에게 있는 이 사단을 모두 미루어 넓혀 채울 줄 안다면, 불이 처음 타오르고, 샘물이 처음 솟아오르는 것과 같을 것이다. 만일 채울 수 있다면 온 천하를 편안하게 하기에 충분하고, 그것을 채우지

못한다면 제 부모조차도 섬기지 못할 것이다.[26]

또 "내 어버이를 모시는 마음을 미루어 남의 어버이에게까지 미치고, 나의 어린애들을 아끼고 사랑하는 마음을 미루어 남의 어린애에게까지 미치면, 천하(天下)를 손바닥에서 움직일 수 있을 것"[27]이라고 하여 사단을 미루어 확충하는 것과 나의 가족을 사랑하는 마음을 미루어 사해로 확장하는 것, 이것이 맹자에게 있어서 평화의 논리였다.

퇴계 역시 『성학십도(聖學十圖)』 제2도 「서명도(西銘圖)」에서 나와 너의 관계, 그리고 나와 더불어 살아가는 우리를 말하고 있다.

> 건(乾)을 아버지라 일컫고, 곤(坤)을 어머니라 일컬으니, 나는 여기에 미소한 존재로 그 가운데 섞여 있다. 그러므로 천지에 가득 차 있는 것은 나의 몸이 되었고 천지를 이끄는 것은 나의 성(性)이 되었다. 백성은 나의 동포요, 만물은 나와 함께 있는 것이며, 대군(大君)은 내 부모의 종자(宗子)요, 대신(大臣)은 종자의 가상(家相)이다. 나이 많은 이를 높이는 것은 어른을 어른으로 모시는 것이요, 외롭고 약한 이를 사랑으로 대하는 것은 어린이를 어린이로 대하는 것이다. 성인은 천지와 덕을 합한 자요, 현인은 빼어난 자이며, 무릇 천하의 병들고 잔약한 사람들

---

26 『孟子』「公孫丑上」6, "人之有是四端也, 猶其有四體也. 有是四端而自謂不能者, 自賊者也, 謂其君不能者, 賊其君者也. 凡有四端於我者, 知皆擴而充之矣, 若火之始然, 泉之始達. 苟能充之, 足以保四海, 苟不充之, 不足以事父母..

27 『孟子』「公孫丑上」6, "老吾老, 以及人之老. 幼吾幼, 以及人之幼. 天下可運於掌."

과 아비 없는 자식, 자식 없는 아비, 그리고 홀아비와 과부들은 모두 나의 형제 가운데 심한 환난을 당하여도 하소연할 곳이 없는 자이다. 이것을 보존하는 것은 자식으로서 공경함이요, 즐거워하고 근심하지 않는 것은 효(孝)에 순(純)한 것이다. 어기는 것을 패덕(悖德)이라 하고, 인(仁)을 해치는 것을 적(賊)이라 하며, 악한 일을 하는 자는 못난 사람이요, 형체가 생긴 대로 올바르게 행동하는 자가 오로지 부모를 닮은 자이다. 조화를 알면 그 일을 잘 계승하고 신묘한 이치를 궁구하면 그 뜻을 잘 계승할 것이다. 사람이 잘 보이지 않는 곳에서도 부끄럽지 않은 것이 부모에게 욕됨이 없는 것이며, 마음을 보존하고 본성을 기르는 것이 부모를 섬기는 데 게으르지 않는 것이다.…(중략)[28]

『서명』은 본래 북송시대 장횡거의 글로서 본래 '어리석음을 고치다'는 뜻으로 정완(訂頑)이라고 이름 붙였었는데, '정(訂)'은 '그릇되고 어긋난 것을 바로잡는다'는 뜻이고 '완'(頑)은 '어질지 못하다'는 뜻이다. 즉, '어질지 못한 것을 바로잡는다'는 뜻을 가지고 있다. 나와 천지 만물의 이치가 본래 하나인 것처럼 남의 아픔을 내 몸의 아픔과 같이 여길 수 있는 사람이 되어야 함을 말한 것이다. 성리학에서는 이것을 리일분수(理一分殊)라고 하

28 『退溪先生文集』 卷7, 「箚子」, 「進聖學十圖箚」, 〈第二西銘圖〉, "乾稱父, 坤稱母, 予玆藐焉, 乃混然中處. 故天地之塞吾其體, 天地之帥吾其性. 民吾同胞物吾與也. 大君者 吾父母宗子, 其大臣宗子之家相也. 尊高年所以長其長, 慈孤弱所以幼其幼, 聖其合德賢其秀也. 凡天下疲癃殘疾惸獨鰥寡, 皆吾兄弟之顚連而無告者也. 于時保之, 子之翼也, 樂且不憂, 純乎孝者也, 違曰悖德, 害仁曰賊, 濟惡者, 不才, 其踐形, 惟肖者也, 知化則善述其事, 窮神則善繼其志, 不愧屋漏爲無忝, 存心養性爲匪懈."

는데 정이천은 "하나로 통합되었으면서도 만 가지로 다르니 천하가 한 집이고 중국이 한 사람과 같다 하더라도 겸애(兼愛)하는 폐단에 흐르지 않고, 만 가지가 다른데도 하나로 관통하였으니 친근하고 소원(疎遠)한 정(情)이 다르고 귀하고 천한 등급이 다르다 하더라도 자기만을 위하는 사사로움에 국한되지 않으니, 이것이 『서명』의 대강의 뜻"[29]이라고 말한다. "어버이를 친근하게 여기는 두터운 정을 미루어서 무아(無我)의 공심[公]을 기르고, 어버이를 섬기는 정성으로 하늘을 섬기는 도를 밝힌 것을 보면, 어디를 가도 이른바 분수가 서 있고 '리일(理一)'을 유추하지 않는 것이 없다"[30]는 것이다. '리일분수'의 원리는 자기 자신의 개체성을 해치지 않고서도 전체의 보편성으로 나아갈 수 있는 원리를 제시한다.

퇴계는 대소변 수발을 자기 부모에게는 할 수 있지만 다른 사람에게는 현실적으로 하기 힘들지만 그래도 존경하는 예가 없을 수는 없겠다는 생각에 대한 질문에 대해 "무릇 군자는 내 부형에게 효제(孝悌)의 도리를 돈독히 해야 하는 것이니, 내 어버이를 높이어 남의 어버이에게까지 미치게 하고, 내 어른을 공경하여 남의 어른에게까지 미치게 해야 하는 것이다. 그 나이가 배가 되면 어버이로서 섬기고, 열 살이 위이면 형으로 섬기고, 다섯 살이면 견수(肩隨)하는 것이니, 이것을 허례로서 억지로 하는 것이

29 『退溪先生文集』 卷7, 「箚子」, 「進聖學十圖箚」, 〈第二西銘圖〉, "一統而萬殊, 則雖天下一家, 中國一人, 而不流於兼愛之蔽, 萬殊而一貫, 則雖親疎異情, 貴賤異等, 而不梏於爲我之私, 此西銘之大旨也."

30 『退溪先生文集』 卷7, 「箚子」, "進聖學十圖箚, 第二西銘圖 : 觀其推親親之厚, 以大無我之公, 因事親之誠, 以明事天之道, 蓋無適而非所謂分立而推理一也."

아니라, 모두 내 어버이를 높이고 내 어른을 공경함으로써 그것으로 미루어 남에게 미치도록 하는 것이다. 다만 그 공경하는 예가 혹 그 사람에 따라 차별이 있을 수 있을 뿐이다"[31]라고 하여 내 어른을 공경하는 마음으로 모든 어른을 공경하는 마음으로 확장시켜 나가는 예를 말하였다. 이는 무조건적인 사랑이 아닌 차등적 사랑이지만 궁극에 있어서는 모두가 한 가족이라는 인식에 기반한 것이라고 볼 수 있다.

어른을 공경해야 한다는 보편적 명제 속에서 내 어른(부모)을 먼저 공경한 후에 내 어른을 공경하듯이 다른 어른들도 그와 같이 공경해야한다는 개체성과 보편성을 아우를 수 있다. 보편성을 포섭하기 위해서 개체성을 해치는 전체주의나 개체성만을 강조하여 보편성을 해치는 개인(個人)이기주의(利己主義)와는 다른 것이다. 평화 역시도 최근 미국우선주의를 외치는 자기나라 중심의 이기주의나 혹은 글로벌 스탠다드(Global Standard)라고 하면서 타국가의 고유성(종교, 정치, 문화 등)을 해치거나 일방적으로 강요하는 사태에 대해 다시 한 번 생각해보게끔 하는 것이다.

『서명』에 나타난 리일분수의 이야기는 사람이라면 누구나 자신의 부모를 사랑하고 형제를 사랑하고 자녀를 사랑하는 마음을 가지고 있다는 것을 상기하는 데서부터 출발한다. 맹자에게서 성선을 논증할 때에 어린아이가 우물에 빠지려는 것을 본다면 누구나 측은한 마음이 저절로 생긴

31 『退溪先生言行錄』卷2, 「類編」, 〈處鄕〉, "先生曰所論事長之禮, 大槩得之, 大抵君子於吾父 兄篤盡孝悌之道, 先吾親以, 及人之親, 敬其長以及人之長 年長以倍則父事之, 十年以長則兄事之, 五年以長則肩隨之, 非假設而彊爲之, 皆自尊吾親敬吾長而推其餘以及之, 但其敬之之禮或隨其人而有差等耳."

다[32]는 감정의 발현 이야기가 『서명』에서도 그대로 관통하고 있는 것이다. 흔히 '도덕감정'이라고 불리는 이 감정을 통해 선한 본성이 있다고 논증하는 맹자의 입장처럼 사람이라면 누구나 자기 자신을 우선시하고 자기 가족을 우선시하는 개별성과 차등성을 가지고 있지만, 한 발짝 더 나아가면 주변의 이웃과 어려운 사람을 돌아보게 된다는 것이다. 그럴 때에 자기 자신과 가족을 사랑하는 마음처럼 주변의 이웃과 어려운 사람 역시 사랑하라는 것이 『서명』에서 말하는 리일분수의 핵심인 것이다. 무조건적인 이웃사랑이나 다 같이 평등하자는 양적 평등이나 개인만을 생각하자는 개인이기주의가 아니다. 퇴계 역시도 그러한 질문에 동일한 논리로 답변함을 알 수 있다. 그래서 퇴계는 '동포'라는 말을 풀이하면서 '포'라는 것이 태아를 싸고 있다는 뜻[33]으로 모든 사람이 각자의 개체는 다르지만 넓게 보면 한 형제임을 의미한다고 본 것이다.

퇴계는 「서명도」를 마무리하면서도 성학(聖學)의 중요성을 언급하는데 성학은 곧 자기 자신을 위한 학문을 해야 한다는 것이 요지이다. 퇴계는 "대개 성학(聖學)은 인(仁)을 구하는 데 있고, 모름지기 이 뜻을 깊이 체득하여야 바야흐로 천지 만물과 더불어 일체가 됨이 진실로 이러하다는 경지를 볼 수가 있으며, 그렇게 되면 인을 실현하는 공부가 비로소 친절하고

---

32 『孟子』, 「公孫丑上」 6, "所以謂人皆有不忍人之心者, 今人乍見孺子將入於井, 皆有怵惕惻隱之心. 非所以內交於孺子之父母也, 非所以要譽於鄕黨朋友也, 非惡其聲而然也. 由是觀之, 無惻隱之心非人也, 無羞惡之心, 非人也, 無辭讓之心非人也, 無是非之心非人也."

33 『退溪先生文集』 卷7, 「經筵講義」, 〈西銘考證講義〉, "胞, 生兒裹也. 詩小弁註, 獨不處母之胞胎乎, 故謂兄弟爲同胞."

맛이 있어서 망망(茫茫)하여 손댈 수 없는 걱정을 면할 것이요, 또 물(物)을 자기로 아는 병통도 없어져서 심덕(心德)이 온전할 것이다"[34]라고 하여 자기만을 챙기거나 혹은 남의 것을 자기 것으로 여기는 병통을 경계하였는데, 이는 평화를 외치면서도 자기만을 우선시하는 경우나 모두가 함께 평화를 외치면서도 정작 자기 것을 잃어버리는 경우를 경계한 것이라고 볼 수 있다.

이처럼 퇴계에게 있어 세상은 하늘의 가치를 지닌 개인이 단순히 같이 모여 있는 집합체가 아닌 함께 더불어 살아가는 존재이며, 그 존재는 무작위의 집합 개념이 아닌 내 가족처럼 여기는 마음에서부터 확장되고 있음을 알 수 있다. 퇴계의 평화는 나와 네가 다른 남남의 관계로 보는 것이 아니며, 단순히 싸움이 없는 상태를 의미하는 것도 아니다. 함께 살아가는 동포라는 인식의 토대 위에서 함께 살아가고자 하는 논의가 평화의 핵심 개념으로 확장되어 나오는 것이다.[35] 나와 너를 '적(敵)'으로 혹은 '경쟁상대'로 '무관심'으로 대하는 것이 아닌 '지구'라는 공동체 속에서 함께 살아가는 형제로 이해하고 대하는 것, 그것이 평화의 핵심임을 밝힌 것이다.

---

34 『退溪先生文集』 卷7, 「箚子」, "進聖學十圖箚, 第二西銘圖 : 蓋聖學在於求仁, 須深體此意, 方見得與天地萬物爲一體, 眞實如此處, 爲仁之功, 始親切有味, 免於莽蕩無交涉之患, 又無認物爲己之病, 而心德全矣."

35 사실 이러한 이야기는 이미 아는 단순한 이야기인 것 같지만 실제로 상대방을 '함께 살아가는 동포'로 여기는 것은 쉽지 않다. 하지만 여전히 분쟁이 발발하고 테러가 일어나는 상황 속에서 보다 근본적으로는 소통과 대화를 통해 생각을 바꾸는 것이 중요하다.

IV. 불안의 시대에 퇴계가 우리에게 해주는 말, '평화'

평화(平和)는 여전히 중요한 화두이다. 북핵위기와 한반도를 둘러싼 강대국들의 치열한 이권다툼과 힘의 논리 앞에 전쟁에 대한 불안감을 떨쳐버릴 수 없는 우리에게 있어 평화는 중요한 문제이다. 맨부커상을 수상한 바 있는 작가 한강이 《뉴욕타임즈》에 기고한 "미국이 전쟁을 말할 때 한국은 몸서리친다. 승리를 위한 전쟁시나리오는 없다"[36]는 글을 보면 평화가 얼마나 간절한 문제인가를 여실히 보여주고 있다.[37] 평화는 전쟁으로 얻어질 수도 없을뿐더러 그렇게 해서도 안 되지만 오늘날의 한반도를 둘러싼 평화의 논의는 항상 전쟁이 마치 최후의 수단처럼 언급되고 있다.

하지만 한국의 역사를 통해서도 알 수 있듯이 평화는 전쟁과는 아무런 상관이 없었다. 오히려 개인의 수양과 사회 공동체의 믿음과 신뢰를 쌓기 위한 선정(善政)의 시도와 교육(敎育)만이 있었다. 사람이라면 사람답게 살아가는 이치를 깨닫고 그것을 실천하는 것이 사회 공동체를 평안하게 하는 것이자 국가를 평안하게 하는 것이라고 여겨왔다.

퇴계는 사화(士禍)의 시대 한 가운데를 걸어왔다. 그런 그의 사상 속에서 평화는 중요한 문제였다. 단지 개인의 수양(修養)과 은거(隱居)의 삶만

36 "While the U.S. Talks of War, South Korea Shudders", 《뉴욕타임즈》(온라인), 2017년 10월 7일; 〈https://www.nytimes.com/2017/10/07/opinion/sunday/south-korea-trump-war.html〉.

37 기고칼럼 내용의 호불호를 떠나 북핵위기를 둘러싼 한반도의 긴장상태를 원하는 한국 사람은 아무도 없을 것이다. 그리고 대부분의 한국 사람은 평화를 원한다.

살면서 평화에 대한 구체적인 노력이나 실천을 결코 등한시하지 않았다. 오히려 적극적으로 평화를 말해왔다. 하늘의 가치를 지닌 인간을 말하면서 사람이라면 누구나 동일한 가치를 지닌 존재로 함께 살아야 함을 말하였다. 왜구(倭寇) 퇴치 이후 화친(和親) 요청을 하는 왜구에 대한 조정의 태도를 비판하며 오히려 함께 살아갈 수 있도록 도와주어야 한다고 보았다. 퇴계는 왜구의 지속적인 침입으로 피폐해진 나라와 백성을 위해 왜구를 퇴치하였지만 그들이 잘못을 뉘우치고 화친을 요청할 때에는 있는 그대로 받아들이고 함께 살아갈 수 있도록 손을 내미는 것, 그것이 진정한 평화임을 알았기 때문이었다. '백성은 나의 동포요 만물은 나와 함께' 라고 여기는 퇴계의 사상 속에는 평화를 위한 전쟁시나리오도 없으며 나와 너의 편 가르기를 통해 불신(不信)의 경계를 세우지도 않았다. 오직 사람이라면 누구나 하늘의 가치를 지닌 고귀한 존재임을 알고 그것으로서 모든 평화의 기초를 세우고자 하였던 것이다. 남이 나를 죽일까를 염려하여 총기를 소지하고 전쟁을 준비하고 얻어맞기 전에 선제공격을 하겠다는 전쟁정신에 기반한 평화의 주장들은 특정한 사람과 집단에서만 통용되는 평화일 것이며 모두가 원하는 평화는 아닐 것이다.

그런 의미에서 퇴계의 평화사상은 오늘날 복잡다난한 현대사회 속에서 여전히 유의미하다. 어쩌면 퇴계는 오늘날 평화를 말할 때 선(善)과 악(惡)의 이분법적인 논의나 힘으로써 돈으로써 무력으로써 해결하려는 모든 태도를 배척하고, 하늘이 천지만물을 낳아 기르는 마음처럼 우리 역시도 그 마음을 닮아 사랑으로써 모든 것을 시작하는 것이 평화의 기초임을 알려주고 있다. 그러한 마음은 함께 살고자 하는 마음, 그러한 마음을 가지고 함께 살아가는 우리가 가족같이 동포와 같이 모인 곳이 바로 이 세계임을, 그것이 평화임을 퇴계는 오늘날 복잡다난한 세계 속을 살아가는 우리에게 말하고 있는 것이다. 어쩌면 그러한 인식의 토대 위에서라야 전쟁이 아닌 평화가 우리에게 성큼 다가올 수 있을 것이다.

한영우

4장

율곡 이이의 평화사상

I. 평화란 무엇인가

율곡 이이(栗谷 李珥: 1536~1584)의 평화사상을 쓰기에 앞서, 과연 율곡에게 '평화'사상이 있는가부터 먼저 따져볼 필요가 있다. 율곡은 '평화'라는 제목의 글을 따로 쓴 일은 없지만 그의 사상 가운데에는 '평화적인 사상'이 들어 있다. 비단 율곡만이 아니라 유학은 기본적으로 '평화적 사상'을 지향하고 있다. 그런데 유교에서의 '평화'는 '평등'과 '화합' 또는 '공평'과 '화합'이 합쳐진 말이다. 그래서 '평등한 화합', 또는 '공평한 화합'이 바로 '평화'이다.

그런데 실제로 유교에서는 '평화'라는 말보다는 '화평'(和平)이라는 말을 더 선호했고, 때로는 '화평'과 비슷한 뜻으로 '중화'(中和)를 말하기도 했다. '평화'라는 단어는 주로 일본인들이 선호한 말이 근대에 와서 보편화된 것이다. 서양의 'Peace'라는 언어가 근대 이후 동양에 들어오면서 이를 '평화'로 번역하여 사용해 왔는데, 'Peace'가 과연 '평등한 화합'의 뜻을 가졌는지는 의문이다. 서양어를 동양어로 번역할 때 개념이 완벽하게 일치하지 않는 경우가 비일비재하다. '평화'도 그 중의 하나인 듯하다.

역사적으로 보면 'Peace'는 라틴어의 'Pax'에서 유래한 것으로 알려져 있다. 'Pax'는 본래 예수나 성모(聖母)가 그려진 작은 패(牌)로서 로마시대 기독교인들이 미사를 올릴 때 여기에 키스하는 의식이 있었다고 한다. 이렇게 기독교의 박애정신을 바탕으로 한 Pax의 뜻이, 기독교가 로마의 국교로 되면서 로마제국이 주변 종족을 무력으로 정복하여 이루어진 시대를 '팍스 로마나'(Pax Romana)로 부르게 되었다.

이렇게 평화는 전쟁을 거쳐 이루어지는 것이기 때문에, 전쟁 자체도 평화를 위한 수단으로 정당화되기도 했다. 예를 들면, 11세기 말에서 13세기 말에 이르는 시기에 서구 기독교인들이 팔레스티나와 성지(聖地) 예루살렘을 회복하기 위해 8차에 걸쳐 이슬람교도와 전쟁을 벌인 십자군전쟁이 '성전'(聖戰)으로 미화되었다. 다른 종교를 이단(異端)으로 보고, 이교도들을 대규모로 살육한 전쟁이 성스런 전쟁으로 미화되고, 그것이 곧 평화를 가져올 방법으로 정당화된 것이다.

전쟁과 연관된 서구의 '평화'는 근대와 현대에까지 이어지면서 강대국이 약소국을 정복하여 전쟁이 정지된 시대를 '팍스' 곧 '평화'로 부르게 된 것이다. 전쟁이 끝나고 나서 승전국과 패전국 사이에 맺어진 조약을 '평화조약' 또는 '강화조약'으로 부르게 된 이유가 여기에 있다. 그러나 평화조약이 맺어져 전쟁이 일시적으로 중지되었다고 하여 반드시 갈등이 근원적으로 해소되는 것은 아니기 때문에 평화는 또 다른 전쟁으로 이어지면서 전쟁과 평화가 숨바꼭질을 해온 것이 인류역사일 것이다. 전쟁과 평화가 반복되는 이유는 아마도 평화라는 개념이 주로 강대국이 사용하고 있을 뿐, 강대국의 지배를 받는 약소국에서는 강대국의 힘으로 이루어진 평화를 평화로 받아들이지 않는 데서 유래하는 것으로 보인다.

평화라는 단어를 위장한 또 하나의 나쁜 기억이 있다. 종족주의적 침략전쟁을 평화로 위장한 경우이다. 제국주의 일본이 한국과 중국을 침략하면서 '동양평화'를 위해서라고 선전했다. 황색인종이 서양 백인종의 침략을 막고 대동단결하여 '대동아공영권'을 이루자는 주장이었다. 독일 나치스가 게르만민족의 위대성을 내세우고 제2차 세계대전을 일으킨 것도 여기에 속한다.

물론, 역사적으로 보면 전쟁을 반대하고 진정한 평화를 촉구하는 평화주의 종교나 철학자가 없었던 것은 아니다. 예를 들면 프랑스의 계몽사상가 장 자크 루소(J. J. Rousseau: 1712~1778) 같은 사상가가 그렇다. 그러나 플라톤이나 아리스토텔레스 같은 철인들도 전쟁을 긍정했고, 만인 대 만인의 투쟁을 인정하는 사상가도 없지 않았다. 사회진화론자들은 약육강식을 통한 적자생존(適者生存)의 이론을 지지하지 않았던가. 헤겔의 변증법도 테제와 반테제의 갈등을 거쳐 새로운 단계의 합(合)이 이루어진다고 본다.

이렇게 서구의 평화론이 대부분 전쟁의 불가피성과 힘의 논리를 바탕에 깔고 있는 이유는 선악(善惡) 이분법적인 세계관이 바탕에 깔려 있기 때문이다. 이런 이분법적인 세계관 속에서는 선과 악의 갈등이나 선에 의한 악의 응징은 불가피하다. 그러므로 전쟁과 평화는 어쩌면 무한히 반복되는 운명을 띠고 있는지도 모른다.

서양 평화론의 특징과 성격을 위와 같이 정리해보면, 그 안에는 평등 관념에 기초한 화합이라는 요소가 매우 약하다. 그래서 Pax나 Peace가 과연 유교적 관념의 '평화'와 일치하는 것인지에 대하여 의문을 갖게 되는 것이다. 16세기 후반의 위대한 유학자인 율곡의 평화사상을 구체적으로 탐색하기에 앞서 동서양 언어의 차이를 먼저 지적하는 이유가 여기에 있다.

II. 일상생활 속의 착한 행실

1. 유소년기의 행실

율곡의 평화사상은 그의 실제생활과 그의 글을 아울러 검토하는 방법으로 탐색하는 것이 좋을 것이다. 만약 그의 실제생활이 모가 나고 과격하며 주변사람과 심하게 충돌하는 성향을 지녔다면 그의 평화사상은 언행이 일치하지 않았다고 볼 수 있기 때문이다. 그러나 율곡은 언행이 일치하는 평화주의자였다.

율곡은 중종 31년(1536) 12월에 어머니 사임당 신씨(師任堂 申氏: 1504~1551)[1]의 친정집인 강릉에서 태어나서 여섯 살이 될 때까지 그곳에서 살았다. 어머니와 외할머니 이씨의 사랑을 듬뿍 받으면서 자랐다. 사임당은 평범한 주부가 아니었다. 아버지 신명화(申命和)는 깨끗한 선비 조광조(趙光祖)의 문인으로서 딸 사임당에게 유학을 가르쳤는데, 그 지식과 행실이 바탕이 되어 유년기의 율곡을 반듯하게 키우고 기초적인 유학을 가르칠 만큼 교양이 있는 여인이었다. 여기에 타고난 예능적 재능을 겸비하여 그림과 자수(刺繡)에서 일가를 이룰 정도로 뛰어났다.

행실과 교양과 예능을 겸비한 어머니의 교육은 유년기 율곡의 정서에 절대적인 영향을 미쳤다. 율곡은 아버지보다 어머니의 영향을 더 크게 받았다. 강릉지방의 순박한 풍습도 어린 율곡의 정서형성에 크게 영향을 주었을 것으로 보인다. 강릉시절의 율곡은 유달리 착한 행동으로 주변 사람들을 놀라게 했다. 다섯 살 되던 해 사임당이 병이 나서 식구들이 경황이 없었는데, 어린 율곡은 아무도 모르게 외할아버지 사당에 들어가서 어머니 병을 낫게 해달라고 기도하여 이를 본 사람들이 깜짝 놀라 위로하면서 안고 왔다. 또 어느 날 큰 비가 와서 개울이 넘치자 어떤 사람이 개울을 건너다가 휩쓸려 내려갈 위기에 처했다. 이를 본 사람들은 손뼉을 치면서 웃고 있었는데, 율곡은 기둥을 끌어안고 발을 동동 구르며 안타까워하다가 그 사람이 무사히 나오자 그쳤다.

---

1 사임당이라는 당호(堂號)는 주(周)나라 문왕(文王)의 어머니인 태임(太任)을 본받겠다는 뜻을 담고 있다.

여섯 살이 되자 외할머니가 마련해준 서울의 수진방[지금의 청진동] 집으로 돌아와서 본격적인 공부가 시작되었다. 영특한 아들을 출세시키려면 서울로 가서 공부해야 했기 때문이다. 당시 아버지 이원수(李元秀; 1501~1561)는 나이 41세에 이르렀지만 과거에 급제하지 못해 아무런 벼슬이 없이 놀고 지내는 한량(閑良)이었다. 율곡을 가르칠 만한 학식이 없어 사임당이 사서(四書)를 직접 가르치기 시작했다. 뒤에 학당(學堂)에 들어간 것으로 보이지만 기록이 없다. 혹시 독학했는지도 모른다.

이원수는 덕수이씨(德水李氏)로서, 파주 율곡리(栗谷里)에서 대대로 살았다. 6대조인 이양(李揚)은 세종 때 공조참의를 지내고, 5대조인 이명신(李明晨)은 태조의 사위인 심종(沈淙; 세종의 장인인 沈溫의 친형)의 사위가 되어 왕실의 먼 외척이 되었다. 세종은 그에게 동지돈녕부사(종2품)의 높은 벼슬을 내렸고, 세조 때에는 홍주목사를 지냈는데 선정을 베풀었다.

이명신이 왕실의 외척인 심종의 사위가 된 것이 인연이 되어 심씨 집안과의 관계가 그 뒤에도 계속 이어졌다. 율곡이 뒤에 벼슬살이를 할 때 동인계열의 사류들은 당시 명종비 인순왕후의 종조부로서 권력을 잡고 있던 심통원(沈通源)과 그의 종손인 심의겸(沈義謙)에게 율곡이 큰 신세를 졌다고 하면서 율곡을 비난했으나, 오히려 율곡은 권력을 남용한 심통원을 탄핵하는 상소를 올렸다. 율곡이 외척세력과 한 패라는 동인의 주장은 근거가 없는 것이었다.

5대조인 이명신 이후로 율곡의 선대는 하급 벼슬아치로 전락했다. 4대조는 군수(종4품)에 머물고, 3대조는 판관(종5품)에 머물렀으며, 할아버지는 무직이었으며, 아버지 역시 오랫동안 무직이었다. 그래도 파주에는 어느 정도의 재산이 있었는데, 아버지가 죽은 뒤에 그 재산이 4남 3녀의 율곡 형제들이 나누어 받았다. 그 상속문서가 지금 남아 있는데, 율곡이 받은 재산은 노비 15명과 논밭 33복이었다. 이 땅은 약 1결의 3분의 1에 해당하므로 매우 가난한 편이었다. 노비를 먹이기에도 부족한 재산이었다. 율곡은 누이들이 받은 재산보다도 더 적게 받았다.

이원수는 이렇게 파주에 선대로부터 받은 약간의 재산이 있어서 자식들에게 상속했지만 서울에는 집이 없다가 장모가 사준 집에 거처하게 된 것이다. 한량으로 지내는 남편에 대한 사임당의 실망이 얼마나 컸겠는가는 짐작하고도 남음이 있다. 사임당은 남편이 늦게라도 공부하여 과거를 거쳐 벼슬길에 나가기를 기대했지만, 이원수는 공부는 하지 않고 당시 권력을 쥐고 있으면서 을사사화(乙巳士禍)를 일으켜 선비들을 죽게 만든 당숙 이기(李芑) 집에 식객으로 드나들면서 벼슬자리를 달라고 애원하여 50세 되던 해에 조운(漕運)을 담당하는 수운판관(水運判官; 종5품) 자리를 얻었다. 사임당은 이런 행태의 남편이 더욱 마땅치 않아 당숙집에 드나들지 말라고 충고하여 발길을 끊게 했다. 오죽했으면, 남편을 "이 웬수야"라고 불렀겠는가? '이원수'가 사임당에겐 '이웬수'로 보였던 것이다.

사임당은 자식들 교육문제로 서울에 이사 오긴 했으나, 강릉에 홀로 살고 있는 어머니 이 씨를 돌볼 사람이 없어서 강릉과 서울을 오가면서 살았다. 사임당이 무남독녀이기 때문이었다. 사임당은 시집온 뒤로 30년간 살다가 48세로 세상을 떠났는데, 그 가운데 강릉에 산 기간이 16년이었으니, 남편과 동거한 것은 14년 정도에 지나지 않았다. 이원수는 처가에서 마련해준 강원도 봉평에서도 자주 살았으므로, 강릉을 왕래하면서 사임당을 만났을 것이지만, 서울에서 공부해야 하는 율곡은 어머니를 따라 강릉에 갈 수가 없었다. 그래서 아버지의 희첩(姬妾)으로 있던 여종의 부양을 받으면서 지냈다.

이렇게 불행한 가정환경 속에서도 율곡의 곧은 마음씨는 변치 않았다. 일곱 살 되던 해 이웃에 살고 있던 진복창(陳復昌)이라는 벼슬아치를 보고 율곡은「진복창전」이라는 글을 썼다. 그 내용은 이렇다. "군자는 마음속에 덕을 쌓는 까닭에 마음이 늘 태연하고, 소인은 마음속에 욕심을 쌓는 그 마음이 늘 불안하다. 내가 진복창의 사람됨을 보니, 속으로는 불평불만을 품고 있으면서도 겉으로는 태연한 척하려 한다. 이 사람이 만약 뜻을 얻게 된다면 나라의 근심이 커질 것이다." 그런데 율곡의 예언대로 진복창은 뒤에 독사 같은 인물이라는 평가를 받았으며, 문정왕후의 동생 윤원형이 을사사화를 일으켜 선비들을 떼죽음시킬 때 그의 앞잡이가 된 인물이었다.

율곡이 11세 되던 해 아버지가 병환을 얻어 고생하자 율곡은 자신의 팔뚝을 찔러 피를 뽑아 아버지에게 드리고 사당에 가서 울면서 아버지 대신 자신이 아프게 해달라고 기도했다. 그 효성 때문인지 아버지 병은 나았다. 13세가 되자 율곡은 진사(進士) 시험의 초시에 급제하여 화제를 일으켰으나, 2차 시험에는 응시하지 않았다. 자신을 테스트하는 것으로 그쳤다.

율곡이 15세 되던 해 아버지가 수운판관이 되자 그 다음해 삼청동에 있는 우사(寓舍)로 이사를 갔다. 벼슬아치들이 임시로 빌려 사는 집이었다. 이때 사임당도 이 집으로 돌아왔는데, 이사 간 지 두 달 뒤에 세상을 떠났다. 16세의 율곡은 하늘이 무너지는 듯한 충격에 빠졌다.

2. 승려가 되었다가 환속하다

어머니를 여읜 율곡은 심각한 정신적 공황에 빠졌다. 율곡은 어머니의 죽음을 옆에서 임종하지 못하여 더욱 가슴이 아팠다. 그 이유는 이렇다. 아버지가 세곡(稅穀)을 배로 실어 나르는 수운판관이었기 때문에 자주 배를 탔는데, 이해 5월에 이원수가 평안도에 갈 때 큰 아들과 셋째 아들 율곡을 배에 태우고 함께 떠났다가 일을 마치고 서울에 돌아와서 서강(西江)에 도착했다. 이때 평안도에서 놋그릇을 사가지고 왔는데, 그 빛깔이 변해 사람들이 이상하게 여겼다.

서강에 도착하자 어머니가 이미 세상을 떠났다는 소식을 접했다. 청천벽력과 같은 소식을 접한 율곡은 파주 자운산 자락에 모셔진 어머니 묘소에서 3년 동안 여묘살이를 했다.

거상을 마친 율곡은 19세에 가족들이 모르게 금강산으로 들어가서 승려가 되었다. 속세를 버리기로 마음먹은 것이다. 얼마나 충격이 컸으면 세상을 버리려고 했겠는가? 여종으로 있다가 계모가 된 어머니가 율곡을 학대한 것도 한 원인이었다. 이 여인 때문에 어머니가 생전에 마음고생이 많았던 것이다. 그래도 율곡은 서모를 뒤에 다시 모시고 살았다.

율곡이 승려가 된 배경에는 집에 불경(佛經)이 많았던 것도 한 원인이 되었다. 평소 율곡은 아버지가 집에서 읽고 있던 불경(佛經)을 즐겨 읽었다고 하므로 불교에 대한 관심도 없지 않았다. 율곡의 착한 마음속에는 불교사상도 영향을 준 것으로 보인다.

율곡이 머리를 깎고 금강산에 들어가자 생불(生佛)이 나타났다는 소문이 산사에 퍼졌다. 승려생활이 너무나 모범적이었다. 그러나 1년 뒤에 율곡은 하산하여 강릉의 외할머니를 찾아갔다가 다시 파주와 서울로 돌아왔다. 이단에 빠진 자신의 잘못을 반성하는 「자경문(自警文)」을 써서 새 출발할 것을 스스로 다짐했다. 그는 뒷날 승려가 된 이유를 회고하면서 "어머니를 잃는 재앙이 참담하게 몸에 다가오고, 방향을 잃은 병이 마음을 때려서 미친 듯이 산속으로 달려갔다"고 말하기도 하고, 또 선조 임금에게는 "일찌기 자모(慈母)를 여의고는 망령되이 슬픔을 잊고자 불경을 탐독하다가 본심이 어두워져 드디어 깊은 산속으로 달려갔다"고 말하기도 했다.

율곡이 세속으로 다시 돌아온 것은 어머니에 대한 슬픔이 다스려지고 나서 원래 어머니가 바랐던 유학의 길로 다시 돌아가 작게는 가족의 생계를 구하고 크게는 세상을 바로잡겠다는 뜻이 있었기 때문이었다. 고향인 파주와 서울을 오가면서 유학공부를 다시 시작한 율곡은 파주에 사는 중요한 두 학우를 만났다. 한 사람은 우계 성혼(牛溪 成渾)이고, 또 한 사람은 구봉 송익필(龜峰 宋翼弼)이었다. 성혼은 평생 처사(處士)로 지낸 성수침(成守琛)의 아들로 가학을 계승하여 오직 학문에만 전심했다. 송익필은 아버지가 비첩(婢妾) 소생이어서 출세를 단념하고 평생 학자로 일생을 마쳤다. 율곡은 두 학우와 수시로 편지를 교환하면서 학문을 토론하여 대학자로 성장하여 후세인들은 이 세 사람을 가리켜 '파주3현(坡州三賢)'으로 추앙했다.

율곡은 21세 때 한성시(漢城試)에 도전했으나 '대책(對策)'에서만 장원급제하고 끝났다. 다시 성균관에서 시행하는 알성시(謁聖試)에 응시했는데, 수험생들이 옆에 앉는 것을 기피하여 가까스로 응시했으나 또 실패했다.

22세가 되자 우선 가정을 가져야 한다는 가족들의 설득에 따라 곡산노씨(谷山盧氏)와 결혼했는데, 세종 때 의관(醫官)이던 노중례(盧重禮)의 후

손이었다. 장인은 목사(牧使; 종3품)를 지냈지만 당당한 집안은 아니었다. 하지만 황해도 해주 야두촌에 큰 농장을 가지고 있어 훗날 율곡이 이곳에 가서 학교를 세우고 후학을 가르쳤다. 그런데 부인 노 씨로부터 아들을 얻지 못해 측실(側室)에게서 세 아들을 낳아 재산을 나누어 주고 대를 잇게 했다. 율곡은 적서차별을 반대했는데, 이를 몸소 실천한 셈이다. 노 씨 부인은 율곡보다 8년을 더 살았으나, 왜란이 일어나자 남편 무덤 옆에서 순절하여 뒤에 열녀로 표창을 받았다.

율곡이 생원시와 진사시, 그리고 문과에 급제한 것은 29세 때였다. 이때가 명종 19년(1564)이다. 13세부터 시험에 응시했지만 16년 만에 급제한 것이다. 율곡은 아홉 번이나 장원급제한 천재로 알려져 있지만, 이는 최종시험에서 아홉 번 장원했다는 말이 아니고, 여러 차례 시험을 치러 장원급제한 것을 모두 합쳐서 하는 말이다.

3. 벼슬길에 나가 〈경장〉을 촉구하다

문과에 급제한 율곡은 6조의 낭관(郎官: 5~6품)과 사간원의 언관(言官)을 두루 지내면서 패기 넘치는 선비의 기개를 보이기 시작했다. 문정왕후의 동생으로서 권세를 부리고 사림을 탄압하던 소윤파 윤원형(尹元衡)과 심통원(沈通源) 등 부패한 척신(戚臣)을 탄핵하는 일에 앞장섰다. 그리고 백성을 괴롭히던 공납제(貢納制)의 폐단을 개혁하는 일을 긴급한 과제로 내세웠다.

32세 때 명종이 죽고 후사가 끊어지자 중종의 후궁 소생인 16세의 선조가 즉위하자, 선비들은 이제야말로 부패한 척신정치를 청산하고 깨끗한 선비정치를 회복할 때라고 여겼다. 선조도 명성 높은 율곡에게 크게 의지하여 홍문관과 사간원의 청요직을 주어 우대했다. 선조는 율곡을 스승처럼 여겼고, 율곡은 선조를 성군(聖君)으로 만들기 위해 혼신의 노력을 기울였다.

율곡이 임금에게 기대하는 것은 '경장(更張)'이었다. 그것은 혁명적 개혁도 아니고, 수구(守舊)도 아닌 온건하고 점진적인 개혁을 말한다. 중종 때 조광조(趙光祖)가 급진적인 개혁을 추진하다가 수구세력의 역습을 받아 회생된 전례를 거울삼이 율곡은 하루에 한 가지씩 고쳐나가는 점진적 개혁을 추구했다.

율곡은 조광조의 개혁정신을 높이 평가했으나, 그 방법이 점진성이 부족하고 너무 날카롭고 직선적이어서 실패했다고 비판했다. 이른바 '작사무점 직전태예(作事無漸 直前太銳)'가 실패의 원인이라고 보았다. 아무리 개혁의 목표가 정당해도 방법이 너무 날카롭고 급진적이면 반드시 부작용을 가져와서 실패한다는 교훈을 얻은 것이다. 율곡의 평화주의적 개혁노선이 여기에서 선명하게 보인다.

율곡은 선조 초에 사가독서(賜暇讀書)를 받아 동호(東湖)에 있는 독서당에 가서 공부하는 특별휴가를 받았다. 요즘말로 하면 연수휴가를 받은 셈이다. 여기서 그는『동호문답』(東湖問答)을 저술하여 34세 되던 선조 2년에 임금에게 바쳤다. 연구결과 리포트에 해당한다. 그 내용은 경장의 요점을 정리한 것이다. 임금이 먼저 뜻을 굳건히 세울 것, 학문정치를 할 것, 절약과 검소한 생활을 할 것, 언로를 넓힐 것, 수취제도를 개선할 것 등이다.

선조는 율곡의 건의를 경청하면서도 실천에는 소극적으로 임하여 율곡을 실망시켰다. 율곡은 그럴 때마다 지금 나라의 형편이 '토붕와해'(土崩瓦解)의 위기에 처해 있다고 하면서 경장을 촉구했다. 집에 비유하면 담이 부서지고 기와가 깨져서 목수가 와서 빨리 수리하지 않으면 곧 집이 붕괴될 것이라는 뜻이다. 또 중병이 든 환자에 비유하기도 했다. 용한 의사가 와서 빨리 치료하지 않으면 곧 죽게 될 사람에 비유했다. 또 당시대 상황을 '중쇠기(中衰期)'라고도 진단했다. 왕조가 건국된 지 200년이 지나 창업(創業)의 패기도 사라지고 수성(守成)의 정신도 무너지고 무사안일 속에서 기강이 무너지고, 척신의 횡포가 극에 달해 민생이 파탄하여 머지않아 나라가 망할 것이라고 내다본 것이다. 율곡의 진단과 예언은 그대로 적중하여 율곡이 세상을 떠난 지 8년 만에 임진왜란이 일어나 나라가 거의 망할 지경에 이른 것이다. 선조나 신하들은 그제야 율곡이 선견지명을 가진 위인임을 뒤늦게 깨달았으나, 때는 이미 늦었다.

경장에 대한 임금의 소극적인 반응에 실망한 율곡은 벼슬을 버리고 해주 야두촌으로 은거하여 후학을 기르는 일을 시작했다. 그러나 임금이 또 불러내어 청주목사, 사간원, 홍문관의 요직을 제수했다. 율곡은 39세 되던 선조 7년에 『만언봉사(萬言封事)』로 불리는 개혁안을 다시 올렸으나 반응이 신통치 않자 다시 낙향했다가 다시 부름을 받고 다음해인 선조 8년에 『성학집요(聖學輯要)』를 집필하여 임금에게 올렸다. 이 책은 임금의 필독서로서 수신(修身), 제가(齊家), 치국(治國), 평천하(平天下)의 이론을 제시한 진덕수(眞德秀)의 『대학연의(大學衍義)』를 우리나라 현실에 맞게 수정 보완한 책으로서 율곡의 대표적 저서에 해당한다. 그래서 조선후기 영조와 정조 같은 임금들이 경연(經筵)에서 이 책을 수시로 강독할 만큼 큰 영향을 미쳤다.

4. 동서분당의 탁류 속에서 생애를 마감하다

율곡이 40세가 되던 선조 8년(1575)부터 정치적으로 큰 파동이 일어났다. 사림들이 동인(東人)과 서인(西人)으로 나뉘어 서로 정쟁을 벌이기 시작한 것이다. 서인은 대체로 서울과 근교에 사는 기성 사림들이고, 동인은 이황, 조식, 서경덕 등의 학풍을 따르는 신진 사림들이었다. 두 당파 사이에는 이념의 차이가 별로 크지 않았지만, 권력의 주도권을 잡기 위한 경쟁이 중심을 이루었다.

율곡은 스스로 당색을 띠지 않았으나, 동인들이 그를 서인으로 몰기 시작했다. 율곡은 대체로 중립을 지키면서 두 당파를 조정하고 화합하는데 힘을 기울였다. 이른바 '조제보합(調劑保合)'을 내세워 두 당파가 서로 권력을 나누고 협조하도록 촉구했다. '조제보합'이 필요하다고 보는 이유는 서인 가운데에도 좋은 사람과 나쁜 사람이 있고, 동인 중에도 좋은 사람과 나쁜 사람이 들어 있기 때문에, 두 당파에서 좋은 사람을 골라 등용하자는 것이다. 그러니까 당파의 차이를 선악(善惡)과 흑백(黑白)의 차이로 보아서는 안 된다는 이론이다. 이런 생각이야말로 정치평화를 가져올 수 있는 최선의 길이 아닐 수 없었지만, 두 당파의 극단주의자들이 주도권을 잡고 정쟁을 멈추지 않았다.

율곡은 당쟁과 임금의 경장 지연에 실망하여 다시 관직을 버리고 해주로 낙향하여 교육과 저술에 전념했으나, 또 임금이 불러들여 47세 되던 선조 15년(1582)에는 병조판서를 제수했다. 선조는 율곡의 입장을 적극적으로 지지하면서 동인들을 멀리했다.

율곡은 병조판서에 있으면서 당시 여진족이 북방을 괴롭히던 현실을 목격하고 큰 위기의식을 느꼈다. 경장하지 않으면 나라가 멸망할지도 모른다는 절박한 위기감이었다. 그래서 먼저 백성을 도탄에 빠지게 하는 가장 큰 원인인 공납제를 개혁하여 민생을 살려내야 군대가 강해지고 국방이 강화될 것으로 보았다. 또 서얼차대의 혁파라든가 노비제도의 개선 등을 단행하여 사회통합을 이루어야 국방도 안정될 것으로 보았다. 그래서 계속적으로 경장을 촉구하는 상소를 올렸다. 그러나 임금은 경장의 필요성을 인정하면서도 늘 그 부작용을 염려하면서 개혁에 나서지 않았다.

율곡은 경제가 안정되지 않으면 도덕이 꽃필 수 없다는 신념을 일찍부터 가지고 있어, 경제나 국방 등의 문제를 다루는 경제사(經濟司)라는 특별기구를 설치하자고 주장하기도 했는데, 이렇게 경제를 강조한 학자는 매우 드물었다. 하지만 그의 주장은 허공에서 맴돌았다.

그런데 병조판서 시절에 율곡은 조그만 실수를 저질렀다. 여진족의 침략이 급박해지자 임금의 동의를 받지 않고 군마(軍馬)를 바치는 자는 북방방어를 면제해 주는 조치를 취했다. 사실 당시 선조는 율곡에게 모든 것을 위임한 상황이었고, 또 뒤에 임금에게 그 사실을 보고하려고 했었다. 율곡의 실수를 임금은 탓하지 않았으나, 동인들이 호기를 맞이했다고 판단하여 맹공을 퍼부었다. 율곡이 '무군오국'(無君誤國; 임금을 무시하고 나라를 그르치다)의 큰 범죄를 저질렀다고 비판하면서, 그동안 율곡이 살아오면서 무수한 부정부패를 저질렀다고 공격했다.

이렇게 율곡이 큰 곤경에 빠지자 율곡을 존경하고 따르던 학우 및 제자들이 전국에서 들고 일어나 동인의 주장이 허황된 거짓이이라고 반박했다. 서인과 동인의 싸움이 절정에 이른 것이다. 율곡은 끝내 벼슬을 버리고 해주로 낙향했다가 병이 들어 서울로 돌아와 다음해 1월에 49세를 일기로 세상을 떠났다.

III. 〈이기론〉에 내포된 평화사상

율곡은 개인적인 사생활에서나 공적인 생활에서나 일관되게 갈등을 해소하고 사람들을 포용함으로써 평화를 가져오는데 평생토록 힘을 기울였다. 사생활에서는 집안의 노비들에게도 온정을 베푸는 것을 가훈(家訓)으로 삼았고, 서얼에 대한 차별을 두지 않고 자신의 후계자를 서자(庶子)에게 넘겼으며, 장모가 돌아가신 뒤에는 그 재산을 서얼들에게도 똑같이 나누도록 만들었다.

율곡은 벼슬한 뒤에 죽을 때까지 거의 100명에 가까운 식구들을 거느리고 있었다. 4형제 가운데 12세 연상인 큰 형은 참봉(종9품)을 하다가 47세에 요절하여 그 식구들을 모두 받아들여 먹여 살렸고, 둘째 형은 머리가 아둔하여 벼슬을 하지 못해 그 식구들을 함께 끌어안고 살았다. 토지가 부족하여 장사를 하기도 했다. 둘째 형은 간혹 동생 율곡의 이름을 팔아 이득을 취하기도 했는데, 동인들은 이것이 모두 율곡이 한 것으로 몰아갔다. 동생은 진사를 거쳐 현감(종5품)을 오랫동안 지내다가 말년에 정3품에까지 올랐지만 그것은 율곡이 죽은 뒤였다. 율곡이 처가 고향인 해주로 낙향한 것도 처가 재산의 도움이 필요했기 때문이었다.

율곡이 이황이나 성혼처럼 처사(處士)로 살지 못하고 낙향과 벼슬을 반복한 것도 두 가지 이유가 있었다. 하나는 경장을 실현하여 나라를 구제하자는 것이고, 또 하나는 식구들을 먹여 살리기 위해서였다. 그만큼 율곡은 가난에 몰리면서 평생을 살았다.

율곡은 지방에서 벼슬하거나 은거하고 있을 때 여러 종류의 향약(鄕約)을 만들었는데, 그 성격이 주자(朱子)의 향약과는 달랐다. 주자의 향약은 주로 도덕적인 교화에 중점을 둔 것인데 반하여, 율곡의 향약은 경제공동체를 통한 상부상조에 역점을 두었다. 그래서 '계(契)'라는 전통적인 경제공동체조직을 향약에 도입했던 것이다. 그리고 향약에는 양반 뿐 아니라 서얼과 평민도 참여시켜 신분제도의 한계를 극복하려고 노력했다.

동인과 서인 사이의 당쟁을 조제보합하려던 노력도 정치적으로 '평등한 화합' 곧 '정치평화'를 위한 것임은 두말할 필요도 없다. 그래서 조선후기 영조와 정조가 당쟁을 극복하기 위해 탕평정책을 쓰게 된 것도 그 뿌리는 바로 율곡의 '조제보합론'에서 나온 것이다. 싸움의 극복을 힘의 논리로 풀려는 것이 아니라, 이 당 속에도 선인(善人)과 악인(惡人)이 있고, 저 당 속에도 선인과 악인이 있다는 조제보합론의 탕평정책이야말로 '평등한 화합'이 아니고 무엇인가?

하지만 율곡의 평화사상은 철학적으로 뒷받침되었다는 것이 무엇보다 율곡다운 모습이다. 독창적인 이기론(理氣論)이 바로 그것이다. 철학적으로 보면, 모든 사물을 선과 악으로 명확하게 구분하는 이분법적인 우주관이나 인생관 속에서는 '평등한 화합'이 어렵다. 어떻게 선과 악을 섞어서 화합시킬 수가 있겠는가? 따라서 선과 악을 절대적인 것으로 인정하지 않고 선 가운데도 악이 있을 수 있고, 악 속에도 선이 있을 수 있다는 상대적 개념으로 바라볼 때에만 '평화'는 가능하다.

율곡 이기론의 특징은 바로 여기에 있었다. 우주의 원리와 인성론(人性

論)을 이(理)와 기(氣)를 가지고 설명한 이론이 이기론이다. 주자학자들의 일반적인 우주론과 인성론은 이(理)를 형이상(形而上)의 존재로 보고, 이(理)는 절대순수하고 선(善)하다는 것으로 해석한다. 한편, 기(氣)는 형이하(形而下)의 존재로서 형태를 지니고 있으며, 선하기도 하고 악하기도 하다고 본다. 그리고 이와 기의 상호관계를 논할 때에는 이를 기보다 상위로 인정하는데 이런 주장을 주리론(主理論)으로 부른다.

주리론자들이 이런 이론을 인성론에 적용시킬 경우에는 인간이 지닌 마음을 이기(理氣)에 대입시켜 해석한다. 예를 들어 보자. 인의예지(仁義禮智)와 같은 네 가지 도덕정신 곧 사단(四端)은 이(理)에서 발원한 것으로 매우 선한 것이다. 한편 인간이 가진 희노애구애오욕(喜怒哀懼愛惡欲; 기쁨, 노여움, 슬픔, 두려움, 사랑, 증오, 욕망)과 같은 일곱 가지 감정, 곧 칠정(七情)은 기(氣)에서 발원하므로 착할 때도 있고 악할 때도 있다고 본다.

이 이론을 따르면, 사단(四端)과 칠정(七情)은 서로 비슷한 점도 있지만 원칙적으로 반대되는 개념이다. 그래서 사람을 분류할 때 이 이론을 적용하면 사단이 우세한 사람은 성인(聖人)이고, 칠정이 우세한 사람은 성인만 못한 보통사람들이다. 만약 칠정만 가진 사람이 있다면 그는 악인(惡人)일 것이다. 그러니 성인과 보통 사람과 악인이 평등한 화합, 곧 평화를 이루기는 쉽지 않은 일일 것이다. 특히 칠정의 세계를 주로 표현하는 문학이나 예술의 경우는 그렇게 좋은 일로 보지 않게 된다.

그런데 율곡의 이기론은 이와 달랐다. 율곡의 주장을 따르면, 이(理)와 기(氣)는 형식상 두 개의 개념으로 나누어지지만, 서로 따로따로 독립해 있는 것이 아니라, 이(理) 속에 기(氣)가 있고, 기 속에도 이가 들어 있다고 본다. 이런 이론을 '이기이원적 일원론(理氣二元的 一元論)'으로 부른다. 다시 말해서 이와 기는 둘인 듯하면서 하나요, 하나인 듯하면서 둘이라는 말이다. 어떻게 둘이 하나가 되느냐 하면, 이는 기를 올라타고 있어서 하나가 되고, 기는 항상 이에 기대고 있기 때문에 하나가 된다는 것이다. 이를 '기발이승(氣發理乘)'으로 불렀다. 기(氣)가 발동하면 동시에 이(理)가 기(氣)에 올라탄다는 말이다.

다만 이와 기가 서로 섞여 있는 정도가 사람마다 조금씩 달라 좀 더 착한 사람도 있고, 덜 착한 사람도 있지만, 완벽하게 착한 사람과 완벽하게 나쁜 사람은 존재하지 않는다는 것이다.

율곡은 이런 우주론을 인성론에 대입하여 사단과 칠정의 관계를 다음과 같이 설명했다. 결론부터 말한다면, 사단과 칠정은 반대개념이 아니고, 사단 속에 칠정이 섞여 있고, 칠정 속에도 사단이 들어 있다고 본다. 그래서 칠정 가운데 기쁨(喜), 슬픔(哀), 사랑(愛), 좋은 욕망(欲)은 사단의 인(仁)과 서로 통한다. 그리고 칠정 가운데 노여움(怒), 미워함(惡)은 사단의 의(義)와 통한다. 또 칠정의 두려움(懼)은 사단의 예(禮)와 서로 통한다.

한편, 이 이론을 거꾸로 말하면 이렇다. 사단 가운데 측은한 마음인 인(仁)은 칠정의 슬픔(哀)과 서로 통하고, 사단의 부끄러운 마음인 의(義)는 칠정의 미워함(惡)과 통한다. 사단의 사양하는 마음인 예(禮)는 칠정의 두려움(懼)과 통한다.

율곡은 여기서 한 걸음 더 나아가 칠정은 인간의 천성에서 우러나오는 자연스런 감정이기 때문에 이를 처음부터 나쁘게 볼 필요가 없다고 주장했다. 그러니 칠정에도 사단이 들어 있는 것이 당연하다고 보았다.

율곡은 이런 이기설을 가지고 38세 되던 해에 가장 절친한 학우인 성혼(成渾)과 수십 차례 편지를 주고받으면서 논쟁했는데, 실제 생활에서 보고 느끼는 실례를 들어가면서 상대를 설득하고 정당화했다. 하나만 예를 들겠다. 율곡은 이와 기의 관계를 물과 그릇에 비유했다. 그릇에 물을 담아 놓으면 그릇이 음직일 때마다 물이 움직인다. 물은 저절로 움직이는 것이 아니고 그릇이 움직이면 비로소 물이 움직이다. 이 경우 그릇은 기에 해당하고 물은 이에 해당한다. 그런데 물과 그릇이 동시에 움직인다. 그래서 이와 기는 하나다.

이기설을 둘러싼 논쟁은 과학적으로 입증하기가 매우 어려운 문제이기 때문에 어느 설이 옳고 어느 설이 그르다고 쉽게 단정하기 어렵다. 현대 과학에서도 아직 해결하지 못한 문제가 아닌가? 그러나 중요한 것은 우주론과 인성론의 차이가 품고 있는 현실적인 태도이다. 선악을 이분법으로 보는 것이 평화에 이롭겠는가? 아니면 율곡처럼 선악을 이원적 일원론으로 설명하는 것이 평화에 이롭겠는가? 그 답은 자명하다. 율곡의 철학이 한층 포용성이 높고 평화에 이로울 것이다.

IV. 나가면서: 평화론의 미래를 위한 제언

이 글의 앞부분에서 서양의 'Peace'라는 용어가 동양에서 '평화'(平和)라는 단어로 번역되면서 두 단어의 뜻이 서로 다를 수 있다는 전제를 달았다. 서양의 'Peace'는 전쟁이 정지된 상태의 안정을 뜻하는 것으로 주로 정치용어로 사용되어 왔다면, 동양의 '평화'는 '평등한 화합' 또는 '공평한 화합'의 뜻이 강하다는 의미로 사용되어 왔다고 보았다. 두 단어가 모두

'안정'을 담고 있다는 점에서는 다르지 않지만, 그 '안정'이 갖는 의미는 차이가 있는 것이다.

서양의 'Peace'는 그 바탕에 강자(强者) 또는 선인(善人)이 약자 또는 악인(惡人)을 무력으로 응징하여 굴복시킴으로써 얻어지는 안정이라는 의미가 강하다. 이는 그리스, 로마의 신화들이나 플라톤과 아리스토텔레스의 철학에서부터 뿌리를 내리고 전승되어, 근대에 와서 약육강식을 정당화하는 사회진화론(社會進化論)으로 이어져온 전통이다. 이 철학 속에는 기본적으로 힘의 논리와 선악(善惡) 이분법적 세계관이 담겨 있다.

물론 프랑스의 계몽사상가였던 장 자크 루소는 자연법칙을 사랑과 평등과 조화에서 찾으면서 이런 자연법칙에 순응하면 평화가 올 수 있다는 주장을 폈다. 하지만 그런 철학은 봉건사회를 극복하여 인간의 자율성을 되찾는데 기여했지만 서양철학사에서 주류의 위치를 차지하지는 못했다. 그래서 서양의 'Peace'는 주로 국제관계에서 쓰이고, 사회내부의 인간관계를 근본적으로 통합시키고 안정시키는 원리로서의 'Peace'를 발전시키는 데는 미흡했다. 'Peace'는 대부분 국제전쟁을 치르고 나서 승리국과 패전국 사이에 맺어지는 조약의 형태로 나타나기도 했으며, 그러한 평화조약에 의해 도래한 안정을 '국제평화'로 부른다.

그러나 이렇게 물리적으로 이루어진 '평화'는 항구적인 것이 아니므로 어느 시기에 이르면 갈등이 다시 표출되면서 전쟁이나 투쟁으로 재발하는 것이 역사의 흐름이었다. 그러니 이런 평화는 엄밀히 말하자면 '임시적인 평화'인 동시에 다분히 '위장된 평화'인 셈이다.

과거의 평화가 이런 한계를 지녔다면 미래의 평화는 보다 항구적이고, 지속적이고, 근원적인 평화로 진화할 필요가 있을 것이다. 그러기 위해서는 우주관이나 세계관, 인생관 자체가 바뀌어야 할 것이다. 모든 생명체가 평등하게 공존하는 것이 우주의 자연법칙이라는 인식이 중요하다. 이런 철학적 인식이 뿌리를 내리지 않으면, 강자와 약자, 선과 악의 대립이 무한하게 반복되면서 서로 간에 전쟁을 치르고, 이기는 자는 선을 독점하고, 지는 자는 악으로 매도되는 가운데 일시적 평화를 거쳐 또 다른 전쟁을 잉태하게 될 것이다.

보편적 평화에 대한 미래의 과제를 생각할 때 오히려 서양의 평화이론보다는 불교나 유교의 우주관에서 배울 점이 오히려 많다. 불교에서는 모든 사물을 대립으로 보지 않고 서로 포괄적으로 통합되어 있다는 시각에서 바라본다. 이분법(二分法)이 없다. 이런 이론을 '하나가 둘이요, 둘이 곧 하나(一而二 二而一)', 또는 '하나가 전체요 전체가 하나(一卽一切 一切卽一)', '하나가 많음이요, 많음이 곧 하나(一卽多 多卽一)'이라고 주장한다. 비유하자면 공중에 떠 있는 달은 하나이지만, 달을 반영하는 달은 무수히 많다. 백만 명이 달을 보면 백만 개의 달이 있지만 실은 하나의 달일 뿐이다.

성리학에서도 비슷한 우주관을 보이고 있다. 우주는 음양으로 구성되어 있지만, 음양은 하나로 통합되어 있는데 이것이 곧 태극(太極)이다. 우리가 태극을 보면 음양이 둘로 나뉘어져 있지만 하나의 동그라미 속에 통합되어 있지 않은가. 그런데 이런 성리학의 통합적 우주관을 인성론(人性論)과 연결시켜 총체적인 이론을 제시한 것이 성리학의 이기론(理氣論)이다. 우주의 원리를 형이상(形而上)의 이(理)와 형이하(形而下)의 기(氣)로 구성되어 있다고 하면서, 이와 기를 둘인 동시에 하나로 보고 있다.

그런데, 통합적 이기론을 가지고 인성론을 설명할 때에는 사람마다 다른 해석을 내렸다. 대부분의 성리학자들은 인성론에 있어서 가장 중요한 문제였던 사단(四端; 仁義禮智)이나 칠정(喜怒哀懼愛惡欲)을 놓고 서로 반대되는 개념으로 해석했다. 곧 사단은 절대적으로 선(善)한 것이고, 칠정은 선하기도 하고 악하기도 하다고 보았다. 이런 논쟁을 가장 심오하게 발전시킨 것이 조선이었다. 조선의 인성론은 세계 철학사에서 찾아볼 수 없는 독자적인 공헌이다. 한동안 학자들은 이런 논쟁을 부질없는 공리공담(空理空談)으로 폄하했지만 그것은 참으로 무식한 말이다. 그래서 요즘의 철학연구자들은 조선시대의 이기논쟁을 새롭게 재평가하고 있다.

그런데 이기론의 인성론을 더욱 발전시켜 통합적 인성론을 주창한 사람이 바로 율곡 이이(栗谷 李珥)다. 그는 사단과 칠정을 대립적으로 보는 인성론을 거부하고 사단 속에도 칠정이 있고, 칠정 속에도 사단이 있다는 새로운 인성론을 펴고, 가장 절친한 학우로서 이황(李滉)의 이론을 따르고 있던 성혼(成渾)과 치열한 논쟁을 벌였다.

율곡 이이의 인성론은 모든 사람의 인성(人性)이 기본적으로 선악으로 갈라져 있는 것이 아니라는 입장이다. 그러니까 맹자(孟子)로부터 시작된 성선설(性善說)을 더욱 적극적으로 이론화한 셈이다. 율곡의 성선설은 어찌 보면 루소의 자연법과 비슷한 점이 있지만, 시대는 율곡이 루소보다 훨씬 앞서 있다. 루소는 18세기 중엽 사람이고 율곡은 16세기 중엽 사람이니 200년이나 앞선다. 일부 학자들은 프랑스의 계몽사상이 주자학의 영향을 받았다고 하는데, 경청할 만한 주장이다.

여기서 하나의 중대한 질문에 답할 필요가 있다. 선악을 대립으로 보는 것이 통합과 평화를 가져오는데 기여할 것인가? 아니면 절대선(絶對善)과 절대악(絶對惡)을 부정하고 선에도 부분적으로 악이 있고, 악에도 부분적으로 선이 있다는 상대적 시각이 평등과 화합을 가져오는데 기여할 것인가? 그 대답은 자명할 것이다. 율곡이 평상시의 생활이나 정치판에 들어가서도 소외된 사람들이나 천시당하는 사람들을 따뜻하게 끌어안고, 동인(東人)과 서인(西人)이 선과 악을 서로 독점하여 '우리 당은 군자(君子)이고, 너의 당은 소인(小人)'이라고 하면서 치열하게 싸울 때, '서인 가운데에도 군자와 소인이 있고, 동인 가운데에도 군자와 소인이 있으니, 두 당파 속의 군자를 합하여 조제보합하자'고 주장한 이유가 여기에 있는 것이다.

그러면 율곡이 주자학자이면서도 다른 주자학자와 달리 포용성을 지닌 모습을 보인 이유는 무엇일까? 그것은 그가 자라온 환경에서 찾아볼 수 있을 듯하다. 유년기에 어머니 사임당으로부터 받은 사랑어린 감화가 바탕이 되었을 것이고, 순박한 강원도의 습속이 자신도 모르게 젖어든 결과일 것이다. 그러다가 어머니의 죽음을 계기로 충격과 절망감 속에서 1년간 승려생활을 보내면서 불교경전에 담긴 '이사무애론(理事无涯論)'이나 박애정신에 물든 것도 적지 않은 영향을 주었을 것이다. 특히 『법화경(法華經)』에 담긴 우주관은 '둘이면서 하나요, 하나이면서 둘(二而一 一而二)'이라는 시각으로 설명하고 있는데, 이 이론은 율곡이 주장한 '이기이원적 일원론'과 기본적으로 일치한다.

율곡은 가족이나 친구 사이에 신분이 낮은 사람들이나 경제적으로 곤궁한 사람들과 가까운 관계를 맺고 살았다. 우선 아버지가 50세가 되도록 벼슬이 없는 한량으로 지내고, 그 밑에서 7남매와 노비들을 부양했으니 얼마나 곤궁했겠는가? 어머니 사임당이 자수와 그림을 많이 제작한 것도 취미생활만은 아닌 듯싶다. 이것들을 팔아서 생활비를 보태려는 목적이 더 컸을 것으로 짐작된다.

율곡의 4형제와 3자매들이 뒤에 어른으로 성장했으나, 대부분 경제적으로 자립하지 못해 율곡에게 의지하는 형편이었으니, 100명에 가까운 식구를 거느리고 살았던 율곡의 고통이 얼마나 컸는가를 짐작하고도 남음이 있다. 이런 어려운 환경이 공동체적 상부상조의 필요성을 누구보다도 절감했던 것이 아니겠는가?

율곡과 학문적으로 절친했던 성혼도 벼슬이 없는 가난한 한사(寒士)에 지나지 않았고, 송익필은 혈통이 비첩(婢妾)의 후손이었으나, 그들을 무시한 일이 없었다. 율곡은 서얼이나 노비 등 천한 사람들에게 언제나 따뜻한 시선을 보내고, 제사상속이나 재산상속에 있어서 서얼을 차별하지 않았다. 향약(鄕約)을 시행할 때에도 서얼이나 평민의 참여를 개방했다.

율곡은 뒷날 숙종 대에 학우 성혼과 함께 성균관 문묘(文廟)에 배향되어 후세 선비의 귀감으로 존경받았으며, 그가 지은『성학집요』는 영조(英祖)와 정조(正祖) 같은 성군(聖君)들이 경연(經筵)에서 필독서로 읽었다. 그것만이 아니다. 그가 주장한 당파간의 '조제보합론'은 영조와 정조가 추진한 탕평책(蕩平策)의 정신적 지침이 되었다. 영정시대가 조선왕조의 중흥을 가져온 시대가 된 것은 바로 탕평책의 결과였다.

오늘날 우리 사회는 누구나 평화를 갈망하고 있다. 남북관계에서도 평화가 뜨거운 주제로 등장하고 있으며, 정치권에서도 정당간의 갈등이나 보수와 진보의 갈등을 풀어야 한다는 목소리가 높다. 평화는 나라 밖과 나란 안에서 동시에 절박한 문제로 떠오르고 있다. 그러나 그 해법을 어디에서 찾을 것인지에 대한 학계의 심층적인 논의는 의외로 찾아보기 어렵다. 다만, 정치인과 그 주변 사람들의 단기적 해법이 논의되고 있을 뿐이다. 그 해법의 기초는 어디까지나 힘을 바탕으로 한 한계를 넘어서지 못하고 있다.

평화가 한반도만의 문제가 아니라면, 전 세계적인 평화정착을 위한 문명론적 논의가 필요하지 않겠는가? 힘의 논리는 단기적 평화를 가져올지 모르나 원대한 평화는 철학의 변화를 요구한다는 것을 알아야 하지 않을까?

안효성

5장

정조의 평화사상 : 탕평과 활법을 중심으로

Ⅰ. 서론

인간은 근본적으로 선과 평화를 지향하는 존재이다. 선과 평화 안에서 인간은 더 없이 행복하기 때문이다. 그런데 평화란 어떤 상태인가? 그것은 질서의 평온, 평정 상태, 혹은 갈등과 분쟁, 폭력과 억압, 착취, 부정의의 부재 상태일 것이다. 다만 그렇다고 평화를 어떤 이견과 잡음도 없는 동일성의 일체화와 아무 특색 없는 절대적으로 고요한 평정 상태라고 한다면 그것은 비현실적인 것이 될 것이다. 평화의 본질은 관용 없는 투쟁과 갈등, 혼란을 불식시키는 온화한 화합과 화해의 상태라고 간주해야 적합할 것이다. 우리가 정조(正祖, 1752~1800)에게서 고유한 평화사상을 구하는 것은 사실 무리일 것이다. 그렇지만 정조에게 앞에서 언급한 것과 같은 평화에 대한 관념이 없지는 않았을 것이라 추측해 볼 수 있고, 그러한 관념들이 정조의 사상과 정치에 반영되었을 가능성은 있다. 이 글은 그러한 가능성 위에서 정조의 평화사상을 논의해 볼 것이다.

정조는 사회 구조적 변동에서 오는 여러 가지 사회적 혼란과 과격한 붕당 투쟁의 정치적 혼란에 맞서 있었다. 이것은 확실히 비평화적 상태라고 규정할 수 있을 것이다. 이런 현실에 맞서 정조는 기존의 붕당 속에 섞여 있는 군자들을 추려 내어 왕도정치의 보필자로 삼고 사회적 공정성과 평등을 실현하는 것이 황극(皇極)의 탕평(蕩平)이라고 생각하였는데, 아마도 이러한 구상을 정조의 평화사상이라고 간주할 수 있을 것이다. 다만 정조의 탕평사상은 당파를 관리하고 정치·사회적 분쟁을 조정하는 관리술이자 소통의 극대화를 통한 관용의 태도로서 사회통합을 추구하는 원리로 삼을 '준론(峻論)탕평'의 측면과, 갈등과 분쟁을 유발하는 위험 요인 자체를 해소하는 제도들을 도입해 정의와 질서, 화평을 추구하는 '대동(大同)탕평'의 측면으로 구분해 볼 수 있다. 이 둘을 '소극적 평화'(negative peace)와 '적극적 평화'(positive peace)의 차원으로 각각 대응시켜 볼 수 있을 것이다. 또한 정조는 인간 내면의 자연스런 평안함을 통해 선한 명덕(明德)을 밝히고 그것을 활달하게 실천하는 '활법'(活法)을 주창하였는데, 이것은 내면의 정신적 평화사상이라고 이해할 수 있을 것이다. 이 글은 이러한 관점에서 정조의 탕평사상과 활법 공부론(工夫論)을 정조의 평화사상이란 이름하에 살펴보고자 한다.

II. 정조의 생애와 시대상

정조의 생애는 마치 조선의 18세기를 압축적으로 대변하는 것만 같은 상징적인 면을 갖고 있다. 그는 1752년 영조(英祖, 1694~1776)의 손자이자 사도세자(思悼世子)와 혜경궁(惠慶宮) 홍씨의 아들(2남)로 태어났고, 1759년 8세의 나이에 왕세손으로 책봉되었으며, 1762년 불과 11세의 나이에 아버지 사도세자의 비극적인 죽음을 목도해야 했다. 그해 7월 아버지를 대신한 왕위 계승자로서 동궁(東宮)이 되었으며 1775년 12월에는 영조를 대신해 대리청정을 시작했다가 그 다음해인 1776년 3월 영조가 승하하자 25세의 나이로 임금의 자리에 올랐다. 정조가 노론(老論)의 집중적인 견제를 받아 죽음에 이른 사도세자의 아들이었기에 그의 왕위계승을 반대하는 세력이 많았던 탓으로, 즉위 초기에는 홍국영(洪國榮)에게 전적으로 의존하였으며, 홍국영의 월권을 계기로 1780년 그를 실각시킨 뒤로 비로소 본격적인 친정을 하였다.

홍국영이 없는 친정체제에서 국론과 사회의 분열을 극복하는 탕평정치를 본격화한 정조는 단계적으로 친위세력을 양성해나갔다. 구체적으로 규장각(奎章閣)의 설치와 조직 강화, 초계문신(抄啓文臣) 제도의 운영, 친위부대인 장용영(壯勇營)의 신설과 화성(華城) 축성, 탕평찬성파인 각 붕당의 시파(時派) 우대 등을 통해 총체적 위기를 이겨내고 강한 힘과 역동성을 확보해 왕권을 강화하였다. 정조는 일평생 노론 벽파(僻派)와의 대립을 중심으로 한 정치적 갈등과 격동, 대내외적 도전과 위기 속에서 다양한 정치세력을 통합하여 강한 개혁을 추진하였고, 여러 방면의 학문을 개방적으로 수용하여 종합함으로써 조선에 문예부흥을 가져왔다. 권도(權道), 탕평(蕩平), 정학(正學)은 그런 정조의 집권기를 대표하는 정치적 가치 신념에 해당한다고 할 수 있다.

건전한 공론정치를 활성화시키던 붕당정치가 쇠락하여 부패한 정쟁으로 변질되고, 각기 두 차례씩의 왜란(倭亂)과 호란(胡亂)을 겪으면서 사회는 피폐해졌지만, 그 와중에도 조선은 상당한 경제 발전을 구가하였다. 숙종(肅宗, 1661~1720)대에서 정조대에 이르는 시기에 걸쳐서는 농업기술이 발달하여 생산력이 높아지고, 상공업이 발달하는 등 경제가 비약적으로 활성화되었고 문화적 수준이 성숙해졌다. 그럼에도 또한 음험하고 파괴적인 정쟁수단으로 전락한 붕당정치와 조정의 정치적 혼란은 사회적 변동과 발전에 대한 합리적이고 평화로운 관리를 가로막았고, 누적된 사회모순을 더 복잡하게 만들어갈 뿐이었다.

17세기 후반 이후 조선은 집약농업과 유통경제의 발달로 전통적인 농업사회 구조에 큰 변화가 일어나면서 농촌 중간지도층과 상공업으로 부를 축적한 중인·평민 계층이 성장하면서 사회적 역학관계에 심상치 않은 변동이 발생했다. 노비·농민·상인·중인들이 기존에 정치·경제적 자원을 독점하고 있던 양반 지배층의 통제를 벗어나는 추이를 보이며 자립화와 성장의 여건 마련을 요구함으로써 공고했던 조선 사회의 사족(士族) 지배적 신분질서가 동요하게 되었다. 조선의 지배계층은 이것을 심각한 사회혼란과 도전으로 받아들였고, 사회적 요구와 압박을 포용적으로 해소해내기보다는 예학(禮學) 강화와 같은 보수적인 대응으로 일관하였다.

오히려 정치적으로는 사색붕당의 균형과 조화가 깨지고 노론 일당독재의 추이가 나타났으며, 경제적으로는 발달된 유통경제가 국내 생산력 증가의 결실을 오히려 서울지역에 더 쉽게 집중시키는 결과를 가져옴으로써 노론 중심 경화사족이 부와 권력을 독점하는 불균형 발전과 그에 따른 사회 갈등의 심화라는 사회적 모순이 발생하였다. 이렇게 조선사회 전체구조에 있어 균열과 해체의 양상이 뚜렷해진 시기에서는 사회의 실체적 변화를 인정하면서 신성장 세력의 욕구를 체제 내로 순조롭게 흡수하고 제반 사회 갈등을 해소할 수 있는 국가적 차원의 노력과 능력이 요구되는 실정이었다.

18세기는 대동과 균평(均平)의 이념이 전사회적 차원에서 불거지던 시기였다. 물론 대동과 균평은 역사적으로 늘 있어 온 개념이고 요청이지만, 그 시기 해당 개념에 대한 지향은 더욱 간절했다. 크게는 들보에서부터 작게는 서까래까지 안 썩은 것이 없다고 율곡이 임진왜란 전부터 이미 개탄하던 것이,[1] 양란을 거치면서 그 사회적 모순과 불평등은 극에 달했다. 국내 경제가 발전하고 신분질서가 흔들리며 국제질서의 판도가 뒤바뀌는 등 국내외적으로 세상은 빠르게 변화해 가는데도 개혁과 혁신은 미약했다. 지배층의 반동적 태도는 백성들의 삶을 피폐하게 만들었고 나라의 기강

---

1 『栗谷全書』 卷5, 「疏箚」, '萬言封事' 참조.

은 계속 무너져갔다. 그로 인해 18세기의 조선은 그 어느 때보다 평화롭고 정의로운 '대동사회'를 갈망하게 되었다.

이런 시대적 과제에 대응하기 위해 숙종 시기부터 정조대에 이르기까지, 특히 영조와 정조의 재위 기간이었던 18세기에 부상한 정치 기조가 바로 탕평론과 탕평책인 것이다.[2] 변화의 흐름을 막으며 조선의 전통적 사회질서와 주자학(朱子學)의 이념을 더욱 강고하게 묵수하려는 보수적이고 교조적인 움직임[3]과 변화의 흐름을 인정하고 전통과 단절하려는 혁신의 힘이 팽팽한 긴장을 형성하며 맞서 충돌하던 시기가 바로 이 때였고, 탕평은 이 두 흐름을 조화시키고 통합하는 가운데 새로운 정치의 동력으로 왕권을 강화[나라의 정치적 수장인 임금이 최고 수준의 학술과 문화, 도덕의 영도자를 겸하는 '군사(君師)' 정치의 지향]하고 대동(大同)의 대일통(大一統) 사회를 추구하려 한 조선 지배층의 고심에 찬 시도였다.

정조는 탕평과 균역으로 대표되는 영조의 정치운영과 왕권강화 정책을

2 엄밀히 말해 숙종대는 환국정치(換局政治)기였지 탕평정치기라 말하기 어렵다. 구호를 넘어 실제로 탕평이 국시(國是)로서 진행된 기간은 무신란(戊申亂, 1728년)을 겪고 놀란 영조가 그 필요성을 절감하고 노론과 소론(小論)의 균형적 조제보합(調劑保合) 정국을 개시한 영조 5년(1729)의 기유대처분(己酉大處分) 때부터 1800년 정조 서거까지라 볼 수 있다. 숙종대부터를 탕평정치의 맹아기로 보는 것은 이 시기 박세채(朴世采, 1631~1695)를 중심으로 한 소론 대신들의 건의로 탕평책이 논의되기 시작하였고 숙종 때의 마지막 환국 이후 소극적으로나마 탕평 정국이 시도된 바 있기 때문이다.

3 조선은 16세기 말~17세기 초 사이에 발생한 양란으로 인해 붕괴된 물질 기반 회복과 사회질서 재정립이라는 과제를 끌어안고 있었다. 조선의 조정과 지배층은 그것을 위한 경제적 재건에 공을 들이기는 하였지만 물적 토대 강화와 사회적 재화 증산에 총력을 기울이기보다 오히려 '예학(禮學)'을 강화하는 쪽으로 기울어 갔다.

면밀히 연구하였고 주자학의 정치이론도 더욱 깊이 파고들었다. 주자학의 정치논리를 군주가 오히려 선취하면서 압도적인 도학(道學) 실력으로 사대부 제신들을 눌러 이데올로기를 관장하는 방식으로 정국의 주도권을 장악하는 것이 정조가 취한 태도였다. 당색이 약하고 온건한 인물들을 중용하며 붕당의 의리를 주장하는 것을 금지한 영조의 완론탕평(緩論蕩平)과는 달리, 정조는 각 당파의 강경파인 준론을 우대하였고, 준론들이 활발한 상호 경쟁 속에서 의리(義理, 정치적 정당성과 정의)를 발전시키도록 하는 준론탕평(峻論蕩平)을 전개하였다. 그리고 그를 통해 다양한 인재들의 고른 정치 참여를 유도하고 갈등을 건전한 경쟁으로 승화시켜 통합과 발전을 이뤄냈다. 정조의 개방적 태도와 포용력은 그의 독특한 탕평 방식인 '준론탕평'을 가능케 한 힘으로 작용하였다.

탕평정치 전개과정의 급격한 국면 전환을 기준으로 정조의 통치기간을 구분해 보자면, 즉위년에서부터 재위 17년까지의 '준론탕평기'와 그 후의 재위 18년으로부터 24년까지의 '준론탕평 후퇴기'로 양분해 볼 수 있을 것이다. 그 이유는 다음과 같다. 정조 17년은 그의 탕평책에 대한 강력한 우호세력이자 남인의 수장이었던 채제공(蔡濟恭, 1720년~1799년)이 직전의 독상(獨相) 체제에 이어 재차 영의정에 올라 노론 우위의 정국을 상징적으로 제압하기에 이르는 동시에, 유리한 입지를 등에 업은 체제공이 사도세자의 처분 문제에 관한 임오의리(壬午義理)의 재천명을 주장하다가 도리어 노론의 극렬한 반발로 파직되고, 그런 과정에서 또한 정조가 영조의 '금등(金縢)' 공개라는 비책을 통해 채제공을 비호하는 방식으로 준론탕평의 균형이 아슬아슬하게 유지되던 해이다. 그리고 조정 공론장의 소통과 관용을 앞세우던 준론탕평의 작동력은 아이러니하게도 정조의 힘이 우세해질수록 역으로 약화되는 면이 있었는데, 이것이 재위 18~20년경부터는 그 추세를 본격화하게 된다. 그 중 정조 18년은 화성(華城) 축조라는 왕권 강화 완성의 상징과도 같은 사건이 있은 해이니, 준론탕평의 후퇴기는 그의 재위 18년 이후부터라고 표면상 간주할 수 있는 것이다. 한편 준론탕평기의 경우 세부적으로는, 홍국영으로부터 독립한 정조가 문효세자(文孝世子)를 얻은 해이자 세자에게 바로 원자(元子) 정호를 내리는 등 독자적인 정국 주도의 활력을 보이기 시작한 재위 6년 이후부터의 '본격적인 탕평정국 돌입기', 그리고 채제공이 우의정으로 발탁되어 남인이 부상함으로써 사색붕당이 균형을 갖춰 공존해가며 정조의 개혁을 조력하던 재위 11년에서 16년 사이에 걸친 '준론탕평 절정기'로 재차 구분해 볼 수 있기도 하다.[4]

정조는 붕당의 현실을 부정하거나 억지로 타파하는 것을 불합리하다고 인식하고, 유교 의리의 지평에서 각 붕당이 각자의 논리를 높은 수준에서 정당화하는 것을 허용하면서 각 당파에 대한 적절한 안배와 열린 소통, 공정한 경쟁을 통해 상호 공존과 공공의 발전을 극대화하는 것을 탕평의 실현으로 간주했다. 정조가 지닌 공정하고 우수한 붕당 관리 능력과 화평에 대한 확고한 정치적·철학적 신념은 국가 운영의 효율성과 민생의 안정을 높이는 성과를 거두었으며, 신민과의 소통과 사회 통합을 상당히 진전시켰다. 다만 49세의 나이로 25년간의 재위기간을 마감함으로써(1800년 붕어) 그의 탕평과 화평의 정치는 온전한 성과를 보이지 못하였고, 그가 추진하

4 정조 통치기의 구분에 대한 논자의 지론과 근거에 대해서는 안효성, "정조 탕평론의 정치철학적 의미," (한국외국어대학교 철학과 박사학위논문, 2016), pp. 153~155 참조.

던 일체의 개혁은 노론 벽파의 보수 반동 정치와 김조순을 필두로 한 노론 시파의 반격에서 이어지는 세도정치의 과정 속에서 대부분 무력화되었다.[5]

III. 준론탕평과 소극적 평화

비록 정조 사후에 정조의 탕평정치와 개혁의 조치들은 단절되고, 결코 평화롭지 않은 시절이 도래하긴 했지만, 정조의 정치관에 드리운 일종의 평화사상의 내용과 가치는 확인해 볼 수 있다. 우선 살펴볼 수 있는 것은 정조의 준론탕평이 갖는 관용과 통합의 사상 측면이다. 붕당의 파열은 혼란에 해당하고, 조선의 사색 붕당이 퇴락한 상태에서 보여준 음모 정치와 극단의 대립, 그리고 대대적 숙청과 살육전 양상은 폭력과 혼돈으로 규정할 수 있는 만큼, 그것은 정치적 전쟁 상태이며 명백한 비평화 상태이다. 반면에 탕평은 협력과 공존, 타협과 화해, 평등과 통합을 지향하므로 일종

5 정조 사후 정조의 탕평정치와 개혁의 조치들이 단절된 것으로 바라보는 관점에 대해서는 의문의 시선이 있을 수도 있다. 이 글의 초고를 서울대학교 통일평화연구원이 주최한 제4차 한국인의 평화사상 학술회의에서 발표할 당시 논평자셨던 연세대학교의 나종석 선생님께서 의견을 주신 것처럼, 19세기 세도정치가 정조의 탕평정치의 결과일 수도 있고, 또 한편으로 탕평정치의 개혁적 성과가 19세기 민중/백성의 정치적 각성을 가능하게 한 여러 정치적·사회문화적 조건의 창출과 연결될 수도 있겠기 때문이다. 따라서 정조의 탕평개혁이 그의 죽음 이후에 발전을 멈추고 단절되었다는 시각은 좀 더 다각도로 재검토될 필요가 있다는 논평을 수용하며, 향후 더 보충할 연구 과제를 주신 논평자 선생님께도 다시 한 번 감사를 표한다.

의 평화의 상태이며, 탕평론은 평화의 사상으로 간주할 수 있다. 특히 정조의 준론탕평은 의견의 정치를 보장하고 활성화하여 각 붕당 준론들의 의리 정당화를 적극적으로 권장하며 정당한 준론 신료를 중용하는 방식으로 절묘하게 당파를 관리함으로써 분쟁과 갈등을 조정하는 특징이 있었으므로, '갈등과 분쟁, 폭력의 완화 및 순화'를 중점에 두는 이른바 '소극적 평화'의 기술이자 사상이라고 할 수 있을 것이다. 현대 평화학의 입장에 따르면 소극적 평화는 직접적 폭력의 부재와 전쟁의 회피를 목표로 한다. 준론탕평의 목적과 효용도 이와 유사한 맥락에서 이해해 볼 수 있을 것이다.

'탕평'은 『서경(書經)』「홍범(洪範)」편의 "치우침이 없고 붕당을 이룸이 없으면 왕도가 광대해지며, 붕당을 이루지 않고 치우침이 없으면 왕도가 평탄해지며, 도리에 어긋남이 없고 기울어짐이 없으면 왕도가 바로세워진다[無偏無黨, 王道蕩蕩. 無黨無偏, 王道平平. 無反無側, 王道正直]."는 문구를 출처로 한다. 이때 '탕탕(蕩蕩)하고 평평(平平)한 도(道)'란 화합과 공정무사를 원리로 하는 태도 그 이상의 의미를 갖고 있다. 군왕이 사사로운 치우침과 파당이 없는 정치를 펼치면 왕도가 절로 행해질 것이지만, 홍범에 따르면 이를 위해서는 그에 앞서 먼저 군왕이 지극한 표준을 수립하는 '건극(建極)'의 과정이 필요하며, 건극한다는 것은 다름 아닌 강력한 군주권[皇極]을 확립함을 의미하기 때문이다.[6] 즉, 『서경』「홍범」의 전체 내용과 맥락상 탕평은 강한 군권(君權)을 세우는 황극정치(皇極政治)의 이상적 방법으로 제시된 것이다.

6 『尙書』, 「周書」, '洪範', "皇極, 皇建其有極." 蔡沈註, "皇君, 建立也. 極猶北極之極, 至極之義, 標準之名, 中立而四方之所取正焉者也."

홍범에는 이 외에도 유교의 기본 정치원리와 경세원칙이 더 큰 규모를 갖추고 체계적으로 제시되고 있지만, 특히 '황극'과 '탕평' 개념은 '대중지정(大中至正)의 도(道)'나 '지극한 표준'을 세우는 군주의 책임과 권능을 명시하고 왕도가 지향해야 할 정치의 운영원리가 '대공무사(大公無私)'·'무편무당(無偏無黨)'이어야 함을 지시하는 중대한 핵심 개념이다. 따라서 상서의 황극·탕평론에는 붕당의 존재나 신료의 월권을 부정하고 주자학의 붕당긍정론에 대항하여 군주 중심으로 정국을 운영할 수 있는 논리가 흐르고 있는 셈이니, 때마침 붕당정치가 왜곡으로 치달아 발생한 정치적 혼란과 균열을 극복하고 누적된 사회적 모순들을 해결할 필요가 절박했던 조선 조정과 국왕에게는 황극탕평의 정치가 매력적인 대안으로 비치기에 충분하였다. 정조 역시 군왕이 강력한 중심[極: 주권자]이 되어 인륜의 지극한 표준을 세운다면 불의한 편당[淫朋]과 사사로운 야합[阿比]이 존재하지 않는 화평의 탕평 정치가 열리게 된다고 확신한 것은 물론이다.[7]

16세기 이후 조선의 유교적 공론정치에 있어 긍정적 기여를 했던 붕당정치였지만, 세월의 흐름 속에서 격심한 정치투쟁으로 변질되고 국정을 혼란시키는 부작용이 심화되자, 조선 정치의 일각에서는 왕권 강화를 통해 붕당 활동을 억제함으로써 대화합과 안정을 성취하려는 '탕평론'이 부상하였다. 정조의 목표도 다르지 않았다. 정조는 국내 정치의 대립과 투쟁을 화동(和同)시키고 군주를 중심으로 질서를 정돈하여, 여러 시비를 판명하

---

7 『尙書』, 「周書」, '洪範', "凡厥庶民, 無有淫朋, 人無有比德, 惟皇作極." 「홍범」의 '황극[惟皇作極]'에서 '황'은 '임금'을, '극'은 '치세의 법도' 내지 '정치적 목표와 표준'을 뜻한다. 따라서 정리하자면 황극은 군왕이 정치의 중심이자 궁극을 세우는 것, 군왕의 주도로 확고한 정치의 목표와 법도를 세움을 의미한다.

고 대립하는 정치세력을 중재함으로써 평화로운 정치를 실시하고자 했던 것이다.

절차적으로 탕평은 먼저 붕당 간의 대승적 협력을 기반으로 한 국왕 중심의 국론 통일을 구현하기 위해 조화로운 인사정책을 추진한다. 정조가 즉위년인 1776년 9월, 아래와 같이 천명한 '탕평윤음'에 그에 대한 내용 골자가 담겨 있다.

> 아! 탕평이란 편당을 버리고 남과 나를 가르지 않는 이름이니,……위에서 보자면 다 같은 한 집안 사람들이고 동포들이다. 착한 사람에겐 상을 주고 죄지은 자에겐 벌을 주는 것에 있어서 어떻게 좋아하고 미워하는 구별이 있겠는가?……옛날 제갈량은 "조정과 관청이 전부 일체가 되어야 한다."고 말했었다. 하물며 한 하늘 아래 한 나라 안에 있어 함께 한 사람을 높이며 똑같이 한 임금을 섬기는 이들이라면 어떻겠는가? ……이제부터 무릇 나를 섬기는 조정의 신하들은 노론과 소론을 말할 것 없이 모두 대도(大道)로 나오라.……오직 그 인물됨만을 보아 어진 자를 등용하고 모자란 자는 내칠 것이다.[8]

위의 탕평윤음에서 정조는 탕평을 편당을 제거하고 나와 너[我他]를 삿

---

8 『正祖實錄』, 즉위년 9월 22일. "噫! 蕩平卽祛偏黨, 無物我之名,……自上視之, 均是一室之人同胞中物. 善則賞之, 罪則罰之, 有何愛憎之别?……昔諸葛亮猶曰: '宮中府中, 俱爲一體.' 況一天之下, 一國之內, 共尊一人, 同事一君者乎? ……從今以後, 凡玆事我廷臣, 無曰老論少論, 偕底大道.……惟其人是視, 用賢而捨不肖."

되게 구분하지 않는 정치태도라 규정함으로써, 왕도정치가 불편부당한 '공정성'에서 시작됨을 강조한 셈이다. 또한 정조는 대립과 분열의 정치를 정리하고 조정과 관청이 한 몸처럼 서로 협력해 평화롭게 공공성을 성취하는 것을 국정의 최우선 과제로 여겼다. 게다가 정조는 소속 문벌이나 당파를 가리지 않고 최대한 당사자 본인이 지닌 능력을 보고 그가 갖춘 현덕(賢德)에 맞춰 인사할 것임을 표명하였다. 정조에게 탕평은 공평하고 공정한 인사와 상벌에 의거해 군왕을 중심으로 신민이 대일통(大一統)을 달성하는 대동사회 실현의 평화정치술이었던 것이다.

정조는 영조가 온건파를 위주로 해 관직을 안배하는 완론탕평을 선택했던 것과 대비되는 '준론탕평', 또 다른 말로 '의리탕평(義理蕩平)'을 추구했다. 정조는 각 당파 내 "청명한 견해를 고집하고, 준엄한 원칙을 견지하는 자들[執淸議, 持峻論者]"을 특별히 중용함으로써 준론들이 탕평정치를 이끌어 갈 수 있게 하였다. 구체적으로는 노론의 청명당, 소론의 준론, 남인의 청론에 해당하는 세 정파[9]를 우대하는 방식으로 척신당과 각 당 벽파 세력을 제압하거나, 자신과 대립하는 세력들과의 날선 긴장감 속에서도 절묘한 정치적 파트너십을 유지할 수 있었던 것이 정조의 정치였다. 정조는 오랜 정치적 숙적 관계였던 노론, 특히 그 중 벽파 중에서도 신뢰할 수 있는 준론의 인물이라면 기꺼이 중용하였으며, 편협한 분파 이익 추구에 매몰된 과잉 분쟁을 공공의 의리를 추구하는 공적 토론의 활력으로 대

---

9 "이들은 대체로 의리와 명절(名節)을 숭상하고 붕당의 타파를 병행하는 탕평을 주장한 강경 탕평파에 속한다." 안효성, "정조 탕평책의 공공성과 공론정치의 좌표," 『해석학연구』, 제36집 (2015), p. 102 각주 31.

체하고자 하였다. 정조의 경우, 정치상의 주요 고비마다 각 정파 간 의리론의 대결을 조장해 쟁점을 표출시키고, 접점을 찾아 적당한 시점에 적절한 공적 의리를 제시함으로써 신하들의 합의를 이끌어냈던 것이 소극적 평화 견지의 요령이었다.[10] 그것은 정당성을 중시하는 정치였고 어쩌면 한나 아렌트(Hannah Arendt, 1906~1975)가 바람직한 정치의 모습으로 본 '의견의 정치(politics of opinion)'[11]에 해당한다고도 할 것이다.

> 지금은 붕당이 군자당과 소인당으로 이루어진 것이 아니고 다만 의론에 따라 갈라졌을 뿐이다. 저쪽에도 역시 하나의 시비가 있고 이쪽에도 역시 하나의 시비가 있으며, 저쪽에도 역시 군자도 있고 소인도 있으며 이쪽에도 역시 군자도 있고 소인도 있으니, 꼭 그 (독단적 의론에 치우친) 붕당을 격파하고 난 후에라야 군자끼리 모이고 소인은 교화될 수가 있을 것이다.[12]

---

10 『正祖實錄』, 17년 5월 7일자 기사도 대표적인 사례의 한 가지다.

11 한나 아렌트의 경우 '말'과 (말을 수반하는) '행위'가 인간만의 탁월한 능력이라고 간주했다. 그녀에 따르면 그것이야말로 인간으로 하여금 공적 영역을 창출하고 정치를 수행하게 하기 때문이다. 아렌트는 정치행위란 더불어 살아가며 세계를 구성할 수밖에 없는 복수의 사람들이 서로 소통하고 협력하면서 공공의 가치를 추구하는 능력이라고 본다. 지배를 관철하려 하거나 형이상학적 진리를 실현하는 것은 아렌트가 보기에 정치의 본질이 아니며, 공적 영역에서 구성원들이 자유로운 의견을 서로 나눔으로써 공동의 가치를 찾고 목표를 수행해야 한다는 것이 아렌트가 주장하는 '의견의 정치'의 요지다.

12 『弘齋全書』 卷8, 「序引」 1, '皇極編序', "今則其爲黨也, 非君子小人也, 特歧於議耳. 彼亦一是非, 此亦一是非, 彼亦有君子有小人, 此亦有君子有小人, 必破其黨, 然後君子可萃, 而小人可化."

> 단지 탕평이란 두 글자만 쓴다면 혼란을 줄 혐의가 없지 않다. 충신과 역적을 분별함에 있어서도 이쪽이 곧고 저쪽이 굽은 것과 저쪽이 손님이고 이쪽이 주인이라는 것과 같은 구별을 분명히 말하지 않을 수 없다.……탕평은 의리를 해치지 않고 의리는 탕평을 해치지 않은 다음에야 비로소 탕탕평평의 큰 의리라 말할 수 있다. 지금 내가 말한 것은 곧 의리의 탕평이요 혼돈의 탕평이 아니다.[13]

정조가 생각한 탕평의 세계에서는, 누구든 자신이 속한 정파의 독단을 추종할 것이 아니라 자기 스스로 최적의 논리와 덕을 입증해 보이는 것이 중요했다. 정조는 당리당략적 당파성에 매몰되지 않은 '의견의 완성' 및 '의견의 겨룸'을 긍정하고 적극 장려하는 태도를 보였다. 정조의 태도에서 정치를 진리나 도덕의 종속물로 보지 않고 정치 주체의 의견을 완성해 나가는 덕의 분투적 행위로서 이해한 아렌트의 관점을 떠올리게 하는 면이 엿보인다. 아렌트는 진리를 앞세우는 이른바 '진리의 정치(politics of truth)'는 다원적 의견을 배척하게 됨으로써, 진리라고 주장되는 내용이 행여 건전한 것으로 보일지라도 그 정치는 결국은 폭정으로 귀결될 수밖에 없다고 보았다. 아렌트에 따르면 '진리의 정치'는 '진리의 폭정(tyranny of truth)'에 다름 아니다.

정조가 준론탕평의 정치를 선택한 우선의 피치 못할 사정은 각 붕당의

---

13 『正祖實錄』, 즉위년 5월 16일. "若只書蕩平二字, 不無混淪之嫌. 至於忠逆之分, 不可不明言, 此直彼枉, 彼客此主之別矣.……蕩平不害於義理, 義理不害於蕩平, 然後方可謂蕩蕩平平之大義理. 今予所言, 卽義理之蕩平, 非混淪之蕩平也."

명분을 존중해주고 훼손된 개인의 명예를 회복시켜 주어야 사대부들이 마음을 열고 적극적으로 국정에 참여할 수 있을 것으로 보았기 때문이다. 당시는 거듭되고 처절한 당쟁과 환국정치의 여파로 인하여 정계에서 숙청된 인물들이나 그 후손들이 상당히 많았으므로 그들을 위시한 다양한 인재들을 나라의 중심부로 불러들여 공조하게 할 수 있는 강력한 명분이 필요했다. 그러나 근본적으로 준론탕평이 발상될 수 있었던 것은, 정조가 정당한 권력 창출을 기계적인 인력 조합이나 당장의 실용만을 좇는 임기응변을 통해서가 아니라 의리, 곧 일종의 '정의와 상식' 추구를 통해서만 할 수 있는 것으로 여겼기 때문이며, 갈등과 불화를 폭력적인 방법으로 억제하기보다는 합리적 경쟁과 소통을 원리로 하는 다원의 공존 차원에서 화해시키고자 하는 입장을 가지고 있었기 때문이라고 할 수 있을 것이다.[14]

14 정조 12년에는 시파와 반시파 간 견제와 조정을 통해 탕평정치의 규모가 확대됨에 따라, 노론 벽파의 영수였던 김치인, 소론 준론의 중심인물 이성원, 남인 청론의 영수였던 채제공으로 구성된 소위 삼상(三相)체제가 구축되기도 하였다. 이들은 모두 준론 성향의 인물이었고 반시파적 입장에 서 있었다. 각각 다른 당파의 대표자인 이와 같은 성향의 인물들을 나란히 동시에 재상으로 기용했다는 것이야말로 정조가 추구한 의리의 준론탕평이 갖는 특성을 선명하게 보여준다고 할 것이다. 붕당들을 초월해 준재들을 두루 중용하고 여러 붕당의 의리를 한 차원 높은 층위에서 종합해내는 '원융회통의 공공정치'를 추구한 것이 준론탕평의 특성이었다고 할 수 있다. 안효성·김원명, "화쟁과 탕평은 어떻게 상대주의를 넘어서는가?-일심과 황극을 중심으로,"『철학논총』, 제81집 제3권 (2015), p. 134 참조.

Ⅳ. 대동탕평과 적극적 평화

분쟁을 회피하고 관리하는 것만으로는 소극적 평화에 그치게 되며, 그것은 평화를 위한 필요조건은 될 수 있을지 몰라도 충분조건은 될 수 없다. 직접적인 폭력 관계나 현상이 나타나지 않는다고 해서 어떤 사회 구성원들 사이의 관계를 진정한 평화 상태에 있다고 확정하기는 어렵기 때문이다. 따라서 상호 갈등 관계나 특별한 관계를 가지고 있지 않은 사회 집단 및 제 구성원들 사이의 관계를 더욱 적극적이고 조화로우며 협력적인 관계로 바꾸어 놓는, 평소에 항시 그런 상태에 있게 하는 대통합의 상태가 진정한 평화일 것이며, 현대 평화학에서는 그것을 소위 '적극적 평화'로 일컫는다.[15] 그리고 적극적 평화는 궁극적으로는 대표적인 평화학자인 갈퉁(Johan Galtung, 1930~)이 주장한대로 구조적 폭력이 부재한 상태라고 규정할 수 있을 것이다.[16] 그렇다면 과연 정조의 사상에서 적극적 평화의 개념은 존재하는가?

일단 탕평의 목표가 '대동'임을 주목할 필요가 있다. 탕평정치란 유교정치의 전통적 이상인 왕도정치(王道政治)나 인정(仁政)과 다르지 않으며, 조선 후기에 제기된 탕평정치론은 성리학적 왕도정치관의 새로운 변용이라고 할 수 있다. 정조는 「홍범」의 '탕평' 자구만을 취한 것이 아니고 공정

15 그리스도교 철학연구소 편, 『현대 사회와 평화』(서울: 서광사, 1991), p. 198 참조.

16 Johan Galtung, "Violence, Peace, and Peace Research," *Journal of Peace Research*, Vol. 6, No. 3 (1969), pp. 167~191 참조.

과 통합으로서의 탕평을 언급하는 「홍범」의 정신과 원리를 재해석하여 하나의 정치사상과 준칙으로 삼아 조선 사회의 현실에 제도상으로 구현코자 하였다. 「홍범」에도 '대동'이란 표현이 등장하지만,[17] 정조가 탕평을 통해 도달하고자 한 궁극의 이상사회인 '대동'은 『예기(禮記)』 「예운(禮運)」에 등장하는 '대동'에 해당한다. 이때의 대동은 '천하위공(天下爲公)'의 사회를 가리킨다. 천하위공의 사회는 정전제에 입각한 토지 공유 등 생산수단에 대한 사적 소유가 약한 경제이며, 권력을 사유화하지 않는 정치가 이루어진다. 또한 재능에 따른 자연적 분업과 사회 구성원 사이에 있어 원칙적인 평등이 보장되며 능력 있는 자에게 관직을 수여하지 계급에 의한 관직 독점이 이루어지지 않는다. 따라서 정치 경제적으로 세습과 착취가 존재하지 않는다. 그리고 노동하기를 싫어하지 않으나 이기적인 노동은 없으며, 남의 어버이나 자식도 자기 어버이나 자식처럼 여기므로 상호간에 신의와 화목이 가득하고 남을 해치는 음모와 도적질, 분란이 존재하질 않는다.[18]

원래 위와 같은 대동의 내용은 요순(堯舜) 시절의 이상으로 그려지고, 우(禹) 임금 이후의 삼대에는 천하에 사적 소유의 원리가 도입되어 그 안

17 『서경』의 「홍범」에 나타나는 홍범구주 중 7주인 '계의(稽疑)'에 따르면 국가적 중요 정책을 결정할 때 임금과 경사(卿士), 서인(庶人), 거북점[卜], 시초점[筮]의 다섯 주체가 의견을 하나로 하는 것을 따르라고 권고하는데, 이 때 다섯 주체의 의견이 만장일치가 되는 상태를 '대동'이라 하였다. 즉 이때의 대동은 국론이 분열되지 않은 '대화동(大和同)'의 경지를 의미한다. 『尙書』, 「周書」, '洪範', "女則從, 龜從, 筮從, 卿士從, 庶民從, 是之謂大同, 而身其康彊, 而子孫其逢吉."

18 『禮記』, 「禮運」, "大道之行也, 天下爲公. 選賢與能, 講信脩睦, 故人不獨親其親, 不獨子其子, 使老有所終, 壯有所用, 幼有所長, 矜寡孤獨廢疾者, 皆有所養. 男有分, 女有歸. 貨惡其棄於地也, 不必藏於己; 力惡其不出於身也, 不必爲己. 是故謀閉而不興, 盜竊亂賊而不作, 故外戶而不閉, 是謂大同."

에서 '예(禮)'로써 정의와 평화를 추구하는 소강(小康)사회가 전개된다는 것이 「예운」의 논리이다. 그런데 조선 탕평론자들의 경우 대동과 소강을 뚜렷하게 구분하지 않는 경향이 있었고, 「예운」의 논리대로라면 소강사회에 해당하는 주(周)나라의 정치사회를 재현하는 것을 목표로 삼아 그것을 '대동'의 이상과 동일시하고는 했다. 즉 대동과 소강의 관계가 하나의 지평 위에서 궁극적 목표와 실천적 목표라는 차이로만 구분된 것이라고 할 수 있는데, 정조의 생각도 그와 다르지 않았으며, 생산수단에 대한 사적 소유를 폐지하는 완전한 정전제의 도입 같은 것을 실현하기 어려운 현실 여건을 고려하여 실천 가능한 제도 개혁 범위 안에서 실리적인 천하위공의 사회를 건설하려 하였다.

정조가 생각한 대동탕평의 체제는 신해통공(辛亥通共) 등의 조처를 통해 알 수 있는 것처럼 농공상(農工商) 삼업병중(三業竝重)의 경제 개혁을 바탕으로 정치와 문화에서는 군사(君師)로서의 군주가 정국과 세도를 주관하고 신하들은 사익을 추구하는 파당을 이루지 않는 가운데 백성과 군주가 대승적 공공성의 지붕 아래 민오동포(民吾同胞)로 통합되는 대일통의 사회였는데, 이것은 적극적 평화사상으로 이해할 수 있다. 정조의 준론탕평이 원칙적으로 일종의 의견과 이치의 탕평으로서 입장의 다양성을 살리고 소통을 극대화하는 방법으로 소극적 평화에 기여하는 관용과 통합의 평화관리 기술이자 사상이라고 할 수 있다면, 그것은 인사탕평, 계층탕평, 지역탕평으로 확대되면서 차별과 분쟁, 갈등과 소요, 폭력이 없는 사회적 조건을 수립하는 방식으로 확대되어 '대동탕평'의 적극적 평화를 지향하게 된다.

정조는 인사에 있어 기계적 중립을 관철하는 당파별 관직 안배는 지양하면서도 능력과 도리에 있어서의 우열을 기준으로 삼아 우수한 인재들을 당파 별로 골고루 선발해 요직에 앉힘으로써 인사탕평을 실현해 나갔다. 또한 국왕의 자문기관 역할을 한 규장각(奎章閣)과 갓 과거에 합격한 젊고 우수한 문신들에 대한 재교육 제도로서 초계문신제(抄啓文臣制)를 운영한 것도 당색과 출신 성분, 계층을 가리지 않고 인재를 두루 중용하여 국가의 역량을 높은 효율로 쓰는 탕평의 이념에 충실했던 사례이다. 물론 규장각 출범 원년에 남인인 채제공이 제학(提學)직에 임명된 일을 제외하면 규장각 각신(閣臣)의 경우 노론과 소론계 경화사족(京華士族) 출신이면서 주로 시파적 성향을 가진 자들에게 기회가 독점된 것은 사실이다.[19] 하지만 그것은 규장각을 정조의 사사로운 친위기관으로 의심한 노·소론계 보수 세력을 안심시키면서 비교적 정조에게 우호적인 주류 정치세력을 포섭하려 한 정조의 정치적 안배로 볼 수도 있을 것이다.

초계문신의 경우에는 남인과 북인도 상당수 진출했고, 그 중에는 정약용(丁若鏞, 1762~1836), 서유구(徐有榘, 1764~1845)와 같은 훗날 실학자 군으로 분류되는 인물들도 포함되었으니, 탕평인사가 여전히 유의미하게 적용되었다고 보는 것이 더 적절할 것이다. 게다가 규장각 6명의 각신[제학 2, 직제학(直提學) 2, 직각(直閣) 1, 대교(待敎) 1] 아래에 놓인 지위이기는 했으나 가장 실질적인 주요 업무를 담당하는 직책이었던 4명의 검서관(檢書官) 자리에는 기존이라면 관직에 나갈 수 없었던 서얼(庶孽)도 과감히 기용하여 중책을 맡겼으니, 그 의미가 실로 크지 않을 수 없다.

한편 정조는 대동탕평의 또 다른 일환으로 지역 사이의 소통과 계층

19 김성윤, 『조선후기 탕평정치 연구』(서울: 지식산업사, 1997), p. 196 참조.

사이의 소통을 활성화하기 위해 다양한 정책을 실시했다. 먼저 정조는 지방의 인재가 국정 참여에서 소외된 현실을 개선하여 그들이 조정에 출사할 수 있는 길을 개방함으로써 그들이 사는 지역과 출신 성분을 따지지 않고 고르게 사람을 채용하고자 했다[立賢無方]. 18세기의 조선은 정치권력과 부가 과중하게 한양으로 집중되어 있었다. 그에 따라 수도와 지방 사이에는 정치, 경제, 문화적 격차가 심화되고 있었고, 지방 인재들의 기회 획득도 매우 여의치 않은 실정이었다. 평안도, 함경도, 황해도는 물론이고 영호남 출신들의 관직 진출이 심한 제한을 받고 있었다. 문제가 심각하다고 느낀 정조는 지방의 유생들을 대상으로 하는 과거시험인 빈흥과(賓興科)를 널리 실시하였고, 몸소 지방 유생들과의 접촉을 넓히면서 그들을 통해 현지 정세와 여론을 파악하기도 하는 방식으로 대동탕평의 기반을 다져나갔다.[20]

또한 정조는 왕의 행차 공간을 백성들과의 적극적 소통 장소로 만드는 방식으로 백성들이 자유로이 건의하고 하소연할 수 있는 기회를 제공하기도 하였다. 정조는 자신의 재위 기간 중 무려 66회에 달하는 능행(陵行)을 다니는 등—왕릉을 참배하러 가는 행차였던 능행 이외의 다른 행차를 포함한 정조의 통치 기간 도성 밖 행차는 그 총 회수가 100회를 넘어선다—임금의 거둥을 활용해 백성들을 자주 불러 모으고 격쟁(擊錚)과 상언(上言)의 기회를 제공했을 뿐 아니라, 상언과 격쟁의 대상이나 내용에 있어서도 특별한 제한을 두지 않았다.[21] 재위 3년째에는 상언과 격쟁을 실행하는

20 김문식, 『정조의 제왕학』(서울: 태학사, 2007), pp. 263~269 참조.

21 한상권, "정조의 군주론과 왕정," 김인걸 외, 『정조와 정조시대』(서울: 서울대학교

데 딸려 있던 일체의 신분적 차별의 단서들을 철폐함으로써 어떤 백성이라도 대상과 내용을 가리지 않고 억울함을 임금에게 직접 호소할 수 있게 하였다. 실록과 『일성록(日省錄)』에 기재되어 있는 상언·격쟁의 수만 5,000건을 넘게 헤아릴 수 있을 정도인 것도 정조의 그와 같은 의지와 배려의 결과라고 해도 무리는 아닐 것이다. 게다가 재위 13년(1789)에 이르러 아버지 장헌세자의 능을 수원으로 옮기면서 정조의 능행 범위는 한강 남쪽으로까지 더욱 확대되었다.

지면 관계상 자세히 논하기는 어렵지만 노비제도를 없애고자 했던 정조의 노력도 그가 가진 정치적 평화사상의 발로라고 간주할 수 있을 것이다. 정조는 내수사에 보관되는 노비대장에 대해 직접 보고를 받는 등 실태를 파악하여 함부로 노비를 만들어내는 폐단을 없애고자 하였고, 1778년 노비추쇄도감을 폐지하여 노비추쇄라는 악랄한 폭력을 법적으로 근절하였다. 정조는 노비 문제에 있어 일정 기한을 채우면 양인으로 만들자거나 과거시험의 기회를 주어 세상에 유용하게 쓰자는 등의 발상을 그저 미봉책에 지나지 않는다고 간주했으며, 갑작스런 죽음으로 인해 비록 생전에 실현하지는 못했으나, 관노비의 경우 그 자식에게 노비 신분 상속을 못하게 하는 방식으로 노비를 해방시키고자 한 바 있다.

출판문화원, 2011), pp. 152~156 참조.

V. 활법공부와 내면적 평화

정조의 마음의 평화사상은 인간의 명덕 본심(本心)에 대한 수양공부론을 통해 추론하여 살펴볼 수 있다. 그것은 보통 정심성의(正心誠意)의 미발(未發) 경(敬) 공부와 본심 활법의 명덕 공부로 구체화된다.

> 대체로 임금이 되어 가지고 명덕의 공부를 빠뜨린 사람들은 문왕과 무왕 이후 모든 임금들이 여기에 해당된다. 격물·치지 앞에 경 공부가 있고 치국·평천하 앞에 격물·치지·성의·정심·수신·제가 등의 조목이 있는데, 비록 흰 머리가 무성하도록 늙어서도 오히려 몇 등급 진보할 줄을 모르니, 이 '혈구' 두 글자를 천하 사람들이 영원히 장차 빈말에 그치게 하고 말 것인가? 아마 머리와 발을 나란히 맞대고 함께 닦아 성취시키는 것이 바로 성공(聖功)의 긴요한 일일 것이다.[22]

정조는 성왕의 정치 공업을 이루는 원리인 혈구지도를 잘 실현하기 위해서는 명덕 공부가 긴요하고 절실하다고 보았다. 그는 고대 성왕 시대 이후의 군왕들이 명덕 공부를 간과한 것이야말로 후세가 삼대의 치세를 회복하지 못하고 정치적 쇠락에 빠져들게 된 결정적 원인이었다고 간주했다.

---

22 『弘齋全書』 卷107, 『經史講義』 44, 「總經」 2, '大學', "夫爲人君而闕明德之功者, 文武以下皆是也. 而格致之前, 有敬字工夫, 治平之前, 有格致誠正修齊等條目, 雖使白首紛如, 尙未知進步幾級, 則此絜矩二字, 天下萬世, 其將寓諸空言而止耶? 抑齊頭竝脚, 交修兼致, 卽聖功之要務."

또한 명덕을 밝히는 공부의 중요성은 군왕들에게 더 클 수밖에 없지만, 명덕 본심이 모든 인간에게 동등하게 주어져 있다고 간주되기에 명덕에 대한 공부를 통해 혈구로 나아가는 것은 귀천을 가리지 않고 모두에게 해당하는 것이 된다. 게다가 정조는 본심의 소유가 보편적인 사실이라 하더라도 실제 주어지는 본심 상태의 질적인 위상은 미발의 상태에서조차 사람에 따라 차이가 난다고 보는 입장이었기 때문에, 특히 대부분의 사람은 타고난 성인(聖人)이 아니기에, 오히려 보통의 사람들이라면 명덕 공부가 더욱 절실한 것이라고 주장하였다.

> 게다가 평범한 사람들의 마음은 바야흐로 멍하니 지각이 없을 때에 혹 혼매하고 잡박한 병통을 면치 못하니, 비록 의식이 순수하게 고른 상태로 저절로 있게 되는 '중(中)'이라고 말할 수는 없더라도, 갑자기 이것을 이발이라고 한다면 안 될 것이다. 만일 이러한 때에 마음을 절제해 지경(持敬)하지 못하고서 반드시 이발을 기다린 후에야 비로소 정일(精一)의 공부를 하려 한다면, 이것은 장차 이발 이전을 한 결 같이 그 혼매하고 잡박한 상태로 방치하여, 담담하게 텅 비고 맑은 심체가 끝내 스스로 드러날 수가 없게 하는 것이니, 그것은 주자가 '모습은 비실거린다 하고 말하는 것은 벙어리라 하고 보는 것은 장님이라 하고 듣는 것은 귀머거리라 하고 생각은 막힌 사람이라 한다.'고 말한 것과 차이가 얼마나 되겠는가?[23]

23 『弘齋全書』 卷82, 『經史講義』 19, 「中庸」 3, '序', "且夫常人之心, 方其泯然無覺之際, 或未免昏昧駁雜之病, 則雖未可謂渾然自在之中, 而遽以是謂之已發則

중절(中節)의 화(和)는 경문(經文)에 있는 개중절(皆中節)의 개(皆) 자에 비추어 보면, 반드시 희로애락의 발동이 절도에 맞지 않음이 없는 이후에야 비로소 화(和)가 될 수 있는 것이다. 비유컨대, 네 계절 가운데에 세 계절은 절도에 맞는데 한 계절이 절도에 맞지 아니하면 화라고 할 수가 없는 것과 같다. 그러나 보통사람의 이발은 절도에 맞는 경우는 항상 적고 절도에 맞지 않는 경우가 항상 많으니, 이는 화라는 한 글자가 단지 성인에게만 적용할 수 있는 것이고 보통사람에게까지 함께 적용시킬 수 있는 것이 아니어서, 아마도 자사(子思)가 성(性)의 본래의 윤곽을 통틀어 말한 뜻이 아닐 듯하다.[24]

위에서 볼 수 있듯이 정조는 미발 시에 동요 없이 본심의 고요한 상태를 유지하는 것은 오직 성인에 한정된다고 판단했다. 그 때문에 정조는 성인과 같이 절대적인 중(中)의 마음 상태를 갖고 태어나지 못하는 일반인들의 경우 미발시의 공부에 전력을 다해야 할 것을 주문했다. 즉 작위적 공부가 따로 필요 없는 성인과는 달리 일반인들은 미발시의 의지적 공부가

未也. 苟無以提撕持敬於是時, 而必待已發然後始用精一之工, 則是將已發以前, 一任其昏昧駁雜, 而湛然虛明之體, 終無以自見, 其有辨於朱子所謂'貌曰僵, 言曰啞, 視曰盲, 聽曰聾, 思曰塞'者, 幾何哉?"

24 『弘齋全書』 卷82, 『經史講義』 19, 「中庸」 3, '1章', "中節之和, 觀於經文'皆中節'之皆字, 則必須四情之發, 莫不中節, 然後始可爲和. 譬如四時之中, 三時得宜, 一時不得宜, 則便不得謂之和. 然衆人之已發, 中節者恒少, 不中節者恒多, 則是將和之一字, 但可施於聖人, 而非衆人之所可與議, 恐非子思統言本來體段之意."

있어야만 미발 심체[本心]의 순선함을 깨워 발휘할 수 있다고 본 것이다. 이렇게 정조의 명덕 공부론은 『중용(中庸)』의 미발 경 공부와 회통적으로 이어지게 되면서, 인간의 심성적 내면과 천리의 도덕 법칙을 하나로 관통하는 유교 수양론의 기본 법식을 따르게 된다.

> 미발의 중(中)은 자사(子思)가 바로 천명(天命) 본연(本然)의 이(理)에 나아가 그 기질에 섞이지 아니한 것을 가리켜 말한 것이기 때문에 미발에서는 곧바로 중이라고 하고 이발에서는 반드시 중절(中節)이란 두 글자를 덧붙인 뒤에서야 비로소 화(和)라고 하였으니, 그 뜻이 어찌 선과 악의 나뉨은 반드시 기미[幾]가 움직인 뒤에 있는 것이고 미발의 중은 성인이나 보통사람이나 다름이 없다는 것이 아니겠는가? 비록 그러하나 이 기(氣)가 아니면 이(理)가 걸려 있을 곳이 없기 때문에 본연의 이는 애당초 기질에서 따로 떨어져 있는 것이 아니다. 이것이 후대의 유자들이 공감지수(空鑑止水)로 성인의 미발을 비유하고 흑암완석(黑暗頑石)으로 보통사람들의 미발을 비유한 까닭이다. 이 학설이 과연 이 장(『중용』 1장)의 취지에 어긋나지 않으며 또한 상호 간에 서로 밝혀줄 수 있는 것인가? 대개 보통사람들의 마음은 외물에 유혹되어 마음을 빼앗긴 지가 이미 오래고 거기에 깊이 빠져서 이미 고질이 되었기 때문에, 비록 생각이 어지러이 뒤엉킨 나머지 혹시라도 잠시 지각이 없는 순간이 있다고 할지라도, 비유하자면 바람과 물결이 겨우 잠잠해졌지만 숨은 파도는 여전히 들끓고 화염이 이미 꺼졌지만 남은 열기는 아직도 뜨거운 것과 같아서, 의식이 맑게 깨어 안정된 기상은 없고 의식이 혼미하고 지저분한 병통만 있는 것이니, 정의(情意)의 미발을 가지고 갑자

기 그것을 의식이 순수하게 고른 '중'의 상태라고 할 수 없음은 분명하다.[25]

위의 논설에서 정조는 기질에 섞이지 않은 이(理)의 차원에서야 성범(聖凡) 간 미발지중의 차이가 없는 것이지만, 기질과 이가 뒤섞인 현실에서의 미발의 심은 성인과 범인의 차이가 현격함이 분명하다고 주장하고 있다. 정조는 보통사람은 평소 외물에 유혹되는 마음을 갖기 쉽기 때문에 어쩌다가 감정과 정서상 충동이 없는 미발의 상태를 잠시 경험하는 순간이 생긴다 하더라도 그것은 성인이 체험하는 순수하게 선한 미발의 의식 상태와 같은 경지가 될 수 없다고 단언한다. 때문에 그는 후대의 유자들이 '공감지수'로 성인의 미발을 비유하고 '흑암완석'으로 보통사람들의 미발을 비유한 것에 동의를 표하기도 한 것이다.

정조가 미발의 공부를 바라보는 해석 관점에서 바로 그의 마음의 평화 상태에 대한 인식을 엿볼 수 있다. 정조는 미발의 때가 의식이 멈추는 정지 상태가 아니라고 판단했다.[26] 정조는 원래는 미발시의 계구(戒懼), 지경

25 『弘齋全書』 卷82, 『經史講義』 19, 「中庸」 3, '1章', "未發之中, 子思所以直就天命本然之理, 指出其不雜乎氣質者而言者, 故未發則直謂之中, 已發則必加中節二字然後, 始謂之和, 其意豈不曰善惡之分, 必在幾動之後, 而未發之中, 聖凡無異也乎? 雖然非是氣則理無掛搭, 故本然之理, 初不離乎氣質之中. 此後儒所以以空鑑止水, 喩聖人之未發, 黑暗頑石, 喩衆人之未發者也. 是其說果不悖於此章之旨, 而亦可互相發明也歟? 大抵衆人之心, 誘奪旣久, 沉溺已痼, 雖於紛綸纏繞之餘, 或有介然無覺之頃, 而譬如風波纔定而伏浪猶汨, 火焰已熄而餘氣猶薰, 無醒定澄澈之象, 有昏昧雜糅之病, 則其不可以情意之未發, 而遽謂之渾然之中也明矣."

26 『弘齋全書』 卷82, 『經史講義』 19, 「中庸」 3, '1章', "大抵聖人所謂未發者, 特謂

(持敬), 함양(涵養) 등의 경 공부가 만일 아무 의식이 없는 상태에서의 공부를 말하는 것이라면 도무지 말이 되지 않는다고 보았다. 멀쩡히 오감을 가진 살아 있는 인간이 보지 않는 상태에서 계신을 하고 듣지 않는 상태에서 공구를 한다는 것은 정조에게는 현실상 불가능한 것으로 여겨졌고, 현실과 괴리가 큰 형이상학적 공리공담을 극히 꺼렸던 그로서는 마음의 활동을 초월해 있는 본체로서 미발을 설정하는 호상학파(湖湘學派)의 선찰식후함양(先察識後涵養)의 공부론을 따르는 주자의 중화구설(中和舊說)에도 매력을 느끼지 못하였다.

정조는 자연히 미발을 '지각은 어둡지 않으나[知覺不昧] 사려가 아직 싹트지 않은 상태[思慮未萌]', 곧 외부 대상과의 의식적 접촉이 아직 없어 대상 지향적인 지각 활동이 일어나지는 않은 상태로 이해한 주자의 중화신설(中和新說)의 현실성 있는 실천적 공부론의 관점에 더 친화성을 느꼈다. 정조는 미발의 때를 대상과 관련한 희로애락의 감정이 아직 특별히 형성되지 않고 생각과 언행[思慮云爲]이 어지럽지 않은 자연스런 평온 상태로 결론 내렸다. 정조는 그러한 미발 상태에서의 경 공부에 대한 필요를 강하게 인정하였고, 비록 성인과 같이 절대적 중(中)의 마음 상태를 갖고 태어나지 않는 일반인들이라 할지라도 미발의 마음 상태들이 살아가는 동안 때때로 주어지는 이상 그 미발시의 공부에 전력을 다해야 할 것을 주

喜怒哀樂之未形, 思慮云爲之不擾耳. 至若視聽運動之各循故常, 無待思勉者, 則雖一日萬變, 而初不干於心體之發未發. 故『大學』之'顧諟明命', 『論語』之'參前倚衡', 皆兼靜存動察之工, 而朱子亦曰'但有視聽, 何妨爲靜?', 又曰'未發之前, 耳目自有視聽.' 然則子思所謂不睹不聞者, 未必謂目無所睹耳無所聞, 如今說者之言."

문하였다. 즉 작위적 공부가 따로 필요 없는 성인과는 달리 일반인들은 미발시의 의지적 공부가 있어야만 미발 심체의 순선함을 얻어 발휘할 수 있다고 본 것이다.

다만 그 공부란 지나치게 고원하거나 어려운 것이 되어선 안 된다는 것이 정조의 생각이었고, 그 점이 정조를 간명한 주체적 실천 공부인 '본심의 활법(活法)'으로 나아가게 하는 계기가 된 것이라고 할 수 있다. 정조가 생각한 미발의 경 공부이자 본심의 활법은, 평소 미발시에 용모를 공손히 하고 말을 순조롭게 하고 보는 것을 밝게 하고 듣는 것을 잘 듣고 생각을 슬기롭게 하여,[27] 사려운위를 어지럽히지 않는 것[思慮云爲之不擾]이었으며, 어떤 한 가지 방법에 구속되거나 집착하지 않는 자유롭고 자율적이며 독창적인, 그리고 융통성 있는 공부에 다름 아니었다.

> 학문이란 모두 일상생활 속에 있는 것이다. 이 밖에 어찌 따로 학문을 논의할 곳이 있겠는가?[28]

> 주자가 말하기를 '마땅히 학자로 하여금 평이하고 명백한 곳에 힘을 쓰게 해야 한다'고 하였다. 이른바 평이하고 명백한 곳이란 어버이를 섬기고 형을 공경하는 등 일상적으로 늘 행하는 일이니, 요순(堯舜)의 도리도 바로 이와 같은 것에 불과하다. 후세 사람들이 '학(學)'이라는 한 글

---

27 『尙書』, 「周書」, '洪範', "二五事, 一曰貌, 二曰言, 三曰視, 四曰聽, 五曰思. 貌曰恭, 言曰從, 視曰明, 聽曰聰, 思曰睿. 恭作肅, 從作乂, 明作哲, 聰作謀, 睿作聖."

28 『弘齋全書』 卷162, 『日得錄』 2, 「文學」 2, "大凡學問, 都在日用事爲間. 外此而焉有別般討學問處?"

자를 끄집어내어 별건의 하기 어려운 일로 만들어 버리는 바람에 사람과 배움이 따로따로 나뉘어져 두 가지 길처럼 되기에 이르렀으니, 이 때문에 정학(正學)이 날로 쇠미해지고 세교(世敎)가 날로 낮아지는 것이다.[29]

『대학』의 요점을 '명덕' 한 가지로 함축하면서, 그것을 『중용』에서 말하는 미발 경 공부와 연결시켜 일상성의 공부와 주체체험적인 공부를 강조하는 정조는 특별히 손쉬운 생동적 공부 방법인 '활법'을 함께 주창했던 것인데, 이는 지나치게 이론적이거나 신비주의적인 태도를 배척했던 그의 개성이 반영된 것이다. 따라서 아마도 내면의 활기 있는 평안이 정조가 생각한 마음의 평화라고 해석할 수 있을 것이다.

학문은 그 중점이 활법에 있어야 귀한데, 근래 학자들은 많이들 이 공부가 부족하다.[30]

학문에는 본래 단계에 맞는 공부가 있으므로 이것을 뛰어넘어서는 안 된다. 그러나 또한 일단(一段)의 활법이 있으니, 일정한 구속을 떨쳐버

29 『弘齋全書』 卷162, 『日得錄』 2, 「文學」 2, "朱子曰: '當令學者於平易明白處用功.' 夫所謂平易明白, 卽事親敬兄日用常行之事, 堯舜之道, 直不過如是而已. 後之人, 拈出學之一字, 看作別件難做底物事, 以至人自人學自學, 判若兩般條路, 此所以正學日微.世敎日下也."

30 『弘齋全書』 卷163, 『日得錄』 3, 「文學」 3, "學問貴在活法, 而近來學者, 多欠此箇工夫."

> 려야 할 곳에서는 결코 한 가지 의미에 머물러 있어서는 안 된다.[31]

> 비록 천(天)·인(人)·성(性)·명(命)의 이치를 조리 있게 엮어 말하는 자라 하더라도 단지 의탁하려는 생각만을 가졌다가는 곧 책을 베껴 쓰는 것과 마찬가지가 된다. 비록 자잘하고 하찮은 기예라 할지라도 여러모로 곰곰이 따져 생각하고 독창적인 지혜가 있어야만 이것이 활법이 되는 것이다.[32]

독서가 순정하고 무르익게 되면 또 반드시 활법을 써서 마음을 생기 있고 힘차게 흐르는 경지에 두어 평정 상태에 이르게 하고 흔들림이 없도록 하라. 그리고 비로소 이미 알고 있는 것에 따라 더욱 깊이 탐구하면, 오늘 한 가지가 확 트이고 내일 한 가지가 녹아내려 저절로 어두운 네거리에 태양이 비치는 때가 있게 될 것이다.[33]

> 경전을 해석하는데 있어서는 활법이 가장 귀중하니, 하나로 말한 곳도 있고 아울러 말한 곳도 있으며, 혹은 굵은 벼리를 들어서 가는 벼리를 제시하기도 하고 혹은 반쪽을 늘어놓아 전체를 포괄하기도 하여, 마치

31 『弘齋全書』 卷162, 『日得錄』 2, 「文學」 2, "學問自有次第工夫, 雖不可躐等做去. 然亦有一段活法, 擺却套圈處, 決不宜一味泥滯."

32 『弘齋全書』 卷164, 『日得錄』 4, 「文學」 4, "雖天·人·性·命之理, 橫竪說去, 只有依樣意思, 便如謄搨書本. 雖曲藝小技, 運意刱智, 斯爲活法."

33 『弘齋全書』 卷129, 『故寔』 1, 「大學」, "旣純熟, 又必用活法, 置吾心於活潑潑地, 四平放下, 無些惉懘. 始乃因其已知益窮之, 今日有一件豁然, 明日有一段融然, 自當有昏衢太陽之時節."

병가(兵家)의 구궁진(九宮陣)이 팔진(八陣)이 되고 팔진이 육화진(六花陣)이 되는 것과도 같으니, 어찌 일찍이 정해진 형상이 있겠는가.[34]

위의 내용들로 말미암아 볼 때, 정리컨대 정조의 활법 공부론의 주된 특색은 다음과 같다. 우선 공부란 일상을 벗어난 지나치게 고원하거나 어려운 것이 되어선 안 된다는 것이 정조의 생각이었다. 그리고 그는 공부에 있어 단계를 뛰어 넘는 생략과 비약을 경계하며, 편견과 고정관념을 버리고 깊이 침잠하는 숙고와 독창성, 그리고 주체성을 강조한다. 또한 활법은 생기 있는 마음의 평정과 텍스트에 대한 변화무궁한 다양한 해석, 활연관통하는 광대한 깨우침을 표방한다. 정조가 생각한 마음의 평화는 바로 그러한 과정에서 경험되는 미발의 중(中)에서 구현된다. 마음 상의, 곧 내면적 평화를 추구하는 활법의 평화론은 특별히 '수양적 평화론'으로도 분류할 수 있을 것이고, 바로 이 점이야말로 현대에서 논의되고 있는 정치적 평화론의 한계를 넘어설 수 있는 요소에 해당한다고 볼 수 있을 것이다.

34 『弘齋全書』 卷129, 『故寔』 1, 「大學」, "且解經, 最貴活法, 有單言處, 有兼言處, 或擧其綱而提其維, 或列其半而包其全. 如兵家之九宮爲八陣, 八陣爲六花, 何嘗有常形乎?"

VI. 결론: 요약과 교훈

칸트의 말처럼 평화는 자연의 상태로 있는 것은 아닐 것이다. 그것은 모든 인간이나 국가가 적대 관계에 있지 않고 화해의 동료 관계에 있는 이상적인 상태를 일컫는 일종의 이념일 수 있다. 그렇다면 평화는 조건과 원칙이 있는 제도의 마련을 통해 실현될 수 있는 것이라고 해야 할 것이다. 과연 평화를 실현하기 위한 가능성과 조건은 무엇인가? 전쟁과 분쟁, 폭력이 없는 상태는 어떻게 마련될 수 있는가? 일차적으로는 갈등과 분쟁을 완화하고 순화시키는 조정과 관리의 기술이 필요할 것이다. 그리고 더 나아가서는 결국 갈등과 분쟁, 폭력이 없는 사회적 구조를 건립하는 것이 확실한 해결책이 될 것이다. 즉 당장의 우리에게는 소극적 평화책도 절실하지만 적극적 평화의 조건을 완비하는 것이 최종적 목표가 되어야 할 것이다.

분쟁과 전쟁, 갈등과 폭력이 없는, 그런 일체의 것이 발생 불가능하게 되는 사회 구조나 체제를 만들겠다는 것은 어쩌면 환상에 가까운 것일 지도 모른다. 그러나 인간은 이성적 규범과 도덕적 원리를 갖고 살아가는 존재이므로 그와 같은 목표를 갖는 것은 부적절해 보이지 않는다. 인간은 현실에 존재하는 부조리와 부정의를 극복하는 추진력을 가진 존재로 진화해 왔다. 따라서 우리는 비평화 상태를 넘어 평화를 실현하기 위한 상상과 실험을 멈출 수 없고, 철학자의 입장에서 여러 철학자와 사상가의 평화사상과 그 흔적을 발굴하는 것은 의미가 있는 것이다. 정조에게서 평화사상의 여지를 찾는 것도 그런 문제의식에서 작지 않는 의미를 길어올릴 수 있을 것이다.

현대 평화학의 관점에서는 무리한 해석일지도 모르겠지만 정조의 평화사상은 관용과 통합의 사상으로서의 탕평과, 내면의 활기 있는 평안을 추구하는 활법에서 찾아볼 수 있다. 의견의 다양성을 존중하고 토론과 소통에 활력을 불어넣어 서로를 이해하게 하며 상호 간의 폭력 없는 공존과 갈등의 완화를 추구하는 준론탕평은 소극적 평화의 차원에서, 구조적 폭력이 제거된 화합과 대통합의 정치사회체제를 추구함으로써 관용 없는 분쟁과 폭력의 여지를 없애는 대동탕평은 적극적 평화의 차원에서 참고할 수 있을 것이며, 성리학의 마음공부의 선상에 있으면서도 자신만의 독특한 활달한 마음의 평온과 (그 평안한 마음의 쉽고 간단한 실천이라는) 활용의 논리를 첨가한 정조의 활법 공부론은 내적인 평화, 인간 마음의 평화라는 차원에서 참고할 수 있다고 감히 생각한다. 다만, 그 중에서 구조적 폭력의 부재를 지향하는 적극적 평화의 개념이 과연 정조의 사상에서 뚜렷이 존재하는가에 대해서는 좀 부정적일 수밖에 없고, 정조의 실제 정치에서도 그에 대해 확연한 성과가 있었다고 말하기 힘든 사실은 인정해야 할 것이다.

6장

정약용의 평화사상

Ⅰ. 머리말

이 글은 평화(Peace)라는 단일 주제를 가지고 정약용의 사상을 재구성하고 있다. 정약용은 평화를 단일한 주제로 한 기획을 한 바 없기 때문에,

서구에서 근대 이후 형성된 평화학(Peace Studies)이라는 구체적인 방법론과 목적을 지닌 하나의 학적 체계로 그의 사상을 구성할 수는 없다. 다만, 평화라는 개념은 사용하는 사람에 따라 그 언어와 표현은 각각 다를 수 있지만, 그 목적과 취지에 있어서는 상통하는 점이 분명 있을 것이라는 전제 하에 정약용의 평화론을 구성해 보고자 한다.

평화라는 언어와 표현은 설사 동일하다 하더라도 평화를 이루기 위한 방법과 그 추구하는 목적은 각각 다르다. 누구는 도덕적 의미에서 또 누군가는 공리적 의미에서 평화를 논하고, 다른 한편으로 누구는 개인의 평화 또는 개인 간의 평화를 주장하고, 또 누군가는 국가 간의 평화, 또는 세계의 평화를 주장할 것이다.

정약용의 언설 속에서 평화의 개념을 규정한다는 것은 애초 어려운 일이며, 본 글의 목적도 아니다. 정약용이 살았던 18세기 후반과 19세기 초반의 조선사회는 평화학이 출발하여 정립되기 시작한 근대 서구의 다양한 국가들이 각축을 벌이던 사회와는 근본적으로 달랐다. 당시 조선에 국한한 관점에서 정약용만큼 사상적으로 서구의 영향을 받은 사람이 드물고, 종교적으로나 철학적으로 동서사상의 융합을 지향한 철학자는 없다고 할 수 있지만, 그래서 조선에서는 대단히 선진적인 사람이었지만, 국가들 사이의 평화를 논할 정도로 조선이라는 국가의 주변 상황이 그렇게 복잡한 것은 아니었다. 정약용이 중국적 천하관에 얽매이지 않고 조선천하를 주장하였지만 이것은 조선을 중심에 둔 지구적 천하관이었을 뿐 지구 내의 국가들 간의 상호 평화를 전제로 하는 세계는 아니었다.

정약용이 조선이라는 국가를 재조(再造)하고 수호하기 위해 행했던 개혁 주장과 조치들은 기본적으로는 사대교린의 구도 아래 대국과 소국의 틈바구니에서, 조선을 안전하게 지키려는 방책이었다. 따라서 조선사회에서, 그리고 정약용에 있어서 평화학 내지는 평화사상을 논하고자 한다면 서구 또는 한국의 현재 프레임으로는 해소되지 않는 점이 분명 존재할 것이다. 다만 그 평화가 개인의 명상적 평화이든 개인 간의 무폭력적 평화이든 또는 국가 간의 전쟁 없는 평화이든 그 평화가 가져다주는 경계(상태)는 동일할 것이다.

II. 다산 정약용이라는 인물

1. 인물

다산(茶山) 정약용(丁若鏞)은 1762년(영조 38) 대한민국 남양주시(현재)에서 태어났으며, 1836년(헌종 2) 그곳에서 서거하였다. 어릴 때의 이름은 귀농(歸農)이며, 15세에 관례를 치르고 받은 이름이 약용(若鏞)이다. 호(號)로는 다산(茶山), 사암(俟菴), 여유당(與猶堂) 등이 있다.

정약용의 75년간의 생애는 크게 네 시기로 구분할 수 있다. 1789년 그의 나이 28세에 첫 벼슬을 하기 이전까지의 수학 시기와 1800년 39세까지의 관직 생활 시기, 1818년 57세까지 18년간의 유배 생활 시기, 그리고 1836년 서거하기까지의 고향 체류 시기로 구분하는데, 이것은 사상적 변화의 구분이기도 하며 그의 인생 자체의 부침의 구분이기도 하다.

수학 시절의 정약용은 남인(南人) 가문의 영향과 천주학에 깊게 연루되어 있는 인척들의 영향을 동시에 받았다. 성호(星湖) 이익(李瀷, 1681~1763)의 실학을 접하고 그것을 사상의 지표로 삼아 공부하였으며, 이승훈(李承薰, 1756~1801)과 이벽(李蘗, 1754~1786)을 통해 서양의 과학 서적과 천주학 교리서 등을 얻어 보고 서학을 깊이 있게 학습하였다.

28세에 관료생활을 시작한 정약용은 여러 관직을 역임하였는데, 이 시기에 정조(正祖, 재위 1776~1800))의 명을 받아 한강의 배다리 설계를 하였으며, 수원 화성의 설계를 맡으면서 거중기, 활차(滑車) 등의 기계를 제작하여 직접 건설에 이용하였다. 탁월한 재주로 정조의 총애를 받고 측근에서 보좌하였으나, 1795년 청나라 선교사인 주문모(周文謨) 밀입국 사건에 연루되어 잠시 지방관으로 좌천되기도 했다. 1800년 정조가 승하하기 직전까지 정조를 도와 정부요직에서 근무하였다. 이 시기에 그는 이상주의적이고 급진적이었으며 주자학에 대한 깊은 회의와 서학에 대한 커다란 관심을 가지고 있었다.

1801년부터 1818년까지 18년간의 유배 시기는 저작 활동의 절정기였다. 이때에 사서(四書)와 육경(六經)에 대한 주석서를 비롯한 저작들을 만들어 내는데, 주로 주희의 성리학(性理學)적 세계관을 극복하고 새로운 세계관을 도출시킨 시기였다. 이 시기는 개혁의 주체와 방법 및 그 철학적 원리까지도 포함한 본격적이고 체계적인 대 저작이 이루어진 사상의 완숙기였다. 오늘날 '다산학(茶山學)'이라고 명명되는 대부분의 저작이 이 시기에 저술되었다. 주희 성리학에서는 우주자연의 원리인 천리(天理)가 인간 본성의 원천이자 근거라는 이른바 '성즉리(性卽理)'를 주장하였다면, 다산학에서는 송대에 형성된 사서(四書)보다 한대의 육경(六經)을 앞세워 본원유학(공자와 맹자의 학문)으로의 회귀를 주장하였고, 인간의 본성은 선천적으로 고

정된 원리가 아니라 선을 즐기고 악을 미워하는 경향성이라고 보았다.

1818년 후반부터 1836년 사망할 때까지 말년의 고향 체류 시기에는 이전 저작에 대한 개정 증보 작업에 치중했으며, 당색을 가리지 않고 당대 거유들과 서신 교환이나 왕래를 통해 학술토론을 자주 하였다. 1836년 결혼 60주년 기념일(음력 2월 22일)에, 본인이 태어난 마을에서 조용히 눈을 감았으며, 그의 유언에 따라 살던 집인 여유당(與猶堂) 뒷동산에 안장되었다.

그 후 1883년에 고종(高宗, 재위 1863~1907)의 명으로 정약용의 저작들을 모아서 『여유당집(與猶堂集)』으로 필사하여 왕실 도서관에 수장하였으며, 1910년 문도공(文度公)이라는 시호가 내려졌다. 그리고 일제 강점기 1930년대에 국민성금으로 위당 정인보 등이 주도하여 『여유당전서』를 간행하였다.

2. 사상

정약용의 학문은 크게 3가지의 지향성을 지니고 있다.

첫째, 성리학적 세계관을 해체하고 동서사상의 융합을 선도하는 것이었다. 정약용의 사상은 당시 조선사회의 주류 학문인 주희(朱熹, 1130~1200)의 신유학과 아주 많은 차이를 보인다. 정약용은 신유학의 핵심 용어인 리(理; 추상적 원리 또는 궁극적 실체)가 스스로는 절대로 존재할 수 없는 것, 즉 반드시 기(氣; 구체적 세계)에 의해서만 현상적으로 드러날 수 있는 속성일 뿐이라고 보았다. 주희가 인간 본성의 내용이라고 보았던 도덕과 인의는 정약용에게 있어서는 선(善)에로의 지향성(嗜好)으로 대체되었다. 정약용에게 인의도덕은 주희의 주장처럼 선험적인 것이 아니라 결과적인 것이다. 정약용은 인간 본성의 내용을 '선을 좋아하고 악을 미워하는(樂善恥惡) 경향성' 다시 말해 선에로의 지향성이라고 보았다. 정약용은 인간의 도덕적 본성을 논하면서 결정된 것, 운명적인 것, 피할 수 없는 것 등의 초월적 관념을 피하고, 자율성에 근거한 경험적 본성을 주장하였다. 대신에 인격적 하느님(上帝)을 존재의 최고 단계에 놓고, 그 하느님으로부터 인간이 영성(靈性)을 본성의 내용으로 받았다고 보았는데, 그 영성이 바로 선에로의 지향성이다. 정약용은 천주교의 하느님을 동양 고전에서 재발견해 냄으로써 서양종교의 신앙이 동양의 고대에도 같은 방식으로 존재했던 것임을 증명하고, 이를 통해 동서 사상의 융합을 시도했다고 규정할 수 있다.

둘째, 유학의 목표인 수기치인의 실현을 위한 경전 탐구(窮經)를 강조하는 것이었다. 정약용의 학문은 수기치인(修己治人)으로 정의되는 자기수양과 사회적 실천을 이론의 두 기둥으로 삼고 있다. 정약용은 자신의 저작 중에서 『주역사전(周易四箋)』과 『상례사전(喪禮四箋)』을 최대의 역작으로 여겼다. 정약용이 이해하는 『주역』은 신유학자들의 말처럼, 하늘의 이치와 인간의 윤리가 총체적으로 담겨 있는 절대 진리서가 아니라 중국 은나라 말기와 주나라 초기의 문화내용을 담고 있는 한정된 시공간의 텍스트였다. 그 텍스트에서 상제(하느님, 최고 절대자)를 경건하게 섬겼던 당대인들의 문화와 정신을 읽어낼 수 있다고 보았다. 또한 예서(禮書: 『주례(周禮)』, 『의례(儀禮)』, 『예기(禮記)』)에는 당시 인간사회의 질서정연한 모습을 읽어낼 수 있다고 보았다. 곧, 하느님을 경배하며 경건한 믿음의 체계를 지녔던 고대인들의 생활태도를 알기 위해서 학자들은 반드시 옛 경전을 탐독해야 한다고 생각했던 것이다.

셋째, 인문과학과 자연과학의 분리를 통해 동양 인문학의 재정리와 자연과학의 분과화를 시도하는 것이었다. 정약용이 생각하는 유학의 내용은 '나라를 잘 다스리고 백성을 편안하게 하며 외적을 물리치고 국가의 재정을 넉넉하게 하며 학문과 무예를 잘하며 모든 분야를 담당하는 것'이다. 그러나 정약용은 유학의 기본 경전들이 수기치인을 강조하면서도 실용성이 부족하다는 판단 아래 여러 실용서들을 저술했다. 대표적인 것이 1표2서(『경세유표(經世遺表)』, 『목민심서(牧民心書)』, 『흠흠신서(欽欽新書)』)이다. 1표2서는 세상경영을 위해 필요한 것으로서 현대적 의미에서 본다면 경영학서, 정치학서, 법률학서라고 표현할 수 있다. 정약용의 저술작업은 여기에서 그친 것이 아니다. 음악, 의학, 언어학, 수학 등의 단독 논문 또는 저작 등을 남김으로써 선도적으로 근대적 분과학문과 같은 분류를 시도했다. 정약용은 서양 학문의 영향을 받아 종래의 유학 경전들을 도덕윤리의 학문으로 규정하고, 이와는 다른 학문영역을 새롭게 분과화했던 것이다.

Ⅲ. 분쟁의 조정과 평화의 수호

《동아일보》 1972년 11월 13일자 제3면에서 "평화통일 지향의 유신적 개혁 중앙선위(中央選委) 국민투표 지도계몽 담당자 좌담"이라는 흥미로운 기사를 발견했다. 최덕신(崔德新, 天道敎 敎領), 김윤찬(金允燦, 大韓基督敎聯合會 會長), 주관중(朱冠中, 前青瓦臺政務秘書官), 용태영(龍太暎, 司會, 首都辯護士會會長)이 좌담한 내용 중에 박정희의 유신개혁을 정약용의 실학사상과 동일시한 부분이 눈에 띄었다. 그 일부를 소개한다.

金 : 얼핏 보아 대통령을 통일주체국민회의에서 뽑는 건 국민이 다 선거에 참여 않는 것 아니냐 하는 얘기가 나올지 모르지만 그건 계단 하나를 더 놓는 데 불과한 것이지 사실은 국민 전체가 참여하는 거나 마찬가지 아닙니까.

龍 : 그렇지요. 통일주체국민회의는 제도상 차원을 높인 것이지요.

朱 : 통일주체국민회의는 이번 개헌안의 중심 장(章)입니다. 그 속에 통일정신, 민족정신, 능률정신, 새마을정신 등이 모두 함축되어 있어요. 대통령간선제도 150년 전 다산 정약용 선생의 책을 보면 태고(太古) 때 간선제가 있던 걸 설명해 놓았어요. 나는 박대통령의 민족철학은 정약용, 박지원, 박제가, 이익 등 실학파 학자들의 사상과 통하는 신실학파(新實學派)로 규정하고 싶어요. 특히 다산의 경세제민(經世濟民) 사상은 박대통령의 사상에 그대로 부각되었어요.[1]

이 좌담은 해석과 관점의 다양성을 인정해야 한다는 철학적 다원주의가 과연 타당한가 하는 회의를 가져다준다. 유신헌법에 의해 구성된 통일주체국민회의의 대통령 간선제를 정당화하기 위해 기획된 이 좌담회는 박정희의 민족철학을 정약용, 박지원, 박제가, 이익 등과 같은 실학자들의 사상을 계승한 신실학(新實學)이라고 강변한다. 주관중이 언급한 정약용의

1 "평화통일 지향의 유신적 개혁 중앙선위(中央選委) 국민투표 지도계몽 담당자 좌담," 《동아일보》, 1972년 11월 13일, p. 3.

간선제는『여유당전서』시문집의「원목(原牧)」편에 나오는 말이다.

> 옛날에야 백성이 있었을 뿐 어찌 목민자가 있었던가? 백성들이 옹기종기 모여 살면서 한 사람이 이웃과 다투다가 해결을 보지 못한 것을 공언(公言: 공적인 발언)을 잘하는 어른이 있어 그에게 가서 해결을 보고 온 마을의 이웃들이 모두 감탄한 나머지 그를 추대(推戴)하여 높이 모시고는 그를 이정(里正)이라고 불렀다. 또 여러 마을 백성들이 자기 마을에서 해결 못한 다툼거리를 가지고 준수하고 식견이 많은 어른을 찾아가 그를 통해 해결을 보고는 여러 마을들이 모두 감탄한 나머지 그를 추대하여 높이 모시고서 당정(黨正)이라고 불렀다. 또 여러 고을 백성들이 자기 고을에서 해결 못한 다툼거리를 가지고 어질고 덕이 있는 어른을 찾아가 그를 통해 해결을 보고는 여러 고을이 모두 감탄하여 그를 주장(州長)이라고 불렀다. 또 여러 주(州)의 장(長)들이 한 사람을 추대하여 어른으로 모시고는 그를 국군(國君)이라고 불렀으며, 또 여러 나라의 군(君)들이 한 사람을 추대하여 어른으로 모시고는 그를 방백(方伯)이라고 불렀고, 또 사방의 백(伯)들이 한 사람을 추대하여 우두머리로 삼고서 그를 황왕(皇王)이라고 불렀다. 이렇게 황왕의 근본은 이정에서부터 시작되니, 결국 목민자란 백성을 위해 존재하는 것이다.[2]

---

2 『定本 與猶堂全書』 2, 文集 권10, 「原·原牧」, pp. 206~207. “邃古之初, 民而已, 豈有牧哉? 民于于然聚居, 有一夫與鄰鬩莫之決, 有叟焉善爲公言, 就而正之, 四鄰咸服, 推而共尊之, 名曰里正. 於是數里之民, 以其里鬩莫之決, 有叟焉俊而多識, 就而正之, 數里咸服, 推而共尊之, 名曰黨正. 數黨之民, 以其黨鬩莫

정약용의 시대에 목민관은 임명직이었기 때문에 「원목」에서 말하는 선출직으로서의 목민관과는 엄연히 다르다. 그러나 「원목」편의 주장은 아주 오랜 옛날 최초로 어느 집단의 우두머리가 폭력이나 무력에 의해 된 것이 아니라 그 집단 구성원의 추대와 합의에 의해 세워진 것이라는 역사적 가정 하에 목민관뿐 아니라 군주, 황제에 이르기까지 목민의 정신과 취지를 분명히 하여 민본주의의 목표를 설파한 것이라고 할 수 있다.

의회제도가 없던 당시에 정약용이 말하고 있는 '목(牧)'은 목민관, 곧 지방 방백을 가리킨다. 오늘날의 시장, 군수, 지사 등이 이에 해당한다. 오늘날 추대의 형식은 고대와 다르겠지만, 선거에 의해 선출된, 아마도 추대된 것으로도 말할 수 있는, 선출직은 국가기관으로 보면 이런 방백뿐만 아니라 시의원, 도의원, 국회의원 등이 모두 해당된다.

이렇게 선출된 자들은 그 집단의 민의를 대변하는 자들이다. 이론적으로는 하급단계에서부터 최상급단계까지 민의가 수렴된 것으로 본다면 국회의 입법과 행정부의 법 집행은 그야말로 민의의 대변인 셈이다. 그러나 현실은 그렇지 않다.

유가의 민본주의(民本主義)는 백성을 근본으로 한다지만 실제로는 위민정치(爲民政治)이다. 민본(民本)과 정본(政本)으로 구별되는, 다시 말해 정치의 주체와 대상이 분리된 이념이다. 정약용의 말대로 목민자는 당연히 백성을 위하여 존재하는 자들이고, 그들이 비록 추대와 합의에 의해 세워

之決, 有叟焉賢而有德, 就而正之, 數黨咸服, 名之曰州長. 於是數州之長, 推一人以爲長, 名之曰國君, 數國之君, 推一人以爲長, 名之曰方伯, 四方之伯, 推一人以爲宗, 名之曰皇王. 皇王之本, 起於里正, 牧爲民有也."

진 자들이라 하더라도 정치의 무대에 서게 되면 백성과는 유리된 통치자로 변모한다. 형식적으로 백성 가운데서 통치자가 탄생하지만 통치자는 백성은 아닌 사람이다. 근대 서구의 사회계약론자들이 자연상태(state of nature, natural condition of mankind)라는 관념적 지평으로부터 정치적 합의를 이끌어낸 것처럼, 정약용도 태곳적 원시상태(邃古之初)라는 관념적 지평으로부터 이상적 정치의 모델을 설정했다. 따라서 이러한 구도는 관념적 정당성이 필요할 뿐 실증적 논리를 통해 논증될 수는 없는 것이다. 우리는 다만 정약용의 「원목」을 통해 통치자의 바람직한 행위가 피통치자의 민의를 대변하는 것이어야 한다는 이상을 취하면 된다.

정약용의 목민관은 개인 사이의 분쟁의 조정자로 등장한다. 한 마을의 분쟁의 조정자는 이정(里正)이 되고, 마을 간의 분쟁의 조정자는 당정(黨正)이 되고, 고을 간의 분쟁 조정자는 주장(州長)이 된다. 그런데 이 단계까지는 추대의 형식으로서 오늘날의 직접선거의 형식이지만, 주장(州長)보다 더 높은 단계의 통치자인 국군(國君), 방백(方伯), 황왕(皇王)은 간접선출의 형식으로 추대된다. 다시 말해 주장들이 모여 국군을 뽑고, 국군들이 모여 방백을 뽑고, 그 방백들이 모여 황왕을 추대하는 방식이다. 이정부터 주장까지는 직접 추대로 뽑고, 국군부터 황왕까지는 간접 추대로 뽑는다. 오늘날은 마을의 이장에서부터 입법부의 의원, 행정부의 대통령에 이르기까지, 사법부는 예외이지만, 모두 직접 선거로 선출한다.

그러나 실제로 역사의 무대에서 「원목」과 같이 지도자가 선출된 적은 동서고금에 없다. 정약용이 말한 '태곳적(邃古之初)'은 관념의 산물일 뿐이다. 우리는 다만 정약용의 의도를 읽으면 그것으로 그만이다.

주목할 것은 통치자가 분쟁의 조정자로 등장한다는 점이다. 분쟁은 충돌과 갈등, 폭력을 수반한다. 평화를 갈등 없는 상태, 폭력 없는 상태로 규정한다면, 결국 지도자는 분쟁의 조정자이자 평화의 수호자인 것이다. 목민자의 탄생 목적이 분쟁 없는 상태라면, 평화의 상태라고도 할 수 있는, 정약용이 바라본 개인에서부터 집단, 사회, 국가에 이르는 모든 사회조직은 평화를 목적하는 조직이다.

그러나 태곳적이 아닌 현실 속에서 어떻게 평화를 유지할 것인가? 「원목」에서 말하는 분쟁 없는 평화의 상태는 민의가 최대한 반영되어야만 가능한 상태이다. 만약 민의가 반영되지 않은 통치자가 추대된다면 어떻게 할 것인가? 「탕론(蕩論)」에서 그 해결책이 제시된다.

> 대저 여러 사람이 추대해서 만들어진 것은 또한 여러 사람이 추대하지 않으면 물러나야 하는 것이다. 때문에 5가가 화협하지 못하게 되면 5가가 의논하여 인장(鄰長)을 개정(改定)할 수가 있고, 5린이 화협하지 못하면 25가가 의논하여 이장(里長)을 개정할 수가 있고, 구후(九侯)와 팔백(八伯)이 화협하지 못하면 구후와 팔백이 의논하여 천자(天子)를 개정할 수가 있다. 구후와 팔백이 천자를 개정하는 것은 5가가 인장을 개정하고 25가가 이장을 개정하는 것과 같은 것인데, 누가 신하가 임금을 쳤다고 말할 수 있겠는가. 또 개정함에 있어서도 천자 노릇만 못하게 할 뿐이지 강등(降等)하여 제후로 복귀하는 것은 허락하였다. 때문에 주(朱)를 당후(唐侯)라 했고 상균(商均)을 우후(虞侯)라 했고 기자(杞子)를 하후(夏侯)라 했고 송공(宋公)을 은후(殷侯)라 했다. 완전히 끊어버리고 후(侯)로 봉(封)하여 주지 않은 것은 진(秦)나라가 주(周)나라를 멸망시키고부터이다.[3]

「탕론」은 중국에서 상나라를 세운 탕왕(湯王)이 하나라의 마지막 왕인 걸왕(桀王)을 추방한 것이 과연 옳은 일인가라는 질문을 통해 민의를 반영하기 위한 정권의 교체, 왕조의 교체 등의 정당성을 설파한 글이다.

탕왕은 걸왕의 제후로서 걸왕을 몰아내고 새로운 왕조를 연 사람이다. 그는 하늘의 명에 따라 도탄에 신음하고 있는 백성들을 구제하기 위해 군사를 일으켰으며, 그가 군대를 일으키자 나라 안의 온 백성이 환영했다고 한다.

걸왕은 이미 세습된 왕이긴 하였지만, 형식적으로는 추대된 자로서 민의를 최상급단계에서 대변하고 있는 자이다. 따라서 정통성이 있는 왕이다. 그런 왕을 탕이라는 새로운 자가 폭력으로 전복시켰다. 이것을 정당화하는 것이「탕론」이다. 새로운 평화를 위해 폭력을 사용한 것에 대해 그 정당성을 인정한 것이다. 평화적인 정권교체는 '선양(禪讓)'이라 한다. 동일한 왕조 내의 선위(禪位)뿐 아니라 왕조가 교체되는 역성(易姓)까지도 선양의 형식으로 무폭력 교체가 있을 수 있다. 반면에 폭력적 정권교체는 '혁명(革命)' 또는 '방벌(放伐)'이라 하였다. 혁명은 천명이 바뀌는 것이므로 주로 역성혁명을 가리켰고, 방벌은 폭력적 또는 비도덕적 군주에 대한 정당한 교체를 의미했다. 요순우(堯舜禹)의 정권교체는 선양의 전범으로, 탕왕과 무

---

3 『定本 與猶堂全書』 2, 文集 권11 「論·蕩論」, p. 304. "夫衆推之而成, 亦衆不推之而不成, 故五家不協, 五家議之, 改鄰長, 五鄰不協, 二十五家議之, 改里長, 九侯八伯不協, 九侯八伯議之, 改天子, 九侯八伯之改天子. 猶五家之改鄰長, 二十五家之改里長, 誰肯曰臣伐君哉? 又其改之也, 使不得爲天子而已, 降而復于諸侯則許之, 故唐侯曰朱, 虞侯曰商均, 夏侯曰杞子, 殷侯曰宋公. 其絶之而不侯之, 自秦于周始也."

왕의 왕조교체는 방벌의 전범이다. 탕왕과 무왕의 왕조교체는 역성혁명이기도 했다.

혁명, 방벌, 선양 등의 교체가 방법이야 무엇이든 간에 정당한 것인가 하는 것이 정약용의 질문이지만, 답은 의외로 간단하다. 「원목」편이 바로 답인 셈이고, 이것을 실제의 인물인 탕왕과 걸왕을 예로 들어 「원목」과는 반대의 방향에서 좀 더 구체화시킨 것이 바로 「탕론」이다. 추대와 꼭 같은 방식으로 퇴출도 가능하다. 협의에 의해 추대된 집단의 장은 마찬가지로 협의에 의해 장에서 퇴출시킬 수 있다는 것이 「탕론」의 핵심이다. 따라서 신하가 천자를 몰아낸 것이 정당한가 하는 문제는 협의에 의한 정당성을 확보하여 아무런 문제가 없게 된다.

> 한(漢)나라 이후로는 천자가 제후를 세웠고 제후가 현장을 세웠고 현장이 이장을 세웠고 이장이 인장을 세웠기 때문에 감히 공손하지 않은 짓을 하면 '역(逆)'이라고 명명하였다. 이른바 역이란 무엇인가. 옛날에는 아랫사람이 윗사람을 추대하였으니 아랫사람이 윗사람을 추대한 것은 순(順)이고, 지금은 윗사람이 아랫사람을 세웠으니 아랫사람이 윗사람을 세운 것은 역(逆)이다. 그러므로 왕망(王莽)·조조(曹操)·사마의(司馬懿)·유유(劉裕)·소연(蕭衍) 등은 역이고, 무왕(武王)·탕왕(湯王)·황제(黃帝) 등은 현명한 왕이요 성스러운 황제(皇帝)이다.[4]

---

4 『定本 與猶堂全書』 2, 文集 권11 「論·蕩論」, p. 305. "自漢以降, 天子立諸侯, 諸侯立縣長, 縣長立里長, 里長立鄰長, 有敢不恭其名曰逆. 其謂之逆者何? 古者, 下而上, 下而上者, 順也. 今也, 上而下, 下而上者, 逆也. 故莽·操·懿·裕·衍之等, 逆也, 武王·湯·黃帝之等, 王之明·帝之聖者也."

「탕론」의 결론에 따르면, 탕왕의 반역은 오히려 순치(順治)가 된다. 이미 탕왕 이전에 황제가 염제(炎帝)를 방벌한 선례가 있을 뿐만 아니라, 탕왕 이후에는 상나라의 주왕(紂王)을 방벌한 주나라의 무왕(武王)의 사례가 있다. 아랫사람이 윗사람을 추대하는 것이 순(順)의 방향이므로 추대된 자가 추대되지 않은 자, 곧 퇴출되어야 할 자를 방벌한 것이니 통치의 정당성을 확보하는 것이다.

「탕론」의 "옛날에는 아랫사람이 윗사람을 추대하였으니 아랫사람이 윗사람을 추대한 것은 순(順)이고, 지금은 윗사람이 아랫사람을 세웠으니 아랫사람이 윗사람을 세운 것은 역(逆)이다(古者, 下而上, 下而上者, 順也. 今也, 上而下, 下而上者, 逆也)"라는 말은, 마치 오늘날의 상향식 민주주의는 옳고, 하향식 민주주의는 옳지 않다는 주장이다. 통치자(上)가 국민(下)을 통치의 대상으로 삼아 법을 제정하고 집행하며, 구미에 맞는 관료를 세워 하향식으로 명령을 국민에게까지 미치게 한다면, 그것은 「원목」에서 말한 것처럼 인간의 태곳적 자연상태에서 자연스럽게 형성된 순(順)의 방식, 곧 상향식 인물 추대와 정책 제안 등을 거스르는 행위가 된다.

그러나 「원목」과 「탕론」의 주장은 통치자의 선출과 퇴출에 대한 정당성을 논한 것일 뿐, 이러한 일련의 사태에서 발생하는 폭력을 정당화하는 것은 아니다. 일련의 사태에 행사된 무력과 폭력이 천명이라는 이름으로, 혹은 민의를 대변한 정치적 행위로 미화되고 결과적인 정당성만 부여된 것이다.

그렇다면 과연 평화가 폭력 없는 안정된 상태를 지시하는 것이라면, 어떻게 평화상태를 유지할 수 있는가? 조선이라는 국가의 평화유지를 중심으로 살펴보고자 한다.

IV. 국가의 안정과 평화의 유지

정약용은 '신아지구방(新我之舊邦)'[5]을 목표로 수많은 개혁정책을 주장하였는데, 그 실질적인 내용은 부국유민(富國裕民)이었다. 그의 여러 주장들을 재해석해 보면, 국가의 안정과 평화의 유지가 부국유민의 한 방편임을 알 수 있다.

정약용은 「군기론(軍器論)」에서 『자치통감(資治通鑑)』에서 인용하고 있는 병법의 "기계(器械)가 예리하지 못하면 그 군졸(軍卒)을 적(敵)에 내어주는 것이고, 군졸을 잘 쓸 수 없으면 그 장수를 적에게 내어주는 것이다"[6]라는 말을 인용하여, 무기가 예리하지 못하면 군졸을 적에게 내어주는 것이고, 군졸을 잘 쓸 수 없으면 장수를 적에게 내어주는 것이 된다고 하였다. 군대의 무기가 비축되어 있지 않으면 마치 맨손으로 호랑이를 만난 것과 같아 결국 나라를 빼앗기기에 이를 것이다. 이처럼 '군기론'은 국가 방비를 위한 가장 실제적 방안을 제시하고 있다. 대체로 군사는 기계를 손에 쥐고서 다른 사람을 방어하는 것이니, 비록 군사가 천 명 만 명이 있다 하더라도 그들에게 맨손으로 싸우게 한다면 이는 군사가 없는 것과 마찬

5 『定本 與猶堂全書』 3, 文集 권16 「墓誌銘·自撰墓誌銘集中本」, p. 275. "經世者何也? 官制, 郡縣之制, 田制, 賦役, 貢市, 倉儲, 軍制, 科制, 海稅, 商稅, 馬政, 船法, 營國之制, 不拘時用, 立經陳紀, 思以新我之舊邦也."

6 『定本 與猶堂全書』 2, 文集 권11 「論·軍器論一」, p. 279. "兵法曰, '器械不利, 以其卒予敵也. 卒不可用, 以其將予敵也'." 여기에 인용된 병법은 본래 『漢書』 권49, 「爰盎鼂錯傳」에 처음 등장한다.

가지이며, 그들에게 썩고 무디고 부서진 기계를 갖게 한다면 이 역시 군사가 없는 것과 마찬가지인 것이다.

> 국가가 가난하고 또 법이 없으면 군대를 양성할 수 없으니, 군대를 양성하지 못하면 무예(武藝)를 연습할 수 없고, 무예 연습이 폐지되면 기계(器械)를 창고에만 쌓아 두게 되고, 기계를 쌓아만 두면 썩고 무뎌지고 파손되어버릴 것이다.
>
> 지금 각 군현에 저장된 군기(軍器)로 말하면, 활을 들어보면 좀먹은 부스러기가 쏼쏼 쏟아져 내리고, 화살을 들어보면 새 깃[羽]이 수북하게 쏟아져 내리며, 칼을 빼어보면 칼날은 칼집에 붙어 있는 채 칼자루만 빠져 나오고, 총(銃)을 보면 녹이 슬어서 구멍을 꽉 메웠으니, 만일 갑자기 환난(患難)이라도 있게 되면 온 나라가 모두 맨손뿐인 것이다.
>
> 지금 비록 남방(南方)·북방(北方)에 아무런 경보(警報)가 없고 변경(邊境)에 아무런 근심거리가 없다 하더라도 군대는 제도(制度)가 있어야 한다. 제도가 없이는 군대를 양성할 수 없고 군대를 양성하지 못하면 군기만으로는 아무런 쓸모가 없게 된다. 비록 그렇다 하더라도 어찌 준비가 없어서야 되겠는가.[7]

정약용은 당시 조선의 무기들이 형편없이 낡고 녹슨 상황을 안타까워하였다. 활은 좀먹어 부스러기가 날리고, 화살은 새 깃털이 떨어져 있고, 칼은 녹아서 칼집과 한 몸이 되어 뽑으면 칼자루만 나오고, 총은 녹슬어 총구를 막고 있으니, 환난을 방어할 수단과 도구가 무용지물이 된 것이다. 무기는 공격과 수비의 도구인데, 공격은 고사하고 수비마저 어려운 상황이 되어버린 것이다. 한 국가의 평화는 거저 주어지는 것이 아니라, 철저한 방비가 있어야 한다. 아무리 외적의 침입 없이 평화로운 상태를 유지하고 있더라도 그 평화를 지속적으로 유지하기 위해서라도 반드시 군대의 양성과 무기의 정비가 절실하다.

애초에 정약용의 관념 속에는 칸트(I. Kant, 1724~1804)가 『영구평화론』에서 언급하고 있는 "국가 간의 영구 평화를 위한 예비조항"[8] 같은 국가 간의 평화 관념은 존재하지 않는다. 어쩌면 칸트가 희망한 국제연맹 같은 조직체는 동양사의 관점에서는 무관심할 수밖에 없는 남의 얘기일 것이다. 단지 조선이라는 나라의 사대교린 외교정책 하에서의 평화가 중요했다. 과거나 지금이나 동아시아의 국가는 대등하고 평등한 관계라기보다는 위계적 질서가 압도한다. 최근 수십 년간만을 놓고 보면 서구식 근대국가로서

---

7 『定本 與猶堂全書』 2, 文集 권11 「論·軍器論一」, pp. 279~280. "國家貧且無法, 無以養兵, 兵不養則無以練習, 練習廢則器械藏, 器械藏則朽鈍破缺已矣. 今郡縣所藏之器, 弓擧之則蠹沙溲溲然, 矢擧之則羽簌簌然, 刀拔之則刃黏于室而徒柄出焉, 銃眡之則鏽塞竅焉, 一朝有患, 通國皆赤手也. 雖然南北無警, 壃埸無虞, 兵可有制, 不可徒養, 兵不養則徒器無爲也. 雖然惡可無備也?"

8 임마누엘 칸트, 이한구 역, 『영구평화론』(서울: 서광사, 2013년 개정판(초판 1992년)), pp. 15~23 참조. 칸트는 "국가 간의 영구 평화를 위한 예비조항"으로 여섯 가지를 들고 있다. 1. 장차 전쟁의 화근이 될 수 있는 내용을 암암리에 유보한 채로 맺은 어떠한 평화조약도 결코 평화조약으로 간주되어서는 안 된다. 2. 어떠한 독립국가도 (크고 작고에 관계없이) 상속, 교환, 매매 혹은 증여에 의해 다른 국가의 소유로 전락될 수 없다. 3. 상비군은 조만간 완전히 폐지되어야 한다. 4. 국가 간 대외적 분쟁과 관련하여 어떠한 국채도 발행되어서는 안 된다. 5. 어떠한 국가도 다른 국가의 체제와 통치에 폭력으로 간섭해서는 안 된다. 6. 어떠한 국가도 다른 나라와의 전쟁 동안에 장래의 평화 시기에 상호 신뢰를 불가능하게 할 것이 틀림없는 다음과 같은 적대행위, 예컨대 암살자나 독살자의 고용, 항복조약의 파기, 적국에서의 반역 선동 등을 해서는 안 된다.

대등한 주권을 행사하고 있긴 하지만.

특정되지 않은 가상의 적의 공격에 대비해 군대를 양성하고 무기를 정비하는 것은 국가의 안정과 평화의 유지를 위해 필수적이다. 이를 위한 구체적 방법을 「군기론」에서 제기하고 있다.

> 무릇 백성들 가운데 백공(百工)의 기예(技藝)가 있는 사람에게는 그 호역(戶役)을 면제해 주고, 그 부역(賦役)을 견감해 주어, 그들로 하여금 읍(邑)에 모여 살게 하고 촌리(村里)에 흩어져 살지 못하게 하고서, 매월(每月) 한 사람의 양식을 대어주면서 그의 이름을 군적(軍籍)에 편입(編入)시키고, 수령(守令)이 때때로 그 기능(技能)의 교묘(巧妙)하고 서툰 것을 심사 비교하여 그 양식을 더 주기도 하고 덜 주기도 하며, 그 가운데 기능이 뛰어난 사람이 있으면 그를 선발하여 장관(將官)으로 삼아서, 그들로 하여금 각기 격려하고 권장하도록 한다면, 갑자기 어떤 환난이 있더라도 때에 맞춰 군기를 제조할 수 있을 것이다.
> 장수(將帥)가 된 사람이 혹 모책(謀策)과 사려(思慮)를 내어 새로운 방법으로 기이한 군기를 만들어서 적(敵)을 방어하는데 있어, 백공(百工)들이 각기 그 기능으로 이바지한다면 적을 쳐부수는 데 무엇이 어렵겠는가. 이것이 무비(武備)가 되는 데 있어 어찌 주도(周到)하고도 세밀한 것이 아니겠는가. 그 썩고 무디고 파손된 무기를 쌓아 두고서 은연중에 이를 믿고 준비가 되어 있다고 여기는 자와는 서로의 차이가 매우 멀다.[9]

---

9 『定本 與猶堂全書』 2, 文集 권11 「論·軍器論一」, p. 280. "凡民之有百工技藝

외부의 폭력적 공격에 대비하기 위한 핵심적 방법은 기능인에 대한 처우 개선이다. 기예를 가진 사람을 잘 대우하고 그 기능을 잘 권장하면 언제라도 무기를 제조할 수 있고, 신무기의 개발이나 신기술의 개발도 가능하다.

평화시에도 대비하지 않으면 곧 패망에 이르게 된다. 국가의 패망에는 다 이유가 있는데 평화에 도취하여 안락함을 추구하기 때문이다. 정약용은 고구려의 패망 원인을 긴장감 없는 평화에만 안주했기 때문이라고 보았다.

> 고구려(高句麗)는 졸본(卒本)에 도읍을 정한 지 40년 만에 불이성(不而城)으로 옮겼고 여기서 4백 25년 동안 나라를 누렸다. 이때는 군사력이 매우 강성하여 국토를 널리 개척하였다. 한(漢)나라와 위(魏)나라 때 중국이 여러 번 군사를 내어 침략해 왔으나 이길 수 없었다. 장수왕(長壽王) 15년(427)에 평양(平壤)으로 도읍을 옮겼고 여기서 나라를 누린 지 2백 39년 만에 멸망하였다. 비록 백성과 물자가 풍부하고 성곽(城郭)이 견고했으나 마침내 아무런 도움이 되지 못했다. 이것은 무엇 때문인가? 압록강(鴨綠江) 북쪽은 기후(氣候)가 일찍 추워지고 땅이 몽고(蒙古)와 맞닿았으므로 사람들이 모두 굳세고 용감하다. 또 강한 오랑캐와 섞여 살기 때문에 사면(四面)으로 적국의 침입을 받게 되므

者, 復其戶蠲其庸, 令聚居于邑, 毋得散處村里, 月繼其一口之糧, 而編其名于軍籍, 守令以時考較其技能巧拙, 以增減其糧, 其有卓異者, 拔之爲將官, 令各激勸, 一朝有患, 器械可製也. 爲將帥者, 或發謀出慮, 製爲奇器新式以禦敵者, 百工各奏其能, 則其於破敵也, 何有? 斯之爲武備也, 豈不周且密矣乎? 與其藏朽鈍破觖, 而隱然恃之爲有備者, 相去遠矣."

로 방비가 매우 튼튼했었다. 이것이 나라를 장구히 누릴 수 있었던 까닭이다. …

아, 평양은 믿을 수 있는 곳인가? 요동성(遼東城)이 함락되면 백암성이 위태하고, 백암성이 함락되면 안시성이 위태하고, 안시성이 함락되면 애주(愛州)가 위태하고, 애주가 함락되면 살수(薩水)가 위태하다. 살수는 평양의 울타리인바 입술이 없으면 이가 시리고 가죽이 벗겨지면 뼈가 드러나게 된다. 이런데도 평양을 믿을 수 있겠는가.

진(晉)나라와 송(宋)나라는 남쪽으로 양자강(揚子江)을 건넌 뒤 천하를 잃었으니 이는 거울삼아 경계해야 될 중국의 전례(前例)이고, 고구려는 남쪽으로 압록강을, 백제(百濟)는 남쪽으로 한강(漢江)을 건넌 뒤 나라를 잃었으니 이는 귀감으로 삼아야 할 우리나라의 전례이다.

경전(經傳)에는, "적국(敵國)으로 인한 외환(外患)이 없는 나라는 망한다" 했고, 병법(兵法)에는 이렇게 말했다. "죽을 곳에 처해야만 살게 된다."[10]

---

10 『定本 與猶堂全書』 2, 文集 권12 「論·高句麗論」, pp. 329~330. "高句麗都卒本四十年, 【卽紇升骨城】 徙都不而城,【卽尉那巖城】厥享國四百二十有五年. 此時士馬强壯, 疆土恢拓, 漢·魏之際, 中國屢發兵侵擾, 莫之能勝. 至長壽王十五年, 徙都平壤, 厥享國二百三十九年而亡. 雖民物殷富, 城郭鞏固, 卒莫有補, 若是者何也? 鴨綠之北, 風氣早寒, 地與蒙古接, 其人皆雄勍鷙悍, 又彊胡雜處, 四面受敵, 故其備禦深固, 此所以能長久也. … 嗟乎! 平壤其足恃乎? 遼東拔則白巖危, 白巖拔則安市危, 安市拔則愛州危, 愛州拔則薩水危, 薩水者, 平壤之藩籬也. 脣亡則齒寒, 皮剝則骨露, 平壤其足恃乎? 晉·宋南渡而亡天下, 此中國之殷鑑也. 句麗·百濟南渡而失其國, 此東邦之覆轍也. 傳曰, '無敵國外患者亡.' 兵法曰, '置之死地而後生'."

고구려는 북방의 거친 환경에서 425년 동안 강성하였고 국토를 널리 개척할 수 있었다. 대륙의 거대한 왕조들의 침략에도 대적할 수 있었다. 그러나 장수왕이 427년 평양으로 도읍을 옮긴 뒤 239년 만에 멸망하였다. 평양은 저 북방보다 물자가 풍부하였고, 성곽도 견고하였지만 멸망을 피할 수 없었다. 그 이유는 바로 안락함에 도취하여 평화로움을 만끽할 뿐 비평화 상태에 대한 대비를 하지 않았기 때문이다. 국가를 유지할 수 있는 동력은 끊임없이 거친 환경의 도전에 응전하면서 국민이 단련되어야 한다. 고구려가 추운 지역에서 사나운 몽골과 늘 대치하고 있었을 때는 국가를 유지할 수 있었지만, 이를 피해 따뜻한 지역으로 옮겨서 안락한 평화를 즐기면서 패망의 길로 나아갔다. 안락한 평화는 진정한 평화가 아니다.

평화를 '전쟁이 없는 상태'라고 정의한다면, 평화시나 비평화시나 간에 고구려는 지속적으로 전쟁 상태여야만 평화가 유지되는 역설에서 벗어나지 못했던 것이다. 고구려라는 국가 내지는 왕조의 존속 그 자체가 평화는 아니다. 평화는 고구려를 위해 있는 것은 아니기 때문이다. 거친 환경 속에서의 국가의 평화 유지는 조금 덜한 전쟁상태이며, 안락한 환경 속에서의 국가의 비평화 곧 패망은 아주 심각한 전쟁상태이다. 다시 말해 전쟁 없는 상태가 평화가 될 수 없다는 것이다. 평화는 상대적으로 전쟁이 덜한 상태일 뿐이다.

평화학자 요한 갈퉁(J. Galtung, 1930~)은 평화를 '전쟁과 같은 물리적 폭력은 물론, 억압적 정치 시스템에 따른 구조적 폭력, 나아가 성차별이나 생태적 차별 같은 문화적 폭력마저 없는 상태'[11]라고 규정하였다. 갈퉁은

11 이찬수, 『평화와 평화들: 평화다원주의와 평화인문학』(서울: 모시는사람들, 2016),

폭력을 물리적, 구조적, 문화적 차원으로 세분하여 해설한 것인데, 이러한 모든 폭력이 없는 상태를 '적극적 평화(positive peace)'라고 규정하였다. 그러나 "우리가 흔히 평화라 말할 때 그 뜻은 전쟁을 비롯한 폭력이 없이 조용한 상태, 곧 '소극적 평화' 혹은 '물리적 평화'를 지칭하는 경우가 많다. 대부분 소극적 평화는 힘으로 질서가 만들어져 거기에 순응하고 침묵하는 경우다. 그러나 소극적 평화는 깨지기 쉽고 전쟁 직전의 일시적이고 과도적인 상태다."[12] 이처럼 일반적인 의미에서 소극적 평화는 구조적 평화와 문화적 평화 없이는 그 한계가 명백하고 폭력의 위협으로 쉽게 무너질 수 있기 때문에, 갈퉁은 구조적 평화와 문화적 평화를 아울러서 '적극적 평화'를 말했던 것이다.

사실 갈퉁이 정의한 모든 폭력이 없는 적극적인 평화는 유토피아일 뿐이다. 현실에 존재한 적도 없고 존재할 가능성도 없는 유토피아라는 점에서, 이데올로기로서의 '이상적인 평화(ideal peace)'일 뿐이다. 이것은 마치 「누가복음」 23장 43절의 "진실로 내가 네게 이르노니 오늘 네가 나와 함께 낙원에 있으리라 하시니라"라고 할 때의 낙원(paradise)이다. 완전한 비폭력상태가 아닌 불완전한 비폭력상태가 현실적인 평화이다. 약간의 갈등과 충돌, 심각하게는 전쟁까지 포함하여 폭력이 존재하는 평화, 곧 아이러니하지만 폭력이 수반되는 평화가 현실 속의 평화일 것이다.

이러한 맥락에서 보면 정약용의 반문이 이해될 수 있다. '안락함을 위해 평양성을 찾아왔지만, 과연 평양성은 안락하다고 확신할 수 있는가?' 아니

p. 35에서 재인용.

12 서보혁·정욱식, 『평화학과 평화운동』(서울: 모시는사람들, 2016), pp. 21~22.

다. 결코 안락하다고 확신할 수 없다. 그것은 평화가 아니다. 중국의 진(晉)과 송(宋)은 남쪽으로 양자강(揚子江)을 건너 안락한 평화를 추구했지만 곧 나라를 잃었고, 고구려는 남쪽으로 압록강을 건너 풍요로운 평양에 도읍한 뒤에, 백제(百濟)는 남쪽으로 한강을 건넌 뒤 나라를 잃었다. 이것은 평화를 유지하기 위해서는, 물론 이때의 평화는 갈퉁이 정의한 적극적인 의미에서의 평화가 아니라 소극적인 의미에서의 불완전한 비폭력상태이지만, 폭력이 상존하는 평화를 추구해야만 한다는 의미를 담고 있다. 거친 환경의 폭력, 거친 이민족과의 충돌과 전쟁 등의 폭력이 어쩌면 영구한 평화를 가져다줄 수 있는 것이다. 나라의 이름을 유지하는 것이 영구한 평화는 물론 아니지만, 심각한 폭력에 의한 국가의 패망과 같은 폭력상태는 벗어날 수 있기 때문이다. 심각한 폭력이 아닌 작은 폭력, 전쟁까지도 포함하는, 약간의 충돌 등이 국가의 평화유지의 필요조건인 셈이다.

정약용이 인용한 경전(經傳)의 "적국(敵國)으로 인한 외환(外患)이 없는 나라는 망한다"는 말이나, 병법(兵法)의 "죽을 곳에 처해야만 살게 된다"는 언급은 바로 갈퉁의 관점에서 보면 소극적인 평화이다. 죽을 곳에 있어야만 살게 되는, 곧 폭력 속에서만 평화가 유지되는 현실적인 평화의 내용을 잘 보여주고 있다.

사전적 정의의 하나로 평화를 '평온하고 화목함'이라고 정의할 경우, 동어반복처럼 평온과 화목은 무엇인가라는 질문을 던질 수밖에 없고, 또 다른 사전적 정의로 '전쟁, 분쟁 또는 일체의 갈등이 없이 평온함, 또는 그런 상태'라고 정의할 경우에도 동어반복은 계속된다. 전쟁은 무엇이고, 분쟁은, 갈등은, 평온함은, 더 나아가 그런 상태는 무엇인가라는 개념의 유희에 빠질 수밖에 없다. 평화를 정의하기 위해 술어로 기술된 언어들은 또 다른 정의를 기다려야만 하는 것이다. 게다가 평화가 '전쟁은 물론 일체의 갈등마저 없는 상태'라는 정의는 지나치게 이상적이어서 지상천국을 연상케 한다. 가장 간결한 형태로 '평화는 폭력이 없는 상태'라고 정의할 경우에도 폭력의 종류도 다양하고 범주도 넓어서 어떤 폭력을 의미하는지 알 수가 없다. 결국 평화를 논하려 하면 폭력의 문제를 다루어야 하는데 아주 복잡한 악순환에 빠지고 만다.[13]

V. 현실적 평화주의자의 위안

정약용은 적어도 동아시아 사회를 어떻게 평화롭게 할 것인가 하는 문제에는 관심을 둘 수 없었다. 신아구방(新我舊邦)을 목표로 조선을 개혁하는 데에도 죽을힘을 다 쓰지 않으면 안 되는 상황이었다. 목민(牧民)의 지침서는 마음으로 쓸 수밖에 없었고(牧民'心'書), 경세의 정책제안은 표문(表文)으로 임금에게 전달하지 못하고 유서처럼 남길 수밖에 없었다(經世'遺'表). 그는 동이족의 평화사상을 묘사하면서 자신의 현실적 평화사상을 담았다.

> 역사에서 동이(東夷)를 인선(仁善)하다고 칭찬함은 진실로 이유가 있는 것이다. 더구나 조선은 정동쪽 땅에 위치한 까닭으로 그 풍속이 예

---

13 이찬수, 『평화와 평화들: 평화다원주의와 평화인문학』, pp. 32~35 참조.

> 절을 좋아하고 무력을 천하게 여김은 물론 차라리 유약할지라도 폭력을 사용하지 않았으니 군자의 나라임에 틀림없다. 아, 이미 중국에 살 수 없을진댄 살 곳은 동이(東夷)뿐이다.[14]

「동호론(東胡論)」에 따르면, 예절을 좋아하고 무력을 천하게 여기며 폭력을 사용하지 않는 민족이 동이족이다. 평화를 폭력 없는 상태로 규정할 경우, 동이족은 무력이나 폭력을 사용하지 않는 민족이므로 평화주의자들이다. 다만 '유약할지라도 폭력을 사용하지 않는다'는 표현은 역사적 현실 앞에서는 매우 무기력하게 들린다. 과연 저렇게 하여 종족을 보존할 수 있을까 하는 의심이 들 정도이다.

정약용은 「동호론」에서 중국 동쪽지역의 민족들, 예를 들어 조선을 비롯하여 선비, 여진, 거란 등은 대체로 어질고 성실한 성품을 가진 반면, 북쪽이나 서쪽의 흉노, 돌궐, 몽골, 서강 등은 잔인한 일에 익숙한 패도의 무리라고 규정하였다.

> 북방 사람은 대체적으로 강하고 사나운 까닭에 흉노·돌궐(突厥)·몽골(蒙古) 등속은 모두 사람 죽이기를 즐기고 잔포(殘暴)한 짓에 익숙하다. 서강(西羌) 또한 간사하고 변덕이 많다. 유독 동방에 있는 오랑캐(東狄)만은 모두 인후(仁厚)하고 성실하고 신중하여 칭찬할 만하다.

14 『정본 여유당전서』 2, 권12 文集, 「論·東胡論」, p. 340. "史稱東夷爲仁善, 眞有以哉! 況朝鮮處正東之地, 故其俗好禮而賤武, 寧弱而不暴, 君子之邦也. 嗟乎, 旣不能生乎中國, 其唯東夷哉."

척발위(拓跋魏)는 선비족(鮮卑族)이다. 이들은 중국에 들어가서 예악(禮樂)을 숭상하고 문학을 장려하여 제작(制作)이 찬란했었다. 거란(契丹)은 동호(東胡)이다. 아보기(阿保機, 요(遼)의 태조(太祖))는 천륜(天倫)에 돈독하여 자갈(刺葛)이 세 번 반역을 일으켰으나 세 번 다 석방했으니, 이는 우(虞)나라 순(舜)임금 이후로는 없었던 일이다. 그 성대한 정치와 장구한 역년(歷年)은 2백여 년이다. 실로 중국으로 대우받는 나라로서도 드문 일이었다.

여진(女眞)은 두 번이나 중국에 들어가 임금 노릇을 했다. 그들이 금(金)나라로 있을 적에 송(宋)나라의 두 황제[휘종(徽宗)과 흠종(欽宗)]를 사로잡았으나 끝내 살해하지 않았다. 장수와 정승이 서로 화합하여 규모가 크고도 원대했으니, 해릉왕(海陵王, 금나라 폐제(廢帝) 완안량(完顏亮)을 가리킴)이 그토록 광망하지만 않았다면 쉽사리 망하지는 않았을 것이다. 청(淸)나라는 천하를 통일할 때 군사가 칼날에 피를 묻히지 않았고 시장은 점포를 옮기지 않았었다. 그리고 귀영가(貴盈哥, 금 목종(金穆宗) 완안영가(完顏盈歌)를 가리킨 듯함) 이후로 태백(泰伯)·중옹(仲雍)의 기풍을 지닌 사람이 여럿이었으니, 또한 훌륭하지 않은가.[15]

여기에서 우리는 오늘날 대한민국에서 교육하는 역사상식과는 배치되는 역사를 접하게 된다. 삼국시대에 선비족은 고구려와 전쟁을 하였고, 남북국시대 거란은 발해를 멸망시켰다. 여진은 고려와는 대치하였고, 훗날 조선을 굴복시켰던 민족이다. 우리에겐 적국이었는데, 그들을 정약용은 평화의 민족으로 기술하고 있다. 선비족은 중국에 들어가서 예악을 숭상한 나라를 경영하였고, 거란은 천륜이 돈독한 인의의 나라로서 순임금의 나라인 우(虞)나라와 동급의 성인의 나라이다. 또한 여진은 금나라였을 때는 중국의 송나라를 침입하여 두 황제를 사로잡았으나 살려준 어진 나라였고, 청나라를 세웠을 때는 칼날에 피를 묻히지 않을 정도로 평화를 사랑한 민족이었다. 반면에 흉노와 돌궐과 몽골은 같은 무력을 사용하면서도 대단히 포악했고 폭력적이었다. 중국의 서쪽지역 민족은 폭력적이었고, 동쪽 지역 민족은 어질고 후덕했다.

아마도 정약용의 평화는 이런 것일 것이다. 무력을 사용하더라도 평화적으로 사용하고, 폭력을 행사하더라도 후덕하게 하는 것이다. 갈퉁이 언급한 국가간의 투쟁이 없는 적극적 의미에서의 평화는 이상적이고 관념적일 뿐이며, 현실적인 평화는 무력과 폭력이 행사되는 불가피함 속에서의 평화이다. 이는 현재 대한민국이 남북으로 갈라져 대치하고 있고, 주변의 열강은 남북의 분단상황을 고의로 해소하지 않는 엄연한 현실 속에서 우리가 선택할 수 있는 평화의 길이 될 것이다.

---

15 『정본 여유당전서』 2, 권12 文集, 「論·東胡論」, pp. 339~340. "北方之人, 大抵强悍, 故匈奴·突厥·蒙古之屬, 莫不嗜殺戮習殘暴, 而西羌亦詐薄多變, 獨夷狄之在東方者, 皆仁厚愿謹, 有足稱者. 拓跋魏, 鮮卑也. 其入中國也, 崇禮樂獎文學, 制作粲然. 契丹, 東胡也. 阿保機【遼太祖】敦於天倫, 剌葛三叛而三釋之, 此虞舜以來所未有也. 其制治之盛, 歷年之久,【二百餘年】 實中國之所堇獲也. 女眞再主中國, 而其在金也, 虜宋之二帝, 而終不加害, 將相和附, 規模宏遠, 非海陵之狂昏, 未易亡也. 淸之得國也, 兵不血刃, 市不易肆, 而貴盈哥以來, 有泰伯·仲雍之風者數人, 不亦韙哉?

VI. 맺음말

지금까지 정약용의 언설들을 통해 오늘의 평화학(Peace Studies)과 동일한 언어나 개념은 아니지만, 평화(Peace)의 사상을 재구성해 보았다.

과거의 역사를 반추하여 18~19세기의 조선이 자존을 지키며 평화를 유지할 수 있는 정책을 제안하고 제도를 개혁하고자 했던 정약용의 헌신과 노력은 대한민국이 국제사회에서 어떻게 처신해야 하는지를 시사한다.

2017년 남북의 대치는 대선정국과 맞물려 극단으로 치달아가고, 미국의 대통령 트럼프는 북한의 김정은이 2017년 4월 29일 미국의 항모 칼빈슨호를 향해 발사했다는 중거리 대함 탄도미사일 KN-17로 추정되는, 비록 공중폭발했지만, 미사일 발사소식을 접하고 4월 30일(현지시각)에 미 CBS 방송의 취임 100일 인터뷰에서 "삼촌이든 누구든 많은 사람이 그의 권력을 빼앗으려고 했지만, 그는 권력을 잡을 수 있었다"며 김정은을 '꽤 영리한 녀석(smart cookie)'이라고 비아냥거리는 일촉즉발의 상황이 전개되고 있다. 사람들은 반신반의하면서 당장이라도 전쟁이 터질 것 같은 불안감을 감추지 못하였다.

중국은 사드(THAAD; Terminal High Altitude Area Defense) 배치를 빌미로 롯데기업을 압박하고, 한국관광을 금지하면서 남한에 대한 경제제재(經濟制裁)를 가하고 있다. 상도덕에 어긋나는 행위임에도 중국의 일련의 조치들은 그들이 매우 조급하고 절실하다는 느낌을 주기까지 한다.

칸트(I. Kant)가 꿈꾼 지구적 차원의 완전한 영구적 평화, 그리고 갈퉁(J. Galtung)이 규정한 모든 폭력이 없는 적극적인 평화를, 물론 이것은 순수한 관념의 소산일 뿐이지만, 대한민국이 이 시점에서 꿈꿀 수 있을 것인가? 가깝게는 남북의 평화가 절실하고, 좀 더 범위를 확장한다면 동아시아의 평화를 기약해야 한다. 100여 년 전 일제 침탈의 역사적 국제환경이 재현되는 듯한 불길한 전조를 어떻게 타개할 것인가? 한민족과 대한민국의 자존과 안정, 그리고 평화를 무엇으로 기약할 것인가?

정약용의 평화사상에서 길을 발견할 수 있을 것이다. 고구려가 험지에서는 지속적인 투쟁과 갈등 속에서 스스로 강인해지면서 나라를 보존할 수 있었고, 풍요로운 남쪽으로 내려와 안락한 평화를 추구하다가 멸망에 이르렀다고 한다면, 오늘 남한의 현실은 정약용이 말한 험지(險地) 그 자체가 아니겠는가! 수신(修身)을 하기 위해서만 성성(惺惺)한 자각상태를 유지해야 하는 것이 아니라 진정한 평화를 위해서도 정신이 늘 깨어있는 성성한 상태를 요구한다.

지금 우리가 맞닥뜨린 거칠고 험한 국제적 환경을 평화의 유지와 수호를 위한 강인한 정신자세로 직시하면서 대응해 나간다면 능히 헤쳐 나갈 수 있을 것이라 믿는다. 정약용이 백년 뒤의 미래전쟁에 대비하여 수원 화성을 그처럼 견고하게 설계하였듯이 미래의 평화를 위해 대비해 나가야 할 것이다.

2부 회통과 상생의 실천

김용휘

7장

해월 최시형의 공경과 살림의 평화사상

Ⅰ. 머리말

지금 한반도는 전쟁으로 치닫던 일촉즉발의 위기를 넘기고 남북간, 북미간 대화가 재개되면서 평화회복을 위한 노력이 진행되고 있다. 그동안 한반도는 분단으로 인해 많은 고통을 받아 왔다. 우리는 분단체제가 가져온 온갖 갈등과 분열로 많은 사회적 비용을 치러왔다. 진보와 보수의 이념적 갈등은 물론, 세대갈등도 일정부분 분단으로 야기된 측면이 있다. 정치도 종종 정책대결보단 이념대결로 가버린다. 심지어 경제적 평등의 주장, 양극화 해소 같은 의제들조차 종북적 사고로 매도되기도 한다.

분단은 우리의 정신도 반쪽으로 만들어 사고의 경직성을 초래해왔다. 배제와 분리, 이분법적 사고를 무의식적으로 강요함으로써 다양한 상상력, 창의적이고 통합적 사고를 차단해왔다. 어떤 면에선 분단 전 일제강점기 지식인들의 사유가 훨씬 넓었을 뿐 아니라 웅혼했다. 때문에 우리 사회의 갈등을 근본적으로 치유하고, 상식과 보편가치가 존중받는 사회를 만들기 위해서, 그리고 영구적인 한반도 평화를 구축하기 위해서 먼저 분단체제를 극복하는 것이 무엇보다 필요불급한 일이라고 할 수 있다.

한반도 분단은 민족내부의 문제임과 동시에 국제문제이기도 하다. 한반도 냉전구도의 해체를 통한 평화체제로의 전환, 그리고 동아시아 평화공동체를 만들어 나가는 것은 아시아 평화, 나아가 세계평화를 위해서도 매우 중요한 과정이다. 독일통일이 유럽통합 과정의 일부이었으며, 유럽 역사발전 과정의 한 부분이었듯이 한국의 분단체제 해소는 한반도 평화는 물론 아시아 역사발전 과정의 중요한 발판이 될 것이다.[1]

그런데 복잡한 국제 관계 속에서 분단체제를 극복하고 영구적인 한반도 평화를 구축하기 위해서는 고도의 전략과 깊은 지혜가 요구된다. 이러한 전략과 지혜는 단지 현실정치에 입각한 정치사회학적 접근만으로는 안

1 한반도평화포럼 지음, 『통일은 과정이다』(서울: 서해문집, 2015), p. 64.

되며, 역사적 경험에서 지혜를 얻고, 종교적·영성적 통찰에서 우리가 가야 할 방향을 근본적으로 탐색하는 인문학적 접근이 필요하다.

그런 작업의 일환으로 19세기 서세동점의 격변기에 탄생한 동학의 역사와 사상을 살펴보는 것은 의미 있는 작업이 될 것이다. 왜냐하면 19세기 조선의 상황도 지금과 별반 다르진 않았고, 특히 동학은 서양제국주의의 침략에 대응해서 보국안민(輔國安民)의 우리 학문으로 출발했기 때문이다. 따라서 이 글은 동학의 평화사상, 그 중에서도 해월 최시형을 중심으로 동학의 사상 안에 깃들어 있는 평화의 사유를 살펴보고, 그것이 오늘날 어떤 의미를 가질 수 있는지를 생각해 보고자 한다.

II. 보국안민의 우리학문

수운 최제우(水雲 崔濟愚, 1824~1864)는 애초에 구도 동기가 보국안민(輔國安民)이었다. 당시는 오랜 세도정치의 폐해 속에서 중앙정부의 무능과 지방수령들의 학정으로 백성들의 삶이 도탄에 빠져있었다. 게다가 서양제국들의 아시아 침략이 노골화되면서 서양의 침략에 대한 위기감이 팽배하던 때였다. 그래서 수운은 "우리나라는 악질이 세상에 가득 차서 백성들이 하시라도 편안할 때가 없으니 이 또한 상해의 운수요, 서양은 싸우면 이기고 치면 빼앗아 이루지 못하는 일이 없으니 천하가 다 멸망하면 또한 순망지탄이 없지 않을 것이라. 보국안민의 계책이 장차 어디서 나올 것인가"[2]라고 탄식하였다.

수운은 보국안민의 계책을 찾기 위해 10년을 주유천하하였다. 한 때는 직접 칼을 들고 서양의 침략에 대비하려는 생각도 없지 않았던 것 같다. 수운은 검무를 추기도 하였고, 이를 제자들에게 가르치기도 하였다. 하지만 정리된 동학의 가르침에 따르면 더 이상 칼로 방비하는 방법은 나오지 않는다. 대신 주문과 영부라는 다소 신비적인 처방을 보국안민의 대책으로 내놓는다. 이는 수운의 문제의식과 관련이 있다. 수운은 당시의 위기의 원인을 외부에만 돌리지는 않았다. 대부분의 종교창시자들처럼 보다 근본적인 차원에서 문제의 원인을 마음에서 찾았다. 수운은 옛 사람들은 하늘을 공경하고 하늘의 이치에 따라 살았는데 지금 사람들은 더 이상 하늘을 공경하지 않고 자기만을 위하는 이기심(各自爲心)에 빠졌다고 보았다.[3] 하늘과 단절되어 자기밖에 모르는 이기심을 위기의 근본원인이라고 보았던 것이다. 이러한 각자위심이 탐욕을 낳고 교만과 사치를 낳고, 그것이 다른 사람들에 대한 착취와 억압, 차별과 폭력으로 나타났다는 것이다. 제국주의적 침략이나 세도가의 권세나 수령들의 폭정이나 그 근본원인에서는 마찬가지라고 본 것이다.

따라서 수운이 경신년(1860) 4월에 하늘님을 만난 감격과 더불어서 얻은 해답은 직접적으로 서양 제국에 대한 군사적 대비라든지 굶주리는 백성들의 배를 부르게 하는 그러한 차원의 것은 아니었다. 수운이 얻은 답은 보다 근본적 차원에서 하늘과 유리되어 황폐해진 마음을 생명의 근원적

---

2 최제우, "포덕문," 『동경대전』(최제우와 최시형의 글 인용은 다음을 저본으로 한다), 천도교중앙총부 편, 『천도교경전』(2006), p. 21.

3 위의 글, p. 17.

샘에 다시 잇고 치유함으로써 내면의 초월적 차원을 회복하는 그런 차원의 것이었다. 따라서 자기의 마음에 깃든 하늘을 먼저 발견하라는 것이 수운의 핵심 가르침이었고, 이는 나중에 시천주(侍天主)라는 하나의 철학적 명제로 정립되었다. 여기서 주문과 영부는 이러한 이기심을 하늘의 마음으로 회복시키는 수련법으로서 주어진 것이었다.

수운은 이러한 수련의 원리를 '수심정기(守心正氣)'[4]라는 용어로 표현하였다. 수심정기는 내 안의 하늘 마음을 회복하여 그 마음을 오롯이 지켜내고, 나의 기운을 하늘 기운과 합치시킴으로써 몸을 바르게 하는 동학의 공부법이다. 이처럼 수심정기가 되면 저절로 마음과 기운이 봄날의 기운처럼 화평해지는 것을 '심화기화(心和氣和)'[5]라고 하였다. 말 그대로 마음과 기운이 온화해져서 깊이 평화가 깃든 상태를 말한다.

한편, 수운은 당시의 시대를 '다시개벽'의 시대라고 보았다. 개벽은 하늘과 땅이 처음 열리는 것을 의미하는데, 수운은 "개벽후 오만년에 노이무공하다가서 너를 만나 성공하니"라고 하였고 "십이제국 괴질 운수 다시 개벽 아닐런가"[6]라고 하여 5만 년 전 하늘과 땅이 열려 인간 문명이 시작된 이래로 그와 같이 문명적 차원의 커다란 전환이 다시 한 번 일어난다고 보았다. 신일철은 수운의 개벽사상을 "시운이 다한 왕조사회의 멸망을 예언하고, 서민들이 군자가 되어 새로 건설할 '군자공동체'로서의 지상천국을 대망한, '왕조해체기에 나타난 혁명적 변혁사상'"이라고 평가하였다.[7] 수운

4 위의 글, p. 51

5 최제우, "제서," 『동경대전』, p. 104.

6 최제우, "용담가," 『용담유사』, p. 171; "몽중노소문답가," p. 184.

7 신일철, 『동학사상의 이해』(서울: 사회비평사, 1995), p. 61.

의 개벽사상은 내세가 아닌 현세에서 인간의 절대평등과 평화공존을 염원한 현세적 유토피아 사상이라고 할 수 있다.

그런가 하면, 수운은 '불연기연'이라는 새로운 인식론을 통해 갈등과 분쟁 해소의 방법론을 내놓기도 하였다. 불연기연은 '아니다·그렇다'의 역설의 논리이며, 서로 상반되고 대립된 것을 일치시키는 '반대일치의 논리'이다.[8] 수운은 불연기연의 논리를 통해, 드러난 차원의 이면에는 숨겨진 질서가 있어서 겉으로는 모순, 반대되는 현상도 근원에서는 통합되어 있음을 보여줌으로써 분쟁을 줄이고 다양한 생각들이 평화롭게 공존할 수 있는 방법론을 내놓았다.

이처럼 수운의 사상은 직접적으로 평화를 논하지는 않았지만 그의 시천주의 사상이나 수심정기의 수련법, 다시개벽의 역사관, 그리고 불연기연의 논리는 모든 존재들이 그 자체로 거룩하며, 근원적으로는 하나의 하늘기운 속에서 서로 연결되어 있음을 강조하면서, 이 지상에서 평화롭게 공존하는 삶의 방식을 추구한 평화사상이라고 할 수 있다.

8 이돈화, 『동학지인생관』(서울: 천도교중앙총부, 1974), p. 19.

III. 해월의 생애와 문제의식

1. 해월의 생애

수운의 뒤를 이은 해월 최시형(海月 崔時亨, 1824~1898)은 평민 출신으로서 수운의 가르침을 민중의 삶 속에서 구현하며 동학을 평민의 철학이자 민중의 종교로, 또한 생명과 평화의 사상으로 정립했다. 그런가 하면 민중의 고난으로 응축된 분노의 에너지가 폭발적으로 증가하던 1890년대의 상황 속에서 보국안민과 척양척왜를 정면에 내걸고 민중혁명의 깃발을 올리기도 하였다.

해월의 본관은 경주(慶州)이며, 초명은 경상(慶翔)이었다. 아버지는 종수(宗秀)이며, 어머니는 월성 배씨(月城裵氏)이다. 5세 때 어머니를, 12세 때 아버지를 여의고 남의 집 머슴살이도 하고, 제지소에서 일하기도 하였다. 19세에 밀양 손씨(密陽孫氏)와 결혼한 뒤 처가가 있는 흥해에서 살다가, 28세 때 경주 승광면 마복동(현 포항 신광면)으로 이사했다. 한때 마을의 집강(執綱) 일을 맡아 처리하기도 하였다. 33세에 검곡(劍谷)으로 이사했다.

해월이 검곡으로 이사한 지 얼마 안 되어 경주 용담에 현인이 났다는 소문을 듣고 찾아가서 수운의 가르침을 받았다. 1863년 7월 북도중주인(北道中主人)으로 임명되었고, 8월 14일 수운으로부터 도통(道統)을 전수받았다. 그해 12월 수운이 체포되자 멀리 도망가라는 수운의 언지를 받고 태백산, 평해 등지에서 도피생활을 했다. 1864년 3월 수운이 처형되자 다음해

1월 평해에서 울진으로 거주를 옮겨 수운의 부인과 아들을 보살폈다. 같은 해 6월 영양으로 이사한 후 수도에 힘써 1년에 4차례씩 49일 기도를 하였다.

1866년 10월 수운의 탄신일에 모여든 교도들과 함께 계를 조직하기로 의견을 모으고, 1년에 2차례의 모임을 통해 흩어진 교도들을 재결속시키고 신앙을 다져나갔다. 1871년 영해에서 이필제(李弼濟)와 함께 교조신원운동에 참가했다가 또 다시 큰 희생을 치렀다. 1875년 도(道)는 용시용활(用時用活)하는 데 있으니 때에 따라 나아가야 한다고 하여 이름을 시형(時亨)으로 바꾸었다.

1878년 접소(接所)를 열고 교도들에게 접제(接制)의 통문(通文)을 돌려 수운의 뜻에 따라 도를 펼 것을 알렸다. 1880년 5월 인제군 김현수(金顯洙)의 집에 경전간행소를 세우고『동경대전』을 간행했다. 1881년에는 단양 샘골 여규덕(呂圭德)의 집에 경전간행소를 마련하여『용담유사』를 간행했다. 1884년 육임제(六任制)를 정하여 교단의 체계를 정비했으며 이후 교세를 충청도와 전라도에까지 확장했다.[9]

1892년 7월 호남의 접주 서인주(徐仁周)·서병학(徐丙鶴)이 찾아와 교조신원운동을 펼 것을 주장하였다. 해월은 처음에 반대했으나 이들이 독자적으로 충청도 관찰사에게 소장을 내고, 많은 교도들도 교조신원운동을 주장하자 11월 삼례역(參禮驛)에 도인들을 결집시켰다. 12월에는 정부에 상소문을 올려 수운의 억울한 죽음을 신원해 줄 것과 동학에 대한 탄압을

9 해월의 생애는 다음을 참고함. 표영삼,『동학 2-해월의 고난 역정』(서울: 통나무, 2005).

중지할 것을 건의했으나 회신이 없자 이듬해 2월 서울로 상경하여 광화문 앞에서 복합상소를 올리도록 했다. 이후 탄압이 더 심해지자 그해 3월 약 3만여 명의 도인들을 보은에 집결 시켜 교조신원과 척왜양창의(斥倭洋倡義)를 내세우면서 약 20일간 민회를 열었다.

1894년 1월 전봉준(全琫準)이 주도한 고부봉기 소식을 접하고 '이 또한 시운이니 금하기 어렵다'고 하였다. 그러나 지도부와 상의 없이 이루어진 부분에 대해서, 또한 시기적으로 이른 거사라는 측면에서 유감을 표했다. 하지만 전봉준, 손화중, 김개남 등이 3월 20일경 전면 기포하고, 그에 호응하여 여러 지방에서 농민군을 조직하여 봉기하자 해월은 4월 초에 통문을 내려 도인들을 청산에 소집했다. 해월은 이 과정에서 급진적인 혁명보다는 온건한 방법으로 해결하고자 하여「금석지전」이란 통문을 발표하여 일체의 탈취와 폭력행위 등을 금지하도록 하였다. 해월은 당시 수령들의 학정과 특히 동학도들에 대한 불법적인 탄압에 대해 마땅히 일어나 저항해야 한다고 보았지만 어디까지나 폭력적인 방식으로 해결하기를 원치 않았다.[10]

상황이 급변하여 서울의 경군과 일본군이 본격적으로 농민군들을 토벌하기 시작하자 해월은 마침내 9월 18일 총기포령을 내려 한양을 향해 진격하였다. 그러나 11월 10일경 공주 우금치 전투에서 통한의 패배를 당하였다. 이후 12월 24일 충주 외서촌 되자니에서 마지막 전투를 치른 이후 강원도 등으로 피신생활을 하면서 교세를 수습하고자 힘을 기울였다.

---

10 박맹수, "동학농민혁명기 해월 최시형의 활동,"『개벽의 꿈, 동아시아를 깨우다』(서울: 모시는사람들, 2011), pp. 281~285.

1897년 12월 손병희(孫秉熙)에게 도통을 전수하고, 1898년 3월 원주 송골에서 체포되어 그해 6월 처형되었다.

2. 시대인식과 문제의식

해월은 당시 시대를 선천과 후천의 운수가 갈아드는 개벽의 운수로 보았다. 이는 앞에서 살핀 수운의 시운론적 역사관을 계승한 것이다. 그러므로 당시를 큰 전환의 시기로 인식하고, 이러한 시기에는 모든 것이 편안하지 못하다고 보았다.

> 이 세상의 운수는 개벽의 운수라. 천지도 편안치 못하고, 산천초목도 편안치 못하고, 강물의 고기도 편안치 못하고, 나는 새.기는 짐승도 다 편안치 못하리니, 유독 사람만이 따스하게 입고 배부르게 먹으며 편안하게 도를 구하겠는가. 선천과 후천의 운이 서로 엇갈리어 이치와 기운이 서로 싸우는지라, 만물이 다 싸우니 어찌 사람의 싸움이 없겠는가.[11]

해월은 당시의 시대를 '불안'이라는 심리적 기조로 포착하는 한편, 이러한 시기에는 필연적으로 인간들의 싸움이 없을 수 없다고 인식한다. 즉 낡은 정치는 물러갔지만 새 정치가 아직 펴지 못하여 큰 난리가 예상된다고 하였다.

11 최시형, "개벽운수," 『해월신사법설』, p. 330.

> 선천은 물질개벽이요 후천은 인심개벽이니 장래 물질발명이 그 극에 달하고 여러가지 하는 일이 전례없이 발달을 이룰 것이니, 이때에 있어서 도심은 더욱 쇠약하고 인심은 더욱 위태할 것이며 더구나 인심을 인도하는 선천도덕이 때에 순응치 못할지라.[12]

하지만 이 전환기를 거쳐 "새 하늘 새 땅에 사람과 만물이 또한 새로워질 것"이라고 하였다 당시를 이렇게 큰 전환기로 생각하는 그는 이 난리를 거쳐 새로운 도(道)와 덕(德)이 나와 시대를 선도하고 새로운 문명이 건설될 것이라고 보았다. 그 새로운 도와 덕은 당연히 동학의 도와 덕을 의미하였다. 그의 문제의식은 스승이 내놓은 도를 깨달아 그것을 천하에 펴는 일(布德天下)이었다. 다만 그는 순서에서 우리나라 운수를 먼저 좋게 하는 보국안민이 우선되어야 한다고 생각했다. 나아가 널리 창생을 건지는 광제창생을 함으로써 후천 오만년 내려갈 지상낙원을 만드는 일이 그의 사명이었다. 그런 측면에서 그는 단지 왕정을 끝내는 것이 목표가 아니었다. 그는 보다 긴 호흡으로 역사를 바라보았던 것이다. 그러나 그의 역사관은 구체적인 방법론이 결여되었다는 측면에서 현세적 유토피아 사상의 한계를 벗어나지는 못했다고 할 수 있다.[13]

이러한 유토피아적 요소가 있긴 하지만 해월은 스승의 가르침을 평민의 언어로 재해석하여 민중의 삶 속으로 자리 잡게 하였다. 해월은 스승의 '시

---

12 최시형, "기타,"『해월신사법설』, p. 417.

13 신일철, 위의 글, p. 67.

천주' 가르침을 '사람을 하늘님같이 섬기라'는 '사인여천(事人如天)'의 가르침으로 재해석했다. 또한 당시 핍박받던 민중, 특히 여성과 어린이까지도 하늘님으로 공경하라고 가르쳤다. 또한 천지를 부모와 같이 섬겨야 한다는 천지부모의 사유를 내놓았으며, 자연만물까지도 공경하는 경물(敬物)을 외침으로써 동학을 생명사상으로 정립했다.

해월은 공경을 일상에서 생활화해 동학적 인간상을 정립하고 동학적 인격의 전형을 몸소 보여주었다. 이규성은 "해월 최시형은 최제우의 제자가 되어 무극대도와 만물에 대한 종교적 경외심을 마음 속 깊이 경험했다. 최제우는 우주와 인간의 공격적 관계, 인간과 인간의 원한 관계라는 모든 부정적 관계를 조화로 이끄는 화해와 평화의 덕을 한몸에 집약하고 있었다."[14]라고 평가했다. 동학을 비로소 참다운 민중의 종교로 재탄생시킨 것은 해월의 공이며 그의 사상은 계급해방을 넘어 남녀해방, 어린이해방을 촉구하였으며, 경물의 생태적 해방에까지 이르러 모든 생명들이 하늘로 존중받는 평화공존의 세상을 꿈꾸었다고 할 수 있다.

---

14 이규성, 『최시형의 철학』(서울: 이화여자대학교 출판부, 2011), p. 10.

IV. 해월의 평화와 개벽의 길

1. 도와 덕이 사람 살리는 기틀이다

해월이 직접 평화를 언급하는 구절은 두 구절이 있다. 그 중에 하나는 다음과 같다.

> 남계천이 묻기를 「세 가지 재앙은 어떻게 면합니까.」
> 신사 대답하시기를 「삼재 가운데 전란을 피하는 일이 가장 쉬우니, 적병이 습격하여 와서 인명을 살해할 때에 의기 남아로 하여금 적군의 앞에 나아가 그의 원하는 바를 들어주고 평화를 공작하면 가히 면할 것이요, 흉년은 처음 평년부터 절용하여 칠년간의 양식을 저장하여 둘 것이니라. 천리가 아직까지는 칠년 흉년은 없었느니라. 가히 흉년은 면할 것이니, 이것은 사람 사람이 단결하고 협력하면 가능할 것이요, 질병은 사람이 다 수심정기 하여 마음이 화하고 기운이 화하면 능히 면하리라.」[15]

이 구절은 남계천이 삼재(三災)를 면하는 방법을 묻는 대답에서 나온다. 삼재는 가난(흉년)과 질병과 전쟁으로 백성들을 가장 괴롭히는 재앙이라고 볼 수 있다. 이 중에서 전쟁을 피하는 방법은 의기남아로 하여금 적

15 최시형, "삼재," 『해월신사법설』, p. 385.

진에 가서 화의(和議)를 청하는 것으로 듣고 있다. 어떻게 보면 다소 순진한 답변으로 볼 수 있지만 요점은 어떤 경우에도 전쟁으로 맞부딪치기 보다는 외교적인 담판을 통해 평화적으로 해결해야 한다는 입장을 표명한 것으로 볼 수 있다.

두 번째로 평화를 언급하는 구절은 다음과 같다.

> 손병희 묻기를「전란을 당하면 각국이 서로 병기를 가지고 승부를 결할 것이니, 이 때를 당하여 우리 도인은 두 나라가 서로 싸우는 사이에서 어떤 좋은 생각으로 이길 수 있습니까.」
> 신사 대답하시기를「전쟁은 다만 병기만 가지고 이기는 것은 없느니라. 병전을 능가하는 것은 책전이니, 계책이 지극히 큰 것이니라. 서양의 무기는 세상 사람이 견주어 대적할 자 없다고 하나 무기는 사람 죽이는 기계를 말하는 것이요, 도와 덕은 사람 살리는 기틀을 말하는 것이니, 그대들은 이 때를 당하여 수도를 지극한 정성으로 함이 옳으니라. 큰 전쟁 뒤에는 반드시 큰 평화가 있는 것이니, 전쟁이란 평화의 근본이니라. 사상은 동방에 있고 기계는 서방에 있느니라. 구름이 서산에 걷히면 이튿날이 맑고 밝으니라. 사람은 한 사람이라도 썩었다고 버릴 것이 없나니, 한 사람을 한번 버리면 큰일에 해로우니라. 일을 하는데 있어 사람은 다 특별한 기술과 전문적 능력이 있으니, 적재적소를 가려 정하면 공을 이루지 못할 것이 없느니라.」[16]

16 최시형, "오도지운," 『해월신사법설』, p. 392.

이 구절에서는 부득이하게 전란을 당하게 되었을 경우 어떻게 처신해야 하는지를 묻고 있다. 그런데 해월은 이 경우에도 직접적으로 군사적인 대결보다는 책전을 통해 해결할 것을 종용하고 있다. 그리고 결국 사람을 살리는 기틀은 도와 덕에 있음을 강조하면서 이러한 때일수록 더욱 수도에 힘쓸 것을 당부하고 있다. 큰 전쟁 뒤의 큰 평화라는 것은 그가 지금을 큰 혼란기로 보고 있으며 이후 반드시 좋은 세상이 온다는 개벽적 역사관에 입각해 있음을 다시 한 번 확인시켜 준다. 이 구절의 마지막에는 인사(人事)에 대한 언급을 하고 있어 다소 의아스러운데 곰곰이 살펴보면 결국 사람을 가려서 시비를 하고 분당을 함으로써 생기는 갈등과 분란을 경계하는 말로 볼 수 있다. 전란과 같은 큰일을 당했을 때, 또한 전란 이후 새로운 기반을 구축해야 하는 중요한 시기일수록 탕평인사와 통합의 리더십이 요구된다는 말로 이해할 수 있다. 이 구절은 이후 손병희의 「삼전론」(1904년)으로 정립된다.

위 구절에서 제일 중요한 부분은 "도와 덕이 사람 살리는 기틀이다."라는 구절이다. 도와 덕이 평화의 기틀이라는 것이다. 동학의 도는 천도(天道)를 말한다. 즉 우주의 운행원리이자 생명의 원리이다. 수운은 이를 '무위이화(無爲而化)'라고 풀이한 바 있다. 해월은 이 무위이화를 "사람이 만물과 더불어 천도와 천리에 순응하는 우주만유의 참된 모습"[17]이라고 풀이하였다. 다시 말해 다른 사람들은 물론 만물과 더불어 공존할 수 있는 생명의 길, 평화의 길을 말한다. 그런데 서양의 제국주의 문명은 천도와 천리를 어기고 생명을 죽이는 폭력적 길로 가고 있다. 해월은 이를 바로 잡아

17 최시형, "기타," 『해월신사법설』, p. 421.

서 도와 덕이라고 하는 가치를 기준으로 생명을 살리고 평화를 이룩하는 길로 가야한다는 것이다.

위 두 구절을 보면 일단 해월은 '평화'라는 용어를 전쟁과 대비되는 개념으로 쓰고 있다. 즉 전쟁이 없는 상태를 일차적으로 평화로 보고 있음을 알 수 있다. 평화의 최소 조건은 전쟁이 없는 상태이다. 이는 다음 구절에서도 확인된다.

> 묻기를 「어느 때에 현도가 되겠습니까」
> 신사 대답하시기를 「산이 다 검게 변하고 길에 다 비단을 펼 때요, 만국과 교역할 때이니라.」
> 묻기를 「어느 때에 이같이 되겠습니까」
> 신사 대답하시기를 「때는 그 때가 있으니 마음을 급히 하지말라. 기다리지 아니하여도 자연히 오리니, 만국 병마가 우리나라 땅에 왔다가 후퇴하는 때이니라.」

언제 도가 드러나 좋은 세상이 오겠냐는 제자의 질문에 해월은 산이 다 검게 변하고 길에 비단을 펼 때요, 만국과 교역할 때라고 답한다. 또 언제 그렇게 되겠냐는 질문에 "만국병마가 우리나라 땅에 왔다가 후퇴하는 때"라고 답한다. 결국 좋은 세상은 모든 군대가 물러가서 전쟁이 종료되고 평화를 되찾는 그때라는 답이다. 한반도에 외국 군대가 사라지는 그날 평화가 올 것이라는 말이다.

2. 마음의 평화, 일상의 평화

평화의 최소조건으로서 전쟁이 없어야 하는 것은 말할 것도 없지만, 그렇다고 평화가 단지 전쟁이 없는 상태, 또는 폭력이 없는 상태 정도로 규정한다면 너무 소극적인 정의가 될 것이다.[18] 진정한 평화는 몸과 마음에서 흘러넘쳐서 일상에서 기쁨으로 드러나는 것이다.

마음의 평화, 일상의 평화는 정치적 평화 이후에 주어지는 보다 적극적 평화이다. 하지만 역으로 마음의 평화가 세상의 평화를 위한 필요조건이라고 볼 수도 있다. 마음에 평화가 깃들어야 누구를 만나든지 평화적인 말과 행동이 가능할 것이며, 그런 평화의 방법론으로만 세상에 참된 평화를 가져오게 할 수 있을 것이다.

이러한 몸과 마음의 평화를 앞에서 살펴본 것처럼 이를 수운은 '심화기화(心和氣和)'라는 말로 표현했다. 해월 역시 '심화기화'가 되어야 참된 평화가 깃들고, 몸과 마음이 봄처럼 화해져야 세상에 봄이 올 것이라고 하였다.

南辰圓滿脫劫灰　남쪽별이 둥글게 차고 겁회를 벗어나니
東海深深萬里淸　동해가 깊고 깊어 만리에 맑았어라.
千山萬峰一柱綠　천산 만봉은 한 기둥처럼 푸르고
千江萬水一河淸　천강 만수는 한 하수처럼 맑으니라.

18 이찬수, 『평화와 평화들: 평화다원주의와 평화인문학』(서울: 모시는사람들, 2016), pp. 32~41.

心和氣和一身和	마음이 화하고 기운이 화하니 온 몸이 화하고
春回花開萬年春	봄이 돌아오고 꽃이 피니 만년의 봄이로다.
青天白日正氣心	청천백일에 기운과 마음을 바르게 하니
四海朋友都一身	사해의 벗과 벗이 모두 한 몸이로다.[19]

이 시는 1871년 태백산에서 49일 공부를 마치고 읊은 일종의 오도송이다. 평민으로 태어나 어려운 시절을 보냈고, 글공부를 제대로 하지도 못하고 쫓기는 몸이 되었지만, 해월은 늘 그 와중에서도 수도를 게을리 하지 않았고, 마침내 마음이 활짝 열렸다. 이 때 열린 마음의 세계는 봄의 기운으로 가득한 평화의 세계였다. 이 시는 마음이 화해지고 기운이 화해지니 온 몸이 화해진다고 했고, 심화기화가 되어야 세상의 봄이 오고 문명의 꽃이 피어서 만년을 내려갈 평화가 올 수 있다고 노래하고 있다. 그리고 사해의 모든 벗들이 한몸처럼 어우러지는 좋은 날이 올 것이라고 하였다.

이러한 심화기화는 수심정기 공부를 통해서 도달할 수 있는 지극히 고요하고 평화로운 마음의 상태이다. 마음과 기운이 하늘의 기운(至氣)과 잘 조응된 상태이며, 내 몸과 마음의 테두리가 해체되어 하늘의 지극한 기운과 합치된 상태이다. 해월은 이러한 마음의 상태를 "사람의 성령은 하늘의 일월과 같으니, 해가 중천에 이르면 만국이 자연히 밝고, 달이 중천에 이르면 천강이 자연히 빛나고, 성품이 중심에 이르면 백체가 자연히 편안하고, 영기가 중심에 이르면 만사가 자연히 신통한 것이니라."[20]라고 표현하기도

19 최시형, "강시," 『해월신사법설』, pp. 406~407.

20 "수심정기," 『해월신사법설』, p. 297.

했다. 또 해월은 성인의 절개는 겨울 산마루에 외로운 소나무와 같아서 홀로 봄빛을 띤다"(聖節如冬嶺孤松 獨帶春光)고 하였다. 마음의 깊은 평화가 흘러넘치면 몸에 온화한 봄기운으로 드러나고 그 힘이 주변을 밝게 하고 생명을 살리는 원천이 된다.

해월의 평화사상에서 특징적인 것은 '부화부순'의 강조라고 할 수 있다. 부부가 화순하지 못하면 그만큼 일상의 평화가 무너지는 것도 없다. 그래서 해월은 부화부순을 도의 으뜸 종지라고 하였고, "남녀가 화합치 못하면 천지가 막히고, 남녀가 화합하면 천지가 크게 화하리니"[21]라고 하였다. 그리고 부부화순을 위해서 '마음과 정성을 다해 절을 하라'고 하는 등 남자들의 적극적 역할을 강조했다.

또한 일상에서 다른 사람과의 관계에 있어서도 평화로운 관계를 유지할 수 있는 방법을 제시하였다.

> 사람을 대하고 물건을 접함에 반드시 나쁜 것은 가려주고 잘하는 것은 칭찬하는 것으로 주를 삼으라. 저 사람이 포악으로써 나를 대하면 나는 어질고 용서하는 마음으로써 대하고, 저 사람이 교활하고 교사하게 말을 꾸미거든 나는 정직하게 순히 받아들이면 자연히 돌아와 화하리라.[22]

21 "부화부순," 『해월신사법설』, pp. 339~340.

22 "대인접물," 『해월신사법설』, pp. 282~283.

최근에 갈등과 분쟁을 줄이기 위한 '비폭력대화'[23]가 주목받고 있기도 한데, 해월 역시 사람을 대할 때 잘못을 그대로 말하지 말고, 늘 칭찬을 주로하며 온화하게 대할 것을 강조한다. 해월은 또"내 핏덩어리만이 아니어니 어찌 시비하는 마음이 없으리오마는 만일 혈기를 내면 도를 상하므로 내 이를 하지 아니하노라."라고 하여 시비를 하기보단 순히 받아들이라고 강조한다. 하지만 이것이 말처럼 쉬운 것이 아니다. 그래서 해월도 이 때를 당해 도력을 알 수 있다고 했다. 그리고 이것이 가능하기 위해서라도 먼저 심화기화가 되어야 한다. 몸과 마음을 적신 평화의 기운은 주변에 흘러넘쳐서 일상의 평화를 가져오게 할 것이다. 단순히 비폭력을 넘어 진정한 평화와 기쁨을 가져오게 할 것이다.

3. 사해동포주의와 개벽세상

앞 절에서 살펴본 것처럼 해월의 사상은 만유와의 우주적 연대성에 의거한 화해와 공경의 사상으로 요약될 수 있다. 해월의 동학사상의 특징은 평민의 사상이라는 점에 있으며, 모든 생명에 대한 '공경과 살림'을 중시하는 생명사상이자 평화사상이었다. 이는 구체적으로 사인여천(事人如天)과 삼경(三敬)의 사상으로 표현되었으며, '살림'의 실천으로 드러났다. 수운이 시천(侍天), 모심을 강조했다면, 해월은 양천(養天), '살림'을 강조했다. 해월은 모심이 제대로 되기 위해서라도 양천주(養天主)의 기름, 살림이 필요하

---

23 마셜 로젠버그, 캐서린 한 역, 『비폭력대화』(서울: 한국NVC센터, 2011) 참조.

다고 하였다.[24] 그의 모든 실천은 한마디로 말하면 '살림'이라고 할 수 있다. 살림은 죽임에 반대되는 의미에서 살림이며, "인간이 자기와 이웃과 자연 안에 내재해 있는 우주생명을 키움으로써 '자아'와 '공동체'와 '생태계'의 공진화를 도모하는"[25] 살림이다.

이 살림은 때로는 죽임의 폭력, 기존 봉건 세력과 제국주의에 맞서는 강력한 저항의 원리가 되기도 한다. 동학농민혁명도 그러한 살림운동의 차원에서 평가할 수 있다.

> 갑오 일로 말하면 인사로 된 것이 아니요 천명으로 된 일이니, 사람을 원망하고 하늘을 원망하나 이후부터는 하늘이 귀화하는 것을 보이어 원성이 없어지고 도리어 찬성하리라. 갑오년과 같은 때가 되어 갑오년과 같은 일을 하면, 우리나라 일이 이로 말미암아 빛나게 되어 세계 인민의 정신을 불러 일으킬 것이니라. 이 뒤에 또 갑오년과 비슷한 일이 있으리니 외국 병마가 우리 강토 안에 몰려들어 싸우고 빼앗고 하리라. 이 때를 당하여 잘 처변하면 현도가 쉬우나, 만일 잘 처변치 못하면 도리어 근심을 만나리라.[26]

해월은 동학농민혁명을 단순한 반봉건, 반제국의 민중 혁명일뿐 아니라 새로운 문명을 외친 개벽운동의 차원에서 바라본다. 동학농민혁명이야말

---

24 최시형, "양천주," 『해월신사법설』, p. 367.

25 모심과살림연구소, 『죽임의 문명에서 살림의 문명으로-한살림선언 다시 읽기)』 (서울: 도서출판 한살림, 2010), p. 76.

26 최시형, "오도지운," 『해월신사법설』, p. 391.

로 조선말기 사회의 대내외적 모순에 대한 민(民)의 생존적 울부짖음이었으며 불의하고 무능한 권력에 대한 총체적인 저항이었으며 외세에 굴종하는 정부와 벼슬아치에 대해 목숨으로 민족적 자존을 지킨 항거였다. 또한 민중이 역사의 주체가 되어 현실의 모순과 불평등을 개혁하자는 자발적 정치운동이자 모든 사람들이 하늘님으로 존중받는 새로운 세상을 열고자 한 개벽운동이었다.[27]

해월의 평화사상에서 주목해야 할 것이 인오동포(人吾同胞), 물오동포(物吾同胞)의 사해동포주의이다. 해월은 경천(敬天)의 의미를 새롭게 부여하면서, 경천이란 공중의 하늘을 공경하는 것이 아니라 내 마음을 공경하는 것이라 하였다. 하늘을 공경함으로써 모든 사람이 나의 동포임과 나아가 모든 만물이 나의 동포라는 전체의 진리를 깨달을 수 있다고 하였다.

> 하늘을 공경함은 결단코 빈 공중을 향하여 상제를 공경한다는 것이 아니요, 내 마음을 공경함이 곧 하늘을 공경하는 도를 바르게 아는 길이니, 「내 마음을 공경치 않는 것이 곧 천지를 공경치 않는 것이라」함은 이를 이름이었다. 사람은 하늘을 공경함으로써 자기의 영원한 생명을 알게 될 것이요, 하늘을 공경함으로써 모든 사람과 만물이 다 나의 동포라는 전체의 진리를 깨달을 것이요, 하늘을 공경함으로써 남을 위하여 희생하는 마음과 세상을 위하여 의무를 다할 마음이 생길 수 있나니, 그러므로 하늘을 공경함은 모든 진리의 중심이 되는 부분을 움켜잡

27 김용휘, "동학의 모심의 영성과 사회복지," 『영성과 사회복지』, 제4권 제1호(2017), p. 10.

는 것이니라.

위의 구절을 보면 해월에게 '하늘'은 공중의 하늘이나 인격적 절대자를 의미하지는 않는다. 해월에게 하늘은 마음인 동시에 천지이다. 이는 수운의 내유신령과 외유기화를 좀 더 세속화하여 소박하게 표현한 것으로 볼 수 있다. 그래서 해월의 경천은 내 마음을 공경하는 것임과 동시에 천지를 공경하는 것이다. 천지를 나의 생명의 근원으로서 부모처럼 공경한다는 것이다. 천지가 나의 부모라면 그에서 나온 모든 사람들, 모든 만물은 나의 형제자매가 된다. 그래서 인오동포, 물오동포라는 사유가 나올 수 있는 것이다. 그런 점에서 '천지부모'의 사유는 생명사상이면서도 사해동포주의적인 평화사상이기도 하다.

이러한 사해동포주의적 이상을 수운은 "억조창생 많은사람 동귀일체 하는줄을 사십평생 알았더냐"[28]라고 하면서 동귀일체(同歸一體)'라는 말로 표현하였다. 동귀일체는 모든 사람들이 한몸처럼 하나가 된다는 의미이다. 모든 사람들이 하늘마음을 회복해서 한마음 한몸처럼 어우러지는 것을 말한다. 이것이 해월이 꿈꾸는 평화의 최종적 이상이라고 할 수 있다. 그래서 해월은 "한 사람이 화해짐에 한 집안이 화해지고, 한 집안이 화해짐에 한 나라가 화해지고, 한 나라가 화해짐에 천하가 같이 화하리니, 비 내리듯 하는 것을 누가 능히 막으리오."[29]라고 하였다.

해월의 평화사상은 '심화기화'의 마음의 평화에 기반한 일상의 평화, 그

---

28 "교훈가," 『용담유사』, p. 126.
29 "대인접물," 『해월신사법설』, p. 284.

리고'공경과 살림'을 통해 적극적으로 행동하는 평화사상이라고 할 수 있다. 이는 이후에 3·1운동으로 1920년대 어린이운동을 비롯한 문화운동, 그리고 해방공간에서 통일운동으로 이어졌다. 3·1운동은 독립선언서에서도 표방했듯이 비폭력 평화운동이자 '도의적 신문명'을 열망하는 개벽운동이었다. 1920년대 문화운동과 해방공간에서의 통일운동 역시 해월의 살림 사상과 천도교의 인내천에 바탕하여 자본주의와 사회주의를 공히 넘어서고자 했던 신문명운동의 일환이었다. 해월의 평화는 동귀일체의 한마음으로 모두가 천도의 생명원리를 존중하는 개벽세상을 최종적으로 열망하고 있다고 하겠다.

V. 현대적 의의

지금까지 살펴보았듯이 해월의 평화사상은 현세적 유토피아에 입각하고 있다. 특히 제국주의의 본질에 대해서 깊은 이해를 가지고 있지는 못한 것으로 생각된다. 하지만 해월의 사상은 종교사상이기에 보다 근본적인 차원에서 평화의 이상을 보여주고 있다. 해월은 어떤 경우에도 전쟁을 치루기보다는 외교적인 담판을 통해 평화적으로 해결해야 한다는 입장을 표명했으며, 부득이한 경우 전쟁이 일어나도 직접적인 병전보다는 책전을 통한 해결을 촉구했다. 하지만 당시를 개벽의 운수로 보는 그는 큰 전란이 한번은 올 것이라고 보고 있기도 했다. 그리고 이런 시기일수록 수도에 더욱 힘써서 진정한 도덕 문명을 이룩해야 한다고 보았다.

해월의 평화사상은 심화기화의 마음의 평화를 강조하고, 공경과 살림의 행동을 강조하는 평화사상이라고 할 수 있다. 그는 천지를 한낱 물리적 자연으로만 보지 말고 부모님처럼 섬기라고 하였고, 그렇기에 거기서 난 모든 사람과 만물이 하나의 형제자매라고 설파했다. 이러한 만유와의 우주적 연대성에 의거한 화해와 공경, 그리고 살림의 정신이 그의 사상의 핵심이다. 대부분의 폭력과 전쟁이 생명의 존엄성과 연대성에 대한 자각 없이 상대방을 폄하하고 차별하고 수단화할 때 일어난다고 볼 때 해월의 공경과 살림의 철학은 가장 근본적이고 강력한 실천으로 나아가게 할 수 있다.

복잡한 국제관계와 냉혹한 현실 정치에서 볼 때 이러한 해월의 사상은 한가하게 들릴 수도 있다. 하지만 외교적 담판과 책전을 강조하였고, 도와 덕이 사람을 살리는 기틀이라고 한 해월의 말에 귀 기울일 필요가 있다. 늘 변하는 현실에 일희일비하기보다는 평화와 공존이라고 하는 보편가치를 무기로 삼아 보다 담대하게 나아갈 필요가 있다. 그런 점에서 해월이 피력했던 공경과 살림, 수도를 통한 깊은 마음의 생태학, 깊은 마음의 평화학은 큰 정치의 근본적인 지점을 짚고 있다고 하겠다.

박맹수

8장

전봉준의 평화사상

Ⅰ. 서론

1894년 3월 21일(음력)에 일어난 동학농민혁명 최고지도자 전봉준(全琫準)은 1855년에 지금의 전라북도 고창군 고창읍 당촌 마을에 세거하던 천안 전씨(天安全氏) 집안에서 태어났다. 어렸을 때 이름은 철로(鐵爐)요, 자는 명숙(明淑)이며, 동학농민혁명 당시에는 '녹두장군'이라는 애칭으로 불렸다. 전북 김제군 금산면 원평리 일대에 전승되어 오는 이야기에 의하면, 어린 시절의 전봉준은 원평(院坪) 부근의 서당(書堂)에 다녔으며,[1] 20대 전후에는 태인현 동곡으로 이거하였다고 한다. 전봉준의 최후진술을 담고 있는 『전봉준공초(全琫準供草)』[2]에 거주지가 전라도 태인현(泰仁縣) 산외면(山外面) 동곡(東谷)으로 기재되어 있는 사실로 보아 전봉준이 태인 동곡에 거주한 것은 사실이라 할 것이다. 동곡은 원평에서 지근거리에 있으며 농민군 지도자 김개남(金開南)이 태어난 마을이기도 하다. 또한, 공초에 따르면 전봉준은 1880년대 후반, 그의 나이 30대 무렵에는 태인 산외면 동곡을 떠나 고부군 이평면 조소리(鳥巢里)로 이주했다고 한다.

그렇다면 19세기 후반, 고창 당촌 마을에서 태어나 청소년기에 김제 원평, 태인 동곡을 거쳐 동학농민혁명 수년 전에 고부 조소리에 자리를 잡은 전봉준이 거처를 옮겨가며 살아가는 동안 체험하고 목격했던 당대 현실은 과연 어떤 것이었을까? 그것은 바로 밖으로는 '서세동점'과 안으로는 '삼정문란'으로 대표되는 탐관오리들의 가렴주구에 시달리고 있는 민초들

1 전봉준이 어린 시절에 서당에 다녔던 김제군 금산면 원평리 일대는 1893년의 교조신원운동 단계에서 있었던 원평집회와 1894년의 동학농민혁명 전개 과정에서 군량 조달 등의 책임을 맡았던 김덕명(金德明) 대접주의 출신지이자, 제2차 동학농민혁명 당시 일본군과 맞서 싸운 '구미란 전투'가 있었던 곳이기도 하다. 원평에 가면 지금도 전봉준이 다녔던 서당 터를 확인할 수 있다.

2 국가기록원과 서울대 규장각에 원본이 소장되어 있으며, 국사편찬위원회와 한국학중앙연구원 장서각에는 규장각본을 저본으로 한 마이크로필름이 보관되어 있다.

의 신산(辛酸)한 삶 바로 그 자체였던 것으로 짐작된다. 이는 동학창시자 수운 최제우가 일찍이 "우리나라에는 나쁜 병이 가득해 백성들이 사시사철 단 하루도 편안할 날이 없다"[3]라고 지적한 현실과 조금도 다름없는 현실이었다. 이처럼 '백성들이 사시사철 단 하루도 편안한 날이 없다'고 표현되는 위기의 시대에 태어나 각지를 전전하며 전봉준이 목격한 현실은 당대 민초들의 생명, 생업, 생활이 전면적으로 위협받는 위기 상황, 이른바 반평화적 상황 그 자체였다고 할 수 있다.

주지하듯이, 이러한 시대 상황을 타파하여 민중의 생명과 생업, 생활이 보장되는 세상을 열고자 하는 아래로부터의 열망을 집대성하여 등장한 새로운 사상이 바로 1860년 수운 최제우가 창도한 동학이다. 동학은 창도 초기인 1860년대에는 주로 경상도를 중심으로, 이어 1870년대에는 강원도 영서(嶺西)의 산악지대를 중심으로 포교되었으며, 1880년대 후반에는 전라도 일대(전주, 삼례, 익산, 고산, 부안, 태인, 고부, 정읍, 무장)에도 널리 전파되고 있었다. 전봉준은 1880년대 후반에 동학이 전라도에 급격하게 전파될 무렵, 태인 동곡에서 고부 조소리로 이사를 오면서 동학에 입도했던 것으로 보인다. 그렇다면 전봉준은 왜 당시 조선왕조 지배층이 이단사술(異端邪術)로 배척, 탄압하는 동학에 빠져들게 되었을까? 그 이유의 일단을 알 수 있는 내용이 『전봉준공초』에 고스란히 남아있다. 관련 내용을 인용한다.[4]

---

3 최제우 지음, 박맹수 역, 『동경대전』(서울: 지식을 만드는 지식, 2009), p. 43.

4 국사편찬위원회, 『동학란기록』 하 (서울: 탐구당, 1971), p. 534.

문: 소위 동학이라는 것은 어떤 주의이며 어떤 도학인가?

(所謂東學 何主義 何道學乎)

답: 마음을 지켜 충효로 본을 삼고, 보국안민하고자 하는 것이다.

(守心 以忠孝爲本 欲輔國安民也)

문: 너도 역시 동학을 대단히 좋아하는 자인가?

(汝亦 酷好東學者耶)

답: 동학은 수심경천의 도이기 때문에 대단히 좋아한다.

(東學 是守心敬天之道 故酷好也)

위의 내용에 따르면, 전봉준은 동학의 가르침을 보국안민(輔國安民)과 수심경천(守心敬天)의 도학으로 파악하고 있다. 이에 대해 필자 나름의 해석을 하자면 '수심경천'(개인의 영성)과 '보국안민'(사회 혁명)을 동시에 추구하는 동학이라는 도학이야말로 전봉준에게는 서세동점에 시달리는 조선이라는 나라와, 탐관오리들의 가렴주구 및 빈발하는 자연재해와 전염병 등에 시달리던 조선의 민초들을 건질 새로운 도학이었기에 그는 동학을 '혹호'(酷好; 대단히 좋아함)할 수밖에 없었고, 그리하여 동학에 입도하지 않을 수 없었던 것으로 보인다.

한편, 이르면 1888~1889년경, 늦어도 1890~1891년경에는 동학에 입도한 전봉준이 동학 교단의 유력한 지도자로 부상하게 되는 것은 1892년 7월경부터 준비되어 전개되기 시작한 동학의 교조신원운동(敎祖伸寃運動) 단계부터이다. 구체적으로는 1892년 음력 11월초부터 전개된 전라도 삼례집회 단계부터 전봉준은 두드러진 활약을 보이기 시작하였다.[5] 교조신원운동은 동학 교단이 중심이 되어 '교조의 신원(동학 공인 요구), 지방관의 가렴주구 금지, 척왜양' 등 세 가지 요구를 내걸고 전개되었는데, 전봉준은 그 중에서도 특히 서양 열강과 일본의 경제적 침탈에 반대하는 척왜양 운동, 곧 외세의 침탈에 맞서 국권을 수호하기 위한 반외세 운동을 적극 주도했던 것으로 알려지고 있다.[6]

삼례집회 단계부터 지도력을 발휘한 전봉준은 1893년 2월의 서울 광화문 복합상소, 같은 해 3월 10일부터 이루어지기 시작한 충청도 보은집회 등에 호응하기 위하여 그가 어린 시절 서당에 다녔던 원평을 중심으로 도인(道人: 동학 신자)들을 결집하였다. 그러나 이 같은 교조신원운동은 조선왕조 지배층의 강경 탄압책과 열강의 간섭으로 좌절되고 말았다. 교조신원운동 좌절 이후, 전봉준은 고부 조소리에 칩거하면서 고부군수 조병갑의 악정(惡政)에 반대하는 진정서를 여러 차례[7] 제출했지만 번번이 추방당하였고, 진정서를 제출한 대표자들과 함께 탄압을 받았다. 이에 전봉준은 '사발통문 모의'[8]를 해서라도 고부군수 조병갑의 폭정으로 상징되는 지방관들의 악정을 개혁하고자 했지만 이 역시 실패로 돌아갔다.

그러나 1894년 음력 1월 10일, 익산 군수로 전임 발령이 났던 조병갑이 다시 고부군수로 눌러 앉게 된 바로 그 날, 전봉준은 고부 농민들과 함께

5 崔炳鉉, 『南原郡 東學史』(필사본, 1924), pp. 3~8.

6 최병현, 위의 책, pp. 3~8.

7 『전봉준공초』에 따르면, 1893년 11월에는 고부군수에게, 같은 해 12월에는 전라감영의 전라감사에게 진정서를 제출했지만 투옥당한 후 퇴출당했다고 한다. (국사편찬위원회, 앞의 책, p. 526).

8 1893년 11월, 전봉준 등 고부 일대 동학 지도자 20여 명이 비밀리에 모여 고부군수 조병갑의 악정을 징치하기 위해 사발통문에 서명하고 봉기를 모의한 것을 말한다.

무력을 통한 악정 개혁의 길로 나아가는 첫발을 내디뎠다. 고부 농민봉기를 주도한 것이다. 하지만 고부 농민봉기 역시 2개월여에 걸친 장기간의 항쟁에도 불구하고 끝내 실패로 귀결되었다. 이에 전봉준은 자신과 운명을 함께 하고자 남은 5~60명의 동학 도인들과 함께 고부에서 무장(茂長)으로 피신하였다. 무장에서는 수천 명의 연비(聯臂: 동학 신자)를 거느리고 있던 대접주 손화중을 설득, 1894년 음력 3월 21일에 마침내 동학농민혁명의 봉화를 힘차게 올렸다.

학력과 사회적 경력이 보잘것없는 전봉준은 과연 어떻게 해서, 어떤 심경으로 동학농민혁명의 불길을 당겼던 것일까? 그리고 혁명 실패 뒤에는 어떤 심경으로 죽음을 맞이했으며, 후세에 무엇을 남기고자 했던 것일까?

이 장에서는 동학농민혁명기 전봉준의 활동을 담고 있는 대표적인 1차 사료를 중심으로 전봉준이 추구하고자 했던 지향은 무엇이며, 그 지향이 평화사상의 측면에서 어떤 의미를 지니고 있는가를 해명해 보고자 한다. 구체적으로, 우선 제1차 동학농민혁명 당시(1894년 음력 3월) 전봉준이 작성하여 전국 각지에 포고한 것으로 알려진 「무장포고문(茂長布告文)」에 주목하여 그 내용 분석을 통해 전봉준이 말하고자 하는 평화의 의미를 드러내 보고자 한다. 다음으로는, 모여든 동학농민군을 전면적으로 개편하고, 전봉준이 동학농민군 최고지도자로 추대되는 '백산대회'(白山大會; 1894년 음력 3월 25일경)를 전후하여 선포된 것으로 추측되는 농민군의 「4대명의(四大名義) 및 12개조기율(十二個條紀律)」의 내용을 검토하여 그 속에서 드러나는 평화의 의미를 찾아보고자 한다. 세 번째는 제1차 동학농민혁명 기간 내내 전봉준이 지휘하는 동학농민군 측이 중앙정부에 제출했던 각종 폐정개혁 요구를 집약한 「폐정개혁 안(弊政改革案) 27개조」에서 읽을 수 있는 평화의 정신이 어떤 것인지를 밝혀 보고자 한다. 그리고 마지막으로는 체포되어 재판과정에서 이루어진 심문 내용을 담고 있는『전봉준공초』에 드러나고 있는 평화 관련 내용을 재조명해보고자 한다.

II.「무장포고문」과 보국안민

「무장포고문」은 1894년 3월에 전라도 무장현(茂長縣)에서 전봉준이 이끄는 동학농민군이 조선왕조 전체의 폐정(弊政) 개혁을 위하여 전면 봉기를 단행하기 직전에 전국 각지에 포고(布告)하여 재야의 유교 지식인을 비롯하여 뜻있는 지방 수령 및 하급관리, 그리고 일반 민중들의 광범위한 호응을 촉구한 명문 중의 명문이다.

일본 교토대 가와이문고(河合文庫)에서 발견된 제1차 동학농민혁명관련 1차 사료『수록(隨錄)』에 따르면, 전봉준이 이끄는 동학농민군은 1894년 3월 21일에 무장현 동음치면 당산마을(현재 고창군 공음면 구암리 구시내마을)에서 전면 봉기를 단행하여 북상을 개시하고 있기 때문에, 이 포고문은 적어도 봉기 직전인 3월 20일경 아니면 그 이전에 포고되었던 것으로 짐작된다.

「무장포고문」은 전봉준이 직접 쓴 것으로 널리 알려져 있으나 일설에는 당시 농민군 지도부 내에서 전봉준의 참모 역할을 했던 인물이 썼다는 주장도 있다. 그러나 작성자가 누구였든 포고문 속에는 전봉준을 비롯한 농민군 지도부의 당면한 시국인식(時局認識), 무장봉기(武裝蜂起)를 단행하지 않을 수 없는 필연적 이유, 민중의 삶을 파탄으로 몰아넣고 있는 조선왕조 지배체제의 모순을 개혁하고자 하는 강력한 개혁의지, 그리고 이 같은 취지에 공감하는 향촌사회 지지층의 광범위한 연대와 협조를 촉구하는 내용이 감동적인 문체로 서술되어 있다.

종래, 학계에서는 「무장포고문」을 농민군이 고부에서 전면 봉기를 단행한 뒤에 정읍과 부안, 흥덕을 거쳐 무장현을 점령했던 1894년 4월 12일경에 포고한 것으로 잘못 이해하여 왔다. 예를 들면, 후래 동학 연구자들에게 일정한 영향을 끼친 김의환의 『전봉준 전기』[9], 재일(在日) 사학자 강재언의 『한국근대사연구』[10]등에 실린 내용이 그것이다. 이 같은 오류는 익산 지역 동학농민군 지도자로 활동했던 오지영(吳知泳)의 『동학사』에서도 발견된다. 그는 자신의 체험을 바탕으로 쓴 『동학사』에서 「무장포고문」이 포고된 시점을 갑오년 3월이 아닌 1월에 포고된 것으로 잘못 서술하고 있다.[11]

「무장포고문」의 포고 시기를 3월이 아닌 1월 또는 4월로 오해한 이유는 첫째 1차 사료에 대한 엄밀한 검토 없이 농민군의 전면 봉기 장소를 무장(茂長)이 아닌 고부(古阜)로 오해한 데서 비롯되었으며, 둘째 1894년 1월 10일의 고부민란(古阜民亂) 즉 고부 농민봉기를 3월 21일의 무장기포(茂長起包) 즉 제1차 동학농민혁명과 별개의 사안으로 이해하지 못하고 1월의 고부민란을 3월의 무장기포와 같은 것으로 잘못 이해한 데서 비롯된 것이다.

---

9 김의환, 『전봉준 전기』(서울: 정음사, 1981), pp. 97~100.

10 강재언, 『한국근대사연구』(서울: 도서출판 한울, 1982), pp. 168~169.

11 오지영, 『동학사』(서울: 영창서관, 1940), pp. 108~109.

「무장포고문」이 실려 있는 1차 사료로는 오지영의 『동학사』를 비롯하여, 매천 황현의 『오하기문』, 경상도 예천 유생 박주대의 『나암수록』, 관변기록인 『동비토록』, 1893년 보은취회 단계부터 1894년 무장기포에 이르기까지 충청도 보은 관아에서 농민군의 동정을 탐지하여 수록한 관변 기록 『취어』, 일본 교토대에서 발견된 전라도 무주 관아에서 수집하여 남긴 관변기록 『수록』, 동학농민혁명 당시 서울 명동성당에 주재하며 농민군 관련 문서를 광범위하게 수집했던 뮈텔 주교의 「뮈텔문서」,[12] 제1차 동학농민혁명 당시 전라도 줄포에 거주하고 있던 일본인 파계생(巴溪生)이 쓴 「전라도고부민요일기」 등이 있다. 이들 사료 가운데 오지영의 『동학사』에는 국한문(國漢文)으로, 「전라도고부민요일기」에는 일본어로 실려 있으며, 나머지 사료에는 모두 한문(漢文)으로 실려 있다. 관변기록인 『취어』에는 405자, 『수록』에는 400자의 한자로 되어 있으나 내용은 거의 동일하다. 『오하기문』과 『동비토록』, 『취어』 등에 실린 「무장포고문」을 서로 대조하여 전문을 소개하면 다음과 같다.

〈무장 포고문〉

이 세상에서 사람을 가장 존귀하게 여기는 까닭은 인륜이란 것이 있기 때문이다. 임금과 신하, 아버지와 자식 사이의 윤리는 인륜 가운데서도 가장 큰 것이다. 임금은 어질고 신하는 정직하며, 아버지는 자애롭고 자식은 효도를 다한 후에라야 비로소 한 가정과 한 나라가 이루어지며, 한없는 복을 누릴 수 있는 법이다. 지금 우리 임금님께서는 어질며

12 뮈텔문서는 현재 서울 명동 천주교회관 내 한국교회사연구소에 소장되어 있다.

효성스럽고 자애로우며, 귀신과 같은 총명함과 성인과 같은 예지를 갖추셨으니, 현명하고 정직한 신하들이 보좌하여 돕기만 한다면 요(堯) 임금과 순(舜) 임금 때의 교화(敎化)와, 한(漢)나라 문제(文帝)와 경제(景帝) 때의 다스림에 도달하는 것은 마치 손가락으로 헤아리는 것처럼 시일이 그다지 오래 걸리지 않을 것이다. 그러나, 지금 이 나라의 신하라는 자들은 나라의 은혜에 보답할 생각은 하지 않고 한갓 봉록(俸祿)과 벼슬자리만 탐내면서 임금님의 총명을 가린 채 아첨만을 일삼고 있으며, 충성스러운 마음으로 나라의 잘못을 충고하는 선비들의 말을 요사스러운 말이라 하고, 곧고 바른 사람들을 가리켜 도적의 무리라 하고 있다. 또한, 안으로는 잘못되어가는 나라를 바로잡을 인재가 없고 밖으로는 백성들을 수탈하는 관리들만 많으니, 사람들의 마음은 날로 거칠고 사납게 변해만 가고 있다. 백성들은 집에 들어가도 기쁘게 종사할 생업이 없고 집을 나오면 제 한 몸 보호할 방책이 없건마는 가혹한 정치는 날로 심해져 원망의 소리가 끊이지 않고 있으며, 임금과 신하 사이의 의리와 아버지와 자식 사이의 윤리, 윗사람과 아랫사람 사이의 분별은 마침내 다 무너지고 남은 것이라곤 하나도 없는 실정이다.

일찍이 관자(管子)께서 말씀하시기를 "사유(四維), 즉 예의염치(禮義廉恥)가 떨치지 못하는 나라는 결국 망한다"고 하였는데 지금의 형세는 그 옛날보다도 더 심하기 그지없으니, 예를 들면 지금이 나라는 위로 공경대부(公卿大夫)로부터 아래로 방백수령(方伯守令)들에 이르기까지 모두가 나라의 위태로움은 생각하지 않고 그저 자기 몸 살찌우고 제 집 윤택하게 할 계책에만 몰두하고 있으며, 벼슬길에 나아가는 문을 마치 재화가 생기는 길처럼 생각하고 과거시험 보는 장소를 마치 돈을 주고 물건을 바꾸는 장터로 여기고 있으며, 나라 안의 허다한 재화(財貨)와 물건들은 나라의 창고로 들어가지 않고 도리어 개인의 창고만 채우고 있다. 또한 나라의 빚은 쌓여만 가는데 아무도 갚을 생각은 하지 않고, 그저 교만하고 사치하며 방탕한 짓을 하는 것이 도무지 거리낌이 없어 팔도(八道)는 모두 어육(魚肉)이 되고 만백성은 모두 도탄에 빠졌는데도 지방 수령들의 가혹한 탐학(貪虐)은 더욱 더하니 어찌 백성들이 곤궁해지지 않을 수 있겠는가.

백성들은 나라의 근본인 바, 근본이 깎이면 나라 역시 쇠잔해지는 법이다. 그러니 **잘못되어가는 나라를 바로잡고 백성들을 편안하게 만들 방책**을 생각하지 않고 시골에 집이나 지어 그저 오직 저 혼자만 온전할 방책만 도모하고 한갓 벼슬자리나 도둑질하고자 한다면 그것을 어찌 올바른 도리라 하겠는가. 우리 동학농민군들은 비록 시골에 사는 이름 없는 백성들이지만 이 땅에서 나는 것을 먹고 이 땅에서 나는 것을 입고 사는 까닭에 나라의 위태로움을 차마 앉아서 볼 수 없어서 팔도가 마음을 함께 하고 억조(億兆) 창생들과 서로 상의하여 오늘의 이 의로운 깃발을 들어 **잘못되어가는 나라를 바로잡고 백성들을 편안하게 만들 것**을 죽음으로써 맹세하노니, 오늘의 이 광경은 비록 크게 놀랄 만한 일이겠으나 절대로 두려워하거나 동요하지 말고 각자 자기 생업에 편안히 종사하여 다 함께 태평성대를 축원하고 다 함께 임금님의 덕화를 입을 수 있다면 천만다행이겠노라. (고딕은 필자)

〈茂長 布告文〉

人之於世最貴者 以其有人倫也 君臣父子 人倫之大者 君仁臣直 父慈

子孝然後 乃成家國 能逮無疆之福 今我聖上 仁孝慈愛 神明聖睿 賢良正直之臣 翼贊佐明 則堯舜之化 文景之治 可指日而希矣

今之爲臣 不思報國 徒窃祿位 掩蔽聰明 阿意苟容 忠諫之士 謂之妖言 正直之人 謂之匪徒 內無輔國之才 外多虐民之官 人民之心 日益渝變 入無樂生之業 出無保軀之策 虐政日肆 惡聲相續 君臣之義 父子之倫 上下之分 遂壞而無遺矣

管子曰 四維不張 國乃滅亡 方今之勢 有甚於古者矣 自公卿以下 至方伯守 不念國家之危殆 徒窃肥己潤家之計 銓選之門 視作生貨之路 應試之場 擧作交易之市 許多貨賂 不納王庫 反充私藏 國有積累之債 不念圖報 驕侈淫佚 無所畏忌 八路魚肉 萬民塗炭 守宰之貪虐良有以也 奈之何民不窮且困也

民爲國本 本削則國殘 不念**輔國安民之策** 外設鄕第 惟謀獨全之方 徒窃祿位豈其理哉 吾徒雖草野遺民 食君土服君衣 不可坐視國家之危 而八路同心 億兆詢議 今擧義旗 以**輔國安民** 爲死生之誓 今日之光景 雖屬驚駭 切勿恐動 各安民業 共祝昇平日月 咸休聖化 千萬幸甚 (고딕은 필자)

위 포고문에서 가장 주목할 만한 내용은 바로 보국안민(輔國安民) 네 글자이다.『조선왕조실록』을 찾아보면, 보국안민이란 용어가 제일 많이 사용되는 시대는 세종조이다. 이른바 유교적 민본주의가 가장 이상적으로 실현된 시대로 알려져 있는 세종조에 보국안민이란 용어의 용례가 가장 많이 확인되고 있다는 사실은 여러 모로 시사하는 바가 있다. 그런데, 세종조에 널리 사용되었던 보국안민은 조선후기로 내려오면서 점차 그 용례가 줄어들다가 동학 창시자 수운 최제우의 「포덕문(布德文)」(1861년)에 와서야 전격적으로 다시 부활한다. 수운은 1861년 6월경에 쓴 「포덕문」이란 글 말미에서 '백성들이 사시사철 단 하루도 편안할 날이 없는' 시대에 보국안민의 계책(輔國安民之計)으로 동학을 창시한다고 선언했다.[13] 이렇듯, 세종조에 널리 사용되고, 다시 동학 창시자 수운에 의해 부활한 보국안민은 동학농민혁명 최고지도자 전봉준의 「무장포고문」에서 거듭거듭 강조되어 나타나고 있다.

그렇다면 전봉준이 보국안민을 새삼스럽게 강조한 이유는 어디에 있을까? 결론부터 말한다면, 전봉준에 있어 평화는 보국안민 네 글자를 빼놓고서는 말할 수 없다고 본다. 보국안민이란 "잘못되어 가는 나라를 도와 도탄에 빠진 백성들을 편안히 한다"는 뜻으로, 나라가 제 역할을 하지 못해 민초들의 생명, 생업, 생활 전반이 위태롭게 되었을 때 나라가 나라답게 제대로 역할을 할 수 있도록 백성들이 스스로 나서서 나라의 잘못을 바로잡아 백성들의 생명, 생업, 생활을 안전하게 보장하도록 만든다는 뜻이다. 따라서, 「무장포고문」의 보국안민은 필자 나름으로 해석하자면 민초들의 생명과 생업, 생활 전반이 안전하게 보장되는 이른바 '사회적 평화' 실현을 지향하고 있다고 할 수 있다.

13 최제우 지음, 박맹수 역, 앞의 책, p. 47.

Ⅲ. 「4대명의 및 12개조 기율」에 나타난 불살생(不殺生)

종래 동학농민혁명 연구자들 대부분이 간과해온 중요한 문제 가운데 하나로 동학농민혁명 당시 농민군의 행동강령으로 알려진 4대명의(四大名義) 및 12개조 기율의 내용과 그것이 농민혁명 전개과정에서 어떤 역할을 수행하였는지에 대해 무관심했다는 것을 들 수 있다.

필자는 지난 30여년에 걸친 동학농민혁명 관련 사료 조사 및 현지조사 내용에 근거하여 1894년 동학농민혁명 당시 조선의 인구는 대략 1,052만 명 정도이며,[14] 그중 적게는 4분의 1, 많게는 3분의 1의 인구가 혁명에 참여한 것으로 추정하고 있다. 어떻게 오늘날과 같은 정보통신, 교통 등의 인프라가 부재했던 시대에 어떻게 그 많은 민초들이 혁명 대열에 참여할 수 있었을까? 그 이유는 다양하지만, 대표적인 이유 중 하나가 바로 농민군의 행동강령인 4대명의와 12개조 기율에 나타난 농민군의 규율 엄정한 도덕성이 민초들의 광범위한 지지를 끌어냈다는 데 있었다.

예를 들면, 1894년 당시 전라도 구례에 거주하면서 동학농민혁명을 직접 목격했던 매천 황현(1855~1910)은 농민군에 대해 시종일관 비판적인 입장에서 『오하기문』[15]이란 역사서를 서술했다. 그런데 매천은 오하기문에서

14 동학농민혁명 당시, 조선의 인구에 대한 정확한 통계는 남아 있지 않다. 다만, 1894년 당시 일본에서 간행되고 있던 《코쿠민신문》 조선특파원이었던 기쿠치 겐조의 「동학당」 관련 기사 속에 1,052만이라는 기록이 나오고 있다.

15 『오하기문』은 2016년에 김종익 선생에 의해 『오동나무 아래에서 역사를 기록하다』는 제명으로 다시 번역되어 역사비평사에서 나왔다.

제1차 동학농민혁명 당시 농민군은 민폐를 전혀 끼치지 않은 반면에, 서울에서 파견된 홍계훈의 경군(京軍)은 막대한 민폐를 끼쳤다고 서술하고 있으며, 또한 제1차 동학농민혁명 당시 도쿄에서 간행되고 있던《도쿄아사히신문(東京朝日新聞)》,《지지신보(時事新報)》 등 일본에서 간행되고 있던 신문들은 조선 주재 일본인 특파원이 보내온 기사를 연재하면서 조선 내지에서 각종 상업 활동에 종사하는 일본 상인 가운데 농민군에게 피해를 입은 상인은 단 1명도 없을 정도로 농민군의 규율은 엄정했다고 보도한 바 있다. 뿐만 아니라, 동학농민혁명 당시 일본 중의원(衆議院) 의원이었던 다나카 쇼조(田中正造, 1841~1913)는 1896년에 쓴「조선잡기(朝鮮雜記)」[16]라는 글에서 동학농민군의 규율에 대해 '문명적'이라고까지 극찬한 바 있다.

그러므로 이 장에서는 매천과 일본 신문 및 다나카 쇼조가 주목했던 농민군 측의 4대명의와 12개조 기율을 상세히 검토함과 동시에, 그 안에 담긴 평화 지향적 요소에 대해 살펴보기로 한다. 1894년 음력 3월 21일에 전라도 무장(茂長)에서 전면 봉기한 동학농민군은 3월 25일을 전후하여 오늘날의 전북 부안 백산성(白山城)에 결진(結陣)하여 진영을 확대 개편하고, 4대명의라는 행동강령과 함께 12개조 기율을 발표했다. 그 내용은 다음과 같다.[17]

---

16 「조선잡기」는 2004년에 일본 도쿄 이와나미 서점에서 나온 다나카쇼조 문집 제1권 pp. 136~140에 실려 있다.

17 원문은 일본 외무성 산하 외교사료관에 소장되어 있는『조선국 동학당 동정에 관한 제국공사관 보고일건(朝鮮國 東學黨 動靜에 關한 帝國公使館 報告一件)』에 실려 있다.

동도대장(東道大將: 동학농민군 대장)이 각 부대장에게 명령을 내려 약속하기를,

(1) 매번 적을 상대할 때 우리 동학농민군은 칼에 피를 묻히지 아니하고 이기는 것을 가장 으뜸의 공으로 삼을 것이며, (2) 비록 어쩔 수 없이 싸우더라도 사람의 목숨만은 해치지 않는 것을 귀하게 여겨야 할 것이다. (3) 또한 매번 행진하며 지나갈 때에는 다른 사람의 물건을 해치지 말 것이며, (4) 부모에게 효도하고 형제간에 우애하며 나라에 충성하고 사람들 사이에서 신망이 두터운 사람이 사는 동네 십리 안에는 절대로 주둔해서는 아니 될 것이다 (東道大將 下令於各部隊長 約束曰 每於對敵之時 兵不血刃而勝者爲首功 雖不得已戰 切勿傷命爲貴 每於行陣所過之時 切物害人之物 孝悌忠信人所居村十里內 勿爲屯住)

〈12개조 기율〉

항복하는 자는 사랑으로 대한다	곤궁한 자는 구제한다
탐관은 쫓아낸다	따르는 자는 공경하며 복종한다
굶주린 자는 먹여준다	간교하고 교활한 자는 못된 짓을 그치게 한다
도망가는 자는 쫓지 않는다	가난한 자는 진휼(賑恤)한다
충성스럽지 못한 자는 제거한다	거스르는 자는 타일러 깨우친다
아픈 자에게는 약을 준다	불효하는 자는 벌을 준다

이상의 조항은 우리의 근본이니, 만약이 조항을 어기는 자는 지옥에 가둘 것이다.

주지하듯이, 동학농민혁명 전개 과정에서 농민군 측이 가장 빛나는 승리를 거두는 시기는1894년 3월 21일에 시작된 제1차 동학농민혁명으로부

터 동학농민군이 전주성을 무혈점령하는4월 27일까지이다. 이 기간 동안 동학농민군은 전라도 무장(茂長)에서 전면 봉기를 단행하여 고부(古阜), 정읍(井邑), 부안(扶安), 흥덕(興德), 고창(高敞), 영광(靈光), 함평(咸平), 무안(務安), 장성(長城) 등 전라도 서남해 연안의 여러 고을을 파죽지세로 점령하였다. 또한, 황토재 전투(4월 7일)와 황룡촌 전투(4월 23일)에서 각각 지방 군대인 전라감영군과 중앙 군대인 경군(京軍)마저 연달아 격파하여 승리하였으며, 4월 27일에는 마침내 전라도의 수부(首府) 전주성마저 무혈점령하기에 이른다.

제1차 동학농민혁명 과정에서 농민군 측이 빛나는 승리를 거두는 배경으로는 여러 가지를 들 수 있겠으나 가장 중요한 배경의 하나는 앞에서 이미 설명했듯이 동학농민군 지도부가 내건 보국안민이라는 혁명의 기치(旗幟)가 일반 백성들의 광범위한 지지를 받았다는 데에 있다고 할 것이다. 보국안민이란 앞에서도 설명했듯이 나라를 도와 백성들의 생명, 생업, 생활을 안전하게 보장하는 것이었다. 만약, 보국안민을 내걸고 봉기한 농민군이 백성들에게 민폐를 끼치는 행위를 할 경우 그것은 곧 '백성의 군대'를 자임하고 일어난 농민군에게는 치명적인 해를 끼치는 것이었다. 그리하여 3월 25일경 전북 부안의 백산성에 집결하여 농민군 진영을 개편하는 '백산대회'를 전후하여 전봉준 등 농민군 지도부는 보국안민의 구체적인 실천강령에 해당하는 4대명의와 12개조 기율을 제정, 선포했다. 백산에서 선포한 4대명의와 12개조 기율은 바로 포고문에서 내내 강조했던 보국안민의 정신을 행동강령으로 구체화한 것이었다. 그리고 그 행동강령의 핵심은 불필요한 살생을 금하는 데 집중되었다.

농민군 지도부는 4대명의와 12개조 기율에서 볼 수 있는 엄정한 기율 실천을 통해 일반 백성들의 생명과 생활, 생업을 보호하는 '백성의 군대'로서 손색없는 역할을 수행할 수 있었다. "칼에 피를 묻히지 아니하고 이기는 것을 가장 으뜸의 공으로 삼을 것이며, 비록 어쩔 수 없이 싸우더라도 사람의 목숨만은 해치지 않는 것을 귀하게 여기는" 불살생의 정신을 최고 덕목으로 삼아 행동하는 농민군에 대해 제1차 동학농민혁명 당시 각 고을 수령을 비롯하여 뜻있는 지식인과 부자들은 다투어 농민군 측에게 식량을 제공하였고, 잠자리를 제공하였다. 또한 각 군현의 하급관리들은 자진하여 성문을 개방하여 농민군을 맞이했다. 그 덕분에 농민군은 40일이 넘도록 계속된 제1차 동학농민혁명을 승리로 장식할 수 있었던 것이다. 이런 농민군의 기율 엄정함에 대해 매천은 동학농민군 측의 형벌은 사람 목숨 빼앗는 것을 가장 꺼려할 만큼 인도적이었다고 감탄한 바 있다.

요컨대, 동학농민군은 4대명의와 12개조 기율 실천을 통해 백성들에게 폐를 끼치는 행위를 삼갔으며, 백성들의 생명, 생업, 생활에 해를 끼치는 탐관오리를 제거하되 어디까지나 불살생을 추구하는 것을 최고의 가치로 삼았다. 바로 여기에 전봉준을 비롯한 동학농민군 지도부가 사람을 죽이지 않고 보국안민을 실현하고자 했던 '불살생의 평화' 실현이라는 지향이 있었다.

IV. 「폐정개혁안 27개조」와 정도일신(政道一新)

동학농민혁명의 전사(前史)로 알려져 있는 1892년~1893년의 교조신원운동 과정에서 동학 지도부는 '척왜양(斥倭洋), 지방관들의 가렴주구(苛斂誅求) 금지, 동학 교조의 신원(伸寃)' 등 세 가지 슬로건을 내세우고 충청도 공주(1893년 10월), 전라도 삼례(1892년 11월), 서울 광화문(1893년 2월), 충청도 보은 및 전라도 금구 원평(1893년 3월) 등지에 적게는 수천 명 많게는 수만 명이 모인 합법적인 집회를 열었다.[18]

그런데, 교조신원운동의 꽃은 1893년 3월 10일부터 4월 초까지 충청도 보은(報恩)에서 열린 보은집회였다. 보은집회 당시 지도부는 집회 목적을 '척왜양창의(斥倭洋倡義)'라고 선언함으로써 동학 교조 수운이 제시한 바 있는 보국안민의 구체적 방도를 왜(일본)와 양(서양)의 침탈로부터 국권과 민생을 보호하는 데서 찾고자 하였다. 보은집회에서 전면적으로 내건 '척왜양' 슬로건은 당시 민중들로부터 광범위한 지지를 받았음은 물론이려니와, 민중들의 정치의식을 배양하고 민족의식을 고취하는 데도 기여하였다. 그런데 최근의 연구에 의하면, 집회 지도부는 '척왜양'만이 아니라 지방관의 가렴주구에 대한 구체적 개혁까지 요구한 것으로 밝혀짐으로써 보은집회가 단지 반외세의 측면만이 아니라 반봉건의 측면까지도 포함하고 있었다는 사실이 밝혀졌다.

한편, 1893년 11월에 전봉준 등 고부의 동학 지도자들은 "고부성을 격파하고 군수 조병갑을 효수하며, 군기창과 화약고를 점령한 다음, 전주영을 함락하고 경사(京師; 서울)로 직향하려는" 계획을 세우고 그 실행을 모

---

18 1892년 10월 공주에서 시작되어 이듬해 4월 보은집회를 끝으로 끝난 교조신원운동이 합법적이었던 것은 그 집회가 바로 『경국대전』 「형전(刑典)」에 규정하고 있는 '신소(伸訴)' 제도에 근거하고 있었기 때문이다.

의한 이른바 '사발통문 모의'를 한 적이 있었다. 이 모의는 한 마디로 조병갑의 악정 때문에 빚어진 것이었고, 그 악정에 대한 두 차례의 합법적 청원을 모두 탄압한 데서 비롯되었다. '사발통문 모의'는 고부군수 조병갑의 갑작스런 전임(轉任)으로 인해 그 실행이 일시 중지되었다가, 1894년 1월 10일경 조병갑이 다시 고부군수에 잉임(仍任: 계속해서 임무를 수행한다는 뜻)된 것을 계기로 고부민란, 즉 고부 농민봉기로 발전되었다는 것은 주지의 사실이다. 이렇듯, 교조신원운동과 사발통문 모의, 고부 농민봉기 등은 모두 지방관들의 가렴주구에 때문에 자신들의 생명과 생업, 생활을 위협받은 백성들이 자발적으로 나서서 폐정(弊政)의 개혁을 요구하였다. 이 같은 농민군 측 움직임은 이른바 폐정개혁을 통한 보국안민의 실현, 즉 자신들의 생명, 생업, 생활의 안전 실현을 위한 아래로부터의 움직임이라 평가할 수 있다. 그러나 이 같은 지속적인 움직임에도 불구하고 끝내 폐정은 개혁되지 않았다.

2년여에 걸친 합법적 운동에 이어 사발통문 모의와 고부 농민봉기라는 비합법적 운동을 통한 폐정개혁 요구가 모두 실패로 돌아간 결과, 마침내 1894년 3월에는 제1차 동학농민혁명이라는 전대미문의 무장봉기형태의 혁명운동이 일어나기에 이른다.

주지하듯이, 제1차 동학농민혁명은 1894년 3월 21일부터 전주화약(全州和約)이 체결되어 동학농민군이 전주성으로부터 자진 철수하는 음력 5월 8일경까지 전개되었는바, 이 시기에 동학농민군 지도부는 각종 포고문(布告文) 및 격문(檄文), 원정(原情) 등의 형태로 조선왕조의 폐정을 근본적으로 개혁하고자 하는 자신들의 요구를 지방 수령 및 조선왕조 지배층에게 기회 있을 때마다 제출하였으며, 그 같은 요구는 마침내 전주화약당시 초토사 홍계훈에게 전봉준이 제출한 '폐정개혁안 27개조'로 집약되었다.

'폐정개혁안 27개조'를 통해 농민군 지도부가 가장 역점을 두고 개혁하고자 했던 내용은 부패한 집권자(執權者)의 교체 바로 그것이었다. 즉 온갖 부정부패를 일삼으며 안민(安民)이라는 유가적 통치의 이상(理想)을 저버린 민씨(閔氏) 정권을 타도하고, 민심의 강력한 지지를 받고 있던 대원군(大院君)을 추대할 것을 희망하였다. 뿐만 아니라, 농민군 지도부는 민씨 정권에 빌붙어 아첨을 하며, 안민과는 정반대로 학민(虐民) 행위를 일삼는 중앙 조정의 부패한 관리를 비롯하여 가렴주구를 일삼는 지방의 탐관오리 숙청을 통한 '정도(政道)의 일신', 즉 정치혁명을 시도하였다.[19]

동학농민혁명 당시 농민군 지도부가 지향했던 정치혁명의 궁극적 목표는 제2차 동학농민혁명이 일본군의 개입 및 불법적인 탄압으로 인해 좌절된 직후 체포된 전봉준의 최후 진술에서 명료하게 확인되고 있다. 농민군 최고지도자 전봉준은 1894년 12월 초에 전라도 순창에서 체포된 직후 나주를 거쳐 서울로 압송되었다. 그리고 1895년 3월 말까지 전후 5차례에 걸친 심문을 받았다. 심문 과정에서 전봉준이 남긴 진술 내용은 앞에서 말한 『전봉준공초』로 남아 있으나, 정치혁명에 관한 내용은 당시 일본 영사의 취조 내용을 자세히 보도한 《도쿄아사히신문(東京朝日新聞)》 1895년 3월~5월분 기사 속에서 확인할 수 있다.[20]

---

19 박맹수, "1894년 동학농민혁명은 왜 혁명인가," 『생명의 눈을 보는 동학』(서울: 모시는사람들, 2014), pp. 233~236.

20 "동학당 대거괴와 그 구공," 《도쿄아사히신문》, 1895년 3월 5일; "동학당 대거괴 심문 속문," 《도쿄아사히신문》, 1895년 3월 6일; "동학수령과 합의정치," 《도쿄아

《도쿄아사히신문》 1895년 3월 5일자 5면의 「동학당 대거괴와 그 구공(口供)」에 의하면, 전봉준은 "나의 종국의 목적은 첫째 민족(閔族: 민씨 정권)을 타도하고 간신들을 물리쳐서 폐정을 개혁하는 데 있다"고 말한 다음, 이어서 민심을 잘 아는 몇 사람의 명망가를 선출하여 임금을 보좌함으로써, 안민의 정치를 이룩하고자 했다고 진술하고 있다. 이 진술에 의하면, 전봉준은 끝까지 왕조(王朝) 자체를 부정하지는 않았던 것으로 확인된다. 다만 임금이 민심을 잘 파악하고 수렴하여 안민의 정치를 할 수 있는 '정도(政道)의 일신(一新)'[21], 요컨대 입헌군주제(立憲君主制)에 가까운 구상을 지니고 있었던 것으로 확인된다.

여기서 주목되는 것은 비록 농민군 최고지도자 전봉준이 구상했던 정치혁명이 조선왕조를 부정하지 않는 입헌군주제에 가까운 것이었다고는 해도, 제1차 동학농민혁명 당시 이미 '집권자의 교체'를 목표로 한 정치개혁을 시도하고, 다시 제2차 동학농민혁명 단계에서는 안민의 이상을 실현하기 위한 구체적 방도로서 민심을 대변하는 명망가를 선출하여 임금을 보좌하게 하려 했다는 점에서 전봉준이 추구하고자 했던 또 다른 평화는 '정도의 일신'을 통한 정치혁명, 즉 '정치적 평화' 실현으로 드러나고 있었다고 할 수 있을 것이다.

사히신문》, 1895년 3월 6일; "동학당 거괴의 재판," 《도쿄아사히신문》, 1895년 5월 7일; "동학당 거괴 선고 여문," 《도쿄아사히신문》, 1895년 5월 8일 등 참조.

21 "동학수령과 합의정치," 《도쿄아사히신문》, 1895년 3월 5일 참조.

V. 「전봉준공초」와 만국공법(萬國公法)

전봉준은 1892년 11월, 전라도 삼례에서 약 2개월에 걸쳐 전개되었던 교조신원운동[22] 단계부터 동학 교단 내의 유력한 지도자의 1인으로 부상하고 있다. 그런데, 전봉준이 교조신원운동 지도자로 부상한 삼례집회의 특징 가운데 하나는 이른바 척왜양이라는 반외세적 요구가 집회의 주된 요구로 등장하였고, 그 운동의 주도자 가운데 1인이 바로 전봉준이라는 사실이다. 교조신원운동 과정에서 표출된 척왜양에 대한 지금까지의 이해는 '일본과 서양 세력을 배척하는 배외주의'(排外主義) 또는 폐쇄적인 민족주의적 요구로 보는 경향이 지배적이었다. 그러나 이 글에서 필자는 교조신원운동 단계, 특히 1892년 11월의 삼례집회 단계부터 1894년 동학농민혁명 기간 내내 일관되게 동학농민군들이 주장했던 척왜양이라는 슬로건이 단순한 배외주의적 요구이거나 폐쇄적인 민족주의적 요구 가아닌, 당시의 만국공법(萬國公法) 즉 근대 국제법을 준수하는 가운데 주창되어진 '합법적' 요구였다는 점을 전봉준의 최후진술을 통해 해명하고자 한다.

전봉준이 주도한 동학농민혁명은 제1차(1894년 3월, 무장기포)와 제2차(동년 9월, 삼례기포)로 대별되며, 1차 혁명은 주로 조선왕조 지배체제의 모순을 무력을 통해 제거하고자 했던 반봉건적 성격의 봉기이며, 2차 혁명은

---

22 이것을 일러 삼례집회(參礼集會)라 부른다. 삼례집회는 1892년 음력 11월초에 시작되어 약 1개월 뒤에 공식 해산했으나, 일부 해산하지 않은 동학지도자 및 신자들에 의해 이듬해 1월까지 산발적인 집회가 계속 이어지고 있었다는 사실이 최근의 연구에서 밝혀진 바 있다.

일본군의 불법적인 경복궁 점령(음력 6월 21일)으로 초래된 조선의 '국난'을 타파하기 위해 일본군 구축을 명분으로 봉기한 항일 봉기로 이해하는 것이 일반적이다. 하지만 실제로는 제1차, 2차 혁명 모두 반봉건과 반외세라는 두 측면을 포함하고 있다. 어찌됐든 이른바 '항일봉기'로 널리 알려져 있는 2차 혁명과 관련하여 전봉준의 명확한 진술이 남아 있다. 아래 인용한다.[23]

> 문: 다시 기포(제2차 봉기—인용자 주)한 것은 무엇 때문이냐?
>
> (更起包 何故)
>
> 답: 그 후 들으니, 귀국(貴國—일본: 인용자)이 개화(開化—내정개혁: 인용자)를 한답시고 처음부터 민간에게 일언반구 알림도 없고, 또 격서(激書—선전포고: 인용자)도 없이 군대를 거느리고 도성(都城—서울: 인용자)으로 쳐들어와 야반(6월 21일 새벽: 인용자)에 왕궁(王宮—경복궁: 인용자)을 격파하여 주상(主上—고종 임금을 말함: 인용자)을 경동케 하였다는 말을 들었기 때문에 나와 같은 시골 선비와 일반 백성들은 충군애국(忠君愛國)의 마음으로 분개를 이기지 못하여 의병(義兵)을 규합하여 일본군과 싸우되, 일차적으로 이러한 사실을 청문(聽聞)하고자 하였다.
>
> (其後聞則 貴國称以開化 自初無一言半辭伝布民間 且無激書率兵入都 夜半擊破王宮 驚動主上云 故草野士民等 忠君愛國之心不勝慷慨 糾合義旅 与日人接戰 欲一次請問此事實)

23 국사편찬위원회, 앞의 책, p. 529.

위 내용에 따르면, 전봉준은 일본이 조선왕조와 조선의 백성들에게 일언반구 알린 일도 없이 제멋대로 남의 나라의 내정개혁을 하겠다고 하고, 그것을 거부한 조선왕조 정부에 대해 격서(檄書) 즉 선전포고도 없이 불법으로 군대를 동원하여 왕궁을 점령하고 임금을 포로로 삼은 사실에 대해 '충군애국'의 마음을 이기지 못해 '의병(義兵)'을 규합하여 일본군과 싸우되, 왜 불법을 저지르는가를 '청문'하고자 했다고 분명하게 밝히고 있다. 이 내용은 당시의 국제법에 비추어 볼 때 저촉되는 내용이 전혀 없다. 전봉준이 당시의 국제법, 즉 만국공법(萬國公法)을 알고 있었다거나 또는 읽었다는 증거는 알려져 있지 않다. 하지만 위의 진술은 그 어디를 읽어보아도 당시의 국제법에 어긋나는 조항이 전혀 없다. 불법을 자행한 일본과 관련된 전봉준의 진술은 또 있다.[24]

> 문: 재차 기포(제2차 동학농민혁명; 인용자)는 일본군이 왕궁을 침범했기 때문에 다시 봉기했다고 하였는데, 다시 봉기한 후 어떻게 행동하고자 하였는가?
>
> (再次起包 因日兵犯闕之故再擧云 再擧之後 於日兵欲行何擧措耶)
>
> 답: 왕궁을 침범한 이유를 따지고자 하였다.
>
> (欲詰問犯闕緣由)
>
> 문: 그렇다면 일본군은 물론이고, 경성에 주둔하고 있는 다른 외국인도 모두 몰아내려고 하였는가?
>
> (然則 日兵与各國人留住京城者 欲盡驅逐耶)

24 국사편찬위원회, 위의 책, p. 538.

답: 그렇지 않다. 다른 나라의 외국인은 다만 통상만을 할 뿐인데, 일본인만은 유독 군대를 거느리고 경성에 주둔하는 까닭에 우리 국토를 침략하고자 하는 것이 아닌가 의심이 들었다.
(不然各國人但通商而已 日人則率兵留陣京城 故疑訝侵掠我國境土也)

위 진술에서 전봉준은 2차 혁명을 일으킨 뒤 후에 무엇을 하고자 하였는가 하는 질문에 대해, 불법으로 왕궁을 침범한 일본군의 행위를 따지고자 하였다고 답하고 있다. 그러나 일본 이외에 서울에 거주하는 다른 외국인에 대해서는 별도의 행동을 취하고자 하지 않았다고 대답하고 있다. 전봉준은 특히 일본만이 오직 군대를 서울에 주둔시키는 까닭은 조선의 국토를 '침략'하려는 의도가 있기 때문이라고 믿고 일본군을 '구축(驅逐)'하기 위해 2차 봉기를 단행했음을 명확히 밝히고 있는 것이다.

이미 널리 알려져 있듯이, 동학농민혁명 당시 메이지(明治) 일본정부는 외무성이건 육군성이건, 이토 히로부미(伊藤博文, 1841~1909) 총리대신을 필두로 한 여당이건 자유당(自由党)을 필두로 하는 야당이건, 후쿠자와 유키치(福澤諭吉, 1835~1901)로 대표되는 지식인이건 일반 민중이건 간에 이구동성으로 일본군의 조선 출병과 조선왕궁 점령, 즉 일본군의 조선 침략 행위를 지지한 바 있다. 예컨대, 전봉준이 재판 과정에서 그 불법성을 지적하고 있는 1894년 6월 21일(양력 7월 23일) 미명(未明)에 일본군이 조선왕궁을 침범한 사실에 대해, 그것이 당시의 국제법을 위반한 행위였다고 그 부당성을 지적한 메이지 일본인은 단 한 명도 없다.[25] 바로 그런 상황 속에서 전봉준은 만국공법으로 대표되는 근대 국제법은 물론이고 조선의 국내법까지 어기면서까지 침략행위를 일삼는 제국주의 일본에 대해 사형선고를 받는 순간까지 어느 한 구석도 당시의 국제법에 어긋남이 없는 진술을 통해 동학농민혁명의 정당성을 당당하게 주장하였다.

요컨대, 전봉준은 제2차 동학농민혁명을 일으킨 자신의 행위를 만국공법, 곧 근대 국제법에 조금도 어긋남이 없는 행위였음을 강력하게 주장했던 것이다. 바로 이 점에서 볼 때 전봉준은 국제법에 근거한 조선의 평화수호를 위하여 행동했고, 죽을 때까지 그러한 신념을 일관했다고 결론지을 수 있을 것이다.

VI. 결론

전봉준은 동학을 '혹호', 즉 목숨을 걸 정도로 대단히 좋아했다. 동학은 수심경천과 보국안민, 곧 개인의 영성 함양과 사회혁명의 이념을 두루 갖춘 '도학'이었기에 전봉준은 동학을 '혹호'했다. 수심경천과 보국안민을 평화와 관련하여 해석한다면 개인의 내면적 평화 실현과 함께 사회적 평화

---

25 1894년 동학농민혁명 당시 일본은 음력 6월 21일에 일본군이 경복궁을 불법 점령한 행위가 국제법 위반이라는 사실을 이미 알고 있었다. 그래서 사건 당초부터 은폐에 급급하였다. 경복궁 불법 점령 사실의 진실은 100년이 지난 1994년에 나카츠카 아키라 교수의 사료 발굴을 통해 밝혀졌다 (中塚明, 歷史の僞造をただす (東京: 高文硏, 1997)); 이 책은 필자의 번역으로 『1894년, 경복궁을 점령하라』는 제명으로 2002년에 푸른역사에서 한글본이 나온 바 있다.)

구현을 동시에 추구하는 것이라 말할 수 있다. 영성과 혁명의 통일이 바로 동학이라는 도학이 추구하는 이상이었다. 그렇기 때문에 전봉준은 동학을 목숨을 걸 정도로 좋아했다고 해석할 수 있다.

전봉준의 평화사상은 동학의 사상과 동학의 접포 조직에 기반한 동학농민혁명 전개 과정에서 극적으로 표출되었다. 그 첫째는 1894년 음력 3월 20일경에 포고한 「무장포고문」을 통해 보국안민의 이념으로 드러났다. 포고문에서 강조되고 있는 보국안민의 이념은 일찍이 동학 교조 수운이 「포덕문」에서 제시한 '보국안민지계'로 동학의 지향을 충실히 계승한 것이기도 했다. 보국안민이란 '잘못되어가는 나라를 바로잡아 백성들을 편안하게 함', 곧 서세동점과 삼정문란이라는 이중의 위기 속에서 생명과 생업, 생활을 위협받고 있던 민중들을 구제하는 것을 의미했다. '보국안민'을 통한 민초들의 생명과 생업, 생활 보장이야말로 평화 실현에 있어 가장 중요한 요소가 아니고 그 무엇이겠는가.

다음으로 전봉준의 평화사상이 가장 감동적으로 드러나고 있는 것은 바로 1894년 음력 3월 25일경 '백산대회'를 전후하여 발표한 「4대명의와 12개조 기율」이다. 이것은 동학농민군의 행동강령이라고 할 수 있는데, 이 행동강령에서 가장 강조되고 있는 내용이 바로 "우리 동학농민군은 칼에 피를 묻히지 아니하고 이기는 것을 으뜸의 공으로 삼으며, 어쩔 수 없이 싸우더라도 사람의 목숨만은 해치지 않는 것을 귀하게 여기는" 불살생(不殺生)에 있었다. 바로 이 같은 불살생의 정신 덕분에 동학농민군은 제1차 동학농민혁명 당시 광범위한 지지를 받으며 빛나는 승리를 거둘 수 있었고, 그 같은 동학농민군의 규율 실천은 이웃 일본에게까지 널리 알려져 '문명적'이라고까지 극찬을 받을 수 있었다.

셋째로 전봉준의 평화사상은 교조신원운동 단계(1892~1893)에서 고부농민봉기 단계(1894년1월)를 거쳐 제1차 동학농민혁명 단계(1894년 3~5월)에 이르기까지 일관되게 주장했던 폐정개혁 요구를 통해서 확인되었다. 전봉준을 필두로 한 농민군 측의 폐정개혁 요구는 1894년 음력 5월 7일경 초토사 홍계훈에게 제출한 이른바 「폐정개혁안 27개조」를 통해 '정도의 일신' 곧 부패한 민씨 정권 교체를 통한 민생의 보장이라는 형태로 집약되고 있는바, 이것은 곧 정치혁명을 통한 나라 전체의 평화 실현을 지향하고 있었다고 말할 수 있다.

마지막으로 전봉준은 최후진술을 통해 자신이 1894년 음력 9월에 제2차 동학농민혁명(삼례기포)를 주도한 이유로 당시의 국제법인 만국공법을 어기고 심지어 조선의 국내법까지 어기면서 침략행위를 일삼는 일본군을 '구축'하기 위해 봉기했다고 진술했다. 전봉준은 자신의 행위가 국제법적으로 합법(달리 표현하자면 평화적)이었음을 당당하게 주장하였던 것이다. 이는 전봉준이 만국공법적 국제질서를 깨뜨리는 일본의 침략에 맞서 만국공법적 국제질서의 회복, 곧 만국공법적 국제질서가 준수됨으로써 찾아올 국제평화의 회복을 지향하고 있었음을 말해준다.

9장

박중빈의 평화사상

Ⅰ. 시작하는 말

2016년 10월 7일자 《원불교신문》에서는 "성주성지에 사드는 물러가라 …원불교는 평화·상생이다"는 표제어 아래 대한민국 국방부가 9월30일

사드(THAAD, 고고도 미사일 방어체계) 배치 부지를 경상북도 성주의 소성리로 확정한 것에 대한 원불교 교단의 반대 입장을 밝히고 있다. 그 이유로써 평화의 성자로서 존중받는 원불교 제2대 종법사인 정산 송규(鼎山 宋奎, 1900~1962, 이하 정산)의 탄생지이기 때문이라고 한다. 국가권력이 추진하는 정책에 '공식적으로' 반대하는 이러한 기사는 원불교의 출현 이래 처음 있는 일이다.[1] 평화, 전쟁, 국가 등의 단어가 일시에 전 교단적 핵심 과제의 언어로 부상한 것이다.

필자 또한 이에 앞서 원불교 서울교구의 《한울안신문》에 이와 관련된 칼럼을 게재한 일이 있다. 폭력을 정당화하는 국가에 대항하는 가운데 자신의 종교적 신념을 죽음을 무릅쓰고 관철한 역사적 사건을 제시하며, 특히 반나치 운동과 히틀러의 정권전복음모에 참여한 실천신학의 선구자 디트리히 본회퍼(Dietrich Bonhoeffer, 1906~1945) 목사가 "달리는 열차에서 뒤로 뛰어간다고 해서 그 열차를 멈추게 할 수는 없다"[2]고 한 말을 인용하며,

> 우리는 그 열차, 국가라는 열차, 자본이라는 열차, 욕망의 열차, 그리고 공멸의 열차에 타고 있습니다. 이 열차를 멈추게 하지 않는 한, 지구는 더욱 위험에 처하게 될 것입니다. 성주의 사드 배치는 결코 한 종교의

1 국권을 강탈당한 일본의 식민지 시기 원불교의 전신인 불법연구회는 정치에 관한 언급은 하지 않도록 하였다. 해방 후에 원불교는 국가의 정책을 교단의 '공식적인 입장'에서 정면으로 반박한 일은 없었다. 물론 원불교 산하 시민단체나 일시적인 조직이 나선 경우는 있다.

2 Eric Metaxas, 김순현 역, 『디트리히 본회퍼』(서울: 포이에마, 2011) 참조.

성지를 파괴하는 것에만 국한하지 않고, 선한 모든 종교의 궁극적 가르침을 파괴하게 될 것입니다.[3]

라고 주장했다. 종교적 신념하에 국가 간의 갈등으로 촉발되는 전쟁 그 자체를 부정하고자 한 것이다. 이러한 일들은 가장 최근의 일이지만, 원불교의 각 교당에는 어느 사이 '원불교는 평화의 종교'라는 슬로건이 내걸리고, 그 이미지는 교단 구성원의 의식 속에서 확산되고 있다. 그런데 이러한 과정에서 이 슬로건의 '교의적 근거는 무엇일까'라는 생각이 들었다.

원불교를 창시한 소태산 박중빈(少太山 朴重彬, 1891~1943, 이하 소태산)이 각고의 고행 끝에 깨달음을 얻은 1916년은 제1차 세계대전(1914~1918)의 소용돌이 속에 있었다. 이 세계대전으로 인해 인류는 유사 이래 최초로 과학에 의한 대량살상무기로 수천 만 명의 인명을 앗아갔으며, 이에 대한 반성으로 평화에 대한 사상이 싹트기 시작한 것도 사실이다. 소태산이 1924년 불법연구회를 세운 것도 이러한 인류의 고통을 목격하고, 이를 해소하기 위한 것으로 해석할 수 있다. 그가 열반한 해도 제2차 세계대전(1939~1945)과 그 일부인 태평양전쟁이 진행되고 있었으며, 7년 뒤에는 한국전쟁이 일어났다. 소태산은 세계 전쟁의 참화 속에서 일생을 보냈으며, 그의 생애 후에도 전쟁은 현재까지도 지속되고 있다.

이러한 측면에서 볼 때, 그가 얻은 깨달음을 기반으로 한 교의 체계 내에는 인류를 위한 평화사상이 기본적으로 내재되어 있다고 할 수 있다. 따라서 사드문제를 통해 촉발된 원불교의 평화사상을 새롭게 정리할 필요성

---

3 원영상, "이제는 우리가 순교할 때,"《한울안신문》, 2016년 9월 17일.

이 제기되었으며, 이에 따라 소태산의 깨달음과 일생의 경험 체계인 교의를 통해 원불교의 평화사상이 무엇인지 그 구조를 종교적 차원에서 해명하고자 한다.

그런데 논의에 앞서 먼저 언급해두어야 할 것은 원불교의 정체성에 관한 점이다. 필자의 경우, 원불교는 불교의 역사 내에서 불법승 삼보(三寶)를 개혁한 현대불교라고 본다.[4] 따라서 원불교는 불교의 전통을 계승함과 동시에 근현대 문명에 대한 불법의 대응을 구체화해서 실천하고 있는 교단으로 보고 있다. 다음의 모든 기술은 이러한 기본적 관점을 배경으로 하고 있다.

II. 일원상 진리와 근대문명 비판

1. 일원상 진리의 구조

4 Yong-Sang Won, "Dialogue between Buddhism and Won-Buddhism: With Special Reference to Won-Buddhism's Buddhist Reformation," *International Journal of Buddhist Thought & Culture*, Vol. 23 (2014), pp. 73~116. 대산 김대거는 신앙과 수행과 관련하여 "자력과 타력을 아울러야 하나니, 귀의불하여 수양력을 얻고, 귀의법하여 연구력을 얻으며, 귀의승하여 취사력을 얻으면 일체 불·일체 법·일체 승이 모두 하나 되어 자성귀의불·자성귀의법·자성귀의승으로 여래가 되느니라"라고 설하고 있다. 대산종사법어 편수위원회, 『대산종사법어』(익산: 원불교 출판사, 2014), p. 229.

일원상(一圓相)의 진리는 소태산이 깨달은 진리를 언어로 표명한 것이다. 원불교의 모든 교의는 이 진리를 근원으로 하고 있다. 평화사상 또한 여기에 입각해 있다고 할 수 있다. 그 원문은 다음과 같다.

> 일원(一圓)은 우주 만유의 본원이며, 제불 제성의 심인이며, 일체 중생의 본성이며, 대소 유무(大小有無)에 분별이 없는 자리며, 생멸 거래에 변함이 없는 자리며, 선악 업보가 끊어진 자리며, 언어 명상(言語名相)이 돈공(頓空)한 자리로서 공적 영지(空寂靈知)의 광명을 따라 대소 유무에 분별이 나타나서 선악 업보에 차별이 생겨나며, 언어 명상이 완연하여 시방 삼계(十方三界)가 장중(掌中)에 한 구슬같이 드러나고, 진공 묘유의 조화는 우주 만유를 통하여 무시광겁(無始曠劫)에 은현 자재(隱顯自在)하는 것이 곧 일원상의 진리니라.[5]

이 일원상 진리의 기본적인 구조에 대해서는 여래장사상 계통의 논서인 『대승기신론(大乘起信論)』[6]의 체상용(體相用)의 논리를 통해 해석이 이루어지고 있다. 일심·이문·삼대(一心·二門·三大)[7]의 맥락으로 이루어진 본서에서 삼대는 체상용을 말한다. 체는 본체나 본질, 상은 차별현상 혹은

5 원불교 교서편수위원회 편, "정전(正典) 제2교의편(敎義編)," 『圓佛敎全書』(익산: 圓佛敎正化社, 1977), p. 23.

6 마명(馬鳴)의 저술로 알려져 있다.

7 이문(二門)은 진여문(眞如門)과 생멸문(生滅門)을 말한다. 일원상 진리와 『大乘起信論』과의 관계는 노권용의 "起信論의 一心三大思想을 通해 본 一圓相信仰 小考," 『원불교사상과 종교문화』, 제6호(1982)를 참조,

덕상, 용은 작용을 의미한다. 의미상에서는 다름이 있지만, 신학의 성부·성자·성령의 삼위일체나 서양철학의 존재론·인식론·가치론과 유사한 구조라고 할 수 있다. 필자는 일원상 진리의 구조를 근원성, 원융회통성, 원만성의 입장에서 서술하고자 한다.

먼저 근원성은 일원상 진리가 우주 만유의 본원이자 깨달음을 얻은 제불 제성의 심인이며, 우리 중생들의 본성이라는 것을 말한다. 제1원인으로서의 근원은 종교적 세계의 본질을 형성한다. 인간과 만물의 본질적 근원을 문화적 전통 속에서 찾아 해석해 주는 것이 종교의 역할이라고 한다면, God·알라·신(神)·공(空)·무한자·법신불 등으로 표현되는 궁극적 지점이 곧 일원상의 진리라고 할 수 있다.

변선환은 일원상의 진리에 대해 에크하르트의 무상(無相)의 신 개념과, 폴 틸리히의 God above God의 개념을 빌려, 유신론의 신을 넘은 익명의 신, 존재자체로서의 신이라 하고 있다. 즉, "신의 존재론적인 근거인 무, ○은 신과 인간의 자연이 거기에서 나와서 거기에로 들어가는 근원적인 고향, 존재론적인 현실성(die ontologische Wirklichkeit)"[8]이라고 한다. 근원과 존재가 순환하는 진리적 세계관인 것이다.

다음으로는 원융회통성인데 일원상의 진리가 곧 법신불(法身佛, Dharma-kāya-buddha)로서 세계의 모든 현상이 소통됨을 의미한다. 소통의 주재자인 이 법신불의 성격은 대승불교의 대표경전의 하나인 『유마경(維摩經)』에 잘 나타나 있다. 이 경전의 주인공인 재가불자 유마거사는 불타(佛陀)가 병문안 차 보낸 제자인 32보살에게 생과 멸, 주관과 객관, 더러

8 변선환, "一圓相의 眞理와 存在 神秘主義," 『한국종교』, 제4·5호 (1980), p. 466.

움과 깨끗함, 상(相)과 무상(無相), 선과 불선, 죄와 복, 유루와 무루, 유위와 무위 등 모든 상대적인 것을 넘어 불이(不二)의 세계에 들어가는 법문을 설한다.[9] 원불교의 교의가 유와 무, 안과 밖, 음과 양, 영과 육, 이(理)와 사(事), 물질과 정신, 과학과 도학, 생과 사, 성(聖)과 속(俗) 등의 인간적 분별을 회통의 관점에서 보는 것과 상통한다.

이러한 세계관은 모든 이원적인 대립을 지양(止揚)한다는 것에 의미가 있다. 유마거사가 "불신이 곧 법신이며, …(중략) 이와 같이 무량한 청정법으로부터 여래의 몸은 생기는 것"[10]이라고 한 것에서 알 수 있다. 불타를 비롯한 모든 성현의 인격성, 중생의 불성(佛性)은 이 불이의 법신(法身)에 귀결된다. 그것을 원효는 일심(一心)으로 나타냈다. 소태산은 이 한 마음으로 유교, 불교, 도교를 회통시키고, 모든 종교의 진리도 포용하고자 한다.[11] 신규탁은 법신, 일심의 다른 표현인 법성(法性)이 대승불교 사상의 근원이라고 보고 있다.[12] 원불교 또한 그 전통을 계승하고 있다.

마지막으로 원만성이다. 현실과 사회 속에서 보는 관점이다. 소태산은 일원상의 진리가 인간에 의해 구체적으로 드러나는 상태를 원만구족(圓滿具足)과 지공무사(至公無私)로 나타내고 있다.[13] 또한 모든 의식에서 사용되는 주송문인 "일원상 서원문"에서 법신불 일원상 진리의 속성을 따라

---

9 鳩摩羅什譯,『維摩經』(大正藏14, 551下).

10 鳩摩羅什譯,『維摩經』(大正藏14, 475下1–9). "佛身者卽法身也…(중략)…從如是無量淸淨法生如來身."

11 원불교 교서편수위원회 편, "대종경 제2교의품(教義品) 1장,"『圓佛教全書』(익산: 圓佛教正化社, 1977), pp. 111~112.

12 신규탁,『규봉 종밀과 법성 교학』(서울: 올리브그린, 2013) 참조.

13 원불교 교서편수위원회 편, "정전(正典) 제2교의편(教義編)," pp. 25~26.

심신을 원만하게 수호하고, 사리를 원만하게 아는 공부를 하며, 심신을 원만하게 사용하는 공부를 하여 진급과 은혜의 위력을 얻고, 그 진리에 합하도록 노력하자고 서원하고 있다.[14] 이러한 일원상의 진리가 삶 속에서 구체화된 것은 불공(佛供)의 논리이다. 기존의 유형한 불상(佛像)에게 올리는 기복적인 신앙을 철폐하고, 그 신앙성을 모든 존재에게 돌리고 있다. 그것을 처처불상 사사불공(處處佛像 事事佛供)의 교의로 확립하였다.

즉, 모든 존재는 불성(佛性)이 있으며, 그 원만 평등한 불성으로 인해 존엄하며, 그 능력 또한 부처에 다름이 아니다. 따라서 모든 존재를 부처님으로 모심과 동시에, 모든 사안에 대해 불공의 마음으로 대하게 되면, 현실의 모든 일은 원만구족하게 성취될 것이라고 본다. 그 근저에는 윤회와 업의 논리, 인과, 믿음과 수행, 은혜와 정의 등의 교의가 기반이 되고 있다. 또한 원만한 사회는 일원상 진리의 교의가 구현된 낙원의 세계라고 할 수 있다. 그것의 최종적인 세계는 미륵정토인 용화회상(龍華會上)이다.[15] 이 불국정토는 모든 존재가 완전한 주체로서 자신의 모습을 드러냄과 동시에 모든 존재로부터 존중받고, 서로의 갈등이 사라진 평화 세계를 말한다.

이러한 일원상의 진리가 출현하게 된 것은 근대적 현실에 대한 소태산의 자각에 기인한다. 깨달음에 의한 세계 해석으로서의 진리적 텍스트(text) 속에 시대와 사회라는 컨텍스트(context)에 대한 이해가 항상 따르고 있는 것이다. 따라서 원불교에서는 세계 모든 종교의 가르침마저 그것이 이 세계의 안정과 평화를 위한 것이라면, 그것을 가져다가 통합·활용하도

---

14 같은 책, pp. 24~25.

15 원불교 교서편수위원회 편, "대종경 제14전망품(展望品) 1장," p. 390.

록 하고 있다.

2. 근대문명에 대한 비판적 대안

"물질이 개벽되니 정신을 개벽하자"라는 원불교의 개교표어는 바로 근대성에 대한 반성에서부터 시작하고 있음을 보여주고 있다. 그것을 또한 소태산은 '개교의 동기'로써 내세우고 있다.

> 현하 과학의 문명이 발달됨에 따라 물질을 사용하여야 할 사람의 정신은 점점 쇠약하고, 사람이 사용하여야 할 물질의 세력은 날로 융성하여, 쇠약한 그 정신을 항복 받아 물질의 지배를 받게 하므로, 모든 사람이 도리어 저 물질의 노예 생활을 면하지 못하게 되었으니, 그 생활에 어찌 파란 고해(波瀾苦海)가 없으리요.[16]

여기에서 과학은 근대문명의 총체적인 상황으로 보아야 한다. 즉 근대적 사유로부터 시작하여 근대사회구축에 이르는 근대성에 관한 문제를 대표하는 과학으로 보아야 한다. 서세동점의 시기, 소태산이 경험한 것은 식민지와 전쟁의 고통만이 아니라 그것의 원인인 제국주의와 그 제국주의를 잉태한 근대문명의 한계, 그리고 이로 인한 위기적 상황이었다. 근대문명의 총아는 과학인 것이다.

16 원불교 교서편수위원회 편, "정전(正典) 제1총서편(總序編)," p. 21.

그리고 이 과학이 인간의 삶에 도움을 주는 동시에 폐해가 가지 않도록 균형을 잡는 세계가 정신인 것이다. 이 정신을 달리 표현하여 도학(道學)이라고 한다. 소태산은 과학과 도학을 근대문명의 축으로 본다. 그렇다면 이러한 근대성 한계의 요인은 무엇인가. 소태산은 이를 전통 가치의 해체와 자기 분열적 증상에서 찾고 있다.

사실 자신의 깨달음을 대승경전인 『금강경』을 통해 확인한 후, 소태산이 시공을 초월하여 역사상의 석가모니불에게 연원(淵源)을 댄 것은 불교라는 전통가치의 현대적 복원을 염두에 둔 것으로 볼 수 있다. 조지 리처(George Ritzer)는 『맥도날드 그리고 맥도날드화』에서 근대적 합리성에서 발현, 현대문명의 대표적인 현상으로 자리 잡은 패스트푸드에서 규격화·편리성·효율성 등의 원리가 사회를 지배하는 과정은 물론 그것의 불합리성과 비인간화를 날카롭게 비판하고 있다.[17] 세계의 맥도날드화는 전통의 해체 및 가치의 소멸 위에서 진행되고 있다. 동양의 근대는 이처럼 앞서서 이성과 과학에 의해 전통과 단절된 위기에 있었던 것이다.

소태산은 전통 종교를 대표하는 불교의 수행관, 윤리관, 종교성, 인격성 등에 있어 세계적인 보편윤리나 도덕으로서의 가능성을 높게 평가하고 있다.[18] 그리고 이를 현대적으로 전개하기 위한 결사운동체로서의 불법연구

17 George Ritzer, 김종덕 역, 『맥도날드 그리고 맥도날드화: 유토피아인가, 디스토피아인가』(서울: 시유시, 2003) 참조.

18 원불교 교서편수위원회 편, "대종경 제1서품(序品) 3장," p. 95. 소태산은 "불법은 천하의 큰 도라 참된 성품의 원리를 밝히고 생사의 큰일을 해결하며 인과의 이치를 드러내고 수행의 길을 갖추어서 능히 모든 교법에 뛰어난 바 있나니라"라고 언급하고 있다.

회라는 간판을 내건 것이다. 한편으로 그것은 철저히 서양의 사상에 대한 동양의 반격이라고 해도 좋을 것이다. 이미 유럽의 오리엔탈리즘(Orientalism)이나 일본의 네오오리엔탈리즘(Neo—orientalism)의 이면에는 서구 근대문명 우위의 가치관이 지배하고 있었던 것이다. 그 속에서 전통의 해체나 가치의 몰락으로 인한 인간 소외의 발생을 목격하고 있었다고 할 수 있다. 소태산은 물질문명에 대해 도덕문명을 대비시키고 있다. 그는

> 도덕 문명은 원래 형상 없는 사람의 마음을 단련하는 것이므로 그 공효가 더디기는 하나 그 공덕에 국한이 없나니, 제생의세(濟生醫世)하는 위대한 힘이 어찌 물질문명에 비할 것이며, 그 광명이 어찌 한 세상에 그치고 말 것이리요.[19]

라 하고, 배우거나 가르칠 것도 부처님의 도덕[20]이라고 한다. 도덕은 동양적 가치의 패러다임을 의미한다. 울리히 벡(Ulrich Beck)은 현대문명의 위험성의 요인인 합리성에 대한 과학의 독점에 대한 주장을 비판하고, 더욱이 과학의 합리성에 대해 도덕적 관점을 전제해야 한다고 봄으로써 사회적 합리성과의 긴장관계를 놓지 않고 있다. 그리고 "사회적 합리성 없는 과학적 합리성은 공허하며, 과학적 합리성 없는 사회적 합리성은 맹목적이다"[21]고 주장한다. 도덕은 곧 사회, 정치, 경제체제의 전제 조건인 것이다. 주지하다

---

19 원불교 교서편수위원회 편, "대종경 제2교의품(教義品) 32장," p. 132.

20 원불교 교서편수위원회 편, "대종경 제1서품(序品) 3장," p. 102.

21 Ulrich Beck, 홍성태 역, 『위험사회: 새로운 근대(성)를 향하여』(서울: 새물결, 1997), pp. 66~69.

시피, 아담 스미스가 『국부론』 출판에 앞서 자율적 도덕원리를 추구한 『도덕감정론』을 주장한 것은 이것을 잘 보여주고 있다. 소태산이

> 만일 현대와 같이 물질문명에만 치우치고 정신문명을 등한시하면 마치 철모르는 아이에게 칼을 들려 준 것과 같아서 어느 날 어느 때에 무슨 화를 당할지 모를 것이니, 이는 육신은 완전하나 정신에 병이 든 불구자와 같고, 정신문명만 되고 물질문명이 없는 세상은 정신은 완전하나 육신에 병이 든 불구자와 같나니, 그 하나가 충실하지 못하고 어찌 완전한 세상이라 할 수 있으리요. 그러므로 내외 문명이 병진되는 시대라야 비로소 결함 없는 평화 안락한 세계가 될 것이니라.[22]

라고 하여 물질과 정신문명의 병진을 주장한 것은 앞의 맥락과 통하는 것이다.

다음으로 근대문명의 한계에서 나타는 증세는 자기 분열적 고통과 이를 통한 대립과 상극의 발생이라고 할 수 있다. 소태산은 인간의 고통은 욕심이 그 원인이라고 보고, 이로 인해

> 예의염치와 공정한 법칙은 생각할 여유도 없이 자기에게 있는 권리와 기능과 무력을 다하여 욕심만 채우려 하다가 결국은 가패 신망도 하며, 번민 망상과 분심 초려로 자포자기의 염세증도 나며, 혹은 신경 쇠약자

---

22 원불교 교서편수위원회 편, "대종경(大宗經) 제2교의품(教義品) 31장," pp. 131~132.

도 되며, 혹은 실진자도 되며, 혹은 극도에 들어가 자살하는 사람까지 도 있게 되나니[23]

라고 본다. 이의 해결을 위한 정신수양은 "분별성과 주착심을 없이하며 밖으로 산란하게 하는 경계에 끌리지 아니하여 두렷하고 고요한 정신을 양성"[24]하는 것에 있다고 한다. 여기서 말하는 분별성은 물아(物我)의 차별에서 나오는 것이다.

주지하다시피 외부 세계의 대한 불확실성으로부터 촉발된 데카르트의 이원론적 존재론은 근현대 사회에까지도 지속적인 영향을 끼치고 있다. 스피노자, 흄, 후설을 비롯한 많은 사람들이 비판했지만, 과학의 발전으로 이어진 그 그늘에서 여전히 벗어나지 못하고 있다.

현대과학과는 시간적으로 앞서 설파된 대승불교의 공(空)과 유식(唯識) 사상은 이러한 인간의 인식의 한계를 일찍부터 돌파하기 위한 노력의 산물이라고 할 수 있다. 용수(龍樹)의 공사상은 불타의 연기설을 무자성(無自性)을 통해 증명한 것이다. 또한 진리의 세계와 현상세계에 차별이 없음을 진속이제(眞俗二諦)로써 설명했다.[25] 세친(世親)은 유식사상을 확립함으로써 모든 존재가 유식, 즉 오직 마음 하나로부터 발현되고 있음을 논증하고 있다. 유경무식(唯境無識)은 그 대표적인 표현이라고 할 수 있다.[26]

---

23 원불교 교서편수위원회 편, "정전(正典) 제2교의편(敎義編)," pp. 46~47.

24 같은 책, p. 23.

25 김성철, 『중론, 논리로 부터의 해탈 논리에 의한 해탈』(서울: 불교시대사, 2004) 참조.

26 竹村牧男, 『唯識の探究: 唯識三十頌を讀む』(東京: 春秋社, 1992) 참조.

소태산은 이러한 대승불교의 가르침을 계승하고 있다. 그는 세계가 자아분열의 단초인 개체의 욕망이 우주자연과의 분열을 낳고, 이 분열이 차별을 낳아 마침내 세계가 대립과 갈등으로 확산되어 가는 와중에 있음을 목격했던 것이다. 평화의 근본은 이러한 자아 및 세계의 분열을 어떻게 통합하고 치유하는가에 달려 있다고 할 수 있을 것이다.

이와 같은 소태산의 근본 테제인 일원상의 진리와 현대문명에 대한 비판적 대안을 시야에 넣고, 다음은 평화를 위한 종교적 이념을 파악해보고자 한다.

III. 박중빈의 평화사상과 종교적 의미

1. 중도와 중용

소태산이 일원상 진리의 속성으로 본 것 중의 하나는 중도와 중용이다. 그것에 대해 직접적으로 언급한 것은 다음과 같은 교설이다.

> 일원의 진리를 요약하여 말하자면 곧 공(空)과 원(圓)과 정(正)이니, 양성에 있어서는 유무 초월한 자리를 관하는 것이 공이요, 마음의 거래 없는 것이 원이요, 마음이 기울어지지 않는 것이 정이며, 견성에 있어서는 일원의 진리가 철저하여 언어의 도가 끊어지고 심행처가 없는 자리를 아는 것이 공이요, 지량(知量)이 광대하여 막힘이 없는 것이 원이

> 요, 아는 것이 적실하여 모든 사물을 바르게 보고 바르게 판단하는 것이 정이며, 솔성에 있어서는 모든 일에 무념행을 하는 것이 공이요, 모든 일에 무착행을 하는 것이 원이요, 모든 일에 중도행을 하는 것이 정이니라.[27]

일원상 진리를 공·원·정과 양성·견성·솔성으로 보고, 전자에 비추어 솔성을 무념행·무착행·중도행으로 본 것이다. 불교에서의 중도행은 수행의 과정에서 파생된 것이다. 불타가 극심한 고행과 통상적 삶 양자의 긴장관계에서 체득한 것이 중도이다. 중화, 중용 또한 근본적으로 마음의 세계에서 발현된 것이다. 『중용(中庸)』에서

> 희로애락이 발하지 않는 상태를 중이라고 하고, 발하여 절도에 맞는 것을 화라고 한다. 중은 천하의 대본(大本)이요, 화는 천하의 달도(達道)니 중화의 덕을 극진하게 하면, 천지가 자리 잡히어 만물이 화육되는 것이다.[28]

라고 하듯이 중화는 인간의 덕목 중 하나인 것이다. 소태산의 저술이자 원불교의 핵심 경전인 『정전』에서는 정각정행을 깨달음을 성취하여 행하는 육근의 작용이, 곧 불편불의하고 과불급이 없는 원만행(圓滿行)[29]이라고

---

27 원불교 교서편수위원회 편, "대종경 제2교의품(敎義品) 7장," p. 115.
28 차상원 역해, 『大學·中庸』(서울: 韓國敎育出版公社, 1985), p. 167.
29 원불교 교서편수위원회 편, "정전(正典) 제2교의편(敎義編)," p. 53.

하는데, 이것이 바로 중도행인 것이다. 결국 무념 무착의 경지에서 행하는 일체가 중도행이 될 수 있다. 중용은 이러한 솔성(率性)이 나타난 상태이다. 소태산은 이 솔성의 도에 대해, "천도에 잘 순응만 하는 것은 보살의 경지요, 천도를 잘 사용하여야 부처의 경지"[30]라고 하여 보다 불성의 적극적인 구현을 주장하고 있다.

따라서 원불교 교의에서는 중도에 입각한 구세(救世)의 자세야말로 최선의 종교적 행위로 본다. 삼학의 작업취사 과목의 목표가 "정의를 취하고 불의를 버림"[31]이라는 것은 중도가 삶 속에서 현실화 되는 솔성의 도를 의미한다.

예를 들어, 살생은 인과의 연쇄만이 아니라 중도적인 삶의 평정을 파괴한다. 불교나 원불교에서 전쟁의 근원을 탐·진·치(貪瞋痴)의 삼독심(三毒心)으로 보고, 그것의 소멸[32]을 최고의 경지로 보는 것은 이처럼 내적 평화가 외적 평화의 중심이 되기 때문이다.『정전』30계문의 최종에는 이 삼독심이 자리하고 있으며, 그것을 넘어서야 성자의 반열에 오를 수 있다.

이 삼독심의 원인은 자신에게 집착하는 것으로부터 발현된다. 그것을 벗어나는 것이야말로 해탈이며, 열반(nirvāṇa)이다. 열반의 상태는 번뇌의 근본인 탐욕·진에(瞋恚)·우치(愚癡)의 소멸 상태인 마음의 평화를 말한다.[33] 이를 적멸(寂滅), 원적(圓寂), 멸도(滅度) 등으로 부르고 있다.

---

30 원불교 교서편수위원회 편, "대종경 제8불지품(佛地品) 6장," p. 272.

31 같은 책, p. 49.

32 정봉길, "21세기 세계평화를 위한 불교도의 역할: 원불교인의 관점에서,"『원불교사상과 종교문화』, 제31호 (2005) 참조.

33 Monier Monier-Williams, *English-Sanskrit dictionary* (Lucknow: Akhila

대승불교에 이르면 한 발 더 나아가 무주처열반(無住處涅槃)을 말한다. 이는 깨달음이나 열반의 세계에도 들어가지 않고, 번뇌 가득한 중생 구제를 위해 부처의 도를 구현하는 것을 말한다. 원불교 또한 이 열반에서 무주처열반에 이르는 역사적 전개 과정을 계승하고 있다. 여기에 더해 이 구제의 이념을 평등과 평화를 위한 현대적 실천교의인 사요(四要)의 교리[34]로써 구체화하였다.

소태산의 평화적 세계에 대한 관심은, 폴 틸리히(Paul J. Tillich)가 인간의 세계 내에 머물지 않고 세계 전체로 확장되는 종교적 관심을 언급한 것과 같은 선상에 있다. 김팔곤은 이에 대해 상대적 인간의 세계 내에서 우리의 궁극적 관심이 한정되어 버림으로써 타락해버리는 일이 없도록 해야 하는 것으로 보고, "유한한 인간들의 생활이 무한한 영원의 세계를 향해서 끊임없이 접근할 수 있도록 함으로써 인간의 바람직한 생활이 이룩될 수 있는 것"[35]이라고 한다. 그리고 이를 절대적 윤리관과 상대적 윤리관을 종합 통일하는 원리로서의 일원상[36]이라고 한다. 현실에서는 절대 세계에서 발현된 자비의 구제와 모순으로 가득 찬 사회 정의 사이의 긴장을 의미한다.

이병욱은 요한 갈퉁(Johan Galtung)의 폭력에 대한 분석과 불교의 내적 평화관의 관계에 대해, "현대의 문화적 폭력의 방지에 크게 기여할 수 있으

Bharatiya Sanskrit Parishad, 1957). nirvāṇa 항목.

34 자력양성·지자본위·타자녀교육·공도자 숭배를 말한다.

35 김팔곤, "平和世界 建設을 爲한 새 倫理의 摸索: 一圓相 眞理를 中心으로," 『원불교사상과 종교문화』, 제1호 (1975), p. 231.

36 같은 논문을 참조.

며, 직접적 폭력과 구조적 폭력의 방지에 대해서도 어느 정도 기여할 수 있다"[37]고 보고 있다. 그럼에도 심재룡에 의하면 불교는 보살도의 실현을 위해 폭력을 정당화[38]하는 점도 있다고 한다. 즉, 궁극의 종교적 가치 구현을 위해서는 현실에서의 전쟁이나 폭력이 정의의 전쟁으로도 해석가능하다고 보는 것이다. 물론 불교는 불살생의 계율에 의거, 전쟁을 근본적으로 반대하고 있으며, 그것은 최소한의 방편[39]에 불과하다. 원불교에서는 자리이타의 구현을 궁극적 가치로 보는 동포은에서

> 만일 전 세계 인류가 다 보은자가 되지 못할 때에, 혹 배은자의 장난으로 인하여 모든 동포가 고해 중에 들게 되면, 구세 성자들이 자비 방편을 베푸사 도덕이나 정치나 혹은 무력으로 배은 중생을 제도하게 되나니라.[40]

라고 하여 정의의 전쟁에 관해 언급하고 있음을 알 수 있다. 이는 앞의 방편설의 연장이라고 할 수 있다. 그렇다고 계문에서 "연고 없이 살생을 말며"라는 조항이 전쟁을 허용하는 것은 아니다. 단, 앞에서처럼 비평화의 요소를 제거하기 위한 하나의 방편이 될 수는 있다.

---

37 이병욱, "불교의 평화관의 재구성: 요한 갈퉁의 평화개념을 중심으로," 『大同哲學』, 제51호 (2010) 참조. 이병욱은 불교의 평화관에는 연기, 자비, 비폭력, 수행문화, 불성, 자연관, 화쟁사상 등 다양한 가르침의 요소가 있다고 본다.

38 심재룡, "불교와 전쟁," 『불교평론』, 제15호 (2003) 참조.

39 이병욱은 앞의 논문에서 초기경전을 통해 이 점을 분석하고 있다.

40 원불교 교서편수위원회 편, "정전(正典) 제2교의편(教義編)," p. 36.

그 비평화의 요소를 김귀성은 물질에 의한 인간 정신의 노예화, 불평등 사회, 원망의 병, 강약의 공존공영을 해치는 자리타해(自利他害)의 구조, 제가(齊家)의 부재, 마음평화의 부재[41] 등으로 소태산의 가르침에서 추출하고 있다. 비평화를 제거하는 것이 평화라고 할 수 있으며, 이는 개인과 사회의 정의로운 중도행이라고도 할 수 있다.

역사와 현실 속에서는 약육강식의 질서가 무너지지 않음을 목격하고 있다. 사회적으로 이러한 모순을 해체하고 평화를 세우기 위해서는 민주성과 공공성이 담보되어야 한다. 민주성을 시민사회의 덕성이라고 한다면, 공공성은 평화를 위한 사회의 보편적 덕목인 것이다. 그것을 지탱하기 위해서는 진리와 양심에서 발하는 중도의 자각이 내재되어 있어야 한다. 내적 평화와 사회적 평화를 일치시키기 위한 긴장을 놓지 않아야 되는 것이다.[42] 바로 이것이 중도, 중화, 중용의 평화적 요소가 된다.

2. 상생과 조화

이진수는 소태산 평화사상의 본질을 은(恩)적 상생사상, 긍정적 개벽사

---

41 김귀성, "少太山의 平和敎育思想: 最初法語를 중심으로," 『원불교사상과 종교문화』, 제17·18호 (1994), pp. 139~146. 그는 평화교육을 강조하는 동시에 학교교육, 가정교육, 사회교육이 함께 이루어져야 한다고 보고 있다.

42 이러한 점은 근대 일본불교계에서 선과 정토의 사상이 윤리적 긴장감을 놓음으로써 오히려 전쟁에 적극적으로 협력한 점이 있음을 상기할 필요가 있다. 종교가 관념화될 때, 정의의 역사로부터의 이탈을 초래한다.

상, 비폭력적 진화사상, 조화적 병진사상[43]으로 분석하고 있다. 은적 상생사상은 일원의 진리 세계의 현현이자 신앙의 요소인 천지·부모·동포·법률의 사은(四恩)의 내적 성격을 말한다. 김영두 또한 원불교의 상생정신에 근거한 통일방안으로써 은(恩)의 사상, '돌리자' 사상, 강자약자진화상의 요법[44]을 들고 있다. 김팔곤도 마찬가지로 원불교 평화의 원리로써 일원상 진리, 평화의 윤리로써 사은윤리를, 평화 실천법으로는 강자약자진화상의 요법[45]을 들고 있다.

앞에서 말하는 은혜를『정전』에서는 "없어서는 살 수 없는 관계"[46]라고 규정하고 있다. 이 언급은 불타의 연기론(緣起論)에 의거하고 있음을 알 수 있다. 연기론의 핵심은 무아론(無我論)과 관련, 현상의 원인을 설명하는 불타 최고의 깨달음에 해당한다. 불타는 이 연기를 이해하는 자는 자신과 진리적 세계를 이해하는 자와 같다고 보았다. 필자는 이 연기 사상이 대승의 과정을 거치면서 사회적인 연기론으로 전환된 것으로 본다. 즉 실상론(實相論)적인 연기론이 인간의 눈높이에 맞춘 사회적 관계론으로 조율된 것이다. 원불교에서는 이를 계승하여 절대 세계와 현실 세계가 교감하는 은혜의 교의로 체계화한 것이다.

이러한 은적 가치의 핵심이 상생과 조화라고 할 수 있다. 김귀성은 소태

---

43 이진수, "少太山의 平和思想 硏究," (원광대학교 일반대학원 박사학위논문, 2011), pp. 138~170.

44 김영두, "圓佛敎의 相生思想과 統一方案,"『원불교사상과 종교문화』, 제17~18호 (1994) 참조.

45 김팔곤, "平和實現者로서의 少太山,"『원불교사상과 종교문화』, 제14호 (1991) 참조.

46 원불교 교서편수위원회 편, "정전(正典) 제2교의편(敎義編)," pp. 27~39.

산의 평화교육사상은 "힘의 논리에 의한 투쟁이나 정복·갈등보다는 상생상화를 강조하는 이른바 자리이타(自利利他)의 구조, 대화를 통한 합리적 방법을 강조하는 특징을 가지고 있다"[47]고 한다. 자리이타는 앞에서도 언급했듯이 동포은의 내적 성격을 의미한다. 자리이타는 대승불교의 사회구제의 원리이기도 하다. 모든 중생이 공존하는 상생의 방법이 자리이타인 것이다.

이러한 자리이타의 윤리적 구조는 『대학(大學)』에서 말하는 혈구지도(絜矩之道)[48]의 실천적 윤리가 보완이 될 때 종교적 윤리로서의 기능이 완성될 수 있다. 즉,

> 윗사람에게서 싫다고 느껴진 것으로 아랫사람을 부리지 말 것이며, 아랫사람에게서 싫다고 느낀 것으로 윗사람을 섬기지 말 것이며, 앞 사람에게서 싫다고 느껴진 것으로 뒷사람을 먼저 하지 말 것이며, 뒷사람에게서 싫다고 느껴진 것으로 앞 사람을 따르지 말 것이며, 오른쪽 사람에게서 싫다고 느껴진 것으로 왼쪽 사람에게 건네지 말 것이며, 왼쪽 사람에게서 싫다고 느껴진 것으로 오른쪽 사람에게 건네지 말 것이니, 이런 것을 일컬어 혈구지도라고 한다.[49]

---

47 김귀성, 앞의 논문, p. 155.

48 혈구지도는 곱자로써 재는 것에 빗대어 자신의 처지를 미루어 남을 이해하고 헤아리는 것을 말한다.

49 차상원 역해, 『大學·中庸』, p. 75. 『중용(中庸)』에서 공자(孔子)는, 자식에게 바라는 것으로 부모를 섬기는 일, 신하에게 바라는 것으로 임금을 섬기는 일, 아우에게 바라는 것으로 형을 받드는 일, 친구들에게 바라는 것을 먼저 베풀지 못 했음을 고백했다고 한다. 혈구지도를 더욱 적극적으로 구현해야 한다는 가르침이다.

라는 황금률이 전제되어야 하는 것이다. 소태산 또한 적극적으로 이러한 황금률을 제시하고 있다. 그는

> 내가 못 당할 일은 남도 못 당하는 것이요, 내게 좋은 일은 남도 좋아하나니, 내 마음에 섭섭하거든 나는 남에게 그리 말고, 내 마음에 만족하거든 나도 남에게 그리 하라. 이것은 곧 내 마음을 미루어 남의 마음을 생각하는 법이니, 이와 같이 오래오래 공부하면 자타의 간격이 없이 서로 감화를 얻으리라.[50]

라고 하여 타자와의 무차별적인 관계를 언급하고 있다. 종교에서 이러한 황금률이 부정될 때, 독단이 되는 예를 영성운동에서 볼 수 있다. 종교학자인 시마조노 스스무(島薗進)는 20세기에 활성화된 영성운동의 문제를 사회적 관계의 결핍에서 찾는다. 심지어 그는 영성운동을, "타자와의 지속적이고도 깊은 관계를 인생의 주제로는 생각하지 않는 곳에 성립하는 운동"[51]이라고 보고 있다. 여기에서 타자와의 관계 방식을 종교가 늘 성찰해야 하는 이유를 알 수 있다.

상생은 은혜의 현실적 구현 방식이다. 상생을 공존에 의한 공영, 더불어 살리는 길, 공생(共生)의 방식이라고도 할 수 있다. 조화는 또한 다양성이 존재하는 형태이기도 하다.

---

50 원불교 교서편수위원회 편, "대종경 제2교의품(敎義品) 12장," p. 190.

51 島薗進, 『精神世界のゆくえ: 現代世界と新靈性運動』(東京: 東京堂出版, 1996) 참조.

그것을 좀 더 인간사회에 적용한 것이 앞에서도 언급된 '강자·약자 진화상의 도'이다. 소태산이 최초로 설한 법어 가운데에 속하는 이 법문은 『정전』에 실려 있다. 그 요지는 강자와 약자가 서로 의지해 있다는 점, 강자는 자리이타의 방법으로 약자를 진화시키는 것이 영원한 강자가 되는 것, 약자는 자리타해(自利他害)를 벗어나 어떤 고난이라도 무릅쓰고 강자로 진화해 가는 노력이 필요하다는 것이다.

근대 제국주의 시대 식민지와 관련한 착취자와 피착취자의 관계를 언급한 것으로 볼 수 있다. 이것을 확대해서 본다면 요한 갈퉁이 언급한 문화적 폭력, 혹은 구조적 폭력에 대한 대응이 가능할 것이다. 어떤 형태의 위계라고 할지라도 전체적 관점 내에서 양자의 평화로운 진화를 지향하고 있다. 진급과 강급이 선의의 관계로 나아가는 사회적 연기론에 입각한 갈등 해소의 평화적 모색이라고 할 수 있다. 이 점은 또한 다음 장에서 보듯이 보다 깊은 종교적인 방식이 필요하다.

3. 관용과 섭취불사(攝取不捨)

관용은 절대적 신앙 앞에서 이루어지는 종교적 행위이다. 불교와 원불교는 이것을 한 존재도 버리지 않는 섭취불사로써 표현한다. 소태산의 경우, 창부(娼婦)들이 불법연구회를 출입하는 것에 대해 제자들의 불만이 있었지만, 불법의 대자대비와 불성의 편만함에 의거하여 이들을 더욱 적극적으로 받아들여 제도해야 한다고 표명한다.[52] 이러한 관용은 깊은 경지의 원융한 세계에 눈떴을 때 가능한 세계일지도 모른다. 그러나 현실적으로는 선악의 윤리와 결부되어 있음을 알 수 있다. 즉 선과 악은 그 어떤 것도 절대적이지 않으므로 법신불 일원상의 진리 하에서는 선과 악의 어떤 존재도 거부될 수 없다.[53]

여기에는 근현대적 의미의 도덕적 요청이 개입되어 있다고도 할 수 있다. 주지하다시피 옳고 그름을 판별할 수 있는 기준으로서 흔히 칸트의 정언명법을 든다. 그는 도덕적으로 옳은 것이 있다면, 그것이 보편적 법칙이 되어야 하고, 다른 사람을 수단으로 여겨서는 안 되며, 언제나 목적 그 자체가 되어야 한다고 한다. 칸트의 이 명제는 오늘날 평화학은 물론 여전히 모든 사회적 관계의 기준이 되고 있다. 그러나 그 보편성을 연장하게 되면, 결국 신과 같은 절대자를 요청하지 않을 수 없다. 불교와 원불교의 대승정신은 이 지점에서 만난다.

기독교인이자 평화주의자인 우치무라 간조(内村鑑三, 1821~1930)가 비전(非戰)주의에서 의전(義戰)주의로, 의전주의에서 평화주의로 사상이 변모[54]해 가면서 마지막으로 세계 평화는, "인류의 노력에 의해 이루어지는 것이 아니고, 그리스도 재림에 의해서만 이루어 질 수 있다"[55]고 한 것의 의미가 여기에 있는 것이다. 이 점에서 이찬수가 평화학을 보는 관점과도 상통한다. 그는

---

52 원불교 교서편수위원회 편, "대종경" 제12실시품(實示品) 7장," pp. 328~329.

53 "일원상서원문"의 "은생어해(恩生於害)로 혹은 해생어은(害生於恩)"이라는 말은 이러한 선악의 상대성에 대한 표명이다. 원불교 교서편수위원회 편, "정전(正典) 제2교의편(敎義編)," p. 25.

54 정응수, "우치무라 간조(内村鑑三)의 '非戰論'의 향방," 『남서울대학교 논문집』, 제5호 (1999) 참조.

55 山本泰次郎 編, 『内村鑑三信仰著作全集』第13 (東京: 教文館, 1962), p. 122.

> 적극적 평화의 이념과 방법을 제시하고 구현을 추구하는 평화학은 하느님의 나라를 추구하는 신학적 세계관과 다르지 않다.⋯ (중략) 신학자의 눈에 평화학은 '세속화 시대의 신학'으로 보인다. 평화학은 신학의 '세속적 변용'이라 함직하다.[56]

고 한다. 극단과 극단을 중화하는 데에 있어서는 포섭과 섭취불사라는 무한한 자비의 세계에서 발현되는 신앙적 행위가 필요하다. 천황주의와 국가의 대외전쟁을 비판하여 1911년 형장의 이슬로 사라진 승려 우치야마 구도(内山愚童, 1974~1911)가 모든 중생은 '나의 자식'이라는 불타의 가르침에 순응한 것도 이와 다르지 않다.[57]

평화인문학의 필요에 대해 이찬수 또한 "평화에 대한 인문학적 성찰, 즉 '평화인문학'이 비평화의 근원을 분석하고, 전 인류의 형제자매성의 보편적 근거와 조건 및 가능성을 탐구해야 하는 것도 당연하다"[58]고 한 것은 평화에 대한 종교성의 복원을 염두에 두고 한 언급으로 보인다. 이 점에서 일본 근대에 신흥불교청년회를 이끌었던 세노오 기로(妹尾義郎, 1889~1961)의 반전주의는 자비와 평화를 기초로 한 불법의 사회화와 다르지 않다. 소태산이 불법연구회를 통해 사회문화적 폭력을 배제하기 위한

---

56 이찬수, "대동에서 만나는 종교와 평화," 서울대학교 평화인문학연구단 편, 『평화인문학이란 무엇인가』(서울: 아카넷, 2013), p. 125.

57 원영상, "근대 일본불교의 현실참여와 아나키즘," 『일본근대학연구』, 제33집 (2011) 참조.

58 이찬수, "대동에서 만나는 종교와 평화," p. 138.

비폭력적 결사운동을 일으킨 것은 이러한 종교적 평화를 실천하기 위한 것이다.

원불교가 새로운 시대의 도래를 꿈꾸는 개벽을 사회 변혁의 논리로 도입한 것은 이 때문이라고 할 수 있다. 하느님 나라나 개벽이 '적극적 평화'에 대한 종교적 표현[59]이라고 하는 것으로 후대에 평가되는 이유도 여기에 있다. 종교의 효용성이 이 시대에도 통용되는가 하는 물음은 논쟁중이기는 하지만, 종교적 가치를 사회화하는 것에는 여전히 가능성의 문이 열려 있다. 예를 들어 갈등문제의 이론과 실천가인 하워드 제어(Howard Zehr)의 '회복적 정의(restorative justice)'는 종교의 사회적 필요성을 더욱 절감하게 하는 기획이자 실천규범이다.[60]

불교 및 원불교의 종교적 가치의 핵심인 자비의 윤리에 대해 안옥선은 "초기불교의 '자비'의 의미규정에 'mettā(慈)'와 'karuṇā(悲)'를 핵심 의미로 취하여, 자비를 '이롭지 않은 것과 괴로움을 제거하고 이로운 것과 행복을 가져오려는 의도와 행동"[61]이라고 정의한다. 이를 체계화한 소위 보시(報施)·애어(愛語)·이행(利行)·동사(同事)의 사섭법(四攝法)은 대승정신의 실천적 가르침에 해당한다. 이는 원불교의 수행 위계가 점진적으로 높아질수록 요구되는 덕목과도 일치한다.[62] 이러한 종교적 가치가 현실에서 더욱

---

59 같은 논문, p. 126.

60 Howard Zehr, 손진 역, 『회복적 정의란 무엇인가?: 범죄와 정의에 대한 새로운 접근』(춘천: Korea Anabaptist Press, 2014) 참조.

61 안옥선, 『불교윤리의 현대적 이해: 초기불교윤리에의 한 접근』(서울: 불교시대사, 2002), p. 244.

62 특히 6단계의 법위 가운데 위의 세 단계인 법강항마위(法强降魔位)·출가위(出家位)·대각여래위(大覺如來位)의 덕목에 포함되어 있음을 알 수 있다. 원불교

요구되는 이유는 다양한 사회적 갈등과 파탄을 종식시킬 수 있는 길이 더욱 요원하게 느껴지기 때문이다. 다음에는 이 평화의 요소가 소태산의 사후 어떻게 계승되고 있는지 살펴보기로 한다.

IV. 박중빈의 평화사상의 계승

1. 송규의 평화이념

정산은 소태산 사후 교단 최고 지도자인 종법사의 역할을 맡은 인물이다. 그의 노력으로 1948년에 불법연구회를 원불교로 개명하고 독립된 교단의 체제를 갖추었으며, 1960년 초에 원불교의 교의를 식민지기 전의 기본 교서에 근거에 새롭게 정비했다. 특히, 소태산의 행장과 어록인 『대종경(大宗經)』을 편찬하여 기본 경전의 반열에 올려놓았다. 그는 앞의 일원상의 진리에 근거하여 삼동윤리(三同倫理)를 주장하고, 광복 후 혼란한 한국의 정치상황을 타개하기 위한 "건국론"을 저술했다. 따라서 여기에서 정산의 평화사상을 엿볼 수 있다.

삼동윤리는 동원도리(同源道理)·동기연계(同氣連契)·동척사업(同拓事業)이다. 동원도리는 모든 종교가 하나의 근원이며, 모두가 평화 안락한 세계를 위해 존재한다고 하는 것을 밝힌 것이며, 동기연계는 모든 인류는 한

교서편수위원회 편, "정전(正典) 제3수행편(修行編)," pp. 90~91.

동포이자 형제로서 대동화합과 상생상화의 길로 진급하자는 것이고, 동척사업은 세계의 모든 일들이 세계를 개척하는 한 가지 목표이므로 서로의 대립과 갈등을 지양하여 화합하자는 것이다.[63] 종교적 사회윤리라고 할 수 있다. 그것은 물론 일원상 진리의 원융회통성에 기반한 것이다.

이 삼동윤리를 김용환은 맥락화용에 근거해 세계윤리의 차원으로까지 확대 해석하고 있다.[64] 이 논의의 전제는 세계 종교의 역사를 고려한다면, 보다 넓은 상상력과 도전이 필요하다고 할 수 있다. 또한 종교 간의 관계, 종교와 정치의 관계에 대해 보다 면밀한 판단기준과 관계의 재정립이 앞서서 요청된다.

그럼에도 이 삼동윤리는 한반도는 물론 세계적인 식민지 통치 및 전쟁에 대한 반성과도 관련이 있다고 할 수 있다. 그리고 그 사상의 현실적 뿌리는 불교를 비롯한 동양의 전통에 입각해 있다. 대동, 동원, 동근, 동포, 동기, 동척 등의 의미는 동양이 전통적으로 주장해온 사회윤리 확립을 위한 기본 개념이었다. 그것을 일원의 진리라는 프리즘을 통해 재정립한 것이다.

삼동윤리의 선언 이전에 정산은 "건국론"에서 이미 그것을 구현하고자 하였다. 그는 "건국론"에 대해, "정신으로써 근본을 삼고, 정치와 교육으로써 줄기를 삼고, 국방·건설·경제로써 가지와 잎을 삼고, 진화의 도로써 그

63 원불교 교서편수위원회 편, "정산종사법어 제13도운편(道運編) 34~37장," 『圓佛教全書』(익산: 圓佛教正化社, 1977), pp. 988~911.

64 김용환, "세계윤리와 삼동윤리의 맥락화용," 『원불교사상과 종교문화』, 제43호(2009) 참조.

결과를 얻어서 영원한 세상에 뿌리 깊은 국력을 배양하자는 것"[65]으로 요지를 설명하고 있다. 그 구체적 내용은 민주주의 정신, 중도주의, 시정(施政)간명, 헌법엄정, 훈련보급, 실력양성, 종교장려로 일관되게 서술되고 있다. 김영두는 이것을 압축하여 정신주체, 자력확립, 중도주의, 훈련사상[66]으로 정리하고 있는데, 종교적 덕목의 실천을 중심으로 보고 있다.

삼동윤리 및 "건국론"의 사상과 더불어 정산은 평화사상을 일원주의, 공화제도, 십인일단으로 밝히고 있다.[67] 십인일단은 대중의 참여를 전제로 한 다르마(Dharma, 법 혹은 진리)의 공동체를 의미한다. 한편, "평천하라는 정치사상의 관점"에서 십인일단을 "중도조화의 정치"[68]로 보기도 한다. 또는 중도주의[69] 또는 대동주의[70]에 입각한 연성공동체[71]로 바꾸어 보기도 한다. 백낙청은 이 평화사상이 1972년 7·4남북공동성명의 '자주·평화·민족대단결'의 3대원칙 중 평화의 원칙과 일치하고 있다[72]고 보고 있기도 하다.

---

65 송규, "건국론," 원불교교고총간 편찬위원회 편, 『圓佛敎敎故叢刊』제4권 부록 (익산: 圓佛敎正化社, 1974).

66 김영두, "『建國論』사상의 재조명," 『원불교학』, 제1호 (1996), p.233.

67 김영두, "원불교 통일노력의 상황과 平和統一思想," 『원불교사상과 종교문화』, 제19호 (1995), pp. 260~261.

68 金仁喆, "鼎山宗師 思想에서 본 世界平和의 三大要素," 『원불교사상과 종교문화』, 제15호 (1992), p. 656. 정산은 "종교의 귀일처는 일원(一圓)이요, 정치의 표준은 중도(中道)"라 하고 있다.

69 원불교 교서편수위원회 편, "정산종사법어" 제13도운편(道運編) 9장," p. 980.

70 이찬수, "대동에서 만나는 종교와 평화" 참조.

71 박광수, "한민족 문화공동체 형성 방안: 한민족 평화통일의 문화적 접근," 『원불교사상과 종교문화』, 제8호 (2002) 참조.

72 白樂晴, "統一思想으로서의 『建國論』," 『원불교학』, 제2호 (1997.12) 참조.

박광수는 '부드러운 종교형태', 즉 연성 종교(軟性宗教)[73]를 통해 "한민족의 문화가 체제 이념의 도구화가 아닌 문화 소통(cultural communication)의 연성적 형태를 유지함으로써 민족적 정서와 감정을 공유하는 탈정치적 유연한 문화교류가 이루어져야 한다"[74]고 주장한다. 이러한 연성 종교의 예는 마하트마 간디(Mahatma Gandhi)의 샤티야그라하(비폭력저항)나 틱낙한(Thich Nhat Hanh)의 참여불교(Engaged Buddhism)[75]를 말하기도 한다. 이점에서 김영두가 한국종교계의 평화통일을 위한 일들로 남북이 다 함께 공감할 수 있는 이념 개발, 신뢰회복운동, 정부의 정보공개 및 북한바로알기 운동, 북한에 대한 상생적 자세, 경제적 지원, 공동체 의식과 공존의식, 원불교적 차원에서는 상생보은의 도와 북한돕기 운동[76]으로 설정한 것은 남북한 종교공동체 형성을 위한 활동이라고 할 수 있을 것이다.

삼동윤리나 "건국론"의 평화사상은 앞에서 언급했듯이 대동의 사상에서 발현된다. 이찬수는 『예기(禮記)』의 소강(小康)과 대동(大同)의 개념과 요한 갈퉁의 소극적 평화와 적극적 평화를 도입, "전쟁까지는 일어나지 않는 '소강'이 '소극적 평화'에 해당한다면, 세상 전반이 공적 영역으로 작용하는 '대동'은 '적극적 평화'의 상태에 해당한다고 할 수 있다"[77]고 한다. 남북통일과 평화의 정착을 위해서는 "남북한이 공유할 수 있는 동질적 문화

73 연성종교는 소위 유교와 같이 교단적 조직이 없는 종교형태를 말한다.

74 박광수, "한민족 문화공동체 형성 방안: 한민족 평화통일의 문화적 접근," p. 75.

75 같은 논문.

76 김영두, "圓佛敎의 相生思想과 統一方案," 『원불교사상과 종교문화』, 제17~18호(1994), pp. 19~21.

77 이찬수, "대동에서 만나는 종교와 평화," p. 120.

체계로서 종교 및 사상에 있어서 도덕적 규범과 사회적 규범 등을 함께 만들어 가는 작업이 요구된다"[78]고 할 때, 삼동윤리나 "건국론" 사상은 공동체 사상의 주요한 기반이 될 것으로 본다.

또 한편으로 삼동윤리는 한스 큉(Hans Küng)이 "종교 대화 없이 종교평화 없고", "종교평화 없이 세계평화 없다"[79]고 한 것처럼, 종교간 대화에 있어서도 중요한 테제가 될 수 있다. 김진은 쿠자누스, 바티칸 공의회, 한스 큉에 이르는 종교간 대화의 역사를 살펴본 뒤, "소태산의 일원사상과 문명세계론, 그리고 정산종사의 삼동윤리는 종교대화의 시대를 주도했던 그 어떤 서구이론 못지않게 인상적이다"[80]이라고 하며, "정사종사가 제시한 삼동윤리란 우리 한국종교가 제시한 지혜이자 종교 간의 해묵은 갈등과 반목을 해소하기 위한 긴급한 제안"[81]이라고 본다. 이처럼 삼동윤리가 세계시민윤리, 남북 간 혹은 종교 간 대화의 원리로 확장될 수 있다는 점에서 세계평화 해결의 명제로도 자리매김할 가치가 있다고 할 수 있다.

2. 김대거의 평화운동

정산의 뒤를 이은 대산 김대거(大山 金大擧, 1914~1998, 이하 대산)는 정

---

78 박광수, "한민족 문화공동체 형성 방안: 한민족 평화통일의 문화적 접근," p. 77.

79 이찬수, "대동에서 만나는 종교와 평화," p. 142, 주 56) 재인용.

80 김진, "종교의 미래와 상생의 정치신학-21세기, 종교는 어디로 가고 있는가?: 종교의 미래와 과제," 『원불교사상과 종교문화』, 제55호 (2013), p. 133.

81 같은 논문, p. 135.

산이 진행하던 교서 편찬과 종교연합운동을 계승하였으며, 원불교를 안정적으로 발전시켰다. 그의 평화운동은 소태산과 정산의 평화사상을 계승한 것이다.

대산은 세계평화의 3대 제언으로 심전계발운동·공동시장개척·종교연합창설[82]을 주장했다. 1971년 원불교 반백주년 기념식에서 ① 일체 종교와 세계 인류를 하나로 보아 세계 평화에 앞장서는 주인 될 것과 ② 빈부의 격차, 종족의 차별 없는 평등으로 세계의 질서를 정립할 것과 ③ 유구한 민족의 전통적 슬기를 바탕하여 세계적 정신 운동을 이 땅에서 달성할 것과 ④ 국제적 종교 연합 기구를 통하여 모든 종교의 융통을 토의하고, 진리적 종교의 신앙, 사실적 도덕의 훈련으로 종교를 생활화 할 것을 강조했다.[83] 이 대회에서 그는 "진리는 하나, 세계도 하나, 인류는 한 가족, 세상은 한 일터, 개척하자 일원세계"[84]라는 자신의 게송을 발표하였다.

그는 일원상의 진리와 삼동윤리를 구체화하여 종교연합운동(UR)을 추진하였다. 이를 위해 한국종교인평화회의(KCRP)의 창설과 운영에도 깊이 관여하였으며, 국제적으로도 종교연합운동에 대한 여러 종교의 참여를 이끌어내기 위해 노력했다.

대산은 정산의 세계평화의 세 요소에 대해 일원주의(一圓主義)의 사상은 천하를 한 집안, 한 식구 만드는 대세계주의로, 공화제도의 체제는 낙

---

82 대산종사법어 편수위원회 편, "제9동원편 9장," 『대산종사법어』(익산: 원불교 출판사, 2014), p. 226.

83 원불교 교서편수위원회 편, "교사(敎史)," 『圓佛敎全書』(익산: 圓佛敎正化社, 1977), pp. 1157~1158.

84 같은 책, p. 1156.

원 세계를 건설하는 대평등 제도로, 십인일단의 교화법은 대도정법으로 고루 교화 훈련해 내는 대원만의 교화법이라고 한다.[85] 종교적 이념, 사회적 체제, 교화의 방식을 세계평화를 위한 기본 조건으로 확립하고자 한 것이다.

다음으로는 대산은 정교동심(政教同心)의 사상을 제시하고, 남북평화의 구축을 위해 노력했다. 그는 1979년 "세계평화 삼대제언"에서 "① 멸공(滅共)보다 승공(勝共)으로, ② 승공보다 화공(和共)으로, ③ 화공보다 구공(救共)으로"[86]라는 법문을 제시했다. 후에 그는 이에 대해 다음과 같이 언급했다.

> 극하면 안 되는 것이다. 멸공은 벌써 진리적으로 안 된다. 그러니 멸공해서는 안 되고 승공은 형제간에도 크게 되면 다투기도 하는 것이다. 그러나 이긴다고 하면 그것도 안 되는 것이다. 그래서 내가 화공(和共)을 이야기했다. 종교가에서는 그 사람들도 다 같은 인류이니 다 살려야 한다. 박 대통령 때에도 이북 지도자들과 언제 어디서나 서로 만나고 또 서로 넘나들면서 성묘도 하자고 제의하는 것이 화공이다. 그리고 화공에 앞서서 구공(救共)해야 한다.[87]

---

85 金大擧, "1963년 3월 26일: 대각개교절 경축사," 『대산종법사법문집(大山宗法師法門集) 제2집』(이리: 원불교출판사, 1988).

86 4월 6일, 영산성지 대법회 법문 초(草). 이 법문은 대산종사 법문수필정리를 담당하는 주성균 교무로부터 제공받았다.

87 대산 종사, "종로교당 청년들과 통일교에서 훈련을 마치고 온 청년으로부터 경과보고를 받으신 후" (1983년 12월 19일). 이 또한 주성균 교무로부터 제공받았다.

이러한 언급이 이루어진 때는 북한은 고려민주연방공화국(1980), 남한은 민족화합민주통일(1982) 방안이 제시되던 시기이기도 했다. 이러한 통일에 대한 방안을 종교적으로 바라보고 그 통일의 이념을 제공하고자 했던 것이다. 앞에서 본 일원주의나 공화제도를 양 체제의 통일 원리로 보고, 북한을 끌어안는 것을 택하고자 했던 것이다.

박광수는 "대산의 '화공(和共)사상은 소태산과 정산이 은과 상생의 원리를 구체화하여 북한과의 관계 또는 공산주의 이념을 추구하는 국가들과의 관계를 설정하였다. 즉, 대립적 구조의 관계가 아닌 조화의 원리로 이념의 갈등 문제를 해결할 수 있다고 본 것"[88]이라고 한다. 소태산이 불법에 대해 세계적 종교로서의 그 속성을 밝혔듯이, 대산도 불교를 주아주의, 무아주의, 중도주의, 평등주의, 자비주의[89]의 5대주의로 정리하였다. 일원주의에 더하여 불교의 종교적 속성 또한 소위 구공·화공 원리의 근본을 이루고 있다고 할 수 있다.

후에 좌산 이광정 종법사(이하 좌산)는 1999년도에 통일대도 6요소를

---

88 박광수, "한반도의 분단체제 극복을 위한 원불교의 평화사상," 『원불교사상과 종교문화』, 제24호 (2000), p. 462.

89 대산종사법어 편수위원회 편, 『대산종사법어』, p. 227. 대산은1985년 '세계불교도우의회'에 보내는 메시지에서 "오늘 이 대회에서 불교의 5대 주의를 밝혀 전 인류가 크게 잘 살 수 있도록 불제자들의 사명을 촉구합니다. 첫째 주아주의(主我主義)니 스스로 세상을 책임지는 주인이 되어 살자는 것이며, 둘째 무아주의(無我主義)니 현실의 나는 참 나가 아니므로 거짓 나를 놓고 영원한 참 나를 찾아 살자는 것이며, 셋째 중도주의(中道主義)니 모든 일에 넘치거나 부족함이 없이 중도를 잡아 살자는 것이며, 넷째 평등주의(平等主義)니 평등한 성품 자리는 너와 나도 없고 친소도 끊어진 자리임을 알아 현실의 모든 차별심을 놓고 원만 평등하게 살자는 것이며, 다섯째 자비주의(慈悲主義)니 전 인류와 일체 생령이 한 가족임을 알아 공존 공영하는 큰 사랑을 고루 베풀고 살자는 것입니다"라고 하였다.

발표하였다. 그것은 대해원, 대사면, 대화해, 대수용, 대협력, 대합의인데, 이에 대해 "길의 선택은 가장 지혜로워져야 한다"[90]고 하며, 남북 간의 이성적인 대화와 평화통일에의 노력을 촉구했다. 이는 대산의 평화사상을 그대로 계승한 것이다.

정산도 그렇지만, 대산, 좌산으로 이어지는 평화통일 사상은 레비나스(Emmanuel Levinas, 1906~1995)의 타자와 환대의 사상과도 관계가 있다. 레비나스는 세계를 동일자와 타자로 구분하고, 동일자는 지배자로 보는 동시에 타자의 특성은 무한함을 밝힌다. 우리의 삶은 타자에 근거해 있다. 그러한 타자가 우리에게 호소한다면, 우리는 응답해야할 무한한 책임이 있다. 이러한 응답의 소통은 곧 타자를 내 집으로 맞아들임을 의미한다. 이것이 그가 말하는 환대(hospitality)인 것이다.[91]

이러한 철학은 일본 근대 정토진종의 승려이자 개혁가인 키요자와 만시(清澤滿之, 1863~1903)의 무한철학을 연상시킨다. 그는 정토사상의 절대타력에 의거, 무한 또는 무한자에 의해 우리가 존재하는 것이다. 그리고 무한자의 대자대비에 우리가 응답하는 것이야말로 절대타력 신앙이라고 주장한다.[92]

원불교의 은혜 또한 법신불의 무한한 은혜의 덕상인 것이다. 레비나스의 무조건적 환대, 키요자와의 무한대비에의 대응, 법신불의 무한한 은혜는 우리가 본래부터 하나였던 남북한의 타자를 무조건적으로 받아들이는

---

90 이광정, "1997년 서울 대법회 법문," 《한겨레신문》, 2004년 11월 21일.

91 김영한, "레비나스의 타자 철학: 하이데거에 대한 비판을 중심으로," 『哲學論叢』, 제64호 (2011) 참조.

92 大谷大學 編, 『清澤滿之全集 第1巻〈宗教哲學〉』 (東京: 岩波書店, 2002) 참조.

것에서부터 시작되는 통일의 단초인 것이다.

김진은 칸트가 요구한 인류의 도덕적 노력은 "지상에서의 하느님 나라의 점진적인 확대가 천상적 세계질서와 완전하게 일치하는 순간까지 무한하게 진행하는 경우에만 가능하다"[93]고 한다. 그가 말하는 상생의 신학이 현실적으로 가능하기 위해서는 "진리 주장 대신에 사랑과 책임, 특히 자기 희생을 강조해야 한다"[94]고 한다. 이처럼 종교는 이제 자신의 진리적 영역을 고수하기보다 지상에서 타자를 어떻게 포용할 것인가를 환대와 자기희생의 차원에서 검토되어야 한다.

평화인문학을 주장하는 박명규가 언급하듯, 남북관계에 있어 "평화의 문화와 심성, 영성의 고조가 한국사회에서도 시급"[95]하다는 인식이 도래하고 있다. 즉 "생태적 차원의 협력은 기본적으로 사회 구성원들의 경쟁보다 공생의 가치를 존중할 뿐만 아니라 남북관계를 상생공영의 관계로 재조명하면서 함께 이루는 발전 전략을 키워나가는 밑거름이 될 수 있다"[96]고 보는 점에서 원불교의 통일논리는 새롭게 조명 받을 가치가 있다.

---

93 김진, "종교의 미래와 상생의 정치신학—21세기, 종교는 어디로 가고 있는가?: 종교의 미래와 과제," p. 130.

94 같은 논문, p. 141.

95 박명규, "녹색평화론의 문제의식과 쟁점들," 서울대학교 통일평화연구원 편, 『녹색평화란 무엇인가』(서울: 아카넷, 2013), p. 33.

96 같은 논문, p. 39.

V. 맺는 말

평화인문학의 방향에 대해 박명규는 "장기적이고 근원적인 평화, 사람의 구체적 삶과 내면을 존중하는 배려, 화해와 평화가 제도만이 아니라 문화와 심성, 내면의 정체성에까지 뿌리내리는 진지한 전망을 재확인하는 것이 필요하다"[97]고 한다. 종교와 평화는 이 점에서 평화인문학의 구체적인 필드라고 할 수 있다. 물론 철학, 역사학, 사회학, 지역학, 문화학, 생태학 등 학제 간의 연구가 뒷받침되면서 평화에 대한 논의가 보다 총체성을 지니며, 항구적이고 내구성을 지니게 될 것이다.

이미 지구를 몇 번이고 파괴할 수 있는 핵폭탄은 언제든 발사할 태세를 갖추고 있다. 종교 또한 이미 전쟁에 깊숙이 참여하고 있으며, 현실적으로 전쟁의 기폭제가 되고 있다. 최근 역사학자 유발 하라리(Yuval N. Harari)는 인류의 다양한 종 가운데 한 때의 인지혁명을 겪은 사피엔스가 다른 모든 인류의 종을 이미 복속 혹은 멸종시켰으며, 현재는 지구의 다른 생명체마저 절멸시키는 중이고, 마침내는 자신들마저 파멸시킬 것에 대한 우려를 표명하고 있다. 그 파괴적인 힘은 집단을 묶는 상상력에서 나왔으며, 그 대표적인 사례가 종교, 돈, 제국주의, 자본주의라는 것이다.

그는 『사피엔스』의 후기에서 "우리는 친구라고는 물리법칙밖에 없는 상태로 스스로를 신으로 만들면서 아무에게도 책임을 느끼지 않는다. 그 결

---

97 박명규, "왜 지금 평화인문학인가," 서울대학교 평화인문학연구단 편, 『평화인문학이란 무엇인가』(서울: 아카넷, 2013), p. 40.

과 우리의 친구인 동물들과 주위 생태계를 황폐하게 만든다. 오로지 자신의 안락함과 즐거움 이외에는 추구하는 것이 거의 없지만, 그럼에도 만족하지 못한다. 스스로 무엇을 원하는지도 모르는 채 불만스러워하며 무책임한 신들, 이보다 더 위험한 존재가 또 있을까"[98]라고 우려한다. 유발 하라리가 말하는 위험한 상상의 유대는 근대 문명에서 더욱 고착화된 것이다.

이러한 역사학자의 우려에 대해 녹색평화론은 그 대안을 모색하고자 한다. 박명규는, "녹색은 환경적 가치와 대안적 생활양식을 상징하고, 지나친 인간중심주의나 과학주의를 비판하는 철학적 성찰을 표상한다. 또한 녹색은 전 인류를 파멸시킬 핵 기술을 통제하려는 문명적 지향을 드러내기도 하고, 포용과 관용, 연대와 평화를 지향하는 정치세력을 지향하기도 한다"[99]고 한다.

소태산과 원불교가 지향하고자 하는 것은 이미 개교의 동기에서 밝혔듯이 낙원세계, 즉 평화의 세계를 이루는 것이다. 녹색평화론의 선구라고도 할 수 있는 정신개벽을 주장하며 탄생된 원불교야말로 유발 하라리의 걱정을 앞서서 고민해 온 것이다. 과학지식의 한계와 욕망의 한계를 고통받았던 일제 강점기에 파악하며 대안을 제시한 것이다. 박명규가 말하듯 "특유의 근대적 성취가 초래한 삶의 불안정성"[100]이 원불교의 태동으로 연

98 Yuval N. Harari 지음, 조현욱 역, 『사피엔스』(파주시: 김영사, 2015), p. 588.

99 박명규, "녹색평화의 문제점과 쟁점들," pp. 13~14

100 박명규, "간행사," 서울대학교 통일평화연구원 편, 『녹색평화란 무엇인가』(서울: 아카넷, 2013), p. 6. 박명규는 "갈퉁은 문명이 우주론의 형태로 집단적 잠재의식을 정형화하고, 또 실재에 대한 사회문화적 부호 체계로 작동하면서 갈등을 조장하는 문화적 폭력이 될 수 있다고 보았다. 이런 차원을 깊이 성찰하기 위해서는 폭력이나 갈등이 일어나는 장을 국가나 사회, 세계 같은 거시적 차원에 한정하여 상정

결된 것이다. 또한 "기술 문명 차원에서 녹색과 평화를 고려할 때, 가장 핵심이 되는 쟁점은 과학기술의 양면성일 것"[101]이라는 점을 소태산은 이미 지적하였다. 이제는 핵만이 아니라 유전공학, 인공지능, 지구온난화 등 더욱 많은 과학의 문제에 눈을 돌려야할 시점에 와있다.

이러한 점에서 앞에서 언급한 평화구축을 위한 세계 보편윤리가 요청된다. 박광수는 "한국의 전통문화와 종교문화에 나타난 회통사상, 조화와 해원 상생(解冤相生)의 원리는 종교 또는 문명 간의 충돌을 극복하여, 인류에게 새로운 세계 보편윤리로 적용될 수 있으며, 전 지구적 가치를 지니고 있다. 따라서 이러한 한국의 종교문화와 사상을 남북한 간에 서로 공유하고 세계의 보편적 가치로 전개하는 공동의 노력이 필요하다"[102]고 한다. 이찬수 또한 "삶의 현장에서 대화와 협력을 통해 적극적 평화를 공동(共働)해가는 과정 자체가 종교적이다"[103]이라고 하며, 활사개공(活私開公)의 공공철학적 자세와 공공성 구조를 확립할 필요가 있다고 한다. 이를 위해 현대의 평화학은, 소태산이 창시한 원불교를 포함한 세계의 모든 종교적 가치를 새롭게 바라보고, 또한 이를 통해 평화를 위한 세계 보편질서 확립

해서는 안 되며, 개인의 내면, 가족과 집단, 학교나 시민사회 같은 미시적 공간에까지 확대하여 고찰할 필요가 있다. 그렇게 될 때 폭력 문화와 갈등을 조장하는 심성의 치유나 함양이 가능해질 것이기 때문이다. 이 점에서 내면적 가치에 영향을 끼치는 윤리, 영성의 중요성을 강조하는 종교, 평화나 생태에 대한 철학적 사유 등을 주목하게 된다."(p. 23)고 한다.

101 박명규, 같은 책, p. 20.

102 박광수, "한민족 문화공동체 형성 방안: 한민족 평화통일의 문화적 접근," 앞의 책, pp. 77~78.

103 이찬수, 앞의 논문, p.143.

의 가능성을 더욱 탐구할 필요가 있다.

박재현

10장

만해 한용운의 평화사상

Ⅰ. 들어가는 말

평화는 어떤 상태를 의미하는 것일까. "전쟁, 분쟁 또는 일체의 갈등이 없이 평온함 또는 그런 상태"라는 사전적 의미로 평화는 그것에 대해 직접 정의내리는 것은 불가능하고 네띠네띠(neti neti)의 화법으로만 겨우 말해질 수 있는 것이 된다. 그렇다면 평화롭지 않은 상황을 타개해 나가기만 하면 되는 것이다.

그럼에도 여기서 다시 평화란 무엇인지 묻지 않을 수 없는 이유는, 다음과 같은 의문들이 남기 때문이다. 총소리가 멈춘 것이 평화라면 정전(停戰) 상태는 다툼일까 평화일까. 정전상태가 다툼이라면 다툼의 현상은 어디에 있는가. 정전상태가 평화라면 왜 평화협정이 다시 필요한 것일까. 또 다툼의 당사자 가운데 어느 한쪽이 제압되어 다툼 현상이 사라진다면, 그 상태는 평화일까 평화가 아닐까.

이 글은 평화에 대한 소박한 정의조차 내리지 못한 체 겨우 시작된다. 여기서 문제의식은 평화란 무엇이고, 어떤 상태를 평화라고 할 수 있을까 하는 남사스러울만치 단순한 질문이다. 그리고 "전쟁, 분쟁 또는 일체의 갈등이 없이"와 같은 말하기 방식 말고 좀 다르게, 좀 더 적극적인 방식으로 평화를 이해하고 설명할 수 있는 방법을 모색하고자 한다. 그래서 그 구체적인 연구대상으로 일제강점기를 살았던 만해(萬海) 한용운(韓龍雲, 1879.8.29~1944.6.29)을 살펴보고자 한다. 그리고 이를 통해 그의 평화관이 오늘날 우리에게 시사하는 바가 무엇인지 드러내 보이려고 한다.

만해는 평화란 무엇인가 하는 근본적인 질문의 해답을 찾아가는데 가장 좋은 단서가 될 수 있는 인물이다. 무엇보다 그의 생애가 근현대 전쟁사의 한 복판을 관통하고 있고, 그 속에서 그는 두드러지게 평화를 모색하고 말했던 인물이었기 때문이다. 동학농민전쟁, 청일전쟁, 러일전쟁, 제1차 세계대전, 제2차 세계대전 등 놀랍게도 이 모든 전쟁이 만해의 생애와 겹쳐져 있다. 이 전쟁 한 가운데서 그는 평화사상을 다지고 그것을 근간으로

3·1독립선언, 신간회 활동 등 다양하고 폭넓은 정치사회활동과 문예활동, 또 승려로 활동하면서 제국주의에 맞섰다. 평화의 의미를 좇아가는데 만해 보다 더 좋은 연구 주제는 찾기 쉽지 않아 보인다.

이 글에서는 만해의 평화사상 형성에 영향을 끼친 것으로 보이는 개인적·시대적 배경을 먼저 살펴볼 것이다. 이어서 그가 남긴 절창「님의沈默」과 그 이외 몇 가지 문예자료를 통해 만해가 생각한 평화의 의미를 고찰해볼 것이다. 그리고 끝으로 그의 평화관이 선명하게 드러나 있는「朝鮮獨立에 對한 感想의 大要」를 살펴보는 것으로 마무리 하고자 한다. 이 글을 통해 만해 한용운이라는 인물 개인보다는, 평화란 무엇이고 진정한 평화란 어떻게 구현되어야 하는지가 드러나기를 기대해본다.

II. 만해 평화사상에 영향을 끼친 개인적·시대적 배경

만해는 그리 먼 시대의 인물이 아니다. 또 그의 개인사와 시대적 배경은 기존의 연구결과물에 충분히 피력되어 있고, 일부 상이한 점이나 가감의 차이는 있지만 그와 그 주변의 생애를 살피는데 별 어려움은 없다. 여기서는 그의 생애와 시대적 배경 가운데서 그의 평화사상을 규명하는데 단서가 될 만한 몇 가지 사실을 중심으로 확인하기로 한다.

만해의 생애에서 첫 번째로 주목해야 할 것은, 동학농민전쟁을 전후로 한 그의 청년기 경험이다. 관군과 동학군 사이에서 만해의 위치는 어중간했다. 그는 지역상, 시기상, 가계상으로 동학의 한 가운데 있었으면서도 평생 동학과 관련하여 어떤 심경도 글줄로 남기지 않았다. 만해의 나이 열여섯 되던 해에 동학군이 일어났으니, 감수성이 매우 예민했을 시기였음에도 불구하고 좀 뜻밖의 사실이다.

조상 가운데 공신(功臣)이 있었다는 사실을 늘 자랑스러워했던 그의 아비 한응준(韓應俊)은, 동학농민전쟁 봉기 당시 홍주성으로 들어가 관군의 일원이 되었다. 1894년 4월에 조정에서는 승지 이승우를 홍주목사로 제수했다. 그는 24일에 홍주에 도착했고 닷새 후에 충청감영에 들어갔다. 한응준은 7월 6일에 참모로 발탁되었다. 10월 7일에 이승우는 호연초토사(湖沿招討使)로 거듭 임명되었다. 한응준은 홍주성을 수성해낸 그 해 12월에 참모관(參謨官)에 정식 임명되면서 호연초토진(湖沿招討陣)으로 가라는 순무사의 전령을 받았다.

동학군은 1894년 11월 우금치 전투에서 전멸하다시피 했다. 전봉준과 살아남은 농민군은 밀리면서 흩어지고 흩어지면서 다시 밀려났다. 전봉준은 옛 부하 김경천의 변절로 순창군 쌍치면 피노리에서 사로잡혔고, 1895년 3월에 사형 당했다. 같은 해 3월에 관군으로 활약했던 한응준도 세상을 떠났다. 만해가 열네 살 되던 해에 조혼하여 맞아들였던 아내는 공교롭게도 전봉준과 같은 집안사람이었다.[1]

동학농민전쟁의 한 가운데서 만해가 무슨 생각을 했을지는 남긴 글이 따로 없어 겨우 미루어 짐작할 수 있을 뿐이다. 이 전쟁이 보여준 분명한 사실은 전통과 근대의 부딪침이었다. 전통의 아들인 동시에 근대의 남편이었던 만해는 어느 한 쪽을 손들어 주지 못하고 난감했을 것이다. 그리고

1 박재현, 『만해, 그날들: 한용운평전』(서울: 푸른역사, 2015), pp. 17~29 참조.

양쪽이 부딪치는 경계 위에서 그는 모두가 편안하기만을 바랐을 것이다.

만해의 생애에서 두 번째로 주목해야 할 것은, 한반도 주변국을 넘다들며 그가 경험한 근대성과 제국주의다. 그는 세 차례 정도 마음먹고 국경을 넘었던 것으로 보인다. 출가 직전인 26세 되던 해(1904년)에 블라디보스토크까지 갔다가 되돌아왔다. 30세 되던 해에는 일본으로 건너가 6개월간 조동종 대학에 유학했다. 또 33세 되던 해에는 만주로 건너갔다가 피격당해 깊은 상처를 입었다. 이 세 차례의 만행길에서 그가 공통적으로 목격한 것은 거역할 수 없는 힘으로 다가오는 근대 혹은 개화의 물결이었고, 또 그 힘이 품고 있는 제국주의라는 거대한 폭력성이었다.

이런 배경 때문에 만해의 이력에는 근대성과 반 근대성이 동시에 포착된다. 일례로 만해의 이력에서 늘 논란거리가 되는 대처(帶妻) 문제를 들 수 있다. 만해는 대처를 옹호하는 주장을 폈을 뿐만 아니라 그 자신이 직접 대처하기도 했다. 대처는 만해의 이력에서 나타나는 개화 혹은 근대의 사례이다. 그는 더 나아가 '유신(維新)'을 외치며, 불교계 운영 시스템 전반에도 개혁이 필요하다고 역설했다. 유신은 당시 동양 3국을 가로지르는 근대와 개화의 정언명법이었다. 경술국치가 있었던 1910년 바로 그 해, 만해의 나이 32세, 법납 5세에 불과했던 때의 일이다.

그렇다고 해서 만해가 근대적 가치에 선뜻 편승한 것만은 아니다. "그 이유는, 근대의 양면성 때문이었을 것으로 짐작된다. 근대성은 이중적인 면모를 지니고 있었다. 법치주의, 신분차별의 해소, 여권신장, 아동의 인격성 확보 등 민주주의적 가치는 근대성의 양지이다. 이에 반해 제국주의는 근대성의 음지였다. …… 근대성을 수용하면서 민주주의와 제국주의 가운데 어느 한쪽만 취할 수 있는 것이 아니었다. 근대성을 추구한다는 것은 곧 땅따먹기 게임에 동참한다는 것을 뜻하고, 동참한 이상 남의 땅을 빼앗거나 내 땅을 내주는 것 말고 다른 선택지는 없다. …… 따라서 근대의 양면성을 간파한 지성인이라면, 어떻게 제국주의를 배제하면서 근대적 가치를 이루어 낼 수 있을 것인가에 집중될 수밖에 없다."[2]

만해의 생애에서 세 번째로 주목해야 할 부분은 3·1독립선언과 신간회 활동이다. 만해는 41세에 3·1독립선언에 참여했고, 출소 후 49세 되던 해(1927년) 1월 19일에 신간회 발기인에 이름을 올렸다. 주지하다시피 신간회는 '민족 유일당 민족협동전선'이라는 기치를 내걸고 2월 15일에 창립했는데, 창립총회에서 만해는 중앙집행위원으로 피선되었고 6월 10일에 경성지회장에 피선되었다. 하지만 좌우익의 골은 다시 점점 깊어져갔고, 1931년 5월 16일에 신간회는 결국 해산했다.

이런 활동을 두고 정치활동이나 시민운동에 적극 참여한 정도로 정리할 수도 있겠지만, 이런 행적의 저변에 있던 만해의 사상은 좀 더 본질적이고 근본적인 데까지 닿아있었던 것으로 보인다. 그 즈음에 『삼천리』 잡지사 기자와 인터뷰 내용을 살펴보자. 기사는, "1931년도 저물어가는 12월 9일 冬雨가 장안 네거리를 즐퍽이 적시는데 기자는 壽松洞의 朝鮮佛敎總務院을 차저 萬海 韓龍雲 선사와 더부러 標題를 이약이하다" 라고 적으면서 시작된다.

기자: 석가께서 먼— 2600여년 전에 印度에 태어나시지 말고 만일

2 박재현, "만해 한용운의 선(禪) 의식을 중심으로 본 근대성과 탈근대성," 『한국선학』, 제41호 (2015), p. 86.

오늘날 조선천지에 태어나섯더라면 우리들이 당한 이 현실을 바라보고 조선사람의 구제를 위하야 발을 벗고 나서지 안엇겟습니까.

韓: 발을 벗고 나서다니요?

기자: 열렬한 민족주의자가 되어서 무슨 결사운동을 한다든지 그러치 안으면 하다못해 길거리에서 연설 한마듸 하거나 어두운 골목에서 삐라 한 장이라도 돌니거나…

韓: 조선 일만을 아니하시겟지요?

기자: 엇재서?

韓: 부처님은 「生」과 「死」를 초월하섯거니와 또한 「生物」과 「非生物」이나 시간과 공간을 모다 초월하섯습니다. 말하자면 전우주의 혁명을 기도하는 것이 부처님의 이상이엿스니까 비단 조선 한곳만을 위하시어 분주하시지 안엇슬 것임니다. …….

기자: 석가철학의 진리는 엇지 하엿든 좌우간 그분이 오늘 이 시간에 조선 서울 종로 부근에 사신다면 조선인의 모든 현실생활을 바라보고 또 滿洲에서 이러나는 日中관계와 국제연맹 등 열국간의 정치관계를 바라보고 그러고도 손을 싸매고 안젓슬 것이겟습니까. …….

韓: 그러나 이것은 정치운동을 한다거나 혁명사업에 착수하고 아니하는 것이 문제의 초점 이 아닙니다. 부처님의 진리는 이 세상사람이 다 잘 살자는 거기에 잇습니다. 그러니까 잘 살기 위한 행위를 누가 부인하리까만은 다만 부처님은 전세계 인류 중 유독 조선사람 만을 구제하여야 하겟다는 사상을 가지신 것이 아닐 것임니다. 또한 조고마한 국경이나 혈족에 구분을 지으실 이가 아님니다. 천하의 모든 인류는 모다 평등하고 자유로은 거기에 이상이 잇섯슬 따름이엇겟습니다. …….

기자: 석가의 경제사상을 현대어로 표현한다면.

韓: 佛教社會主義라 하겟지요.

기자: 불교의 성지인 印度에는 佛教社會主義라는 것이 잇슴니까.

韓: 업습니다. 그러치만 나는 이 사상을 가지고 잇습니다. 그럼으로 나는 최근에 佛教社會主義에 대하야 저술할 생각을 가지고 잇슴니다. 기독교에 基督教社會主義가 학설로서 사상적 체계를 이루드시 불교 亦 佛教사회주의가 잇서 오를 줄 암니다.

기자: 佛教社會主義! 장차 저술을 통하여 그 내용을 뵙고저 합니다만은 그러면 석가께서 2600여년 후인 오늘날 조선에 나섯더면 우리들이 늘 듯는 共産主義者가 되기 쉬웟슬 듯함니다.

韓: …….

기자: 석가께서 오늘 조선에 나섯더면 조선옷에 조선집신을 신고 조선말을 하시면서 조선산천에 떠러지는 雨露를 마지고 그리고 조선인이 직히는 법률과 의무를 직히고 게섯슬 터이니 역시 민족사상이 그 머리에 업섯다고 할 수 업슬 줄 암니다.

韓: 생활이야 부인할 수 잇겟습니까. 그러치만은 우주의 혁명을 日夜 염두에 두시는 분에게 무슨 지역적으로 국한한 특수운동이 잇섯겟습니까.[3]

---

3 "大聖이 오늘 朝鮮에 태어난다면?" 『삼천리』, 제4권 제1호 (1932); 〈http://

인터뷰 내용과 분위기를 보면, 기자는 머릿속에 뭔가 자기 나름대로의 그림을 그려놓고 물어보는 모양새고, 만해는 이런 기자의 모습을 그저 시큰둥하게 대꾸하는 모양새를 보이고 있다. 기자는 불교에 민족주의와 사회주의를 억지로 담아내려고 애쓰는 눈치다. 그는 좌익과 우익이 합작한 신간회에 출가 사문인 만해가 주도적으로 참여했다는 점에 착안했을 것이다. 하지만 인터뷰 과정을 보면, 만해는 이와 같은 기자의 생각에 번번이 제동을 걸고 있음을 알 수 있다.

먼저 민족주의 관점에서 불교에 접근하려는 기자의 태도를 마뜩찮아 하고 있다. 이어서 열강의 제국주의에 대한 불교계의 저항을 정치운동이나 혁명운동의 관점에서 이해하는 것 역시 마찬가지다. 그리고 불교를 경제적인 관점에서 보면 불교사회주의에 해당된다고 설명하고 있는데, 기자가 공산주의로 알아듣자 더 이상 대꾸하지 않는 방법으로 이야기를 마무리 지어버리고 있다. 이 인터뷰 내용을 보면, 불교에 기반을 둔 만해의 평화사상이 단순한 정치 사회운동도 아니고 민족주의에 기반 한 것도 아니며, 천하의 모든 인류가 모두 평등하고 자유로운데 그 이상을 두고 있음이 드러난다. 바로 그의 평화사상이 교두보로 하고 있는 지점이다.

이상에서 살펴본 만해의 생애에서 포착되는 사건과 시대적 배경을 통해 그의 평화사상이 형성된 과정과 그 내용을 짐작할 수 있다. 만해는 늘 경계에 있었다. 그의 청년기는 관군과 동학, 전통과 근대가 갈등하는 경계에 있었다. 또 주변국을 넘나들면서도 신문물과 옛 것이 부딪치는 경계를

---

db.history.go.kr/id/ma_016_0220_0170〉. 이 내용은 『(증보)한용운전집 2』(서울: 신구문화사, 1979), pp. 291~293에 현대어로 고쳐 실려 있다.

경험했고, 민주주의와 제국주의가 동전의 양면처럼 붙어 있는 상황을 목격했다. 이런 경험들이 그의 평화사상의 밑거름 내지는 뿌리가 되었다고 봐야 하지 않을까 싶다.

만해는 제국주의가 내포하고 하는 '중심'의 질서를 비판한다. 강력한 중심주의는 수많은 주변들의 자유를 강탈할 수밖에 없기 때문이다. 같은 맥락에서 근대 제국주의만이 아니라 중화(中華)로 상징되는 봉건적 전통 질서도 비판한다. 또 우리 안의 제국주의, 마음의 제국주의도 염려한다. 사람이 국가나 사회를 위하여 희생한 것이라고 더 크고, 개인을 위하여 희생한 것이라고 더 작은 것은 아니라는 만해의 통찰에는 제국주의와 결부된 근대성에 대한 비판이 내재하고 있다. 이런 그의 평화관에 탈근대적 성격이 내포되어 있다고 봐도 무방하지 않을까 싶다.[4]

만해가 살았던 시기는 여러 정치권력과 사조(思潮)가 각축하던 때였다. 어떤 하나가 다른 하나를 굴복시키고 강탈하고 점령하는 것이 용인되는 것을 넘어 자랑하던 시기였다. 이런 가운데 형성된 만해의 평화사상을 '경계(境界)의 평화사상' 혹은 '다원주의적 평화사상'이라고 불러도 무방하다면 이렇게 명명해도 되지 않을까 싶다. 이는 모든 존재를 "살려고 하는 생명에 둘러싸인 살려고 하는 생명"으로 보는 관점이다. 만해가 일제에 항거한 이유도 일본정부가 이런 생명성과 정면으로 상치되는 제국주의라는 정치노선을 취하고 있었기 때문이다.

4 박재현, "만해 한용운의 선(禪) 의식을 중심으로 본 근대성과 탈근대성," pp. 100~101 참조.

III. 만해의 작품세계를 통해 본 평화의 의미

만해 한용운의 사상은 그가 남긴 문학작품을 통해 살펴볼 수 있다. 만해의 대표시는 단연 「님의沈默」이다. 교과서에도 실린 탓에 수험용 시가 되어 시적 감상을 해치는 부분이 없지 않지만,[5] 그럼에도 불구하고 이 때문에 이 시가 한국인에게 가장 널리 알려진 시 가운데 하나가 된 것 또한 사실이다. 지금까지 「님의 침묵」을 연구하고 가르치는 과정에서 가장 많은 공력을 들이는 부분 가운데 하나가 '님'에 대한 해명이 아닐까 싶다.[6] 「님의 침묵」을 다루는 논문과 참고용 도서에서 '님'에 대한 설명이 빠지는 경우는 찾아보기 어렵다. '님'에 대한 해석이 다양하고 『님의 침묵』 자체가 난해한 이유와 관련해서, "식민지시대의 검열제도를 피해 자신의 시적 의도를 살리고자 하는 어려움 때문에 만해시가 난해하게 되었다."는 재미있는 의견도 있다.[7]

5 "교과서에 수록된 한용운의 시 소단원 구성을 살펴보면, '당신, 님, 누구'가 중점적으로 다뤄지고 있으며, 이때의 의미를 한용운의 삶과 관련지어 독립운동가라는 점에서 '조국', 승려라는 점에서 '부처' 등으로 설명하고 있었다. 그러나 … 무조건적인 '당신=조국, 부처'라는 공식은 성립하지 않으며, 학습자에게도 이러한 공식으로 설명하고 암기하도록 하는 것은 매우 위험한 발상이자 주체적인 감상을 방해하는 가장 큰 요인이 되기도 한다." 양해경, "한용운 시의 교과서 수록 양상과 교육방법에 대한 연구," (고려대학교 교육대학원 석사학위논문 2016), p. 66.

6 배호남, "한용운의 『님의 침묵』에서 '님'의 의미 연구: 레비나스의 타자철학을 중심으로," 『한민족어문학』, 제68집 (2014), pp. 101~128; 박현수, "한용운 시의 '님'과 해석의 방향," 『유심』, 제68호 (2013).

7 엄국현, "식민지시대 검열제도와 님의침묵의 수사학," 『한국문학논총』, 제51집 (2009), pp. 103~159.

본 연구자는 「님의沈默」에서 색다른 두 가지에 주목하고자 한다. 그것은 '단풍'과 '침묵'이다. 이 두 개념이 「님의沈默」에서 차지하는 비중이 무척 크다는 사실은 부인하기 어려워 보인다. 그런데 이상하게도 「님의沈默」을 설명하고 있는 여러 연구결과물을 살펴보면 이 두 개념에 대해 지나치게 소홀하게 다루고 있는 듯하다. 단풍(나무 숲)을 두고서는, "푸른 산빛과 대조적으로 그 희망의 푸른색이 소멸된 '절망, 조락(凋落)'의 뜻을 함축하고 있으며, 불교의 '공(空)' 사상과 연결됨"이라는 수험용 참고서에 실린 설명 이외에 별 다른 의견을 찾아볼 수 없다. 또 '님'에 대해서는 다들 주목하면서도 정작 님의 '침묵'에 대해서는 별다른 설명이 없다.[8]

본 연구자는 문학계에서 「님의 침묵」의 '단풍(나무 숲)'을 두고 왜 그것이 절망과 조락(凋落)의 뜻을 함축하고 있다고 설명하는지 그 근거를 추적해 보았지만 찾아내지 못했다. 이 설명을 그대로 받아들이면, 님은 절망의 숲으로 향하여 난 작은 길을 걸어서 차마 떨치고 간 게 된다. 「님의沈默」 속의 님은 과연 절망 속으로 걸어 들어간 것일까. '단풍(나무 숲)'을 어떻게 이해해야 할 것인지에 대한 단서는 의외로 가까운 곳에 있었다.

만해의 또 다른 작품 소설 「죽음」은 1924년에 탈고했지만 발표하지 못했다. 이유는 분명치 않다. 어쨌든 이 소설은 그의 전집이 발간되던 시점에

8 '님의 침묵'에서 님만큼이나 비중을 두어야 할 것은 바로 '침묵'이다. '침묵'에 대한 학술적 규명은 이상하리만치 드물다. 수험서에서도 '님'에 대한 해석과 설명은 있지만, '침묵'에 대해서는 따로 설명을 추가하지 않고 있다. '님의 침묵'에서 침묵은 우리에게 그냥 당연히 '말 없음'의 의미로 받아들여지는 것 같다. 만해의 작품세계에 대한 학계의 연구성과에 대한 평가는, 본 연구자가 문학을 전공분야로 하고 있지 않고 있는 관계로 일정한 한계가 있을 수밖에 없다는 점을 밝혀둔다.

서야 겨우 수습되어 빛을 보게 되었다. "이 소설(*『죽음』을 가리킴)의 사건전개나 인물을 보면 당대의 물질적이고 일회적인 사랑의 풍조를 비판하고, 진정한 사랑의 의미를 일깨우려는 충동을 불교적인 인연연기설에 기반을 두고 그려내었다. 이러한 점은 시집『님의 침묵』의 창작동기와도 내밀한 연관성을 갖고 있는 것으로 보인다."[9] 탈고시점 역시 「님의 침묵」(1925년 8월 오세암에서 탈고, 1926년 5월 회동서관에서 출간)과 비슷하다는 점은 소설『죽음』에 대한 주목도를 더욱 높인다.[10]

소설『죽음』 가운데 '단풍(나무 숲)'에 대한 결정적인 단서가 될 만한 내용이 보인다.

> 초가을의 어느날 다 저물어 가는 저녁때였다. 종철과 영옥은 기약치 않고 파고다 공원에서 만나서 거북비가 있는 북편으로 나무 밑에 놓여 있는 긴 교의에 같이 앉았는데, 이른 가을 바람에 처음으로 붉은 적은 단풍이 나무 사이를 통하여 두 사람의 얼굴을 비췄다.

---

9 이선이, "만해의 불교근대화운동과 시집『님의 침묵』의 창작 동기," 『한국시학연구』, 제11호 (2004), p. 151.

10 만해의 문체변화에서 주목해야 할 작품으로 소설「죽음」을 꼽을 수 있다. "이 소설은 연보에 탈고한 날짜까지 명확하게 제시되고 있는 점(1924년 10월 24일 탈고한 것으로 되어 있음), 그 내용에 있어서 1930년대 창작된 소설에 비해 전근대적인 가치를 담고 있는 점, 시집『님의 침묵』의 여성 화자의 내면과 주인공 영옥의 내면이 상당한 유사성을 보인다는 점 등으로 보아 연보의 기록이 정확한 것으로 판단된다. 그 동안 이 작품은 미발표된 유고작이기 때문에 많은 논자들이 논외로 하거나 주목하지 않았다. 그러나 이 소설은 많은 점에서 시집『님의 침묵』과 그 내용과 문체상의 연관성을 보여주고 있다." 이선이, "만해의 불교근대화운동과 시집『님의 침묵』의 창작 동기," p. 148.

영옥은 종철을 향하여,

— 저 단풍은 곱고 좋기도 한데요.

— 단풍이 그렇게도 좋아요?

— 좋지 않습니까? 꽃보다도 더 고운데요.

— 단풍은 아무리 고와도 그것은 소슬하고 처량한 가을빛입니다. 나는 그런 단풍을 사랑치 않고 아름다운 봄에 피는 좋은 꽃을 사랑합니다.

— 봄에 피는 좋은 꽃을 사랑하는 것은 사랑하는 자기를 위하여 사랑하는 것이요, 꽃을 위하여 사랑하는 것은 아닙니다. 남은 날이 많이 있는 봄꽃은 사랑하는 사람이 없더라도 스스로 사랑할 수가 있습니다. 그러나 모든 빛을 거두어 가는 가을 바람에 마지막 빛을 내는 고운 단풍은 스스로 사랑 할 수가 없습니다. 나는 스스로 사랑하지 못하는 가을 단풍을 사랑하고 싶습니다.

— 만일 단풍을 사랑하고 싶어서 사랑한다면 그것은 사랑하는 자기를 위하여 사랑하는 것이 아닐까요? 그러나 영옥씨가 단풍을 사랑한다면 나도 꽃을 사랑하지 않고 단풍을 사랑하겠습니다.

……

— 그 사이에 해는 저물고 상현달이 비쳤다. …….[11]

인용문에서 보듯이 주인공 영옥과 그의 애인으로 등장하는 종철, 이 두 사람은 단풍을 두고 대화를 이어간다. 문맥상으로 봐서는 애인 사이에

11 한용운, "죽음," 『(증보) 한용운전집 6』(서울: 신구문화사, 1979), pp. 322~323.

서로 주고받는 헐겁고 느슨한 대화의 품새가 아니다. 영옥이 단풍이 좋다고 말했다. 대개의 연인 사이라면 나도 좋다고 그냥 맞장구치고 말면 그만이다. 그런데 눈치 없는 종철은 자신은 단풍보다 봄꽃이 좋다고 반박 아닌 반박을 한다. 이 후로 두 사람의 대화는 논쟁으로 치달을 것처럼 아슬아슬하게 진행된다.

종철은 단풍이 소슬하고 처량한 가을빛이어서 좋게 보이지 않고, 자신은 봄꽃이 좋다는 의견을 피력한다. 이것이 단풍이 가지고 있는(상징하는) 일반적이고 상식적인 이미지라고 해도 좋을 것이다. 「님의沈默」의 '단풍(나무 숲)'에 대한 해설은 바로 이러한 일반적인 이미지를 바탕에 두고 있는 것으로 보인다. 그런데 주인공 영옥이 다른 의견을 제시하고 있다는 점에 주목해야 한다. 영옥은, 봄꽃을 사랑하는 것 같은 그런 류의 사랑은 "사랑하는 자기를 위하여 사랑하는 것" 즉 자기애(自己愛)에 지나지 않는다고 지적한다.

영옥은 자기가 단풍을 좋아하는 이유가 단풍은 "스스로 사랑하지 못하"기 때문이라고 밝히고 있다. 현대어로 다시 쓰면 단풍은 자존감이 미약하거나 상실한 상태, 그래서 아무런 희망도 도모할 수 없는 상태를 나타낸다고 할 수 있다. 단풍은 자존감을 잃은 여리고 불우한 것들을 상징한다. 단풍은 레미제라블인 것이다. 이렇게 소설 『죽음』의 단풍을 통해 유추해 볼 때, 「님의沈默」 속의 단풍나무 숲은 절망이나 조락의 숲이 아니다. 그 숲은 자존감을 잃은 여리고 불우한 존재들이 모인 곳이다.

그리고 또 하나의 핵심어인 침묵(沈默)은 바로 이 불우함을 상징적으로 드러낸다. 침묵은 말하고 싶어도 말하지 못하는 상태, 말해도 아무도 들어줄 사람이 없는 상태, 주목은 고사하고 존재 자체를 인정받지 못하는 상태를 의미한다. 그것은 가깝게는 안으로는 구습에 치이고 밖으로는 개화에 치이는 조선 백성의 불우함을 상징하며, 좀더 멀게는 중생의 고단한 한 생애를 상징한다.

결국「님의沈默」속의 님은 여리고 불우한 존재들을 향하여 난 작은 길을 걸어서 차마 떨치고 간 것이다. 왜 작은 길일까. 남들은 안 가니까 작은 오솔길이다. 봄꽃을 향해 난 길은 사람들이 다 가는 길이니 당연히 넓고 큰 길이 될 수밖에 없다. 이에 비해 가을 단풍은 다들 외면하고 가지 않으니 작은 길이 된다. 또 남들이 다 말리는 것을 뿌리치고 가는 형국이니, 차마 떨치고 갔다고 표현한 것이다. 봄꽃을 찾아 떠난다고 하면 아무도 말리지 않을 것이다. 하지만 사람들은 단풍처럼 불민하고 허접해보이는 것들 속으로 떠나려고 하는 님을 선뜻 이해하지 못한다. 그러니 말리는 것이고, 님은 그 말림을 뿌리치고 끝내 떠난다. 이러한 이해를 바탕으로 해서 다시「님의沈默」을 읽어보자.

> 님은갓슴니다 아々 사랑하는나의님은 갓슴니다
>
> 푸른산빗을ㅅ개치고 단풍나무숩을향하야난 적은길을 거러서 참어ㅅ떨치고 갓슴니다
>
> [중략]
>
> 아々 님은갓지마는 나는 님을보내지 아니하얏슴니다
>
> 제곡조를못이기는 사랑의노래는 님의沈默을 휩싸고돔니다.[12]

12 시어의 변형을 고려하여 원래의 표기와 띄어쓰기를 살린 원문을 인용했다. 출처는 다음과 같다. 〈http://biblio.endy.pe.kr/hanyongun/nimeuichimmug/

만해의 사상이 소설『죽음』의 주인공 영옥과「님의沈默」의 님에게 투영되어있다고 봤을 때, 그가 바랐던 바람직한 세상의 모습은, 소외된 것들에게 눈길 주는 세상, 모든 존재를 하나의 기준 아래 줄 세우는 것이 아니라 저마다 자존감을 갖도록 하는 세상, 그리하여 마침내 세상의 모든 존재가 각자의 삶에 주인공이 되는 세상이 아닐까 싶다. 적어도 만해가 생각한 평화는 이런 것이었다고 짐작할 수 있겠다.

남긴 장편소설『薄明』을 통해서도 그 일단이 드러난다. 이 소설은 1938년 5월 18일부터 1939년 3월 12일까지《조선일보》에 연재되었다. 소설 내용 가운데 가장 극적인 장면이라고 할 수 있는 부분이 바로 전통과 근대, 구습과 신문물이 부딪치는 장면으로 나타난다. 해당 부분을 요약해서 살펴보면 다음과 같다.

> 어느 날 멀찍이서 늙은이들 한 축이 의관을 벗어 나뭇가지에 걸어두고서는 그늘 밑에 자리를 잡고 앉았다. 그리고 아편쟁이 부부 쪽을 쳐다보며 수군거렸다.
>
> – 저기 있는 저 여자를 좀 보더라고.
>
> – 어떤 여자 말이여?
>
> – 아따 저기 추자나무 밑에 아편쟁이하고 같이 있는 여자 말이여. 혹시 저 여자의 역사를 들어봤는가 모르겄네.

---

nimeuichimmuk〉.『님의침묵』에 실린 시어들은 오랜 세월 판본이 바뀌면서 일부 부정확하거나 오류가 있다는 지적이 있다. 자세한 내용은 김용직, "『님의 침묵』 판본(板本)과 본문 비평," 『불교평론』, 제40호 (2009 가을), pp. 353~363.

— 아, 듣고 말고지. 여기 다니는 사람들이야 다 알지.

— 그런데 지금은 내외간도 아니라네 그려.

— 내외간이건 아니건 그거야 알 것 있나. 내외간은 고만두고 친부모라도 저렇게 할 사람이 누가 있겠는가. 내외간이라 하더라도 놈팡이가 저 지경이 된 바에 남녀간 정리 같은 게 있기나 하겠는가? 어쨌든 저 여자의 천품에서 우러나는 마음씨가 아니고서는 저렇게 할 수 없는 벱이지, 암 그렇고 말고.

— 그런데 가만 보면, 저 여자 얼굴이나 외양이 그다지 볼품없는 여자가 아니여. 저 모양이 되었으니 그렇지, 화장이나 하고 꾸며 놓았으면 상당히 괜찮았을 모양이여.

— 그러게 더 어려운 일이란 말이여. 여자가 아주 못생겨서 돌에도 나무에도 댈 데가 없다면 혹 몰러. 여자가 저만하면 아무 데 가도 잡힐 손이 있단 말이여. 들으니까 꾀수는 사람도 꽤 있었다데. 저렇게 고생할 것 없이 마땅한 데 가서 잘 살라고 했지만, 그런데도 기어이 안 듣고서 저 아편쟁이를 위해서 저러고 다닌다니, 그 속내는 모를 일이지만 하여당간 어려운 일이여.

늙은이들이 수군대고 있는 동안 아편쟁이 부부 옆으로 신여성 두 사람이 지나가고 있었다. 삽상한 양장에 깨끗한 운동화를 신은 한 여자는 포도알처럼 검고 윤기가 도는 눈동자를 이리저리 돌렸다. 또 다른 여자는 중키에 펑퍼짐하고 머리는 깎았다가 기르는 중인 것 같았는데, 깊은 회색 파라솔을 짚으며 걷고 있었다.

— 언니, 언니, 저것 좀 봐요.

— 응? 뭘 가지고 그러니?

– 저런 것들 때문에 여권확장이 안 되거든.

양장한 여자가 입을 실룩거리고 혀를 낄낄 차면서 말했다. 알아듣지 못한 듯 능청을 떨던 다른 여자는 사십이 넘어 보였다. 희뜩희뜩한 머리와 괴롭게 잡힌 주름살에, 만고풍상을 다 겪은 듯 형적이 얼굴에 드러났다. 갸름하고 무뚝뚝한 듯 애교 있는 눈에 웃음을 흘리면서 그 여자가 말했다.

– 왜, 저 여자가 여권 확장을 하지 말라고 말리기라도 하든?

양장한 여자가 흘겨보고 입을 실룩거리며 말을 되받았다.

– 왜 아무 것도 모르는 구식 여자들 말하듯 하시오. 여권확장이란 바꾸어 말하면 개성을 발휘하는 것이거든. 개성이 없어서야 무엇이 되겠어요. 구도덕으로는 여자는 남자에게 복종만 하는 것이요, 손톱만한 권리도 없거든. 저런 썩은 물건들이 구도덕의 노예가 되어 가지고 개성은 한 푼어치도 없이, 다 죽어가는 아편쟁이를 쫓아다니면서 가장 열녀인 체하고서 저 지경을 하니, 조선의 여성운동이 될 수 있겠느냐 말이오. 게다가 썩은 사내놈들은 또 그것이 좋다고 오며가며 돈까지 쥐어주니 기가 막힐 노릇이 아니오. 나는 저 따위 인간을 보면 곧 죽이고 싶어서 못 견디겠어.

그들은 차디찬 웃음을 웃는다.

…….[13]

13 이 장면 묘사는 본 연구자가 소설 『박명』의 원의를 해치지 않는 범위에서 임의로 축약하는 등 여러 가지로 수정을 거친 것으로 박재현, 『만해, 그날들: 한용운평전』(서울: 푸른역사, 2015), pp. 127~131.에서 가져온 것이다. 소설의 온전한 원문은 해당 날짜의 신문지상이나 『(증보) 한용운전집 6』(서울: 신구문화사, 1979)에

좀 길게 인용한 감이 없지 않지만, 소설의 특성상 이야기의 전후 맥락과 장면묘사 등을 살피지 않고는 설명에 어려움이 있어 부득이하게 길어졌다. 위의 장면에서 나타나듯이 늙은이들로 상징되는 구습과 양장 여인으로 상징되는 근대가 여자 주인공 순영을 가운데 두고 첨예하고 맞부딪치고 있다. 노인들은 순영에게 안타까운 눈길을 보내고 있는 듯이 보이지만, 정조나 열녀 정도의 관념적 기준을 들이댄 결과일 뿐이다. 양장한 신여성은 순영을 향해 구습의 노예라고 멸시하며 차가운 눈길을 보낸다. 결국 순영은 구습과 근대 어느 쪽에서도 올바른 평가를 받지 못하고 소외된다. 이런 순영의 모습은 소설「죽음」과 시「님의沈默」에서 나타났던 가을 단풍의 모습과 중첩된다. 그것은 안으로는 구습에 치이고 밖으로는 개화에 치이고 있었던 레미제라블, 조선 백성을 상징하는 것이 아닐까 싶다.

소설『박명』은 만해가 환갑 무렵에 쓴 작품이다. 가난한 살림을 버텨내기 위한 호구지책의 동기가 없지 않았을 것이다. 하지만 연재를 시작하던 첫날에 만해는 이 소설의 창작 동기와 집필 방향을 다음과 같이 진솔하게 밝히고 있다.

> 나는 내 일생을 통해서 듣고 본 중에 가장 거룩한 한 사람의 여성을 그려볼까 합니다. 대략 이야기의 줄기를 말하면 시골서 자라난 한 사람의 여성이 탕자의 아내가 되어 처음에는 버림을 받았다가, 나중에는 병과 빈곤을 가지고 돌아온 남편을 최후의 일순간까지 순정과 열성으로 받드는 이야기인데, 이러한 여성을 그리는 나는 결코 그 여성을 옛날 열

서 확인할 수 있다.

> 녀 관념으로써 그리려는 것이 아니고 다만 한 사람의 인간이 다른 한 사람을 위해서 처음에 먹었던 마음을 끝까지 변하지 않고 완전히 자기를 포기하면서 남을 섬긴다는 이 고귀하고 거룩한 심정을 그려보려는 것입니다. 이러한 이야기 줄거리를 끌고 나가면서 만약 곁가지로 현대 남성들의 가정에 있어서의 횡포하고 파렴치한 것이라든지 또는 남녀 관계가 경조 부박한 현대적 상모가 함께 그려진다면 작자로서 그윽이 만족하는 바이며 또한 고마운 독자 여러분에게 그다지 초솔하지 아니한 선물을 드렸다고 기뻐하겠읍니다.[14]

만해는 『박명』을 통해 열녀나 신여성을 그려내려고 하지 않았다. 이 소설은 권선징악 같은 고대소설의 주제의식을 계승하지도 반봉건 같은 신소설 혹은 계몽소설의 주제의식을 내세우고 있지도 않다. 만해는 구습과 근대 양쪽 모두를 안타까워하고 있다. 그리고 '다만 한 사람의 인간'과 '거룩한 심정'을 온전히 드러내고 싶어 하고 있다. 구습과 근대의 경계에서 만해는, 이념이 아니라 실존적 존재로서의 인간 그 자체에 주목하기를 바랐던 것이다.

이렇게 만해가 남긴 시와 소설 작품을 통해 볼 때 그의 사상이 보편적이고 실존적인 인간애에 바탕을 두고 있다는 것을 알 수 있다. 그의 작품 속에는 격동의 세월 속에서 소외되고 불우한 여자들이 주인공으로 등장한다. 또 가을 단풍의 쓸쓸함을 통해 시적 형상화를 이룬다. 만해는 이렇게 약하고 소외된 것들에 대한 관심과 애정을 전제로 하지 않은 한 어떤

---

14 한용운, "박명," 『(증보) 한용운전집 6』(서울: 신구문화사, 1979), p. 6.

이념이나 노선도 결국엔 폭력적이 될 수밖에 없음을 역설하고 있다.

만해는 봉건적 질서나 근대 개화사상 가운데 어느 한쪽에 선뜻 손들어 주지 못했다. 그것들은 전통적 구습이나 제국주의의 형태로 폭력성을 감추거나 드러내고 있었기 때문이다. 약하고 소외된 것들에 대한 공감과 애정, 그리고 잠재되어 있거나 드러난 폭력성에 대한 비판, 이 두 가지가 만해의 문예 작품을 통해 드러나는 평화사상의 면모라고 할 수 있겠다.

Ⅳ. 「조선독립에 대한 감상」에 나타난 평화사상과 시사점

주지하듯이 만해의 행적은 출가승, 항일독립운동가, 문인 등 세 가지 형태로 나타난다. 앞서 「님의沈默」 등 문예작품을 통해 드러났던 그의 평화사상은, 항일독립운동가로서의 행적에서도 포착된다. 독립운동가로서의 만해의 사상을 핵심적으로 보여주는 자료는 당연 「조선독립(朝鮮獨立)에 대한 감상(感想)」이다. 내용 설명에 앞서, 이 문건과 관련된 서지학적 사실을 먼저 살펴볼 필요가 있다. 이 동일한 문건을 두고 명칭에서부터 혼용이 많기 때문이다. 이 문건은 「조선독립의 서」, 「조선독립에 대한 감상」, 「조선독립감상」, 「조선독립감상의 대요」, 「조선독립 이유서」, 「독립이유서」, 「3·1독립선언이유서」, 「3·1독립이유 답변서」, 「독립 이유서」 등으로 다양하게 불리고 있다. 따라서 문건에 대한 명칭부터 어느 정도 정리할 필요가 있을 듯하다.

이 문건이 최초로 활자화 된 곳은 1919년 11월 4일자로 발행된 《독립신문》인데, 여기에 실린 글의 제목은「조선독립에 대한 감상의 대요(大要)」로 되어 있다. 하지만 신문 어디에도 이 문건의 작성자가 만해라는 사실은 적시되어 있지 않다. 단지 글의 앞부분에, "此書는 獄中에 게신 我代表者가 日人 檢事總長의 要求에 應하야 著述한 者 中의 一인대 秘密裏에 獄外로 送出한 斷片을 集合한 者라"고 설명하고 있을 뿐이다.[15]

어쨌든《독립신문》에 나타나 있는 이 두 가지 단서를 통해 다음과 같은 사실을 짐작할 수 있을 것 같다. 첫째, 이 문건의 작성자는 3·1독립선언에 참여했다가 검거된 민족 대표 가운데 한 사람이라는 점이다. "獄中에 게신 我代表者"라고 작성자를 밝히고 있기 때문이다. 둘째,《독립신문》에 실린 것은 애초에 작성된 글 전체가 아니고 그 일부분이거나 핵심만 간추린 요약본일 것이다. "著述한 者 中의 一"이라고 설명하고 있기 때문이다.

이 문건과 관련해서 불교학계에서는, 만해가 1919년 7월 10일에 옥중에서 이 문건을 작성한 후 상좌인 춘성이 면회 온 기회를 이용해서 옥 밖으로 내보냈으며, 춘성은 다시 범어사 청년 승려인 김상호에게 전달하였고, 김상호가 이를 임시정부에 제공한 것으로 보고 있다. 이런 사실은 1970년대 춘성이 시인 고은에게 직접 털어 놓은 것이고, 불교계의 구술자료를 광범위하게 취합해 오고 있는 김광식 박사에 의해 학계에 널리 알려졌다.[16]

이러한 사실은 직접 당사자의 구술 증언이라 일단 믿을만하다. 또 비록《독립신문》에서 한용운을 적시하지는 않았지만, 이 문건의 작성자가 만해

15 이 문건과 관련된 발견 경로 등 여러 서지학적 사실들에 대해서는 다음의 글을 참조. 김익균, "만해 한용운이라는 기념비,"『大覺思想』, 제25집 (2016), pp. 201~223; 김광식,『춘성: 무애도인 삶의 이야기』(성남: 새싹, 2009).

16 김광식, 앞의 책, pp. 42~43.

인 것은 의심의 여지가 없어 보이는데, 왜냐하면 1920년 9월 25일자《동아일보》에 실린 독립운동사건 공소공판 기사내용에 보면, 만해는 "내가 지방법원 검사장의 부탁으로「조선독립에 대한 감상」이라는 것을 감옥에서 지은 것이 있으니 그것을 갖다가 보면 다 알 듯하오."라고 답변했다는 보도가 있기 때문이다(〈그림 10-1〉 참조).[17]

이상의 정황을 모두 종합해 보면, 만해는 3·1독립선언으로 검거된 후 검찰에 일종의 진술서에 해당되는 장문의 글을 제출하였는데, 이 문건이 우여곡절 끝에 임시정부에까지 전달되었고,《독립신문》 지면에 핵심[大要]만 추려 실린 것으로 볼 수 있겠다. 따라서 만해가 작성한 문건의 명칭은 만해가 공판 과정에서 직접 구술한 밝힌「조선독립에 대한 감상」으로 칭하는 것이 적합할 듯싶다.

「조선독립에 대한 감상」의 내용을 살펴보면, 여기에 기술된 만해의 평화관은 너무 분명하고 적확해서 부연해서 설명하기가 오히려 민망하다. 만해는 에둘러 말하지도, 말 하다가 그만두지도 않는다. 그의 글은 핵심을 곧바로 질러 들어간다.

> 自由는 萬有의 生命이요 平和는 人生의 幸福이니, 故로 自由가 無한 人은 死骸와 同하고 平和가 無한 者난 最苦痛의 者라 壓迫을 被하난 者의 周圍의 空氣난 墳墓로 化하고 爭奪을 事하는 者의 境涯는 地獄이 되나니 宇宙萬有의 理想的 最幸福의 實在는 곳 自由와 平和라. 故로

17 국사편찬위원회 한국사데이터베이스;〈http://db.history.go.kr/item/imageViewer.do?levelId=npda_1920_09_25_v0003_0470〉.

〈그림 10-1〉 "獨立宣言事件의 控訴公判, 韓龍雲의 猛烈한 獨立論," 《동아일보》, 1928년 3월 19일.

獨立宣言事件控訴公判
韓龍雲의 猛烈한 獨立論

自由를 得하기 爲하야는 生命을 鴻毛視하고 平和를 保하기 爲하야는 犧牲을 甘飴嘗하나니 此는 人生의 權利인 同時에 또한 義務일지로다. 그러나 自由의 公例는 人의 自由를 侵치 안이함으로 界限을 삼나니 侵掠的 自由난 沒平和의 野蠻 自由가 되며 平和의 精神은 平等에 在하니 平等은 自由의 相敵을 謂함이라. 故로 威壓的 平和는 屈辱이 될 뿐이니 眞自由는 반다시 平和를 保하고 眞平和는 반다시 自由를 伴할지라. 自由여 平和여 全人類의 要求일지로다.[18]

18 우리역사넷 사료로 본 한국사; 〈http://contents.history.go.kr/front/hm/view.do?treeId=010704&tabId=01&levelId=hm_141_0090〉.

위에서 인용된 부분은 《독립신문》에 실린 「조선독립에 대한 감상의 대요」에서 첫머리의 개론에 해당되는 부분이다. 여기서 본 연구자가 주목한 특징은 두 가지다. 첫째, 위에 인용된 부분에 한정해 봤을 때, 총 95개의 낱말 가운데 '平和'라는 개념이 10번이나 등장하고 있다는 점이다. 이는 「조선독립에 대한 감상」이라는 글 전체의 핵심이 바로 '평화'에 맞춰져 있다는 것을 보여준다.

이 부분에 피력되어 있는 만해의 평화관을 한마디로 정리하면, 평화는 평등 위에 서 있어야 하고 반드시 자유를 짝해야 한다는 것이다. 여기서 평등과 자유가 서로 팽팽히 균형[相敵]을 이룸으로써 진짜 평화가 유지되는 것이다. 만해의 말을 좇아가며 정리해 보면, 평화는 고통과 반대되는 행복 상태이고, 그것을 지켜내기[保] 위해서는 희생이 따르며, 그 기본 정신은 평등에 있어야 하고, 반드시 상대방의 자유를 침해하지 않아야 진정한 평화일 수 있다는 논리로 전개된다. 이런 만해의 평화관에는 현상적으로 드러나는 대립이나 갈등의 유무는 드러나 있지 않다. 현상적인 드러남은 오히려 진정한 평화 혹은 평화의 본질적인 의미와는 어쩌면 무관할지도 모른다. 현상적인 대립과 갈등이 있어도 평화일 수 있고, 그 반대의 경우도 얼마든지 가능할 수 있기 때문이다.

이렇게 「조선독립에 대한 감상」에 피력된 만해의 평화관에 따르면, 평화의 첫 번째 핵심적 기준 내지 가치는 평등이어야 한다. 이런 맥락에서 볼 때, 상대를 무릎 꿇려 얻는 평화는 평화가 아니다. 상대를 고개 숙이게 해서 획득하는 평화도 평화가 아니다. 만해는 제국주의를 강력하게 반대했는데, 그 이유는 제국주의가 끝내 평화를 향해 나가지 못할 것이기 때문이었다. 제국주의는 상대를 고개 숙이고 무릎 꿇게 하여 마침내 세상을 평안하게 하려는 정치노선이었기 때문이다. 만해의 평화관에 따르면, 당사자가 서로 대등하고 평등하지 못한 위치에서 구현되는 평화는 일시적이거나, 위장된 거짓된 평화일 수밖에 없다고 결론지을 수 있다.

「조선독립에 대한 감상」에서 평화와 관련하여 나타나는 두 번째 기준 내지 가치는 자유이다. 평화와 자유는 동반될 수밖에 없고, 만약 그렇지 못하다면 어느 쪽이 되었던 불완전하거나, 허구에 불과하거나, 위태로울 수밖에 없다고 만해는 보고 있다. 평화의 손짓은 대개 "내 너를 구해주겠다"거나 "내 너를 평안케 하겠다"거나 "내 너를 자유롭게 하리라" 는 말로 다가선다. 그런데 문제는 그 손짓이 대개 상대의 자유를 허락하지 않는다는 사실이다. 다시 말해서 상대에게는 "괜찮다"거나 "이제 되었으니 돌아가도 된다"고 말할 수 있는 자유를 허락하지 않는 것이다.

이렇게 만해의 평화관은 분쟁 또는 갈등 상태의 현상적 드러남보다는 당사자 간의 '관계의 평등성'을 당사자 각각의 자유를 중요한 가치로 보고 있다. 이런 그의 평화에 대한 통찰은 단순히 사유의 산물이 아니라 전쟁이라는 극단적 폭력성을 평생에 걸쳐 겪어내고, 제국주의와 사회주의 그리고 민족주의 같은 다양한 이념 노선이 충돌했던 격동의 세월을 살아내면서 도출된 것이기에 더욱 절실하고 의미가 깊다고 할 수 있겠다.

평등과 자유는 「님의沈默」 등 그의 문예작품에서 핵심을 이루었던 불우한 존재들에 대한 공감과 연관되어 자연스럽게 도출된다. 평등과 자유는 불우해서 말할 곳도 들어줄 곳도 없는 수많은 님들이 자신의 존재성을 확보하는데 필수적으로 요구되는 가치이다. 당사자들의 평등과 자유가 확보되지 못하면 강요된 침묵이 계속될 수밖에 없다. 이러한 평화관에 비추어 보면, 일본제국주의가 드높였던 대동아공영(大東亞共榮)의 허구성이

고스란히 드러난다. 추상적 질서 속에서만 모색되는 평화는 또다른 폭력의 한 형태가 될 공산이 큰 것이다.

「조선독립에 대한 감상」에 드러난 평화관을 한용운 개인의 의견이나 당시의 시대적 상황 속에서만 유효한 관점으로 치부하지 않는다면, 현대의 남북관계와 대북정책 기조를 살펴보고 점검하는 데도 하나의 기준으로 삼을 수 있지 않을까 싶다. 예를 들어 대한민국정부의 통일정책 기조를 보면, 민족공동체 통일방안을 공식방안으로 하고, 인간 중심의 자유민주주의를 통일의 철학으로 하고 있으며 자주, 평화, 민주의 3대 통일 원칙을 천명하고 있다.

이러한 현재 한국의 통일방안을 만해의 평화사상에 입각해서 되새겨볼 필요가 있다(〈그림 10-2〉 참조).[19] 먼저 평등에 해당되는 내용이 약하거나 거의 없다는 점이 문제시 된다. 다시 말해서 통일이라는 대원칙은 있지만 남과 북의 '관계의 평등성'에 대한 천명이 없다.

두 번째로는 평화의 개념을 '무력'의 사용 여부라는 지나치게 현상적인 맥락에 한정하고 있다는 점도 문제시 된다. 평화통일의 사전적인 의미 역시 "전쟁에 의하지 아니하고 평화적 방법으로 이루어지는 통일"이라고 되어있지만, 이런 좁은 의미의 정의로는 전쟁 내지 그 비슷한 갈등양상의 현상적 유무를 기준으로 평화에 대해 논하게 된다. 휴전선에 확성기 소리가 커지면 평화가 깨진 것이 되고, 특이사항이 없으면 평화로운 상태가 된다. 이렇게 되면 서로에게 완벽히 무관심하고 분단 상황이 고착화 될수록 오히려 평화에 가까워질 수도 있는 희한한 상황이 벌어질 수도 있다.

---

19 통일부 홈페이지; 〈http://www.unikorea.go.kr/content.do?cmsid=1561〉.

〈그림 10-2〉 대한민국 통일방안

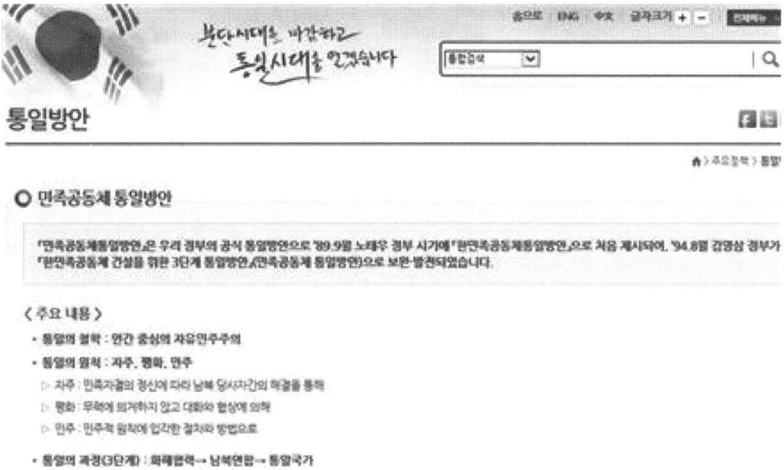

현재의 자주, 평화, 민주의 3대 통일 원칙에는 적어도 만해의 평화관에서 보이는 평등과 자유의 맥락이 좀체 발견되지 않는다. 만해의 평화관에 의거한다면, 평화를 논의함에 있어서 전쟁 같은 갈등 상황 보다는 평등과 자유라는 좀 더 본질적이고 근본적인 문제를 직시해야 한다는 것을 알 수 있다. 이런 기준에서 본다면, 설사 무력에 의거하지 않더라도 흡수통일이라는 생각은 기본적으로 평화와는 거리가 있어 보인다. 흡수는 서로간의 평등과 상대의 자유를 전제로 하지 않은 발상이기 때문이다. 흡수는 폭력의 한 양상이 되기 십상이다. 북한인권법 역시 같은 맥락에서 평화를 담보하는 대북정책 내지는 법령이라고 보기는 어렵다.

V. 맺음말

이 글은 평화란 무엇이고, 어떤 상태를 평화라고 할 수 있을지 지극히 단순하고 무모한 문제의식에서 출발했다. 평화의 당위성을 얘기하거나 누군가의 평화관을 거론하기에 앞서 평화의 의미를 좀 더 구체적으로 정의할 필요가 있었기 때문이다. 만약 평화에 대해 직접 정의내리기 어렵고 부정적인 화법으로만 말해질 수 있는 것이라면, 평화에 대한 담론은 불가능하고 단지 수많은 평화롭지 못한 상황의 타개에 관한 담론만 가능할 것이기 때문이다.

여기서는 평화에 대해 좀 더 직접적으로 설명할 수 있는 방법을 모색하고자 했고, 이를 위해 일제 강점기의 인물인 만해 한용운을 연구주제로 삼았다. 만해는 평화란 무엇인가 하는 질문의 해답을 찾아가는데 가장 좋은 단서가 될 수 있는 인물이라고 판단했기 때문이다. 그의 생애와 「님의沈默」으로 대표되는 작품세계, 또 정치 사회 종교계에 걸친 활동을 관통하고 있는 화두 가운데 하나가 바로 '평화'가 아닐까 싶다.

만해의 평화관은 그의 생애가 어느 한쪽에 전부를 걸 수 없고, 양쪽 혹은 여러 쪽을 모두 살펴야 하는 삶이었다는 경계성에서 비롯된 것 같다. 관군과 동학, 전통과 근대, 제국주의와 민주주의가 부딪치는 현장에서, 그는 어떤 경우에도 양보할 수 없는 최후의 보루가 '생명'임을 통찰했고, 이에 반하는 모든 것에 항거했다. 이런 그의 평화관은 시 「님의沈默」에서는 '단풍'과 '침묵' 두 가지 시어에 집중되어 드러난다. 또 소설 『죽음』과 『박명』에서는 이념이 아니라 거룩한 마음이라는 실존적 관점에서 가련한 뭇 생명들을 대표하여 여성을 상징화함으로써, 존재 전체에 대한 깊은 연민과 보편적이고 실존적인 인간애에 바탕을 둔 평화관을 보여주고 있다.

만해의 평화관은 「조선독립에 대한 감상」 같은 시사성 높은 글을 통해 보다 적극적이고 직접적인 방식으로 피력되었다. 여기서 그는 평화의 핵심적 기준 내지 가치로 '평등'과 '자유' 두 가지를 꼽고 있다. 이러한 평화관에 따르면, 당사자가 서로 대등하고 평등하지 못한 위치에서 구현되는 평화는 일시적이거나, 위장된 거짓 평화일 수밖에 없다. 상대를 무릎 꿇려 얻는 평화는 어떤 경우에도 평화가 될 수 없는 것이다.

김형목

11장

안중근의 동양평화론과 오늘의 의미

Ⅰ. 들어가는 말

안중근은 위대한 선각자이자 사상가로서 널리 알려진 인물이다. 실천력을 겸비한 활동은 누구나 공감하는 동시에 존경심을 갖게 하는 요인이다. 그는 사심을 버리고 대의를 위해 진정한 살신성인(殺身成仁)이 무엇인가를 보여주었다. 생명을 초개처럼 버린 안중근의 인생역정은 세속에 물든 현대인에게 많은 감명을 불러일으킨다. 특히 자유를 향한 투쟁정신은 일제강점기 민족정체성이 크게 훼손되는 분위기를 반전시키는 '촉매제'였다. 혈전(血戰)에 의한 독립운동방략 재정립은 이러한 역사적인 배경과 맞물려 있었다.

사형선고를 언도받고 생사의 갈림길에 처한 안중근은 자신의 삶을 정리하는 초연한 자세를 견지했다.『안응칠역사(安應七歷史)』와 미완성인『동양평화론(東洋平和論)』은 그의 인생역정과 현실인식을 살펴볼 수 있는 '진수(眞髓)'임에 틀림없다. 1970년대 일본에서 자료가 발굴된 이래 안중근 관련 연구는 이에 근거하여 이루어졌다. 물론 공판기록을 비롯하여 유묵이나 하얼빈의거 당시 언론 기사 등도 중요한 사료적인 가치를 지닌다.[1] 이 글은『동양평화론』의 주요 내용과 그 현재적 의미를 파악하는데 중점을 두었다.

청일전쟁·러일전쟁을 목도하면서 안중근의 항일의식과 현실인식은 심화되는 결정적인 계기를 맞았다. 러일전쟁에서 승기를 잡은 일제는 '시정개

1 조광, "안중근 연구의 현황과 과제,"『한국근현대사연구』, 제12집 (2000); 조광, "안중근 연구 백년: 현황과 과제," 안중근의사기념사업회 편,『안중근 연구의 성과와 과제』(서울: 채륜, 2010); 신운용, "안중근연구의 현황과 사료,"『안중근과 한국근대사』(서울: 채륜, 2009); 박보리스 저, 신운용·이병조 역,『하얼빈역의 보복』(서울: 채륜, 2009); 서명훈 주필,『중국에서의 안중근연구 론문집성』(북경: 민족출판사, 2010); 안중근의사기념사업회 편,『안중근과 동양평화론』(서울: 채륜, 2010); 김형목, "안중근의 국내 계몽활동과 민족운동사상의 위상,"『숭실사학』, 제29집 (2012), p. 77.

선(施政改善)'을 구실로 대한제국 식민지화에 본격적으로 착수하였다. 을사늑약 이후 고종 강제퇴위와 군대해산 등은 대한제국 정부를 반신불수로 만드는 폭거나 다름없었다. 시시각각으로 다가오는 일제 침략만행은 위기의식을 더욱 직감하는 요인이었다. 사립학교설립운동·야학운동·학회운동 등 참여를 통한 계몽활동, 미곡상회 운영이나 국채보상운동 참여 등 경제운동은 이러한 현실인식에서 비롯되었다.[2] 모친은 물론 제수 등 가족들도 국채보상운동에 적극적으로 참여하였다. 삼흥학교 학생들의 의연금 동참은 안중근의 창학정신에 부응하는 신선한 자극제로 다가왔다. 특히 재학생 청국인 진기남 참여는 국제적인 연대의 중요성을 느끼는 교육현장이자 소중한 체험이었다.[3]

다양한 경험과 신문·잡지 등을 통한 새로운 정보는 냉철한 현실인식을 일깨우는 요인으로 작용했다. 민족자본 육성을 위한 삼합의(三合義) 운영은 일제의 경제 침략을 직접 경험하는 소중한 계기였다. 중국 관내와 만주, 러시아 연해주 등지로 외유와 국외항일활동 참여는 냉철한 세계관 확대로

2 조광, "안중근의 애국계몽운동과 독립운동,"『교회사연구』, 제9집 (1994); 윤선자, "안중근의 애국계몽운동,"『한국근대사와 종교』(서울: 국학자료원, 2002); 정영희, "안중근의 현실인식과 국권수호운동,"『교육입국론과 항일독립운동』(서울: 경인문화사, 2009).

3 안중근,『안응칠역사』, p. 157; "광고, 국채보상의연금수입광고,"《대한매일신보》, 1907년 5월 29일; "잡보, 놀라운 부인,"『대한매일신보』, 1910년 1월 30일; 국사편찬위원회, "복명서,"『한국독립운동사자료』 7, pp. 337, 540; 김형목,『대한제국기 야학운동』(서울: 경인문화사, 2005), pp. 290, 320; 김형목, "안중근의 국내 계몽활동과 민족운동사상의 위상," pp. 95~97; 박용옥, "조마리아의 국채보상운동,"『여성운동—한국독립운동의 역사 31』(천안: 한국독립운동사편찬위원회·한국독립운동사연구소, 2009), pp. 83~88.

귀결되었다. 이는 그가 복잡다단한 제국주의 열강의 본질과 의도를 어느 정도 간파했다는 것을 의미한다. 의병전쟁에 이어 의열투쟁으로의 '방향전환'은 이와 같은 국제정세에 부응하는 가장 현실적인 대안이었다.

『동양평화론』은 19세기 말부터 법정투쟁까지 안중근 자신이 체험·인식한 바를 집대성한 '결정판'이라고 해도 과언이 아니다. 죽음을 목전에 두고 투혼을 발휘한 사실이 이를 잘 보여준다. 불행하게도 일제의 약속 위반으로 이를 완성하지 못했다. 하지만 옥중투쟁에서 전개한 〈청취서〉와 〈심문조서〉 등과 『안응칠역사』에서 궁극적인 지향점은 충분하지 않으나 상당 부분 유추할 수 있다.[4] 이토 히로부미(伊藤博文) 격살은 무모한 개인적인 살인행위가 아니라 "동양평화를 위한 의로운 전쟁(義戰)"이나 마찬가지였다.

오늘날 한반도는 19세기말과 20세기 초기 상황과 너무나 유사하다. 미국과 중국을 비롯한 패권주의 강자들은 자국 이익만을 추구하는데 전력을 기울이는 안타까운 현실이다. 평화공존은 허구일 뿐 국제적인 관례는 아예 안중에 전혀 없다. 우리 정부는 '안보'라는 덫에 걸려 제목소리를 제대로 내지 못하는 참담한 어제였다. '도대체 역사는 진전하는가.'라는 의심구마저도 들었다.

2016~2017년 우리는 '국정농단'에 의한 극한 상황을 너무도 생생하게 체험하였다. 치안유지법으로 한민족을 분열·대립시킨 식민지 시기 망령이

---

4 서용, "안중근의 동양평화론의 역사적 의의," 안중근기념사업회 편, 『안중근과 동양평화론』, pp. 72~76; 김형목, "안중근의 동양평화론과 그 의미," 『군사연구』, 제128집 (2010), p. 200.

되살아난 느낌을 지울 수 없다. 그럼에도 '국정농단의 역사적인 진실이나 실체'가 아직까지 무엇인지 분명하지 않다. '남북공존' 주장에 '종북좌파'로 몰아붙이는 자가당착적인 어제가 그저 안타깝다. 3·1운동 당시에도 식민지 당국자와 친일세력은 3·1운동정신을 왜곡하는데 주저하지 않았다. 각지에 조직된 이른바 '자제단'(일명 자위단, 자성단)은 이러한 사실을 분명하게 보여준다.[5] 남북정상회담과 북미정상회담으로 한반도는 물론 국제사회에 평화무드가 조성되고 있다. 물론 과정은 순탄하지 않으리라 전망된다. 안중근 동양평화론의 현재적 의미가 남북한 분단과 갈등을 극복하려는 시대정신에 부응한 지렛대로 활용되기를 간절하게 바란다.

II. 법정투쟁과 『동양평화론』 집필

1909년 10월 26일 하얼빈 역두에서 동북아시아 국제질서의 새로운 서막을 알리는 총성이 울렸다. 환영식장은 아수라장을 방불할 정도로 극도의 긴장과 불안이 가중되었다. 혼란한 와중에 태연한 모습으로 당당하게 러시아어로 '코리아 우라(대한독립만세)'를 외쳤다. 주인공은 동양침략의 원흉을 저격한 바로 안중근이었다. 그는 현장에서 러시아 군인들에게 체포

---

5 김형목, "3·1운동기 '자제단'의 친일활동," 『월례발표회 발표문』, 한국독립운동사연구소 (2017.7).

될 때에 전혀 저항하지 않았다.[6] 오히려 이상할 정도로 침착함 '그대로'라고 해도 과언이 아니었다.

체포된 이후 간단한 조사를 받은 안중근은 곧바로 하얼빈일본영사관으로 이송되었다. 광분한 영사관 경찰은 감히 글로써 표현할 수 없는 혹독한 심문과 고문을 자행하였다. 이에 전혀 굴하지 않고 안중근은 '허위자백'으로 일관하는 초연한 모습을 보였다. '단독범행'임을 주장한 궁극적인 의도는 동지를 보호하기 위함이었다. 그럴수록 고문은 비례하는 험악한 상황에 직면했다. 일제는 배후를 철저하게 조사하기 위하여 안중근을 뤼순(旅順)감옥으로 이감했다.

안중근은 혹독한 감시 속에서 1909년 12월 13일부터 『안응칠역사』 쓰기에 착수했다. 위협과 회유가 난무한 처절한 순간에도 전혀 흔들림 없이 집필에만 전념하는 투혼을 발휘하였다. 그는 3개월 동안 검찰조사 11차례와 경찰조사 14차례 등 25차례 심문조사를 받았다. 초인적인 노력은 이듬해 3월 15일에 자신의 인생역정을 정리할 수 있었다.[7] 자서전을 탈고하기 이전부터 하얼빈의거의 정당성을 알리고자 『동양평화론』 집필을 구상하고 있었다. 아마 본격적인 집필은 『안응칠역사』를 마무리 한 직후라고 생각된다.

---

6 박환, 『민족의 영웅 시대의 빛 안중근』(서울: 도서출판 선인, 2013), pp. 118~127.

7 윤경로, "안중근의 공판투쟁안중근 의거와 〈동양평화론〉의 현대사적 의의–동아시아의 평화와 미래를 전망하며–," 『안중근의거의 국제적 영향(학술회의 발표문)』, 한국독립운동사연구소 (2009), pp. 165~169; 김호일, "獄中內筆을 통한 안중근 사상의 一斷," 대구가톨릭대학교 안중근연구소 편, 『도마 안중근』(서울: 도서출판 선인, 2017), pp. 112~114.

> 지금 옥중에서 동양정책(『동양평화론』—필자주)과 전기(『안응칠역사』—필자주)를 쓰고 있는데, 이것을 완성하고 있다. 또한 나의 사형은 홍신부(洪錫九, Joshep Wihelm, 1860—1938)가 나를 만나기 위해 오게 되었다고 하나 그를 만날 기회를 얻은 뒤 내가 믿는 천주교의 기념스러운 날, 즉 3월 25일에 집행해주기 바란다.[8]

강렬한 의지와 소망과 달리 결국 미완성으로 끝나고 말았다. 일제는 형집행 연기 요청을 무시하고 1910년 3월 26일 사형집행을 단행하였다.[9] 사형집행을 앞둔 상황에서도 전혀 흔들리지 않고 『동양평화론』 집필에 박차를 가하여 3월 18일경 〈서언〉을 완성하였다. 이후 전감도 일부 집필하다가 중단되었다. 짧은 시간에 자신의 삶과 『동화평화론』을 부분적이나마 집필할 수 있었던 배경은 철저하리만큼 자신의 경험이 소중한 밑거름이었다.[10]

궁극적인 목적은 옥중투쟁의 일환으로 일제의 침략 실상을 만천하에 알리려는 의도였다. 이토 히로부미 포살은 인류의 공적(公賊)을 제거함으로써 동북아 평화는 물론 인류평화를 유지하는데 기여하려는 목적이었다.[11] 『동양평화론』은 인류평화를 위한 자신의 전범(典範)을 널리 알리는

8 국가보훈처, "살인범피고인안중근청취서," 『아주제일의협 안중근』(서울: 국가보훈처, 1995), p. 633.

9 윤병석, "해제," 『안중근전기전집』(서울: 국가보훈처, 1999), p. 36.

10 김영호, "안중근의 동양평화사상의 재조명," 『도마 안중근』(서울: 도서출판 선인, 2017), pp. 77~82.

11 김형목, "안중근의 동양평화론과 그 의미," p. 201; 신운용, "안중근의 '동양평화론'과 이등박문의 '극동평화론'," 『안중근과 한국근대사』(서울: 채륜, 2009), pp.

등 식민지 분할에 광분하는 제국주의 열강에게 일침을 가하려는 의도와도 무관하지 않았다. 약육강식을 강조하는 서구인에 대한 반감은 교육운동을 주장하던 당시부터 있었다.[12] 다만 이를 내면화시켜 표출하지 않았을 뿐이다.

안중근은 재판과정에서 이토 포살은 일제의 침략을 폭로·규탄하고자 독자적으로 계획·실행한 의병전쟁 일환임을 분명하게 밝혔다. 다만 우리 민족에게는 "언권(言權)이 금지되어 내가 목적한 바 의견을 진술할 도리가 없었다."[13]면서 통감부 설치 이래 일제 지배의 부당성을 여러 차례나 지적했다. 당시 상황을 기본적인 언론권조차도 보장되지 않은 '창살없는 감옥'이라고 진단하기에 이르렀다.[14] 신문 과정에서 계속 단독 행위라는 진술에는 동지들을 보호하여 항일투쟁을 지속시키려는 사려 깊은 의도가 숨어 있었다.[15] 이는 국외 특히 연해주지역 항일투쟁 역량을 보존·유지함으로써 후일에라도 조국광복을 성취하려는 강력한 의지의 발로였다.

이토 포살은 모든 한국인들의 뜻이며 자신은 한국인의 뜻에 따라 직접

333~336.

12 김형목, "안중근의 국내 계몽활동과 민족운동사상의 위상," pp. 83~84; 최복룡, "역사의 기억과 해석의 만남: 안중근 「동양평화론」의 현대적 의미," 안중근기념사업회 편, 『안중근과 동양평화론』, pp. 194~195.

13 "잡보, 안중근의 최종공판," "안중근의 공판(2)," 《황성신문》, 1910년 2월 15일; 국사편찬위원회, "제1회 공판시말서(1910년 2월 7일)," 『한국독립운동사자료』 7, pp. 311, 386~396; "속자서전," 《조선일보》, 1979년 9월 21일.

14 방광석, "메이지정부의 한국지배정책과 이등박문," 이성환·이토 유키오 편저, 『한국과 이토 히로부미』(서울: 도서출판 선인, 2009).

15 반병률, "러시아에서의 안중근의 항일독립운동에 대한 재해석," 『안중근 의거의 국제적 영향(학술심포지엄 발표문)』(천안: 한국독립운동사연구소, 2009).

실행에 옮긴 것뿐임을 강조했다.[16] 곧 침략원흉 제거는 한민족 국권수호를 위한 정당방위임을 논리적으로 재삼 주장하였다. 이는 한국 침략의 원흉이며 동양평화를 저해한 이토를 처단해야만 한국 병합은 물론 만주침략을 저지할 수 있다는 논리와 맞물려 있었다. 그는 검찰의 심문은 물론 재판과정에서 국제공법·만국공법에 따라 자신을 전쟁포로로서 대우해 줄 것을 당당하게 요구했다.[17] 대한제국 '의병참모중장'의 자격으로 이토를 포살했다는 주장은 의거 자체를 독립전쟁 일환임을 강조하려는 목적이었다.

법정투쟁은 자신의 정당행위라는 사실을 널리 알리려는 의도였다. 나아가 한민족 청소년에게 민족의식과 항일의식을 고취시키는 목적과도 무관하지 않았다.[18] 법정에서 관선변호사들은 "이토 포살은 오해에서 비롯된 범죄였다."는 변론으로 재판부에 선처와 감형을 요구하였다. 이에 대하여 "이토 죄상은 천지신명과 세상 사람들이 전부 아는 일인데 무슨 오해란 말인가. 더구나 개인으로 타인(이토—필자주)을 살해한 범죄인이 아니다. 나는 의병참모중장으로서 소임을 띠고 하얼빈에 이르러 전쟁을 일으켜 습격한 뒤에 체포가 되어 이곳에 온 것"[19]뿐이라면서 당당한 자세로 그들의 주장을 조목조목 반박하였다. 이는 관선변호사들이 자신을 회유하려는 의

16 "잡보, 이유15조," 《대한매일신보》, 1909년 11월 21일; "잡보, 「안중근의 공판(삼국)," 《황성신문》, 1910년 2월 16일; 국사편찬위원회, 『한국독립운동사자료』 7, pp. 475~476.

17 국사편찬위원회, "제1회공판시말서(1910년 2월 7일)," 『한국독립운동사자료』 7, pp. 386~396; 김세민, 『한국근대사와 만국공법』(서울: 경인문화사, 2002) 참조.

18 한상권, "안중근의 하얼빈거사와 공판투쟁(1)−검찰관과의 논쟁을 중심으로−," 『역사와 현실』, 제54권 (2004); 김형목, "안중근의 동양평화론과 그 의미," p. 192.

19 "속자서전," 《조선일보》, 1979년 9월 21일.

도를 간파하고 있음을 의미한다. 공판과정에서 저들은 안중근을 회유하기 위한 다양한 방안을 내놓았다. 생명에 대한 애착을 가진다면 자신의 정당 행위는 훼손된다는 혜안을 가지고 있었다.[20]

동양평화를 교란한 자에 대한 응징은 단순한 살인행위가 아니라 독립전쟁을 구현하는 문제였다. "금번 거사는 자신 개인을 위함이 아니고 동양평화를 위함이었다."거나 "만약에 이토가 생존한다면 한국 뿐만 아니라 일본도 드디어 멸망하리라고 본다. 이토가 사망한 이상 앞으로 일본은 충분히 한국 독립을 보호하여 실로 한국으로서는 크게 행복하고 금후 동양 기타 각국의 평화를 보존하리라고 생각한다."[21]는 주장은 이를 반증한다. 이는 현실인식에 투철한 시대인식과 무관하지 않았다. 폭력은 또 다른 폭력을 수반한다는 평범한 사실을 재삼 강조하는 문제로 귀결되었다.

이토가 저지른 죄상은 무려 15개 조목에 달할 만큼 명실상부한 한국 침략의 원흉이었다. 구체적인 죄상은 명성황후 시해부터 일본은행권 발행·유통으로 재정적인 파탄을 초래하는 등 전 분야에 걸쳐 있었다. 경제 침략은 독립국가 존립을 위협하는 최고 위험한 요인으로 인식하였다.[22] 민족자본 육성에 관심을 기울인 이유도 여기에서 찾아볼 수 있다. 구체적인 죄상은 다음과 같다.

---

20 김호일, "獄中肉筆을 통한 안중근 사상의 一斷," 『도마 안중근』, pp. 129~130.

21 국사편찬위원회, "공판시말서 제3회(1910년 2월 9일)," "피고인 안응칠 제8회 신문조서," 『한국독립운동사자료』 6, pp. 384~385; "안중근의사 동양평화론," 《동아일보》, 1979년 9월 19일.

22 김혜정, "경제침탈과 토지수탈," 『통감부 설치와 한국 식민지화–한국독립운동의 역사 3』(천안: 한국독립운동사편찬위원회·한국독립운동사연구소, 2009).

① 지금으로부터 10여 년 전 이토의 지휘로 한국 왕비를 살해하였다.

② 지금으로부터 5년 전 이토는 병력으로써 5개조조약(을사늑약—필자 주)을 체결하였는데 그것은 모두 한국에 대하여 비상히 불이익한 조항이다.

③ 지금으로부터 3년 전 이토가 체결한 20개조의 조약은 모두 한국에 대하여 군사상 대단히 불이익한 사건이다.

④ 이토는 결국 한국 황제의 폐위를 도모하였다.

⑤ 한국 군대는 이토로 인하여 해산되었다.

⑥ 조약 체결에 대하여 한국민이 분노하여 의병이 일어났는데 이 관계로 이토는 한국의 양민을 다수 살해하였다.

⑦ 한국의 정치 기타 이권을 약탈하였다.

⑧ 한국의 학교에서 사용한 좋은 교과서를 이토의 지휘하에 소각하였다.

⑨ 한국 인민에게 신문 구독을 금지하였다.

⑩ 하등 충당시킬 금전이 없는데도 불구하고 성질이 좋지 못한 한국관리에게 금전을 제공하여 한국민에게 아무 것도 알리지 않고 드디어 제일은행권을 발행하였다.

⑪ 한국민의 부담으로 돌아갈 국채 2천3백만원을 모집하여 이를 한국민에게 알리지 않고 그 돈은 관리들 자의대로 분배하고 또는 토지를 약탈하기 위하여 사용하였다. 이는 한국에 대하여는 대단히 불이익한 사건이다.

⑫ 이토는 동양 평화를 교란하였다. 그 이유는 러일전쟁 당시부터 동양

평화 유지라고 하면서 한국 황제를 폐위하고 당초 선언과는 전부 반대의 결과를 보기에 이르러 한국민 2천만은 다 분개하고 있다.

⑬ 한국이 원하지 않음에도 불구하고 이토는 한국보호의 구실로 한국 정부의 일부 인사와 의사를 통하여 한국에 불리한 시정을 행하였다.

⑭ 지금으로부터 42년 전 현재 일본황제의 부친을 이토가 없애버린 그 사실은 한국민이 모두가 알고 있다.

⑮ 이토는 한국민이 분개함에도 불구하고 일본황제나 기타 세계 각국에 대하여 한국은 무사하다고 기만한다.[23]

즉 야만적인 명성황후 시해사건, 을사늑약의 불법적이고 강압적인 체결, 정미7조약의 기만성, 광무황제의 강제적인 퇴위, 구한국군대 해산, 의병전쟁 진압을 구실로 무고한 양민학살, 산림채벌권·철도부설권·전신선가설권 등 각종 이권 약탈, 민족의식을 고취시키는 교과서 소각, 시세변화를 일깨우는 국내외에서 발행된 신문 구매 금지, 일본은행권 유통에 의한 민족자본 잠식, 국채 발행에 따른 경제구조 왜곡화, 구호에만 그치는 동양평화질서 교란, 보호정치를 내세워 한국 식민지화를 획책하는 기만성, 현재 일본천황의 부친을 시해한 사건 등을 열거하였다.[24]

유묵에서도 이토를 격살할 수밖에 없는 의도를 엿볼 수 있다. "동양 대

---

23 안중근의사숭모회, 『안중근자서전』, pp. 174~175; "잡보, 이유15조," 《대한매일신보》, 1909년 11월 21일; 국사편찬위원회, "피고인 신문조서," 『한국독립운동사자료』 6, pp. 3~4.

24 김형목, "안중근의 '동양평화론' 구상," 안중근기념사업회 편, 『안중근과 동양평화론』, pp. 197~198.

세 생각하매 아득하고 어둡도다. 뜻있는 남아가 어찌 남을 이루리. 평화정국 못 이루었으니 한탄스럽기 그지없다. 침략 정략 고치지 않으니 참으로 가련하다." 이는 국권회복을 통한 한국 독립에만 그치지 않고 동양평화를 실현하려는 확신에서 비롯되었다. 동양평화 교란자인 이토 처단은 시대가 요구하는 소명임을 강조하는 등 자신은 소명의식에서 이를 실천했을 뿐임을 밝혔다.

III. 주요 내용과 논리적 구조

동양평화론 체제는 서언·전감·현상·복선·문답 등으로 구성되었다. 이 중 서언 전체와 전감 일부의 내용만이 전해질 뿐이다. 그런 만큼 구체적이고 전체적인 내용과 성격 등은 상당한 한계를 드러낼 수밖에 없다. 다행스럽게도 서언과 전감, 신문서·청취서, 그리고 유언과 옥중육필 등에서 동양평화론 구상의 일단을 대부분 가늠할 수 있다.[25]

서언은 서문으로 글을 쓰게 된 목적에 해당된다. 전감은 선인들의 교훈적인 일을 거울삼아 스스로 경계하고 근신하자는 내용이다. 현상은 당시 상황과 정세에 대한 객관적인 내용을 담았다. 복선은 향후 발생할 사건에 대한 준비로서 그와 관련된 일을 예측하는 문제였다. 즉 동양평화를 유지

---

25 김형목, "안중근의 '동양평화론' 구상," p. 202; 박환, 『민족의 영웅 시대의 빛 안중근』, pp. 172~185.

하기 위한 방책을 서술하려는 의도였다. 문답은 어떤 문제에 대한 물음과 대답으로서 영구적인 동양평화를 유지하려는 방안이었다.[26] 저술한 배경과 목적은 서언에 잘 나타나 있다.

> 지금 서양세력이 동양으로 뻗쳐오는 환난을 동양인종이 일치단결해서 극력 방어함이 제일의 상책임은 비록 어린 아이라도 익히 아는 일이다. 그런데 무슨 이유로 일본은 이러한 순연한 형세를 돌아보지 않고 같은 인종인 이웃나라를 깎고 우의를 끊어 스스로 방휼(蚌鷸)의 형세를 만들어 어부를 기리는 듯하는가. 한국과 청나라 양국인의 소망이 크게 절단되어 버렸다. 만약 정략을 고치지 않고 핍박이 날로 심해진다면 부득이 다른 인종에게 망할지언정 차마 같은 인종에게 욕을 당하지 않겠다는 의론이 한청 양국인의 폐부에서 용솟음쳐서 상하 일체가 되어 스스로 백인의 앞잡이가 될 것이 명약관화한 형세이다.…(중략)…그래서 동양평화를 위한 의전(義戰)을 하얼빈에서 개전하고 담판하는 자리를 여순구(旅順口)에 정했으며, 이어 동양평화 문제에 관한 의견을 제출하는 바이니 여러분은 눈으로 깊이 살필지어다.[27]

서양세력 침략을 막는 대비책 강구는 곧바로 목적임을 알 수 있다. 동양평화를 유지하는 방안으로 이토를 처단한 의로운 전쟁은 하얼빈에서

26 김호일, "구한말 안중근의 '동양평화론' 연구," 『중앙사론』, 제10·11집 (1998) 참조.

27 "안중근의사 동양평화론," 《동아일보》, 1979년 9월 19일.

행하고, 이와 같은 당위성을 선전하는 장소로 뤼순을 선택했다는 논리였다. 궁극적인 의도는 일제의 침략정책을 변화시켜 동양삼국의 상호협력에 의한 '세력 균형'에 있었다.[28] 상호신뢰에 기초한 동양평화는 조성되리라는 전망이었다.

동양평화론은 장차 예상되는 서구제국주의 침략에 대한 문제의식에서 비롯되었다. 구체적인 방안은 일본을 맹주로 한중일 3국이 동심협력하는 일본맹주론을 제시하였다.

> 우리 동양은 일본을 맹주로 하고 조선·청국과 정립(鼎立)하여 평화를 유지하지 않는다면 백년의 대계를 그르칠 것을 감히 두려워한다. 이토 정략은 이에 반하여 함부로 한국을 병합하는 데 급급하여 다른 상황을 고려할 틈도 없이 동포를 살육하고 황제를 위박(威迫)하여 그 횡포가 이르지 않는 것이 없다. 그가 잡은 바 방침을 고치지 않고 이대로 추이하면 우리 동양삼국은 다 같이 쓰러지고 백색인종의 유린에 맡기지 않으면 안된다. 러시아와 청국 양국이 일본을 향하여 다시 싸우려고 하는 형세가 있음은 당연한 일이며, 미국 또한 일본의 발호를 좋아하지 않는다. 점차 세계의 동정은 한국·청국·러시아의 약자에게 결집하여 일본은 고립한 위치에 설 것은 지금부터 예상하여도 어렵지 않다. 이것을 생각하지 않고 일시 세력에 의지하여 우리 한국 독립을 박탈하는

---

28 신운용, "안중근의 '동양평화론'과 이등박문의 '극동평화론'," 『안중근과 그 시대』(서울: 경인문화사, 2009), p. 540.

것은 천견(淺見)으로서 지식인의 냉소를 초래하고 말 것이다.[29]

이는 당시 박은식이나 신채호 등과는 달리 일본에 대한 인식이 매우 호의적임을 의미한다.[30] 적어도 러일전쟁 이전까지 일본에 대한 긍정적인 정세관을 피력하였다. 이는 인종주의에 입각한 대외인식과도 무관하지 않았다.[31] "실제 한국 인민은 러일전쟁 이전까지 호개(好個) 친우로 일본을 좋아했고 한국의 행복을 믿었다. 우리들은 결코 배일사상 같은 것은 전혀 없었다. 그런데 러일전쟁 이후 일본이 러시아를 대신하여 한국을 탈취해 버리자고 주장하고 그 결과 한국에 이를 채용하게 되었다. 금일 내가 이와 같이 몸을 그르치게 된 것도 모두 이토의 행위에 기인한다. 러일전쟁까지는 2천여 만 동포가 종민(從民)임을 기뻐하였다."[32]라고 주장했다.

을사늑약 이후 일제 '보호정책'이 제대로 시행된다면 한국 독립과 문명화가 동시에 달성되리라는 낙관적으로 전망하고 있었다. 예상과 달리 일제는 백인종의 침략을 함께 방어해야할 입장에서 오히려 한국과 청국을 침

29 국사편찬위원회, "경경시의 신문에 대한 안응칠의 공술(제6회, 1909년 12월 3일)," 『한국독립운동사자료』 7, p. 421.

30 유영렬, "한말 애국계몽언론의 일본인식," 『한일관계의 미래지향적 인식』(서울: 국학자료원, 2000) 참조.

31 최익현의 경우도 러시아 남하정책에 대항하는 자위수단으로 군사적인 관계 강화를 위한 삼국동맹론을 주장하였다. 한일의정서가 체결된 이후 한국지식인들은 일제 침략에 대응하려는 자세를 모색하기에 이르렀다(유영렬, 『한일관계의 미래지향적 인식』(서울: 국학자료원, 2000), p. 32; 김현철, "러일전쟁 전후 한국인들의 일본관," 『러일전쟁과 동북아의 변화』(서울: 도서출판 선인, 2006), pp. 96~102; 신운용, "안중근의 대일인식," 『한국민족운동사연구』, 제60호 (2009), pp. 20~21.)

32 국사편찬위원회, "피고 안응칠의 제8회 신문조서(1909년 12월 20일)," 『한국독립운동사자료』 6, p. 244.

략·지배하는 등 동양평화에 대한 신의를 저버렸다. 광무황제 강제퇴위·군대해산·정미칠조약 체결 등을 목도하면서 일본에 대한 강한 배신감과 아울러 반일적인 활동을 전개하지 않을 수 없었다.[33] 국민과 국가를 보호하는 마지막 보류인 군대해산은 커다란 충격으로 다가왔다. 의병전쟁에 대한 관심과 의병진을 조직하려는 목적도 이와 같은 상황 변화와 무관하지 않았다. 식민지화에 대한 위기의식은 다양한 방략에 의한 독립운동을 모색하는 계기였다.

이런 점에서 동양평화론 서론은 안중근의 사상적 기반과 내면성은 물론 자주독립에 대한 구국의지와 열정을 파악할 수 있다. 그는 재판장에게 "나는 옥중에서 동양정책(동양평화론-필자주)을 기록으로 남기고 싶다."[34] 면서 탈고할 수 있도록 사형 집행 연기를 요청하였다. 재판장은 이를 허락하는 '유화적인' 자세였다.

> 전옥(典獄) 구리하라(栗原)씨의 특별 소개로 고등법원장 히라이시(平石)씨를 만나…(중략)…사형판결의 불복 이유를 대강 설명한 후에 동양대세의 관계와 평화정략 의견을 말했더니 고등법원장이 다 듣고 난 뒤에 감개하여…(중략)…그대의 진술하는 의견을 정부에 품달하겠다고 하였다.…(중략)…나는 만약 허가될 수 있다면 동양평화론 일책을 저술하고 싶으니, 사형집행 일자를 1개월 남짓 늦추어 줄 수 있겠는가 했더

33 국사편찬위원회, "경경시의 신문에 대한 안응칠의 공술(제3회, 1909년 11월 29일)," 『한국독립운동사자료』 7, p. 405.

34 국가보훈처, "살인범피고안중근청취서," 『아주제일의협 안중근』(서울: 국가보훈처, 1995), p. 633.

니, 그는…(중략)…몇 달이 걸리더라도 허가하겠으니 걱정말라기에…(중략)…공소권 청구를 포기했다.…(중략)…고등법원장의 말이 과연 진담이라고 하면 굳이 더 생각할 것도 없어서였다. 그래서 동양평화론을 저술하기 시작하였다.[35]

안중근은 동양평화론 저술에 심혈을 기울였으나 일제는 이를 완성하기도 전에 사형을 집행함으로써 완결된 저술을 남기지 못하였다. 즉 서언 전부와 전감 일부만이 집필되었을 뿐이다. 보완할 수 있는 부분은 1910년 2월 17일 관동부 고등법원장과 t세 시간 가량 특별문답에서 엿볼 수 있다. 통역과 서기가 배석한 가운데 진행된 특별면담에서 안중근은 '살인피고사건'으로 판결한 사실의 부당성을 다음과 지적했다.

첫째, 한 번도 만나지 않았던 이토를 살해한 것은 오직 국가를 위하여 한 일이지 결코 개인의 자격으로 한 행위가 아니다. 보통 살인범으로 심리할 것이 아니라 점을 강조하였다. 둘째, 을사늑약과 정미7조약은 광무황제를 비롯한 한국인 의사로 체결된 것이 아니라 강요된 조약이다. 셋째, 이번 거사는 대한제국 '의병참모중장'으로서 실행한 일로 포로로 취급하여 만국공법 적용을 강력하게 요구하였다. 그런 만큼 "내가 설사 이 재판을 받아들인다고 해도 일본은 법질서가 없는 야만국으로 열강으로부터 조소를 받을 것임"을 언급하기에 이르렀다.[36] 이어 자신을 일반 잡범과 같이 흉한으로 부르는 자가 있다고 불만을 토로했다. 실제로 일본에서 발간된 언론

35 "속자서전," 《조선일보》, 1979년 9월 21일.

36 안중근, "청취서," 『21세기와 동양평화론』(서울: 국가보훈처, 1996), p. 52.

은 '폭악무도한 무뢰한'으로 표현하기를 주저하지 않았다.[37]

IV. 정세관과 현재적 의미

여기에서 이해할 수 있는 그의 현실인식은 무엇이었을까. 계몽활동·경제활동과 의병투쟁 등 다양한 활동은 현실인식 심화와 더불어 국제정세에 대한 안목을 심화시켰다. 그럼에도 현실적인 상황은 스스로 의지와 달리 순탄하지 않았다. 동의단지회(同義丹脂會) 결성 등을 통하여 새로운 방향을 모색하였으나 역시 난간에 직면하였다. 이러한 체험은 결국 『동양평화론』을 탄생시키는 밑거름이자 에너지원이었다. 안중근 현실인식이자 정세관은 다음과 같이 정리할 수 있다.

첫째, 안중근은 당대를 동서대립의 시대이자 약육강식 시대로 보았다. "약육강식의 풍진시대이다. 세계는 동서로 나누어져 있고 지금 서양세력이 동양으로 뻗쳐오는 시대"라면서 동양 민족의 위기론을 제기했다.[38] 특히 서양세력의 침투와 환란을 극복하기 위해서는 먼저 한중일 3국이 평화를 유지하는 것이 무엇보다도 중요하다는 점을 강조하였다. 이는 의병들에게서도 인식되었던 바이지만, 서양세력의 침투를 한 국가 힘으로 방어할

---

37 이규수, "안중근의거에 대한 일본 언론계의 인식," 『한국독립운동사연구』, 제34집 (2009).

38 신용하, "안중근의 사상과 국권회복," 『한국사학』, 제2집 (1980), p. 352.

수 없는 상황에서 동양 3국이 서로 뭉쳐야 한다는 논리였다.[39] 3국 중 일본의 역할을 인정함으로써 기존의 의병들과 견해를 달리하였다. 이는 부국강병과 자주독립에 큰 비중을 두고 있었기 때문이 아닌가 생각된다.

둘째, 안중근은 인종적 갈등의 시대라고 규정하였다. "한 나라도 자주독립이 되지 않으면 동양평화라고 말할 수 없는 것"[40]이라면서 일본도 한국과 만주를 침략하여 동양평화를 바라는 양국 국민의 의리를 저버렸다고 질책하였다. 특히 그는 같은 인종간 대립과 갈등은 백색인종에게 침략의 명분만을 제공할 뿐이라면서 일본이 이웃 나라를 계속 침략하려 한다면 양국 국민들은 차라리 다른 인종에게 망할지언정 같은 인종에게 욕을 당하지 않겠다는 의기가 폐부에서 용솟음쳐 서양의 다른 인종과 결맹해서라도 일본 침략을 막을 수밖에 없다[41]는 논리로 한국 침략의 부당성을 지적하였다.

이런 점에서 안중근의 동양평화론은 일제가 내세우던 '동아제국과 연대론'과 외형적으로 같은 구조를 가진 것으로 오해할 수도 있다. 전자는 '진정한 동반자 관계' 속에서 동양평화에 중점을 두었다. 반면 후자는 침략정책을 은폐하기 위한 기만적 수단이었다는 점에서 전혀 다른 역사적인 성격을 지닌다.[42]

셋째, 안중근은 러일전쟁이야말로 서양세력의 동양 침략과 동양 민족간

39 국사편찬위원회, "피고인 안응칠제6회신문조서," 『한국독립운동사자료』 6, p. 171.
40 위의 책, p. 174.
41 신용하, "안중근의 사상과 국권회복," pp. 354~356.
42 현광호, "안중근의 동아시아 인식," 『한국 근대 사상가의 동아시아 인식』(서울: 도서출판 선인, 2009), pp. 196~203.

경쟁에서 비롯된 전쟁이라고 보았다. 특히 러일전쟁은 서양세력이 동양에 침투한 것이지만, 일제는 "동양평화를 유지하고 한국 독립을 공고히 할 것"[43]이라는 선전명분을 내세워 승리하였음에도 불구하고 스스로 명분과 약속을 저버린 '배신자'라고 규정했다. 사실 그는 "일제가 정미7조약을 체결하여 침략성을 드러낼 때부터 반대하지 않으면 안되겠다는 것을 느끼게 되었다."[44]고 회고했다. 1907년 이후 국권수호를 위해 본격적인 항일의병투쟁을 전개하였다. 항일의병투쟁 전개는 이러한 인식에서 비롯되었다.

넷째, 일제의 한국침탈과 대륙진출이 동양평화를 파괴하는 직접적인 원인이라고 지적했다. 한국의 국권을 회복시키고 만주에 대한 침략정책 포기만이 평화를 유지하는 첩경임을 밝혔다. 동양삼국은 상호간 동맹하여 세계로 진출해야만 동양평화는 물론 세계평화를 실현시킬 수 있다는 점을 강조했다.[45]

안중근은 동양삼국의 진정한 평화를 위하여 『동양평화론』 집필에 착수하였다. 일제는 '이중적인' 가식으로 안심시킨 후 서둘러 사형을 집행했다. 저들은 동양평화론 완간에 따른 사회적인 파장을 무시할 수 없었기 때문이다. 보편적인 가치관에 입각한 인류평화를 위한 그의 구상은 미완성인 채로 중단되었다. 서론과 전감에 나타난 내용만으로도 독자적인 사상체계를 엿볼 수 있다. 더욱이 이론에만 머물지 않고 직접 실천한 활동을

---

43 신용하, "안중근의 사상과 국권회복," p. 352.

44 국사편찬위원회, "사카이(境)경시의 신문에 대한 안중근의 공술(제3회, 1909년 11월 29일)," 『한국독립운동사자료』 7, p. 405.

45 국사편찬위원회, "제3회공판시말서(1910년 2월 9일)," 『한국독립운동사자료』 6, pp. 386~387.

논리적으로 정리하였다.

현실인식 심화는 상황 변화에 대한 적절한 대응책을 준비하는 동시에 이를 실천에 옮길 수 있었다. 유연한 사고는 특정한 활동에 집착하지 않고 스스로 생각한 바를 추동시키는 정신적인 지주였다. 다양한 방략에 의한 항일투쟁은 이러한 상황 인식과 무관하지 않았다. 그런 만큼 적에 대한 개념은 한국식민지화 과정에 따라 다양하게 설정되었다. 물론 단순한 범주로서 결코 인식되지는 않았다. 이토는 한국민을 억압하는 침략자일 뿐이었다.

안중근은 청취서에서 동양평화를 유지하는 방안을 여러 가지로 제시하였다. 이는 일본인 침략자들이 주창하는 아시아연대론이나 아시아공영론과 형식상으로 크게 다르지 않다. 다만 차이점은 본질과 진정성에서 크게 차이점을 보인다. 곧 인종주의에 강조하는 황화론은 저들의 침략을 합리화시키기 위함이었다. '침략과 저항'이라는 이분법적 논리에서 벗어나 '권모술수에 도사린 허구성'에 주목하면 본질에 접근할 수 있다.[46] 일찍이 단재 신채호(申采浩)는 일제의 '동양주의=일본맹주론'에 비판을 가하였다.

1990년대 이후 한중일 삼국은 한때 공존공영을 위한 잠시 평화로운 시기를 맞았다. 중국이 새로운 패권국으로 등장하면서 이러한 분위기는 밀물처럼 사라졌다. 영토 분쟁과 과거사를 둘러싼 역사 분쟁은 보이지 않는 '전쟁'의 소용돌이로 치닫고 있다. 이런 때일수록 우리는 냉철하게 현실을 인식하면서 현명한 대안을 모색해야 한다. 안중근 동양평화론이 지닌 현

46 최봉룡, "역사의 기억과 해석의 만남: 안중근 「동양평화론」의 현대적 의미," 안중근기념사업회 편, 『안중근과 동양평화론』, pp. 208~213.

재적 의미는 다음과 같이 정리할 수 있지 않을까 한다.

첫째는 세계 각국의 신의를 존중하는 가운데 신뢰를 회복하는 문제였다. "종래 외국에서 써오던 수법을 흉내 내고 있는 것으로 약한 국가를 병탄하는 방법이다. 이런 생각으로는 패권을 잡지 못한다. 아직 다른 강한 나라가 하지 않으면 안 된다. 이제 일본은 일등국으로서 세계열강과 나란히 하고 있지만 일본의 성질이 급해서 빨리 망하는 결함이 있다. 일본을 위해서는 애석한 일이다."라고 평가하였다.[47] 일본은 이미 국제사회에서 신용을 상실하였기 때문에 전면적인 대외정책을 수정해야 한다고 주장했다. 뤼순항을 청국에 반환하는 대신 동양삼국이 공동으로 관리하는 새로운 군항을 만들자는 제안은 이러한 인식의 발로였다. 삼국 대표로 구성된 '평화회의'와 같은 단체 조직은 이를 반증한다.[48] 오늘날 한반도를 둘러싼 반목과 갈등을 치유하는 혜안도 여기에서 찾아볼 수 있지 않을까. 남과 북은 상호신뢰를 바탕으로 이러한 상황을 극복하는 지혜를 발휘해야 한다.

둘째는 '평화회의' 정착과 원활한 운영을 위한 '공동군대' 조직이었다. 삼국 청년들을 모집한 군단 편성은 서양세력의 침략으로부터 동양평화를 보호하는 방패막이로서 인식되었다. 이들에게는 2개국 이상 어학을 연수시켜 상호간 의사소통은 물론 '형제애'로서 인식할 수 있는 기틀을 마련하고자 했다.[49] 다른 아시아 국가들도 동참하는 가운데 국제적인 연대를 도모

---

47 안중근, "청취서," 『21세기와 동양평화론』, pp. 54~55.

48 김현철, "20세기초 한국인의 대외관과 안중근의 '동양평화론'," 안중근의사기념사업회 편, 『안중근과 그 시대』(서울: 경인문화사, 2009).

49 안중근, "청취서," 『21세기와 동양평화론』, p. 56; 김호일, "구한말 안중근의 '동양평화론' 연구," 『중앙사론』, 제10·11집 (1998).

할 수 있다고 인식하고 있었다. 이는 오늘날 국제평화군과 너무나 흡사한 군대임을 알 수 있다. 협력에 의한 새로운 국제질서 구축은 지배와 피지배라는 낡은 틀에서 벗어나 일순간에 제거할 수 있다는 주장이다.[50] 신뢰에 기초한 상생적인 국제관계는 그가 궁극적으로 지향한 염원으로 중요한 의미를 지닌다.

셋째는 삼국 사이에 재정적인 지원과 협력 모색이었다.[51] 그는 수억 명에 달하는 삼국 국민을 회원으로 모집하여 공동은행 설립을 주장했다. 회비 징수와 공통화폐 발행은 각지에 공동은행 지점을 통하여 경제적인 교류 증대와 더불어 협력 방안을 모색할 수 있다고 보았다.[52] 일제가 대륙침략정책을 추진하는 절대적인 요인은 세계대공황 여파에 따른 경기침체에서 탈출하려는 의도였다. 일제의 침략정책 완화책은 바로 동양평화를 유지하는 비결로서 인식되었다. 오늘날 경제적인 지역협력체 구상과도 일맥상통할 만큼 획기적인 제안임을 엿볼 수 있는 대목이다.

마지막으로 세계 각국으로부터 이러한 구상에 대한 지지를 얻는 문제였다.[53] 세계인구의 2/3에 해당하는 천주교인을 대표하는 로마교황을 만나 함께 맹세한다면 해결된 사안이라고 주장하였다. 여기에서 천주교 신자로서 로마교황에 대한 절대적인 신망을 볼 수 있다. 이처럼 그는 서양인 전체를 침략세력으로 규정하지 않았다.[54] "국가 앞에서는 종교도 없다."라는 인

---

50 김형목, "안중근의 동양평화론과 그 의미," p. 198.
51 김형목, "안중근의 '동양평화론' 구상," 『안중근과 동양평화론』, p. 203.
52 안중근, "청취서," 『21세기와 동양평화론』, pp. 55~56.
53 안중근, "청취서," 『21세기와 동양평화론』, p. 56.
54 신운용, "안중근의거의 사상적 배경," 『한국사상사학』, 제25집 (2005), p. 69.

식에서 벗어나 보편적인 인간관을 견지하기에 이르렀다. 일본천황에 대한 '비교적' 우호적인 입장도 이러한 인식과 무관하지 않다.[55] 특히 의병전쟁 와중에 일본군 포로를 석방한 사실은 이와 관련하여 암시하는 바가 크다.

이런 점에서 이토 격살은 일제의 배신적인 행위에 일격을 가한 '나팔소리'였다.[56] 하얼빈역두에 울려 퍼진 총성은 동양평화를 갈구하는 외침이자 새로운 독립투쟁을 알리는 신호탄이었다. 하얼빈의거를 재조명하는 이유도 바로 여기에 있다. 약 110년 전에 일어난 단순한 과거사가 아니라 현재 한민족은 물론 평화를 애호하는 모든 인간과 함께 하는 정신적인 유산임에 틀림없다.

광복 이후 안중근추도회에서 불린 김경운(金卿雲)의 「안중근추념가」 제3절과 제4절은 우리에게 독립과 평화에 대한 소중함을 일깨운다.

> 제3절
> 충의에 받친 목숨/추천의 한을 벗어
> 한족의 애국단심/온 세상 비추었네
> 장렬한 그 공적은/하늘땅 무궁하리.
> 제4절
> 위대한 의사 기백/이 강토 지키나니
> 삼천만 동족이여/그의 뜻 받들어서

---

55 홍순호, "안중근의 동양평화론," 『교회사연구』, 제9집 (1994), p. 46.

56 윤경로, "안중근 의거와 〈동양평화론〉의 현대사적 의의," 『안중근 의거의 국제적 영향(발표문)』, 한국독립운동사연구소 (2009), pp. 169~170.

독립과 자유 행복/억만세 불변하세.

(후렴)

장하다 품으신 뜻/크도다 밟으신 길

온 겨레 뭉치어서/영원히 노래하세.[57]

오직 조국광복을 위하여 안중근은 초개처럼 생명을 민족제단에 주저하지 않고 바쳤다. 그의 위국충정(爲國忠情)은 일제강점기는 물론 분단된 조국을 하나로 잇는 중요한 매개체임에 틀림없다. 대동단결에 의한 자유와 행복은 곧 평화를 수반하는 연결고리나 마찬가지이다. 동양평화를 위한 충언(忠言)은 미완성인 한국독립운동을 견인하는 든든한 밑거름이자 원동력이었다. 이에 대한 새로운 인식과 해석을 시도하는 이유도 바로 여기에 있다.

V. 나오는 말

을사늑약 이후 대한제국은 사실상 일제 식민지로 전락하여 백척간두(百尺竿頭)에 직면하고 있었다. 러일전쟁 승리에 도취된 일제는 제국주의 열강과 더불어 식민지 쟁탈전인 '황금분할' 경쟁에 무임승차하였다. 만국

57 한국독립운동사연구소, "안중근선생추념가," 『안중근의사자료집-한국독립운동사 영인·교양총서 5』(서울: 국학자료원, 1999), p. 235.

공법이나 공동이익을 보장한 국제 조약 등은 제국주의 세력의 배신으로 휴지조각이나 마찬가지였다. 시시각각으로 변하는 국제정세는 안중근에게 커다란 충격으로 다가왔다. 모순된 현실을 타개하고 국권을 수호하려는 다양한 방법론도 모색되지 않을 수 없었다.

활동근거지를 진남포로 옮긴 안중근은 민족의식을 일깨우기 위한 계몽운동에 치중하였다. 삼흥학교·돈의학교·영어야학 운영과 지원, 삼합의와 미곡상회 경영, 국채보상운동 참여 등은 대표적인 실천 방안이었다. 자신의 의지와 달리 합법적인 활동마저도 일제의 회유와 압박 등으로 여의치 않았다. 결국 망명길에 올라 만주를 거쳐 연해주에 새로운 활동근거지를 마련하였다. 이범윤·최재형 등 지원으로 의병진을 조직하여 국내진공작전을 감행했다. 부분적인 성과는 있었으나 중과부족임을 절감하였다. 새로운 독립전쟁론은 살신성인에 입각한 의열투쟁이었다. 하얼빈 의거는 안중근의 조국광복을 위한 마지막 결단이자 인류평화의 염원을 만천하에 알리는 역사적인 사건이었다.

죽음을 목전에 둔 참담한 옥중생활에서 전혀 좌절하지 않고 왜 『안응칠역사』와 『동양평화론』을 집필하였을까? 이러한 저력을 발휘할 수 있는 에너지원은 무엇일까? 어쩌면 우문현답일 수도 있는 궁금증 중 하나이다. 집필 배경은 이토 격살에 대한 정당성과 '영구적인' 동양평화에 대한 진지한 갈망에서 비롯되었다. 이는 결코 개인적인 원한이 아니라 평화를 향한 독립전쟁 일환임을 강조했다. 단순한 암살에서 벗어나 동양평화 교란자에 대한 응징임도 분명하게 밝혔다. 15개 항목에 달하는 이토 죄상은 세계평화를 방해하는 '인류의 공적'으로 규정하였다.

체제는 크게 서언·전감·현상·복선·문답 등 5부분으로 구상되었다. 일제의 위약으로 서언 전체와 전감 일부만이 저술되고 말았다. 미완성이기에 더욱 궁금증을 자아내기에 충분하다. 일제가 저들의 추악한 죄악이 만천하에 폭로됨을 우려한 나머지 곧바로 사형집행을 단행한 결과였다. 그런 만큼 『동양평화론』을 통하여 구체적이고 정확한 내용은 파악할 수 없는 현실이다. 다만 관련된 다른 자료 등과 비교 검토를 통하여 안중근의 궁극적인 의도는 엿볼 수 있다.

전감은 탐욕스러운 일제의 침략전쟁이 시대에 역행하는 반인륜적인 행위라고 비판하였다. 아시아연대론은 인종주의를 가장한 허구로 결국 동양평화를 파괴하는 근본적인 요인임을 지적했다. 청일전쟁에서 러일전쟁까지 동아시아 패권을 둘러싼 갈등은 끔찍한 전쟁으로 귀결되었다. 그럼에도 청일전쟁에서 패배한 청나라는 반성은커녕 자중지란(自中之亂)으로 파국에 직면하고 있다고 분석하였다. 반면 러일전쟁에서 일본 승리 요인 중 일부는 한국과 청나라의 일본에 대한 적극적인 지원에서 찾았다.[58] 이는 인종주의에서 크게 벗어나지 못한 현실인식의 한계를 보여준다.

이미 110년 전에 주창한 동양평화론은 국제적인 은행·학교·군대·공동협의체 등 다양한 관점에서 제기되었다. 이는 인류의 공동체적인 삶을 추구하려는 비전을 제시했다는 점에서 중요한 의미를 지닌다. 다만 이를 실행할 수 있는 구체적인 방안은 미흡한 점을 지적하지 않을 수 없다. "힘이 곧 정의"인 당시 상황에서 그러한 주장은 실행되기 어려웠다. 그럼에도 불구하고 화해와 협력에 의한 상생과 평화공존을 위한 인류의 보편가치를 실현하려는 의미는 오늘날 여전히 유효하다.

---

58 윤병석, "동양평화론," 『안중근전기전집』, p. 195.

동양평화론의 현재적 의미는 하얼빈 의거를 적극적으로 도운 이강(李堈) 글에 잘 나타나 있다. "선생은 대의를 추호의 사심도 없이 자기의 생명을 초개시하고 모든 명리(名利)를 초월하여 오직 일편단심 조국의 독립회복과 나아가 동양평화를 유지하기 위하여 웅지를 품고 만리이역으로 단신 망명하여 발분망식(發憤忘食)과 풍찬노숙하면서 자기의 결심한 대지(大志)의 일단을 실천하였다."[59] 자기희생을 통해 미래사회에 주는 희망의 메시지가 돋보이는 부분 중 하나이다.

한반도를 둘러싼 긴장의 파고는 어느 때보다 고조되는 분위기이다. 대한민국 운명을 두고 강대국 '흥정거리'로 전락할 수 있는 절박한 현실임을 어느 누구도 부인할 수 없다. 험난 파고를 헤치고 나갈 지혜가 요구된다. 남북한 고위당국자는 110년 전 침략자 일제를 향하여 일갈을 한 선열의 충정어린 고언에 주목해야 한다. 일제강점기와 같은 과오를 되풀이 하지 않기 위하여 말이다. 한반도 통일과 영구적인 평화를 위한 묘안은 안중근의 동양평화론에서 그 해답을 찾아보면 어떨까. 여기에 주목하는 이유는 자유롭고 평화스러운 대한민국 내일을 위한 위함이다.

---

59 이강, "의사 안중근," 『안중근전기전집』, p. 640.

맺음말

전근대 한국인의 평화에 대한 상상과 실천

이찬수

한국인은 유사 이래 다양한 외래 사상과 가치를 수용하고 창조적으로 종합해왔다. 한국인에게 고유한 그 무엇이 있다면, 그것은 다양한 사상이나 가치 자체라기보다는, 다양성을 수용하고 종합해 새롭게 창출하는 능력이다. 그 과정에 가능한 침략하기보다는 방어하고 보호하며, 내치기보다는 받아들이려 했다. 그 능력이 한국적인 그 무엇을 가장 잘 말해준다. 오늘 우리의 주제와 연결 짓자면 이 능력은 한국인의 평화의 역량과 연결된다. 이 책에서는 이러한 사실을 한국 역사가 낳은 걸출한 사상가들의 눈과 입을 빌려 재발견하고 계승하고 있다.

다양성의 수용과 조화

가령 한국의 문화적이고 사상적인 기원을 설명하고 있는 「단군신화」를 보자. 단군신화의 주인공들은 하늘·땅·인간을 조화시키고 서로 화합하는 정신을 최고의 가치로 여겨왔음을 알 수 있다. 그 과정에 필요한 내용은 수용하고 소화했다. 특히 불교와 유교 등 외래 사상과 문화를 적절히 수용하고 소화해왔는데, 이때 놓쳐서는 안 되는 것은 수용도 아무나 아무때나 할 수 있는 것이 아니라는 사실이다. 초등학생은 대학의 학문을 소화하지 못한다. 적어도 고등학생 이상은 되어야 그 이상의 수준을 알아보고 받아들여 자신의 것으로 소화할 수 있다. 수용의 대상은 수용하는 주체의 역량을 잘 보여준다. 한국인이 다양성을 수용해왔다면, 이미 다양성을 알아보고 수용할 수 있는 역량이 있었다는 뜻이다. 이러한 역량이 한국적 정신의 근간이다. 그 과정에 가능한 한 파괴가 아니라 조화, 죽임이 아니라 살림의 문화를 이루어오려 시도했던 것이 한국적 사상의 역사인 것이다.

신라의 천재적 사상가 최치원은 화랑 난랑을 위해 쓴 비문에서 신라의 오랜 정신으로 '풍류'(風流)를 거론한 적이 있다. 풍류는 신라인들이 진작부터 가지고 있던 수용과 조화의 자세와 능력이다. 최치원에 의하면 신라인은 다양성(유·불·선)을 창조적으로 수용하는 능력[包含三教]을 가지고 "모든 살아있는 생명들과 마주쳐서 어울리고 (서로) 변화"[接和群生]하고자 했다는 것이다. 한국 최고의 사상가라 할 법한 원효는 화쟁(和諍)의 원리를 강조했다. '화쟁'은 낱말상으로는 '논쟁의 조화', 좀 더 풀면 서로 대립하는 다양한 학설과 이론의 화해와 화합을 의미한다. 이 때 화해 또는 화합이라고 해서 모든 대립물들의 무차별적 긍정을 말하는 것은 아니다. '기울어진 운동장'에서처럼 부당한 권력 관계로 인한 피해와 아픔을 회복하는 데까지 이르는 실천적 자세이기도 하다. 이도흠은 최치원과 원효의 평화론을 오늘의 언어로 정리하면서 이 부분을 적절히 해명하고 있다. '풍류'와 '화쟁'을 통해 우리는 근대의 평화 연구자들이 천착하고 있는 주제를 이미 천오백년 전 한국인도 추구하고 있었다는 사실을 잘 알 수 있다.

조선시대로 와도 과히 다르지 않다. 김성실이 잘 정리하고 있듯이, 가령 퇴계는 보편적 원리[理]를 중시하면서, '다름'을 '차별'이 아닌 '차이'로 보고, 그 '차이' 속에서 보편성을 확보하는 인간론을 견지했다. 퇴계는 1554년 중종에게 올린 상소에서 왜구도 같은 하늘 아래 함께 살아가야 할 사람이라면서, 각종 정책도 이런 평등한 인간론을 기반으로 시행되어야 한다고 주장했다. 일종의 사해동포주의적 자세를 견지하고 있었던 것이다. 퇴계와는 다소 다른 논리를 구사했던 율곡도 결국은 다름을 인정하고 다름 간의 조화를 추구하는 것이 옳다고 보았다는 점에서는 다르지 않았다. 율곡은 이를 위해 정치적 차원에서 경장(更張), 즉 점진적 개혁을 추구했고, 이를 뒷받침하기 위한 이론 차원에서는 이(理) 속에 기(氣)가 있고 기 속에 이가 있다는 이기론(理氣論)적 관점을 견지했다. 선 가운데도 악이 있을 수 있고 악 속에도 선이 있을 수 있다는 상대성을 통해, 다름을 인정하고 조화로 나아가는 방식이었다. 이에 대해서는 한영우가 잘 소개하고 있다.

잘 보면 이러한 관점과 주장 혹은 실천론을 오늘 우리의 언어로 바꾼다면 그것은 평화의 이론과 실천에 대응한다고 할 수 있다. 원효와 최치원의 사상은 물론 퇴계와 율곡의 사상 역시 근대적 평화철학의 한국적 원류에 해당한다고 할 수 있다.

조선 후기의 성왕인 정조는 이른바 '탕평책'으로 정치적 차원의 평화를 이루고자 했다. 탕평에도 '준론(峻論)탕평'과 '대동탕평'의 두 차원이 있다. 준론탕평이 소통으로 당파 갈등을 조정하고 관용을 사회통합의 원리로 삼는 방식이라면, 대동탕평은 갈등과 분쟁을 유발하는 위험 요인 자체에 대한 해소를 통해 정의와 질서를 이루는 방식이다. 안효성은 준론탕평과 대동탕평을 갈퉁이 말한 '소극적 평화'와 '적극적 평화'에 대응시킨다. 물론 정조의 평화론은 여기에 그치지 않는다. 내면의 자연스런 평안함[明德]을 활성화시키는 '활법(活法)'과 병행하지 않고서 정치적 혹은 사회적 평화라는 것은 불가능하다고 보았다는 점에서 정조는 적극적 평화를 구축하기 위한 고민이 많았던 정치 지도자였다.

이런 시각은 다산 정약용에게서도 드러나는데, 다산은 가능한 한 무력이나 폭력은 피해야 하지만, 만일 피치 못하다면 무력도 평화적으로 사용하고 폭력도 후덕하게 해야 한다고 보았다. 황병기는 이러한 입장을 두고서 '조선이라는 국가를 재조(再造)하고 수호하기 위해 행했던 개혁 조치들과 주장들도 기본적으로는 사대교린의 구도 아래 대국과 소국의 틈바구니에서, 조선을 안전하게 지키려는 방책'이기도 했다고 요약하고 있다. 한반도의 분단 상황을 주변 열강들이 자국에 유리하게 이용하고 있는 오늘의 현실을 감안하면 다산의 평화론은 오늘 우리에게도 여전히 유효하게 다가오는 입장이자 태도이다.

회통과 상생의 실천

동학의 2대 교조인 해월 최시형에게 평화는 전쟁이 없거나 전쟁이 끝난 상태 정도의 의미였지만, 그에게 훨씬 중요한 것은 평화에 이르는 인간의 근본적인 자세였다. 전쟁에 반대되는 이러한 상태조차 저절로 얻어지는 것이 아니었다. 수심정기(守心正氣), 즉 마음을 지키고 기운을 바로잡아, 마음과 기가 모두 조화로워지는 심화기화(心和氣和)의 상태야말로 진정한 평화의 근간이라고 해월은 보았다. 김용휘는 이러한 해월의 입장을 요약하면서, 심화기화의 마음자세로 사람을 하늘처럼 섬길 때[事人如天] 평화가 이루어진다고 보았다. 인오동포(人吾同胞), 물오동포(物吾同胞)로 표현되는 해월의 사해동포주의는 한국적 평화사상이자 세계 윤리의 근간으로 평가할 만하다.

이러한 입장은 동학에 심취했던 전봉준에게서 대단히 실천적으로 드러난다. 전봉준 필생의 과제는 '보국안민'(輔國安民)이었다. 보국안민은 "잘못되어 가는 나라를 도와 도탄에 빠진 백성들을 편안히 한다"는 뜻이되, 그 때 '안민'의 주체도 '민'이기에, 민에 의한 혁명을 적극적으로 추구했다. 나라가 제 역할을 하지 못해 민초들의 생명, 생업, 생활 전반이 위태롭게 되었다면, 그 때 나라가 나라다운 역할을 할 수 있도록 하는 주체 역시 백성이며, 백성이 스스로 나서서 나라의 잘못을 바로잡고 자신들의 생명, 생업, 생활을 안전하게 만들어가야 한다는 것이 전봉준의 생각이었다. 이른바 '사회적 평화'를 꿈꾸고 있었던 것이다. 박맹수의 글에서 돋보이는 것은 전봉준이 주창한 동학농민혁명의 행동강령이다. 이 강령에 의하면, "동학농민군은 칼에 피를 묻히지 아니하고 이기는 것을 으뜸의 공으로 삼으며, 어쩔 수 없이 싸우더라도 사람의 목숨만은 해치지 않는 것을 귀하게 여기는" 불살생(不殺生)을 추구한다는 원칙을 견지했다. 이 같은 동학농민군의 실천에 대해 일본의 다나카 쇼조는 동학운동의 실천규율이 '문명적'이라고 극찬하기도 했다. 국제법적 질서를 어긴 일본에 대해 군대를 일으키기는 하지만, 가능한 여타의 백성 및 뭇 생명은 해하지 않는다는 전봉준의 원칙은 평화라는 목적을 실현해가는 과정도 평화적이어야 한다는 근대 평화학의 원칙을 다른 각도에서 잘 보여준다. 박맹수는 이러한 전봉준의 입장을 평화 실천론 차원에서 적절히 정리 및 소개하고 있다.

이러한 실천을 구체적으로 보여주는 사례가 종교의 영역이기도 하다. 현대인들은 종교에 대해 부정적 선입견을 가질 때가 많지만, 인류의 사상과 지혜의 원천은 늘 종교였다. 한국의 경우도 그랬다. 전술한 최치원은 유·불·선 학자이기도 했고, 원효는 뛰어난 승려였으며, 퇴계와 율곡은 최고의 유학자였고, 다산도 개혁적 유학자였지만 서학(천주교)에도 밝았다. 정조는 유학적 세계관을 현실 정치에 개혁적으로 접목하려는 왕이었고, 해월은 동학(오늘날의 천도교)의 지도자였으며, 전봉준도 동학의 가르침을 목숨 걸고 실천한 사람이다.

이런 점에서 근대 한국의 종교는 한국 사상의 보고라고 할 수 있다. 한국에서 자생한 개혁불교라 할 수 있을 원불교도 한국적 평화론을 보여주는 한 사례이다. 원영상은 원불교의 개조 소태산 박중빈의 평화사상을 중도와 중용, 상생과 조화, 관용과 섭취불사(중생을 모두 받아들이고 버리지 않음)로 요약한 뒤, 후계자인 정산 송규의 「건국론」과 '삼동윤리'로 이어지는 원불교 평화사상과 윤리의 계보를 추적한다. 해방 정국에서 기록된 정산 송규의 「건국론」은 종교가 내면적 평화에 머물지 않고 정치 체제의 변혁에까지 관심을 기울이고 있다는 사실을 잘 보여준다.

승려이기도 했던 만해 한용운에게 평화는 평등과 자유의 균형[相敵]이었다. 상대방의 자유를 침해하지 않은 평등이 제대로 된 평화라는 것이 한용운의 생각이었다. 이러한 평화를 이루기 위해서는 어느 정도 저항과

희생이 따를 수밖에 없지만, 이러한 저항을 통해서만 평화와 행복이 주체적으로 얻어진다는 것이 한용운의 생각이었다. 박재현은 이러한 만해의 생각을 문학적 분석을 통해 잘 보여주고 있다.

근대적인 의미의 평화학적 주제에 가장 부합한 자료를 남긴 이는 안중근이었다. 일찍 사형당하는 바람에 미완에 그친 안중근의 옥중 저작「동양평화론」에서는 서구제국주의 침략을 경계하면서 일본을 필두로 한·중·일 3국이 협력해 서구 제국주의의 침략에 저항하고 함께 동양 평화를 이루자고 제안하고 있다. 그의 희망과는 달리 한반도를 침략하는 일본을 비판하고 그 반인륜적 침략의 주범인 이토 히로부미를 암살한 죄로 사형을 당했지만, 안중근은 한반도 및 주변 지역을 기반으로 하는 동양의 연대 평화를 꿈꾸었다. 이 부분에 대해서는 김형목이 일목요연하게 정리하고 있다.

'해 아래 새 것이 없다'

『한국인의 평화사상』 제1권을 정리하면서 "해 아래 새 것이 없다"(전도서 1,9)는 성서의 한 구절이 떠올랐다. 이 책은 근대 서양적 평화학을 의식하면서 한국적 평화사상은 어떤 모습이겠는지 알아보자는 차원에서 시작되었지만, 모든 글들을 한 자리에 모아놓고 보니, 서양 학자들이 상상하는 평화론과 한국인이 꿈꾸었던 평화론이 별반 다르지 않다는 사실을 알 수 있었다. 한국인은 다양성의 수용과 조화, 이질성의 회통과 상생에 대해 고민하고 구체화시키려 시도해왔는데, 그것은 근대 서양에서 추구하는 평화 연구의 중심 주제이기도 하다. 다양성을 긍정하고 이질적인 것을 상생으로 전환시키는 능력이 동서양을 관통하는 평화의 역량이 아니고 무엇이겠는가. 한국인이 견지해온 평화사상은 한편에서는 한국적 독특성을 반영하면서도 다른 한편에서는 세계 사상사적 보편성도 지니고 있다는 뜻일 것이다. 동서고금을 막론하고 인류의 고민과 희망은 늘 비슷했다고나 할까. 이 책을 만들기 위해 2년 간 4회에 걸친 학술회의를 했는데, 한국 안에서 한국적 특수성과 세계사적 보편성을 담은 평화사상을 발견하고 오늘 계승할 점을 도출했다는 점에서 의미가 적지 않았다. 그것이 이렇게 의미 있는 단행본으로 나오게 되니 감개무량할 뿐이다.

필자 소개

서보혁

한국외국어대에서 정치학 박사학위를 받았고 서울대학교 통일평화연구원 HK연구교수를 거쳐, 현재 통일연구원 연구위원으로 근무하고 있다. 현대북한연구회 회장, 북한연구학회 부회장을 역임하였고, 현재 비교평화연구회 회장, 통일부 및 외교부 정책자문위원이다. 최근 저서로『한국 평화학의 탐구』(근간),『배반당한 평화』,『평화학과 평화운동』(공저),『분단폭력』(공편), *North Korea Human Rights: Crafting a More Effective Framework* 등이 있다.

이도흠

현재 한양대학교 국어국문학과 교수, 한국기호학회 회장, 정의평화불교연대 상임대표, 지순협 대안대학 이사장 재임 중이다. 한국학연구소 소장, 계간 〈문학과 경계〉 주간, 민주화를위한전국교수협의회(민교협) 상임의장, 한국철학사전 편찬위원, 계간 〈불교평론〉 편집위원장을 역임했다. 저서로는『화쟁기호학, 이론과 실제』,『신라인의 마음으로 삼국유사를 읽는다』,『신화/탈신화와 우리』,『인류의 위기에 대한 원효와 마르크스의 대화』, 역서로『(틱낫한의) 엄마』 등이 있다.

김성실

성균관대학교 대학원에서 유교철학을 전공하고 맹자와 공동체로 석사학위를, 퇴계와 감정에 대한 연구로 철학 박사학위를 받았다. 현재 국민대학교 문화교차연구소 연구원으로 '철학', '문화', '감정' 등을 주제로 강의하고 연구하고 있다.

한영우

서울대학교 사학과에서 박사학위를 취득했으며, 현재 서울대학교 명예교수로 재직 중이다. 서울대학교 한국문화연구소장, 규장각관장, 인문대학장을 지냈으며 문화재위원회 사적분과위원장, 한국사연구회장, 국사편찬위원, 한림대학교 한림과학원 특임교수, 이화학술원 석좌교수 겸 이화학술원장을 역임했다.『다시 찾는 우리역사(1~3)』,『우계 성혼 평전』,『율곡 이이 평전』,『정조평전』,

『한국 선비 지성사』 외 다수의 책과 논문을 집필했다.

안효성

한국외국어대학교 철학과를 졸업(Ph.D.)했고, 현재 한국외국어대학교 미네르바교양대학 및 건국대학교 상허교양대학 외래교수이다. 가톨릭동북아평화연구소 초빙연구위원, 한국외국어대학교 글로컬창의산업연구센터 전임연구원, 한국아렌트학회 운영위원으로 활동하고 있다. 저서로는 『소통학』, 『신화와 콘텐츠』, 『접속—혼종—창의』(이상 공저)가 있고, 논문으로 "정조의 『대학』 혈구정치관에 대한 판단이론적 고찰", "정조의 탕평 소통 리더십과 민주 시대의 사이—소통 리더십", "정조 탕평책의 공공성과 공론정치의 좌표", "화쟁과 탕평은 어떻게 상대주의를 넘어서는가?" 등이 있다.

황병기

연세대학교 철학과 대학원에서 박사학위를 취득하였으며, 현재 대진대학교 인문학연구소 학술연구교수로 재직 중이다. 연세대학교 국학연구원 연구교수, 연세대 부설 강진다산실학연구원 파견연구교수를 지냈으며, 한국국학진흥원에서 책임연구위원과 이야기할머니사업단장을 역임한 바 있다. 그 외 중국 북경사회과학원 방문학자, 일본 리츠메이칸대학교 객원연구원 등을 지냈고, 현재는 한국주역학회 부회장을 맡고 있다. 또한 개별적으로 다산인문학연구소 및 좋은종교연구소를 운영하고 있다. 논문으로 "주역의 상징성과 그 역사적 기원", "『제경(弟經)』의 체제 분석과 저작자 연구" 등이 있고, 저서로는 『역, 위대한 미메시스: 자연에서 기호로, 기호에서 사상으로』, 『정약용의 주역철학』 등이 있다. 공저로는 『공자혁명: 2000년 전의 유교, 현대 교육에 메스를 대다』, 『한국인의 일상과 문화유전자』, 『길 위의 인문학』, 『역주 대학공의 대학강의 소학지언 심경밀험』 등이 있다.

김용휘

군산대 연구교수, 고려대 HK 연구교수를 역임했으며, 한양대 명지대 등에서 철학 강의를 했다. 동학에 기반한 생명 운동단체인 '천도교한울연대'의 공동대표로 활동했으며, 동학적 교육이념을 표방한 '방정환한울학교' 상임이사로 활동했다. 현재 인도 오로빌에서 가족과 함께 대안 공동체를 경험하고 있다. 저서로는 『우리학문으로서의 동학』, 『최제우의 철학』, 『청소년 철학 소설: 최제우, 용천검을 들다』 등이 있다.

박맹수

한국정신문화연구원 한국학대학원 역사학과에서 박사학위를 취득했으며, 원광대학교 교학대학 원불교학과 교수로 재직 중이다. 한국독립운동 인명사전 편찬위원회 편찬위원, 동학농민혁명기념관 자문위원회 자문위원장, 일제강점하 강제동원피해 진상규명위원회 위원 등을 역임했으며, 현재 한국근현대사학회 회장, 원광대 원불교사상연구원 원장으로 활동하고 있다.

원영상

원광대학교 정역원 연구교수, 한국일본불교문화학회 회장, 원불교 교무로 재직중이다. 일본 교토(京都) 불교대학에서 일본불교연구로 박사학위를 취득했다. 논문으로는 "일본불교의 내셔널리즘의 기원과 역사, 그리고 그 교훈", "근대일본의 화엄사상과 국가", "소태산 박중빈의 불교개혁사상에 나타난 구조고찰", "광복 후 분단체제에 대한 원불교의 대응과정 연구" 등이 있으며, 일본불교 및 원불교의 역사와 사상을 연구하고 있다.

박재현

서울대학교대학원 철학과에서 논문 "한국불교의 간화선 전통과 정통성 형성에 관한 연구"(2005)로 박사학위를 취득했다. 『깨달음의 신화』, 『한국 근대불교의 타자들』, 『만해, 그날들』, 『화두, 나를 부르는 소리』 등의 저서 외에 다수의 연구논문이 있다. 현재 동명대학교 글로벌문화콘텐츠학부 교수로 재직 중이다.

김형목

중앙대학교 대학원 사학과에서 박사학위를 취득하고, 독립기념관 한국독립운동사연구소 책임연구위원으로 재직 중이다. 한국민족운동사학회 연구·윤리이사, 육군본부 군사연구소 편집위원, 한국교육사학회 연구이사, 나혜석학회 편집이사, 최용신기념관 운영·자문위원, 한국사학회 지역이사, 한국여성사학회 연구이사, 백산학회 연구이사, 경기학회 연구이사 등으로 활동하고 있다.

주요 저서로는 『대한제국기 야학운동』, 『교육운동—한국독립운동의 역사 35』, 『안중근과 동양평화론(공저)』, 『김광제, 나랏빚 청산이 독립국가 건설이다』, 『여주독립운동사 개설』, 『최용신, 소통으로 이상촌을 꿈꾸다』, 『나혜석, 나의 길을 가련다』, 『대한제국기 경기도의 근대교육운동』, 『대한제국기 충청지역 근대교육운동』, 『충청도 국채보상운동』, 『도마 안중근(공저)』 등이 있다.

이찬수

서강대학교 종교학과에서 박사학위를 받았고, 강남대 교수, (일본)코세이가쿠린 객원교수, WCRP 평화연구소, 중앙학술연구소, 난잔종교문화연구소 객원연구원 등을 지냈다. 현재 서울대학교 통일평화연구원 HK연구교수, 한국문화신학회 회장. 종교평화학의 정립을 위한 연구를 하면서, 『종교로 세계 읽기』, 『다르지만 조화한다』,『평화와 평화들』, 『일본정신』, 『아시아평화공동체』(편저), 『녹색평화란 무엇인가』(공저), 『탈사회주의 체제전환과 발트3국의 길』(공저), 『폭력이란 무엇인가』(공저), 『근대 한국과 일본의 공공성 구상』(공저) 외 다수의 책과 논문을 썼다.

참고문헌

[국문 자료]

강재언.『한국근대사연구』. 서울: 도서출판 한울, 1982.

고영섭. "분황 원효의 평화 인식—一心과 和諍과 無碍를 중심으로."『한국불교학』, 제52집 (2012).

국가보훈처·광복회 공편.『21세기와 동양평화론』. 서울: 국가보훈처, 1996.

국사편찬위원회.『동학란기록』하. 서울: 탐구당, 1971.

그리스도교 철학연구소 편.『현대 사회와 평화』. 서울: 서광사, 1991.

금장태.『성학십도와 퇴계철학의 구조』. 서울: 서울대학제교출판부, 2001.

______.『퇴계의 삶과 철학』. 서울: 서울대학교출판부, 1998.

김광식.『춘성: 무애도인 삶의 이야기』. 성남: 새싹, 2009.

김귀성. "少太山의 平和教育思想: 最初法語를 중심으로."『원불교사상과 종교문화』, 제17·18호, (1994).

金大擧. "1963년 3월 26일: 대각개교절 경축사."『대산종법사법문집』 제2집. 이리: 원불교출 판사, 1988.

김문식. "정약용의 대외인식과 국방론."『다산학』, 제4호 (2003).

______.『정조의 제왕학』. 서울: 태학사, 2007.

김병욱. "퇴계 평화개념에 관한 검토."『국제정치논총』, 제43권 3호 (2003).

김복순. "최치원의 사상 연구." 고려대학교 석사학위논문, 1980.

金富軾.『三國史記』. 서울: 경인문화사, 1969.

김상현. "원효 화쟁사상의 연구사적 검토."『불교연구』, 제11~12집 (1995).

김성윤.『조선후기 탕평정치 연구』. 서울: 지식산업사, 1997.

김성철.『중론, 논리로부터의 해탈 논리에 의한 해탈』. 서울: 불교시대사, 2004.

김영두. "『建國論』 사상의 재조명."『원불교학』, 제1호 (1996).

______. "원불교 통일노력의 상황과 平和統一思想."『원불교사상과 종교문화』,

제19호 (1995).
______. "圓佛敎의 相生思想과 統一方案." 『원불교사상과 종교문화』, 제17~18호 (1994).
김영한. "레비나스의 타자 철학: 하이데거에 대한 비판을 중심으로." 『哲學論叢』, 제64호 (2011).
김용직. "『님의 침묵』 판본(板本)과 본문 비평." 『불교평론』, 제40호 (2009 가을).
김용환. "세계윤리와 삼동윤리의 맥락화용." 『원불교사상과 종교문화』, 제43호 (2009).
김용휘. "동학의 모심의 영성과 사회복지." 『영성과 사회복지』, 제4권 제1호 (2017).
______. 『시천주 사상의 변천을 통해 본 동학 연구』. 고려대학교 박사논문, 2004.
김우창. 『깊은 마음의 생태학』. 파주: 김영사, 2014.
김의환. 『전봉준 전기』. 서울: 정음사, 1981.
김익균. "만해 한용운이라는 기념비." 『大覺思想』, 제25집 (2016).
金仁喆. "鼎山宗師 思想에서 본 世界平和의 三大要素." 『원불교사상과 종교문화』, 제15호 (1992).
김재성. "초기 불교의 분노와 치유." 『비폭력연구』, 제4호 (2010.12).
김종철. 『간디의 물레』. 서울: 녹색평론사, 1999.
김준석. 『조선후기 정치사상사 연구』. 서울: 지식산업사, 2003.
______. 『한국 중세 유교정치사상사론 II』. 서울: 지식산업사, 2005.
김진. "종교의 미래와 상생의 정치신학–21세기, 종교는 어디로 가고 있는가?: 종교의 미래와 과제." 『원불교사상과 종교문화』, 제55호 (2013).
김춘성. "해월 사상의 현대적 의의." 『해월 최시형과 동학사상』. 서울: 예문서원, 1999.
김팔곤. "平和世界 建設을 爲한 새 倫理의 摸索: 一圓相 眞理를 中心으로." 『원불교사상과 종교문화』, 1호 (1975).

_____. "平和實現者로서의 少太山." 『원불교사상과 종교문화』, 제14호 (1991).

김형목. "안중근의 국내 계몽활동과 민족운동사상의 위상." 『숭실사학』, 제29집 (2012).

_____. "안중근의 동양평화론과 그 의미." 『군사연구』, 제128집 (2010).

_____. "안중근의 '동양평화론' 구상." 안중근기념사업회 편. 『안중근과 동양평화론』. 서울: 채륜, 2010.

까르마 츠앙. 이찬수 역. 『화엄철학』. 서울: 경서원. 1990.

노권용. "起信論의 一心三大思想을 通해 본 一圓相信仰 小考." 『원불교사상과 종교문화』, 제6호 (1982).

盧思愼. 『신증동국여지승람』 31권. 서울: 민족문화추진회, 1970.

노영필. 『동학의 생명사상 연구』. 전남대학교 철학과 박사논문, 2003.

달라이 라마·스테판 에셀. 임희근 역. 『정신의 진보를 위하여』. 서울: 돌베개, 2012.

대구가톨릭대학교 안중근연구소. 『도마 안중근』. 서울: 도서출판 선인, 2017.

대산종사법어 편수위원회 편. 『대산종사법어』. 익산: 원불교 출판사, 2014.

디팩 초프라·레너드 믈로디노프 지음. 류운 역. 『세계관의 전쟁』. 파주: 문학동네, 2011.

리처드 도킨스. 홍영남·이상임 역. 『이기적 유전자』. 서울: 을유문화사, 2010.

마셜 로젠버그. 캐서린 한 역. 『비폭력대화』. 서울: 한국NVC센터, 2011.

모심과살림연구소. 『죽임의 문명에서 살림의 문명으로–한살림선언 다시 읽기』. 서울: 도서출판 한살림, 2010.

박경준. "초기불교의 연기상의설 재검토." 『한국불교학』, 제14집 (1989).

박광수. "한민족 문화공동체 형성 방안: 한민족 평화통일의 문화적 접근." 『원불교사상과 종교·문화』, 제8호 (2002).

_____. "한반도의 분단체제 극복을 위한 원불교의 평화사상." 『원불교사상과 종교문화』, 제24호 (2000).

박맹수. "동학농민혁명기 해월 최시형의 활동." 『개벽의 꿈, 동아시아를 깨우다』.

서울: 모시는사람들, 2011.
______.『생명의 눈을 보는 동학』. 서울: 모시는사람들, 2014.
박명규. "녹색평화론의 문제의식과 쟁점들." 서울대학교 통일평화연구원 편.『녹색평화란 무엇인가』. 서울: 아카넷, 2013.
______. "왜 지금 평화인문학인가." 서울대학교 평화인문학연구단 편.『평화인문학이란 무엇인 가』. 서울: 아카넷, 2013.
박보리스. 신운용·이병조 역.『하얼빈역의 보복』. 서울: 채륜, 2009.
박재현. "만해 한용운의 선(禪) 의식을 중심으로 본 근대성과 탈근대성."『한국선학』, 제41호 (2015).
______.『만해, 그날들: 한용운 평전』. 서울: 푸른역사, 2015.
______. "원효의 화쟁사상에 대한 재고(再考)."『불교평론』, 제8호 (2001.9).
박현수. "한용운 시의 '님'과 해석의 방향."『유심』, 제68호 (2013).
박환.『민족의 영웅 시대의 빛 안중근』. 서울: 도서출판 선인, 2013.
배호남. "한용운의『님의 침묵』에서 '님'의 의미 연구: 레비나스의 타자철학을 중심으로."『한민족어문학』, 제68집 (2014).
白樂晴. "統一思想으로서의『建國論』."『원불교학』, 제2호 (1997).
변선환. "一圓相의 眞理와 存在 神秘主義."『한국종교』, 제4·5호 (1980).
부산예술대학 동학연구소 편.『해월 최시형과 동학사상』. 서울: 예문서원, 1999.
『삼천리』, 제4권 제1호 (1932).
서명훈 주필.『중국에서의 안중근 연구 론문집성』. 북경: 민족출판사, 2010.
서보혁·정욱식.『평화학과 평화운동』. 서울: 모시는사람들, 2016.
서울대학교 평화인문학연구단 편.『평화인문학이란 무엇인가』. 서울: 아카넷, 2013.
석길암. "원효의 화쟁을 둘러싼 현대의 논의에 대한 시론적 고찰."『불교연구』, 제28집 (2008).
성해준. "退溪의 對日觀에 含意된 平和思想."『동북아시아문화학회 국제학술대회 발표자료집』(2015).

______. "退溪의 仁愛觀에 담긴 平和思想."『퇴계학논집』, 제26권 26호 (2015).

______. "퇴계의 화친유화의 대일관에 보이는 평화."『대한일어일문학회 학술대회 발표논문 요지집』(2016).

송규. "건국론." 원불교교고총간 편찬위원회 편.『圓佛教教故叢刊 제4권 부록』. 익산: 圓佛教正化社, 1974.

스탠리 밀그램. 정태역 역.『권위에 대한 복종』. 서울: 에코리브르, 2009.

신규탁.『규봉 종밀과 법성 교학』. 서울: 올리브그린, 2013.

신운용.『안중근과 한국근대사』. 서울: 채륜, 2009.

신일철.『동학사상의 이해』. 서울: 사회비평사, 1995.

심재룡. "불교와 전쟁."『불교평론』, 제15호 (2003).

안옥선.『불교윤리의 현대적 이해: 초기불교윤리에의 한 접근』. 서울: 불교시대사, 2002.

안중근의사기념사업회 편.『안중근 연구의 성과와 과제』. 서울: 채륜, 2010

____________________.『안중근과 그 시대』. 서울: 경인문화사, 2009.

____________________.『안중근과 동양평화론』. 서울: 채륜, 2010.

안효성. "정조 탕평론의 정치철학적 의미." 한국외국어대학교 철학과 박사학위논문, 2016.

______. "정조 탕평책의 공공성과 공론정치의 좌표."『해석학연구』, 제36집 (2015).

안효성·김원명. "화쟁과 탕평은 어떻게 상대주의를 넘어서는가?—일심과 황극을 중심으로."『철학논총』, 제81집 제3권(2015).

야마기와 주이치. 한승동 역.『폭력은 어디서 왔나 — 인간성의 기원을 탐구하다』. 서울: 곰, 2015.

양해경. "한용운 시의 교과서 수록 양상과 교육방법에 대한 연구." 고려대학교 교육대학원 석사학위논문, 2016.

엄국현. "식민지시대 검열제도와 님의침묵의 수사학."『한국문학논총』, 제51집 (2009).

에릭 메택시스. 김순현 역.『디트리히 본회퍼』. 서울: 포이에마, 2011.
오문환.『동학의 정치철학-도덕, 생명, 권력』. 서울: 모시는사람들, 2003.
오수창. "오늘날의 역사학, 정조 연간 탕평정치 및 19세기 세도정치의 삼각대화."『역사비평』, 제116집 (2016).
오지영.『동학사』. 서울: 영창서관, 1940.
요한 갈퉁. 강종일 외 역.『평화적 수단에 의한 평화』. 서울: 들녘, 2000.
우실하.『3수분화의 세계관』. 서울: 소나무, 2012.
울리히 벡, 홍성태 역.『위험사회: 새로운 근대(성)를 향하여』. 서울: 새물결, 1997.
움베르또 마뚜라나·프란시스코 바렐라 지음. 최호영 역.『앎의 나무』. 서울: 갈무리, 2015.
원불교 교서편수위원회 편.『圓佛教全書』. 익산: 圓佛教正化社, 1977.
원영상. "근대 일본불교의 현실참여와 아나키즘."『일본근대학연구』, 제33집 (2011).
元曉.『金剛三昧經論』.『韓國佛教全書』 제1책. 서울: 동국대출판부, 1979.
____.『大乘起信論疏記會本』.『韓國佛教全書』 제1책. 서울: 동국대출판부, 1979.
____.『十門和諍論』.『韓國佛教全書』 제1책. 서울: 동국대출판부, 1979.
____.『涅槃宗要』.『韓國佛教全書』 제1책. 서울: 동국대출판부, 1979.
유문무. "원효 화쟁사상의 현대적 의의."『한국학논집』, 제68집 (2017).
유발 하라리. 조현욱 역.『사피엔스』. 파주시: 김영사, 2015.
윤노빈. "동학의 세계사상적 의미."『신생철학』. 서울: 학민사, 2003.
윤석산.『해월 최시형의 삶과 사상-일하는 한울님』. 서울: 모시는사람들, 2014.
이규성.『최시형의 철학』. 서울: 이화여자대학교 출판부, 2011.
이기동.『이색』. 서울: 성균관대학교 출판부, 2005.
이도흠. "新羅人의 世界觀과 意味作用에 대한 연구."『한민족문화연구』, 제1집 (1996.12).
______.『인류의 위기에 대한 원효와 마르크스의 대화』. 서울: 자음과 모음, 2015.

______. “재현의 위기론의 타당성과 한계.” 『미학·예술학연구』, 제22집 (2005.12).

______. “최치원, 유학파 지식인, 불교에 빠지다.” 『불교평론』, 제64호 (2015.12).

______. “한국사회에서 개인적·사회적 분노 치유의 길.” 『불교평론』, 제67호 (2016.9).

______. 『화쟁기호학, 이론과 실제』. 서울: 한양대출판부, 1999.

이돈화. 『동학지인생관』. 서울: 천도교중앙총부, 1974.

______. 『신인철학』. 서울: 천도교중앙총부 편, 1968.

이병욱. 『불교사회사상의 이해』. 서울: 운주사, 2016.

______. “불교의 평화관의 재구성: 요한 갈퉁의 평화개념을 중심으로.” 『大同哲學』, 제51호 (2010).

이상은. 『퇴계의 생애와 학문』. 서울: 예문서원, 1999.

이선이. “만해의 불교근대화운동과 시집 『님의 침묵』의 창작 동기.” 『한국시학연구』, 제11호 (2004).

이성환·이토 유키오 편저. 『한국과 이토 히로부미』. 서울: 도서출판 선인, 2009.

이종우. “추대한 자들과 그것을 받은 자간의 권력과 폭력 및 평화: 다산 정약용.” 『동서사상』, 제15집 (2013).

이진수. “少太山의 平和思想 硏究.” 원광대학교 일반대학원 박사학위논문, 2011.

이찬수. “대동에서 만나는 종교와 평화.” 서울대학교 평화인문학연구단 편. 『평화인문학이란 무엇인가』. 서울: 아카넷, 2013.

______. 『평화와 평화들: 평화다원주의와 평화인문학』. 서울: 모시는사람들, 2016.

이찬수 편. 『아시아 평화공동체』. 서울: 모시는사람들, 2017.

임마누엘 칸트. 이한구 역. 『영구평화론』. 서울: 서광사, 2013년 개정판(초판 1992년).

장일규. 『최치원의 사회사상연구』. 서울: 신서원, 2008.

정경현. “19세기의 새로운 國土防衛論 –茶山의 『民堡議』를 중심으로–.” 『한국사론』, 제4권(1978).
정봉길. “21세기 세계평화를 위한 불교도의 역할: 원불교인의 관점에서.”『원불교사상과 종교·문화』, 제31호 (2005).
정옥자.『신사임당전: 부단한 자기 생 속에 예술을 꽃피우다』. 서울: 민음사, 2016.
정운현·정창현.『안중근가 사람들』. 파주: 역사인, 2017.
정원용. “원효의 평화사상과 그 실현 방안연구.” 동국대학교대학원 박사학위논문, 2007.
정응수. “우치무라 간조(內村鑑三)의 ‘非戰論’의 향방.”『남서울대학교 논문집』, 제5호 (1999).
조광. “안중근 연구의 현황과 과제.”『한국근현대사연구』, 제12집 (2000).
조성을. “丁若鏞의 軍事制度 改革論.”『경기사학』, 제2권(1998).
조성택. “경계와 차이를 넘어 함께 사는 지혜.” 고은 외.『어떻게 살 것인가—세상이 묻고 인문학이 답하다』. 서울: 21세기북스, 2015.
조지 리처, 김종덕 역.『맥도날드 그리고 맥도날드화: 유토피아인가, 디스토피아인가』. 서울: 시유시, 2003.
陳正炎·林其錟. 이성규 역.『중국의 유토피아 사상』. 서울: 지식산업사, 1990.
차상원 역해.『大學·中庸』. 서울: 韓國敎育出版公社, 1985.
천도교중앙총부 편.『천도교경전』. 서울: 천도교중앙총부출판부, 2006(6판).
崔炳鉉.『南原郡 東學史』. 필사본, 1924.
최영성.『고운 최치원의 철학사상』. 서울: 문사철, 2012.
______.『역주 최치원전집』 1–2. 서울: 아세아문화사, 1998–1999.
최유진. “원효의 평화사상.”『한국불교학』, 제60집 (2011).
최제우 지음. 박맹수 역.『동경대전』. 서울: 지식을 만드는 지식, 2009.
최진욱. “정약용의 民堡防衛論의 성격.”『사학연구』, 제87호 (2007).
崔致遠.『桂苑筆耕』. 서울: 민족문화추진회, 1990.
______.『孤雲集』. 한국고전번역원DB.
폴 애얼릭·로버트 온스타인. 고기탁 역.『공감의 진화』. 서울: 에이도스, 2012.

표영삼.『동학 2—해월의 고난 역정』. 서울: 통나무, 2005.
피터 싱어. 김성한 역.『사회생물학과 윤리』. 서울: 연암서가, 2014.
하워드 제어. 손진 역.『회복적 정의란 무엇인가?: 범죄와 정의에 대한 새로운 접근』. 춘천: Korea Anabaptist Press, 2014.
한국독립운동사연구소.『안중근의사자료집—한국독립운동사 영인·교양총서 5—』. 서울: 국학자료원, 1999.
한나 아렌트. 김선욱 역.『예루살렘의 아이히만』. 서울: 한길사, 2006.
한상권. "안중근의 하얼빈거사와 공판투쟁(1)."『역사와 현실』, 제54권(2004).
______. "정조의 군주론과 왕정." 김인걸 외.『정조와 정조시대』. 서울: 서울대학교출판문화원, 2011.
한영우.『우계 성혼 평전: 벼슬과 부귀를 멀리한 참선비』. 서울: 민음사, 2016.
______.『율곡 이이 평전: 조선중기 최고의 경세가이자 위대한 스승』. 서울: 민음사, 2013.
한용운.『(증보) 한용운전집 2』. 서울: 신구문화사, 1979.
황종원. "최시형 '식(食)' 사상의 종교생태학적 의의."『신종교연구』, 제26집(2012).
______. "최시형의 천지 관념 연구—전통 유학과의 연관관계를 중심으로."『대동철학』, 제68집 (2014).

[한문 자료]

鳩摩羅什 譯.『維摩經』. 大正藏14.
鳩摩羅什 譯.『維摩詰所說經』.
『論語』. 서울: 보경문화사, 1984.
『孟子』. 서울: 보경문화사, 1984.
『牧隱文藁』.
『尙書』
『禮記』

『栗谷全書』

『定本 與猶堂全書』, 다산학술문화재단, 2012.

『正祖實錄』

『朱子語類』. 서울: 청계, 1998.

『退溪先生文集』.

『弘齋全書』

[일문 자료]

大谷大學 編.『淸澤滿之全集』第1卷〈宗敎哲學〉』. 東京: 岩波書店, 2002.

島薗進.『精神世界のゆくえ: 現代世界と新靈性運動』. 東京: 東京堂出版, 1996.

山本泰次郎 編.『內村鑑三信仰著作全集 第13』. 東京: 教文館, 1962.

竹村牧男.『唯識の探究: 唯識三十頌を讀む』. 東京: 春秋社, 1992.

中塚明.『歷史の僞造をただす』. 東京: 高文硏, 1997.

[영문 자료]

Deleuz, Gille. Patton, Paul, tr.. *Difference and Repetition*. New York: Columbia University Press, 1994.

Derrida, Jacques. Alan Bass, tr.. *Positions*. Chicago: University of Chicago Press, 1982.

Galtung, Johan. "Cultural Violence." *Journal of Peace Research*. Vol.27, No.3. (1990).

______________. "Violence. Peace. and Peace Research." *Journal of Peace Research*, Vol.6, No.3. (1969).

Monier-Williams, Monier. *English-Sanskrit dictionary*. Lucknow: Akhila Bharatiya Sanskrit Parishad, 1957.

Naess, Arne. "The Deep Ecological Movement: Some Philosophical Aspects." In Michael E. Zimmerman, ed. *Environmental Philosophy*. New Jersey: Prentice Hall, 1998.

P.F., Ferrari., A., Tramacere., A., Simpson. & E.A., Iriki. "Mirror neurons development through the lens of epigenetics." *Trends Cognitive Science*, Vol.17, No.9. (2013).

Rizzolatti, Giacomo., Fogassi, Leonardo & Gallese, Vittorio. "The Mirror Neuron System: A motor–Based Mechanism for Action and Intention Understanding." In Michael S. Gazzaniga, ed.. *The Cognitive Neurosciences*. Cambridge. Mass.: MIT press, 2009.

Vié, Jean–Christophe. Hilton–Taylor, Craig & Stuart, Simon N., ed.. *Wildlife in a Changing World: an analysis of the 2008 IUCN Red List of Threatened Species*. Gland, Switzerland: The International Union for Conservation of Nature, 2008.

WHO. *Global Status Report on Violence Prevention 2014*. Luxembourg: World Health Organization Press, 2015.

Won, Yong–Sang. "Dialogue between Buddhism and Won–Buddhism: With Special Reference to Won–Buddhism's Buddhist Reformation." *International Journal of Buddhist Thought & Culture*, Vol. 23 (2014).

찾아보기

ㅊ

ㅋ

ㅌ

ㅍ

ㅎ

기타

한국인의 평화사상 I

발행일 1쇄 2018년 11월 15일
엮은이 서보혁 · 이찬수
펴낸이 여국동

펴낸곳 도서출판 인간사랑
출판등록 1983. 1. 26. 제일－3호
주소 경기도 고양시 일산동구 백석로 108번길 60－5 2층
물류센타 경기도 고양시 일산동구 문원길 13－34(문봉동)
전화 031)901－8144(대표) | 031)907－2003(영업부)
팩스 031)905－5815
전자우편 igsr@naver.com
페이스북 http://www.facebook.com/igsrpub
블로그 http://blog.naver.com/igsr
인쇄 하정인쇄 **출력** 현대미디어 **종이** 세원지업사

ISBN 978－89－7418－386－8 93300

이 도서의 국립중앙도서관 출판시도서목록(CIP)은 서지정보유통지원시스템 홈페이지(http://seoji.nl.go.kr)와 국가자료공동목록시스템(http://www.nl.go.kr/kolisnet)에서 이용하실 수 있습니다.(CIP제어번호: CIP2018036590)

이 저서는 2010년 정부(교육과학기술부)의 재원으로 한국연구재단의 지원을 받아 수행된 연구임(NRF–2010–361–A00017).